Schriftenreihe der Isa Lohmann-Siems Stiftung, Bd. 7

Herausgegeben von
Wolf-Dieter Hauenschild, Thomas Hengartner und Bruno Reudenbach

Schnittstellen

Die Gegenwart des Abwesenden

Herausgegeben von
Katharina Hoins, Thomas Kühn und Johannes Müske

Reimer

Die deutsche Nationalbibliothek verzeichnet diese Publikation in der Deutschen Nationalbibliografie; detaillierte bibliografische Daten sind im Internet über http://dnb.d-nb.de abrufbar.

Gestaltung: Petra Hasselbring, Hamburg
Umschlagabbildung: © Wolfgang Tillmans »CLC1100«, 2007. Courtesy Galerie Buchholz, Köln / Berlin
Druck: Elbe Druckerei Wittenberg GmbH, Lutherstadt Wittenberg

ISBN 978-3-496-02862-8

Inhalt

Vorwort

Licht und Schatten zeichnen abstrakte grafische Muster auf die Bildfläche und erzeugen in der Fotografie *CLC1100* von Wolfgang Tillmans ein eindrucksvolles Spiel von Hell und Dunkel. Die 2007 entstandene Arbeit, die das Titelmotiv zu diesem Aufsatzband bildet, erscheint zunächst als abstrakte Komposition, erst bei genauerem Hinsehen lässt sich das eigentliche Motiv der Fotografie erkennen: Sie zeigt, wie Lichtstrahlen die Auflagefläche eines Kopierers abtasten. Eine Lichtschiene unter der Glasplatte des Geräts wirft in der Bewegung des Kopiervorgangs helle Strahlen auf die Abdeckung und erzeugt Licht- und Schattenzonen. Entgegen der intendierten Funktionslogik des Geräts liegt auf der Glasplatte keine Vorlage. Es gibt nichts zu kopieren, nichts festzuhalten. Die Strahlen der Lichtschiene durchdringen das Glas und greifen auf den Umraum aus. Sie gehen, gemessen an der für sie vorgesehenen Funktion, ins Leere. Der Vorgang des Kopierens stellt sich auf diese Weise selbst aus. Das Licht avanciert zum Hauptmotiv, die Fehlkopie gerät zum ästhetischen Phänomen.

Die Glasscheibe, die mehr als die Hälfte der Bildfläche einnimmt, ist in der Fotografie ein wesentliches Motiv. Mit ihr ist die Schnittstelle inszeniert, an der unsere Welt – die Welt der Nutzenden – und der Kosmos des technischen Systems aufeinandertreffen. Der Kontakt an dieser Oberfläche ermöglicht im Normalfall die Kopie oder den Scan. Die so entstandene Reproduktion erlaubt es, auch wenn die Vorlage nicht mehr zugänglich ist, etwa einen Text in die Sphäre einer Leserin oder eines Lesers zu bringen und macht auf diese Weise Abwesendes gegenwärtig. Die prominente Leerstelle in der Fotografie von Tillmans provoziert Gedankenspiele darüber, ob hier ein bestimmter Abschnitt aus einem Buch oder ein wichtiges Dokument hätten vervielfältigt werden sollen, um welche Inhalte es sich handelte, welche Themen und Bedeutungen möglicherweise in die Gegenwart des Nutzenden hätten gelangen sollen.

Mit dem Fotokopierer als Motiv greift Tillmans eine der Ikonen aus dem Zeitalter der technischen Reproduzierbarkeit auf.[1] Er zeigt mit diesem Motiv nicht nur die Glasplatte als materiale Schnittstelle und den Kopierer als Vergegenwärtigungs- und damit Schnittstellen-Maschine *par excellence*, sondern befragt über die Metapher der

---

[1] Siehe hierzu Walter Benjamin: *Das Kunstwerk im Zeitalter seiner technischen Reproduzierbarkeit* (1939), kommentiert von Detlef Schöttker, Frankfurt am Main 2007. Zu Tillmans Reflexion über Fragen von Repräsentation, Reproduktion und Bild siehe stellvertretend Ausst.-Kat. *Wolfgang Tillmans. Serpentine Gallery*, hg. von Sophie O'Brien/Melissa Larner, London 2010.

Kopie auch die Fotografie als Verfahren und Konzept: Ist sie *nur* ein Reproduktions-
medium? Was vergegenwärtigt sie? Oder realisiert und konstruiert sie, wo eigentlich doch gar nichts ist? Tillmans Kunstwerk lädt ein, neu darüber nachzudenken, auf
welche Weise und unter welchen kulturellen Bedingungen eine Fotografie selbst zur
Schnittstelle wird und die Gegenwart des Abwesenden verspricht – womit wir mitten
im Thema dieses Aufsatzbandes sind.

Die hier versammelten Beiträge gehen auf eine interdisziplinäre Tagung zurück, die am 27. und 28. April 2012 im Warburg-Haus in Hamburg stattfand. Acht
Wissenschaftlerinnen und Wissenschaftler diskutieren gemeinsam mit den Herausge-
bern dieses Bandes anhand verschiedener Fallstudien unterschiedliche Formen von
Schnittstellen und das analytische Potenzial des Begriffs. Dabei gehen wir von der
Beobachtung aus, dass es in einer technisierten Alltagswelt selbstverständlich zu sein
scheint, dass flüchtige Ereignisse festgehalten, über Speicher und Medien rekonstruiert
oder erst konstruiert werden und in unsere Gegenwart gelangen können. Die Objekte
und Praktiken, die dies leisten, treten aber im Übertragungsprozess gegenüber dem,
was sich vermittelt, in den Hintergrund; sie werden für die Wahrnehmung tendenziell
transparent und unsichtbar. Durch die bewusste Fokussierung auf die ›Schnittstellen‹
rücken diese Zonen des Kontakts und Übergangs zwischen verschiedenen Sphären, an
denen Informationen und Bedeutungen von einem Bereich in einen anderen Bereich
übertragen werden, ins Zentrum der Untersuchung.

Mit dem Begriff wird im alltäglichen Sprachgebrauch meist im engeren Sinne
ein technisches *Interface* beschrieben. So definiert der Duden eine Schnittstelle als
»Nahtstelle«, bei der es sich um eine »Verbindungsstelle zwischen zwei Funktions-
einheiten eines Datenverarbeitungs- oder -übertragungssystems [handelt], an der der
Austausch von Daten oder Steuersignalen erfolgt«.[2] In seinem populären Buch *Inter-
face Culture* behandelt der amerikanische Autor und Medienwissenschaftler Steven
Johnson an verschiedenen Beispielen den Aufstieg der Schnittstelle als technisches
Konzept und Metapher:

> »What exactly is an interface anyway? In its simplest sense, the word refers to soft-
> ware that shapes the interaction between user and computer. The interface serves as
> a kind of translator, mediating between the two parties, making one sensible to the
> other. In other words, the relationship governed by the interface is a *semantic* one,
> characterized by meaning and expression rather than physical force.«[3]

Johnson untersucht davon ausgehend bestimmte »Zonen« wie den Computerbild-
schirm, an denen Informationen medial übertragen werden.[4] Dabei macht er darauf

---

2   Duden Online, URL: http://www.duden.de/rechtschreibung/Schnittstelle (16.04.2012).

3   Steven Johnson: *Interface Culture. How New Technology Transforms the Way We Create and Communicate*, New York
     1997, hier S. 14 (Hervorhebung im Original).

4   »In the early sixties McLuhan famously remarked that living with electric and mechanical technologies at the same time
     was ›the particular drama of the twentieth century‹. The great drama of the next few decades will unfold under the crossed

aufmerksam, wie sich die konkrete Gestaltung von Benutzeroberflächen an der Lebenswelt orientiert – man denke an die Datenmanipulation und Navigation mit Hilfe von »Schreibtisch«, »Fenstern«, »Maus« und »Papierkorb« – und gleichzeitig auf die Art und Weise zurückwirkt, in der wir denken und kommunizieren.[5]

Der Begriff der Schnittstelle gibt ein »systemisch-kommunikatives Versprechen«[6] – bei aller Offenheit verweist er zum einen stets auf die Vermittlung von Informationen über Systemgrenzen hinweg, seien diese technischer, disziplinärer oder denksystematischer Art. Darüber hinaus werden aus kulturwissenschaftlicher Perspektive durch dieses Konzept Prozesse und Relationen sichtbar, die sich ansonsten durch ihren Charakter einer *Black Box* kaum fassen lassen und einer Beschreibung entziehen.[7]

Die Vorstellung von Bedeutungsübertragungen und Übergängen in Form von Schnittstellen ist in der digitalisierten Gegenwartskultur verankert und ein zeitgebundenes Konzept. Der Begriff ist wegen seiner Offenheit selbst zu einem Bezugspunkt für interdisziplinäre Projekte in den Geistes- und Kulturwissenschaften geworden. So behandelt der auf eine medien- und archivwissenschaftliche Tagung zurückgehende Sammelband *SchnittStellen* die »zeitgenössische Funktion der Medien im gesellschaftlichen, kulturellen und ästhetischen Diskurs«.[8] Eine Veröffentlichung des Forschungskollegs »Medien und kulturelle Kommunikation«, die ebenfalls das Themenfeld Medien, Repräsentation, Kommunikation und Archive ausmisst, verortet sich mit dem Schnittstellen-Begriff zwischen Medien- und Kulturwissenschaften.[9] Vor allem für die medienwissenschaftlichen Disziplinen, die an der Analyse und Deutung von Phänomenen wie Medienkonvergenz, Medien(format)wechseln und komplexen technischen Settings beteiligt sind, erscheint der aus den Computer- und Naturwissenschaften stammende Begriff attraktiv. Doch auch für andere Geisteswissenschaften ist relevant, was bei der Wanderung von Ideen und Begriffen durch die Zeit und über Systemgrenzen hinweg an den Zonen des Übergangs passiert.

Unter Schnittstellen verstehen wir im Folgenden Kontaktbereiche und Grenzflächen, die zwischen Heute und Gestern, zwischen Gegenwärtigem und Abwesendem, zwischen zeitlichen, räumlichen oder sozialen Distanzen vermitteln. Es erscheint lohnend, mit dem Blick verschiedener Disziplinen genauer auf die mit unterschiedlichen Schnittstellen verbundenen Vergegenwärtigungsprozesse zu schauen, denn durch die

---

stars of the analog and the digital. Like the chorus of Greek tragedy, information filters will guide us through this transition, translating the zeros and ones of digital language into the more familiar, analog images of everyday life. These metaforms, these bitmappings will come to occupy nearly every facet of modern society: work, play, romance, family, high art, pop culture, politics. But the form itself will be the same, despite its many guises, laboring away in that strange new zone between medium and message. That zone is what we call the interface.«, ebd., S. 40–41.

5   Freilich mit der Einschränkung, dass seine Analyse vor allem für die »westliche« Welt gelte.

6   Gudrun M. König in diesem Band.

7   Vgl. hierzu Niklas Luhmann: *Soziale Systeme. Grundriß einer allgemeinen Theorie*, Frankfurt am Main 1984, S. 156, S. 275–285 sowie die Beiträge von Ralph Buchenhorst und Urte Krass in diesem Band.

8   Sigrid Schade/Thomas Sieber/Georg Christoph Tholen: Vorwort, in: Dies. (Hg.): *SchnittStellen*, Basel 2005 (= Basler Beiträge zur Medienwissenschaft Bd. 1), S. 11–12, hier S. 11.

9   Wilhelm Voßkamp: Kommunikation – Medien – Repräsentation – Archive, in: Stanitzek, Georg/Wilhelm Voßkamp (Hg.): *Schnittstelle. Medien und kulturelle Kommunikation*, Köln 2001 (= Mediologie Bd. 1), S. 9–13.

Gegenwart von Abwesendem entstehen neue Sinnzusammenhänge und Deutungs-
angebote. Welche Akteurinnen und Akteure nutzen welche Schnittstellen? Wie sind
Schnittstellen in bestimmte soziale, alltägliche Kontexte eingebettet und wer parti-
zipiert? Und welche Wissenshorizonte müssen vorhanden sein, um mit bestimmten
Schnittstellen umzugehen?

Die Einzelstudien setzen sich anhand vielfältiger Untersuchungsgegenstände,
von der frühen Neuzeit bis heute, von der Fotografie bis zur Kartografie, von Musikinstrumenten bis zu Archivalien aus verschiedenen Perspektiven mit den Funktionen
von Schnittstellen und den Kontexten, zwischen denen sie vermitteln, auseinander.
Innerhalb von vier Themenfeldern geht es um Objekte, Medien und Praktiken, die als
Schnittstellen ihre Wirksamkeit entfalten:

Die *Welt der Dinge* steht im Mittelpunkt der ersten drei Artikel. Gudrun M.
König fokussiert mit den »Schauplätzen der Dinge« drei institutionelle Einrichtungen in der Zeit um 1900: Ihr Blick auf die expositorische Praxis in Warenhäusern,
Gewerbeausstellungen und Museen veranschaulicht nicht nur eine Zirkulation der
Dinge, sondern auch des Wissens. Sie analysiert die Konvergenzen und Differenzen
kommerzieller, wissenschaftlicher und musealer Formate und legt dar, warum diese
Praktiken des Zeigens als Schnittstellen der Generierung und Vermittlung von Wissen
und Bedeutungen zu begreifen sind. Im Anschluss beschäftigt sich Thomas Kühn aus
kulturanthropologischer Perspektive mit Musikinstrumenten in musealen Kontexten.
Die Materialität dieser Exponate steht in einem komplementären Verhältnis zum ephemeren Charakter von Musik; hieraus ergibt sich ein Spannungsfeld zwischen dem
in erster Linie visuell organisierten Medium Ausstellung und dem akustischen Potenzial von Musikinstrumenten. Diese »Resonanzkörper« werden hier als materielle
wie akustische Schnittstellen zu zeitlich entfernten Lebenswelten beschrieben, die
gleichermaßen auf Vergangenes und Vergängliches verweisen können. Auch wenn es
im vorliegenden Band vornehmlich um die kunst- und kulturwissenschaftliche Adaption eines technischen Konzeptes geht, so ist es naheliegend, dass auch Vertreterinnen
und Vertreter der Computer- und Ingenieurswissenschaften zu Wort kommen. Mit der
Vergegenständlichung digitaler Daten und medial vermittelter Kommunikation befasst sich der Beitrag von Angelika Mader, Dennis Reidsma und Edwin Dertien. Als
Single Value Devices beschreiben sie Gegenstände, die dem »Internet der Dinge« zu-
gerechnet werden: Digital vermittelte Informationen werden hier auf einen einzelnen
Wert reduziert und durch ein physisches Objekt wiedergegeben. Ausgehend von einer
Übersicht bereits realisierter Beispiele und einer taxonomischen Untersuchung diskutieren sie, welche Rolle das Design technischer Schnittstellen für die Integration von
Medientechnologie in den Alltag spielt. Dabei funktionieren viele der Objekte eben
nicht über technisch anmutende *Interfaces*, sondern übersetzen Informationen in eine
sinnlich erfahrbare Gegenwart, in einen Duft, einen Ton, ein Leuchten oder in Wärme.

Das Verhältnis von Bild und Realität thematisiert Ralph Buchenhorst, der mit
seinem Beitrag den Auftakt zum Themenbereich *Vergegenwärtigung durch Bilder*

liefert. Er zeigt zum einen, wie koloniale Machtasymmetrien Erkenntnis und Wissen bestimmen und rückt Mithilfe des Konzepts des Grenzdenkens diese Machtmechanismen an den Schnittstellen der Kommunikation selbst in den Fokus. Buchenhorst analysiert hier Bildbeispiele vom dokumentarischen Film über die Celestografien Strindbergs bis hin zu strahlengestützten Satellitenbildern. Dabei versteht er Bilder zum zweiten als Teil von Netzwerken, in denen Realität erst in komplexen Relationen sichtbar wird. An vier Fotografien aus dem Vernichtungslager Auschwitz-Birkenau entzündet sich die Frage nach den Grenzen dieser Verbindungen von Bild und Realität. Verständigungsprozesse darüber, welche Medien besonders gut als Schnittstellen funktionieren, interessieren Katharina Hoins in ihrem Beitrag zu journalistischen Bildern. Ausgehend von dem Phänomen der Zeichnung als Medium der Berichterstattung untersucht sie vermeintlich anachronistische Aufzeichnungsverfahren und ihre Inszenierung in den Medien. Diese versprechen offenbar in besonderer Weise, Abwesendes zu vergegenwärtigen: als Zeuge, über die Präsenz des Autors und indem sie eine Atmosphäre evozieren oder aufzeichnen. Die Fotografie als indexikalisches Verfahren einerseits und als wundertätiges Objekt im Heiligenkult andererseits untersucht Urte Krass am Beispiel Padre Pios. Im Zentrum ihrer Überlegungen steht aber die Totenmaske in der italienischen Frührenaissance. Sie bildet in mehrfacher Hinsicht eine Schnittstelle, die durch ein komplexes Beziehungs- und Handlungsgeflecht in den Kult eingebunden ist: Durch den Abdruck des Gesichts wird der inzwischen abwesende Körper vergegenwärtigt; durch die Maske als Grenzfläche und Kontaktzone in der Heiligenverehrung wird die *virtus* des Heiligen und damit das Himmlische zugänglich.

Schnittstellen im religiösen Kontext behandelt auch Janina Karolewski. Ihr Beitrag leitet den Themenabschnitt zu *Sprache und Klängen* als Schnittstellen ein. Karolewski untersucht verschiedene »Aufbewahrungsorte« für gesprochene und gesungene Worte im ländlich-anatolischen Alevitentum und analysiert, wie die Langhalslaute, Manuskripte und einzelne Akteure innerhalb der alevitischen *Community* eine Vermittlungs- und Tradierungsfunktion zu den zu überliefernden Inhalten und den Traditionen übernehmen. Ebenfalls um die Vergegenwärtigung und Tradierung, aber auch Neukontextualisierung von Klängen geht es Johannes Müske, der in seinem Beitrag fragt, wie in Klängen gesellschaftliche Verhandlungen chiffriert sein können und wie Rundfunkarchivalien methodisch als Schnittstellen genutzt werden können, um akustisch-sinnlich vermitteltes Wissen kulturwissenschaftlich zu erforschen.

Der vierte Themenabschnitt schließlich behandelt *räumliche Ordnungen*. Nils Zurawski setzt sich mit verschiedenen Arten von Karten und mit Vorstellungswelten auseinander, die nicht nur der Vergegenwärtigung des Unbekannten dienen, sondern auch koloniale Ansprüche und Sicherheitsdispositive herstellen. Tobias Scheidegger stellt naturkundliche Kataloge in den Mittelpunkt seiner Arbeit, wobei diese Inventare zu Schnittstellen innerhalb des Beziehungsgeflechts zwischen Naturräumen, ihrer Flora und Fauna und den wissenschaftlichen Akteuren werden. Sowohl die Karten als auch die Inventare erschließen die Räume dabei in ihrer spezifischen Medialität – die Karte als Mittel, die weiße Flecken sichtbar macht oder füllt; die Liste als Aufzählung, die den Anspruch auf Vollständigkeit, stets jedoch auch die Forderung weiterer Spezifizierung und Ergänzung in sich trägt.

An Tagung und Projekt beteiligt waren Vertreterinnen und Vertreter der Kunst- und Kulturwissenschaften, Geschichte, Philosophie, Islamwissenschaft, Soziologie und Volkskunde/Kulturanthropologie sowie der Informatik und Ingenieurswissenschaften – das vorliegende Buch ist demnach auch ein Unterfangen mit der interdisziplinären Herausforderung, eine gemeinsame Sprache zu finden. Es handelt sich beim Übergang des Begriffs der Schnittstelle vom naturwissenschaftlichen in den kulturwissenschaftlichen Verwendungskontext selbst um eine Bedeutungsübertragung, die ihrerseits ohne Schnittstellen zwischen den Disziplinen nicht möglich wäre. Der Prozess, Begrifflichkeiten, Theorien und Konzepte zu verstehen und zu hinterfragen, mit denen die jeweils anderen Disziplinen arbeiten, war herausfordernd und bereichernd.

Wir danken den Autorinnen und Autoren für ihre Bereitschaft, sich auf das Tagungsthema einzulassen und ihre Beiträge für diesen Band zur Verfügung zu stellen. Ebenfalls gilt unser Dank dem Künstler Wolfgang Tillmans für die Möglichkeit, sein Werk *CLC1100* als Titelbild verwenden zu können. Besonders danken wir der Isa Lohmann-Siems Stiftung, die das Projekt und den vorliegenden Band durch ihre großzügige Unterstützung ermöglicht hat.

Katharina Hoins, Thomas Kühn, Johannes Müske

Literatur

Ausst.-Kat. *Wolfgang Tillmans. Serpentine Gallery*, hg. von Sophie O'Brien/Melissa Larner, London 2010.

Benjamin, Walter: *Das Kunstwerk im Zeitalter seiner technischen Reproduzierbarkeit* (1939), kommentiert von Detlef Schöttker, Frankfurt am Main 2007.

Johnson, Steven: *Interface Culture. How New Technology Transforms the Way We Create and Communicate*, New York 1997.

Luhmann, Niklas: *Soziale Systeme. Grundriß einer allgemeinen Theorie*, Frankfurt am Main 1984.

Schade, Sigrid/Thomas Sieber/Georg Christoph Tholen (Hg.): *SchnittStellen*, Basel 2005 (= Basler Beiträge zur Medienwissenschaft Bd. 1).

Stanitzek, Georg/Wilhelm Voßkamp (Hg.): *Schnittstelle. Medien und kulturelle Kommunikation*, Köln 2001 (= Mediologie Bd. 1).

Gudrun M. König

Die Schauplätze der Dinge: Das Zirkulieren der Exponate und des Wissens[1]

Aktuell spitzt sich in Deutschland eine Diskussion zu, die das Museum im europäischen Kontext als »Praxis- und Technologienbündel«[2] begreift. Wissenschaftliche Zeigepraktiken im Museum und das Hantieren mit den Dingen werden im Hinblick auf den Wissenstransfer befragt und – das ist neu – detailliert die Verknüpfungen in außermusealen Kontexten verfolgt.[3]

Die folgenden Überlegungen gehen davon aus, dass ein Austauschverhältnis zwischen kommerziellen und wissenschaftlichen Perspektiven auf Artefakte zu konstatieren ist. Diese Verbindung hat die Strategien sowie die Gesten des Zeigens beeinflusst und den Wissenstransfer gelenkt.

Mit dem Zirkulieren von Exponaten und von Wissensfigurationen werden Bedeutungszuschreibungen vorgenommen, die topografisch beeinflusst sind. Die Schauplätze der Dinge werden daher in den drei institutionellen Formaten Museum, Ausstellung und Warenhaus analysiert. Exemplarisch werden die wissenschaftlich vernachlässigten Verweissysteme zwischen diesen Zeigeformaten dargestellt.

1 Konzipiert wurde der Beitrag für die Tagung »On display. Visual politics, material culture, and public education« an der Universität Luxemburg im Juni 2011. Eine etwas anders akzentuierte englischsprachige Veröffentlichung, herausgegeben von Karin Priem, ist in Vorbereitung. Ich danke Zuzanna Papierz für die Unterstützung beim Herstellen der hier vorliegenden Druckfassung.
2 Roland Cvetkovski: *Über die Ordnung. Museum, museales Wissen und kulturelle Praxis im europäischen Kontext*, Tagungsankündigung Köln 2011, URL: http://hsozkult.geschichte.hu-berlin.de/termine/id=16292 (01.05.2011).
3 Roland Cvetkovski: Modalitäten des Ausstellens. Musealisierungskultur in Frankreich, 1830–1860, in: *Historische Anthropologie* 18/2 (2010), S. 247–274; Gudrun M. König: Der Auftritt der Waren. Verkehrsformen der Dinge zwischen Warenhaus und Museum, in: Hartmut Böhme/Johannes Endres (Hg.): *Der Code der Leidenschaften*, München 2010, S. 146–157.

Schnittmengen der Zeigeformate

In der Regel werden Museumsgeschichte,[4] Ausstellungsgeschichte[5] und Konsumgeschichte[6] getrennt erforscht.[7] Bei der Frage nach dem Umgang mit Dingen bleibt die museale Handhabung häufig unthematisiert, obwohl es gerade im Museum Praktiken der Dingerkundung gibt.[8] Es stellt sich daher die Frage, ob nicht gerade die Perspektive auf Dinge, Waren und Exponate sowie auf diejenigen Akteure, die sammeln und analysieren, die ästhetisieren und musealisieren, Querverbindungen sichtbar macht, die ohne den Blick auf die Verkehrsformen der Dinge und die Analyse der Schnittmengen der Zeigeformate nicht gewonnen werden könnten. Verbindungen zwischen wissenschaftlichen und konsumorientierten Zeigegesten sind für die historische Situation als auch für museumstheoretische Ansätze zu prüfen, die auf Analysen zurückgreifen, welche an Warenausstellungen gewonnen wurden.

Insofern verbindet der Ansatz exemplarisch die Fachgeschichte mit der Museums-, Konsum- und Ausstellungsgeschichte. Während der Begriff der Schnittmenge die Überlappungen in den Formaten des Zeigens thematisiert, verweist das Konzept der Schnittstelle in den Mensch-Ding-Beziehungen auf einen Doppelcharakter der Dinge. Dinge sind nicht nur mehrdeutig, sondern sie sind zugleich Medium und Material. Sie sind kommunikativ, sie teilen mit und stellen dar. Ihre medialen und materialen Eigenschaften formen die Wahrnehmung, sodass den passiven Objekten eine aktive Komponente zugeschrieben werden kann. »Zeigen«, so der Medienwissenschaftler und Philosoph Dieter Mersch, »setzt somit ein Sich-schon-gezeigt-haben voraus«.[9] Die kommunikative Fertigkeit ist den Dingen inhärent, sie ist demonstrativ und an Material, Form und Funktion gebunden. Diese Zeigequalität der Dinge markiert die Schnittstelle im Verhältnis von Menschen und Dingen. Mit der Frage nach Gemeinsamkeiten und Differenzen in unterschiedlichen Kontexten des Exponierens wird daher der Zeigecharakter der Dinge analysiert.

---

4   Gottfried Korff: *Museumsdinge deponieren – exponieren*, Köln u. a. 2002; Joachim Baur: Was ist ein Museum? Vier Umkreisungen eines widerspenstigen Gegenstands, in: Ders. (Hg.): *Museumsanalyse. Methoden und Konturen eines neuen Forschungsfeldes*, Bielefeld 2010, S. 15–48.

5   Alexander C. T. Geppert: *Fleeting Cities: Imperial Expositions in Fin-de-Siècle Europe*, Basingstoke, New York 2010; Ders.: Welttheater. Die Geschichte des europäischen Ausstellungswesens im 19. und 20. Jahrhundert, in: *Neue Politische Literatur* 47 (2002), S. 10–61; Martin Wörner: *Die Welt an einem Ort. Illustrierte Geschichte der Weltausstellungen*, Berlin 2000.

6   Heinz-Gerhard Haupt: *Konsum und Handel. Europa im 19. und 20. Jahrhundert*, Göttingen 2003.

7   Die Wechselwirkung von Weltausstellungen und Museumsentwicklung ist hingegen relativ gut erforscht; vgl. dazu Bärbel Kleindorfer-Marx: Wechselbeziehungen zwischen Gewerbeausstellungen und Heimatmuseum um 1900, in: Dies./Klara Löffler (Hg.): *Museum und Kaufhaus. Warenwelten im Vergleich*, Regensburg 2000 (= Regensburger Schriften zur Volkskunde Bd. 15), S. 27–34; Martin Wörner: *Vergnügung und Belehrung. Volkskultur auf den Weltausstellungen, 1851–1900*, Münster u. a. 1999.

8   Jan Carstensen (Hg.): *Die Dinge umgehen? Sammeln und Forschen in kulturhistorischen Museen*, Münster u. a. 2003.

9   Dieter Mersch: *Was sich zeigt. Material, Präsenz, Ereignis*, München 2002, S. 272.

Mit dem Konzept der Schnittstelle als Zeigequalität der Dinge werden keine gänzlich neuen Einsichten in den Charakter der Mensch-Ding-Beziehung eingeführt, dennoch dient der metaphorische Gebrauch zu mehr als nur zur Übertragung neuer technologischer Verfahren in die Kulturwissenschaft. Akzentuiert wird mit den Schnittstellen der Dinge vielmehr ihr visuell-kommunikatives Reservoir.

Das Konzept der Schnittstelle ist in den Kulturwissenschaften noch relativ jung. Sein systemisch-kommunikatives Versprechen scheint jedoch reizvoll und stimuliert die begriffliche Wanderung. Insbesondere die Medienwissenschaft hat relativ früh mit dem Begriff gearbeitet, da mit den digitalen Medien nicht nur die Kommunikation zwischen Mensch und Maschine, sondern der mediale Gegenstandsbereich der Disziplin selbst betroffen war.[10] Wenn auch die Schnittstelle im eigentlichen Sinn eine Grenzfläche bezeichnet, so wird der Terminus insbesondere bei kommunikativen Transferleistungen unterschiedlicher Systeme verwendet.[11] Christine Haug bezeichnet etwa das Warenhaus als »Schnittstelle für die Ästhetisierung von hoher Kunst und Alltagskultur«[12] und Thomas Kühn versteht die Museumsdinge selbst als Schnittstellen.[13] Vorausgesetzt wird hier, dass die Dinge im Museum gezeigt werden und nicht etwa auf Dauer ungesehen im Depot verbleiben. Die Zeigequalität verbindet daher Museumsdinge und ausgestellte Waren. Der Musealisierungsprozess selbst ist ein Verfahren der Ästhetisierung.

Hans Peter Hahn schildert in seiner verdienstvollen Einführung *Materielle Kultur* die Musealisierung als einen »radikalen« Einschnitt, der dem Gegenstand die vorherigen Kontexte nimmt: »Musealisierung bedeutet einen neuen Aufenthaltsort, neue Objekteigenschaften (Wert, Gebrauch) und neue Kontexte.«[14] Das liegt zum einen an dem strikt geschiedenen Konzept einer »Eigenart der Museumsdinge«[15], das liegt zum anderen daran, dass bei alltäglichen Umgangsweisen mit den Dingen ein Subjekt imaginiert wird. Im Museum hingegen handelt abstrahierend die Institution. Die Techniken und Praktiken der historischen Ding- und Materialerfassung im Museum sind aber ebenfalls als gegenständliche und personale Beziehungsgeschichten zu denken. Für die Prozessanalyse des Wissensgenerierens, Wissensspeicherns und Wissenskommunizierens, so meine These, müssen Überschneidungen, Berührungen und Grenzziehungen einer Museums-, Ausstellungs- und Konsumgeschichte ausge-

---

10 Vgl. Georg Stanitzek/Wilhelm Voßkamp (Hg.): *Schnittstelle. Medien und kulturelle Kommunikation*, Köln 2001.

11 Vgl. Sigrid Schade: Das Ornament als Schnittstelle. Künstlerischer Transfer zwischen den Kulturen, in: Dies./Thomas Sieber/Georg Christoph Tholen (Hg.): *SchnittStellen*, Basel 2005, S. 169–195.

12 Christine Haug: »Die Illusion der Einmaligkeit einer Ware«. Warenhäuser als kulturelle Erfahrungsräume und Vermittler populärer Kultur, in: Christine Haug/Franziska Mayer/Madleen Podewski (Hg.): *Populäres Judentum. Medien, Debatten, Lesestoffe*, Tübingen 2009, S. 85–102, hier S. 98.

13 In diesem Band.

14 Hans Peter Hahn: *Materielle Kultur. Eine Einführung*, Berlin 2005, S. 42.

15 Gottfried Korff: Zur Eigenart der Museumsdinge, in: Rosemarie Beier/Ders. (Hg.): *Zeitzeugen. Ausgewählte Objekte aus dem Deutschen Historischen Museum*, Berlin 1992, S. 277–281.

lotet werden, um die Beziehung zwischen Schauplätzen, Zeigegesten und Dingbedeutungen zu untersuchen.

Gewerbeausstellungen fördern wie Museen das Verständnis für Objektwissen und stützen die »materielle Alphabetisierung«[16]. Der Suggestion von Dinglektüren soll hier jedoch widersprochen werden. Der zunehmende metaphorische Gebrauch einer »Sprache der Dinge«[17] verkürzt zuweilen die elaborierten theoretischen Überlegungen, die sich mit den stummen und sprechenden Dingen verbinden.[18] Ein früher museologischer Ansatz geht auf den Hamburger Museumsdirektor und ersten Lehrstuhlinhaber für Volkskunde im deutschsprachigen Raum, Otto Lauffer, zurück. Er hat in der Diskussion des Verhältnisses von schriftlichen, visuellen und materiellen Quellen die Formel geprägt, Dinge »zeigen nur. Im übrigen sind sie stumm«[19], die lange Jahre als Begründung für die De- und Rekontextualisierung in museologischen Zeigekontexten genutzt wurde.

Der Soziologe Grant McCracken warnte bereits in den 1980er Jahren vor der Ähnlichkeitsrelation einer Sprache der Mode, der Kleidung und der Dinge. Die metaphorische Wendung der »Sprache« hätte zwar die symbolischen Dimensionen der Artefakte akzentuiert, doch sei der kommunikative Aspekt von Artefakten nicht mit sprachlicher Kommunikation gleichzusetzen. Die mediale Seite der materiellen Kultur müsse nicht im Vergleich, sondern im Kontrast zur Sprache beobachtet werden.[20] Die Wiener Soziologin Elfie Miklautz hat in ihrer *Theorie des Artefakts*[21] Mitte der 1990er Jahre ebenfalls auf die fundamentale Differenz zwischen Sprache und Artefakt hingewiesen. Zwar wäre zu debattieren, ob durch die Materialität den Artefakten eine höhere Dignität und Faktizität als sprachlichen Äußerungen zukomme, doch im Zeigen entfalteten sie ihre Wirkung und teilten etwas mit, das gerade nichtsprachlich sei.[22] Zugespitzt hat diese Diskussion jüngst Lioba Keller-Drescher: »Denn weil Dinge zeigen und nicht sprechen, liegen ihre Informationen nicht in einer narrativ-

---

16 Wolfgang Hochbruck: Relikte, Reliquien und Replikate. Der Umgang mit historischen Objekten im Geschichtstheater, in: *Historische Anthropologie* 16/1 (2008), S. 138–153, hier S. 141.

17 Thomas Thiemeyer: Die Sprache der Dinge. Museumsobjekte zwischen Zeichen und Erscheinung, in: Museen für Geschichte (Hg.): *Online-Publikation der Beiträge des Symposiums »Geschichtsbilder im Museum« im Deutschen Historischen Museum Berlin*, Februar 2011, URL: http://www.museenfuergeschichte.de/downloads/news/Thomas_Thiemeyer-Die_Sprache_der_Dinge.pdf (10.10.2012).

18 Lorraine Daston (Hg.): *Things that Talk: Object Lessons from Art and Science*, New York 2004; Mieke Bal: *Kulturanalyse*, Frankfurt am Main 2006.

19 Otto Lauffer: Quellen der Sachforschung, Wörter, Schriften, Bilder und Sachen. Ein Beitrag zur Volkskunde der Gegenstandskultur, in: *Oberdeutsche Zeitschrift für Volkskunde* 17 (1943), S. 106–131, hier S. 125; vgl. insbesondere zum zeithistorischen Kontext des Zitats Gudrun M. König: Dinge zeigen, in: Dies. (Hg.): *Alltagsdinge. Erkundungen der materiellen Kultur*, Tübingen 2005, S. 9–28.

20 Grant McCracken: *Culture and Consumption: New Approaches to the Symbolic Character of Consumer Goods and Activities*, Bloomington u. a. 1988, S. 57.

21 Elfie Miklautz: *Kristallisierter Sinn. Ein Beitrag zur soziologischen Theorie des Artefakts*, München, Wien 1996.

22 Ebd., S. 87.

linearen Anordnung vor, sondern wie bei Bildern simultan, gleichzeitig.«[23] Damit erklärt sich auch, warum den Gesten des Zeigens und den Strategien der Sichtbarkeit ein herausragender Stellenwert in der Theoretisierung der Dinge zukommt.

Das kulturanthropologische Interesse gilt der Beziehung zwischen Menschen und Dingen, es gilt der kulturellen Bedeutung und dem Umgang mit Dingen. In diesem analytischen Sinn markieren Schnittstellen mit ihrem kommunikativen Versprechen eine Untersuchungsperspektive, die insbesondere auf das Zeigen der Dinge vom Exponat bis zur Mode anzuwenden ist. Dinge, so Elfie Miklautz, sind »Elemente eines symbolisch vermittelten Sinnsystems« und damit »Teil der interpretativen Ordnung der Gesellschaft«.[24] Der eingelagerte, kulturell kodierte Sinn bezieht sich auf ein materielles Substrat und auf die überschüssige, symbolische Relevanz.

Dinge verstehe ich hier in ihrer Eigenart als Speicher, als materialisierte Kultur, als mediale Reservoirs, sind sie doch gleichermaßen Mittel der Darstellung und Mitteilung. Dinge sind nicht nur Resultate gesellschaftlicher Produktionen, sondern auch ihre Archivierung und ihr Zeigen konstituiert Bedeutung und Werte. Das Ziel des Beitrags ist es, die Interdependenzen von Sammeln, Wissen und Zeigen zu analysieren. Der neutrale Begriff des Schauplatzes bietet die Voraussetzung, Zeigepraktiken zu vergleichen sowie die Austauschprozesse zwischen musealen und außermusealen Kontexten zu verfolgen.

Die Sichtbarkeit und Sinnlichkeit der Wareninszenierung verdichteten sich zu Beginn des 20. Jahrhunderts im Warenhaus, im Schaufenster und in Ausstellungen.[25] In der Formationsphase der Konsumkultur wurden das Warenhaus, aber auch das Museum, zu spezifischen Zonen der Bedeutungsaufladung der Dinge. Topografische Einschreibungen transformieren die Bedeutungen. Der Status der Dinge variiert zwischen pädagogischem Objekt, Ware und Produkt.

Die Zirkulation der Waren zwischen den kommerziellen Sphären von Warenhaus und Gewerbeausstellungen sowie der sakralisierten Sphäre der Museen zeigt nicht nur Parallelen fetischisierter Dingversammlungen, sondern auch den situativen Status der Dinge als Ware, Zeugnis, Exponat. Die Verkehrsformen der Dinge werden in der Gegenübersetzung von Warenhaus, als Symbol der Konsumkultur, und von Museum, als »Instrument öffentlicher Erziehung«[26], verfolgt, weil in musealen und kommerziellen Zonen identische Artefakte ausgestellt werden konnten. Der Zeige-

---

23 Lioba Keller-Drescher: Das Versprechen der Dinge – Aspekte einer kulturwissenschaftlichen Epistemologie, in: *Basler Jahrbuch für historische Musikpraxis* XXXII (2008), S. 235–247, hier S. 243.

24 Elfie Miklautz: Die Produktwelt als symbolische Form, in: Gudrun M. König (Hg.): *Alltagsdinge. Erkundungen der materiellen Kultur*, Tübingen 2005, S. 43–61.

25 Vgl. Gertrud Lehnert: Paradies der Sinne. Das Warenhaus als sinnliches Ereignis, in: *Image. Zeitschrift für interdisziplinäre Bildwissenschaft* 8 (September 2008), URL: http://www.gib.uni-tuebingen.de/image/ausgaben-3?function=fnArticle&showArticle=137 (10.02.2010).

26 Tony Bennett: The exhibitionary complex, in: *new formations* 4 (Spring 1988), S. 73–102, hier S. 84, URL: http://www.londonconsortium.com/uploads/The%20Exhibitionary%20Complex.pdf (30.04.2012).

rahmen gestaltet daher Bedeutungsinhalte mit. Der Museumshistoriker Tony Bennett betont, dass »public museums instituted an order of things that was meant to last«[27] und dass Ausstellungen diese Ordnungen der Dinge dynamisierten. Expositions-anordnungen vom Warenhausschaufenster bis zur Museumsausstellung nutzen den Effekt der Vergegenwärtigung als materialisierte Beschwörungsformel, als Bewälti-gungsakt und als gemeinschaftsstiftende Praxis.

Anthropologie des Rettens

Zur »Theatralität der Waren« gehört ihr Ausstellen, darauf hat Hartmut Böhme in *Fetischismus und Kultur*[28] hingewiesen, und so verwundert es nicht, wenn sich um 1900 die Techniken und Theorien des Zeigens an die Waren anschmiegen. Den Auftritt der Waren begleitete ein Arsenal von Zeigegesten und Zeigepraktiken, von Schaufens-tern über Kataloge bis zu Ausstellungen und Museen.

Um 1900 hat sich zwischen die Agenturen der Sichtbarmachung Warenhaus und Museum als dritte Zeigeposition die Ausstellung gedrängt. In dem Jahrzehnt von 1904 bis 1913 fanden allein in Berlin knapp 400 zumeist gewerbliche, aber auch Industrie-, Gewerbe-, Kultur- und Kunstausstellungen statt, die von Produzen-ten, vom Handel und von bürgerlichen Interessensverbänden arrangiert wurden.[29] Zur Analyse der Fabrikation der Sichtbarkeit und der Strategien des Zeigens als ein Schnittstelleneffekt kann auf sie nicht verzichtet werden, denn sowohl das Waren-haus wie das Museum bedienen sich der temporären Ausstellungsform, manchmal auch in Kooperation. Die Techniken des Zeigens und die Dinge wandern zwischen Museum und Ausstellung, zwischen Ausstellung und Museum. Es sind die großen Weltausstellungen, die hier die Vorlagen liefern. Bereits die erste Weltausstellung im Jahr 1851 in London konzentrierte die verschiedenen Disziplinen und Techni-ken des Zeigens aus den Bereichen der Museen, Panoramen, Kunstgalerien und Ar-kaden.[30] Mit Exponaten der Londoner Weltausstellung wurde das kunstgewerbliche South Kensington Museum (seit 1899 Victoria and Albert Museum) als »Mittel zur Bildung der Massen«[31] gegründet. Die Expositionsprinzipien der Weltausstellungen wie Stubendarstellungen, ethnografische Dörfer und historische Abteilungen wur-den nicht nur für das ethnografisch-museale Zeigen vorbildlich, sondern sie wurden auch von regionalen und lokalen Gewerbeausstellungen nachgeahmt. Der Kunst-historiker und Gründungsdirektor des Berliner Kunstgewerbemuseums Julius Les-

---

27 Ebd., S. 93.

28 Hartmut Böhme: *Fetischismus und Kultur. Eine andere Theorie der Moderne*, Reinbek bei Hamburg 2006, S. 333.

29 Vgl. Gudrun M. König: *Konsumkultur. Inszenierte Warenwelt um 1900*, Wien u. a. 2009.

30 Bennett (1988), S. 74.

31 Baur (2010), S. 27.

sing pointierte zu Beginn des 20. Jahrhunderts, dass das »Getriebe der Ausstellungen« nur von den Weltausstellungen her verständlich sei. Die Ausstellungen seien eines der »merkwürdigsten Produkte der modernen Zeit, nicht nur in ihrer Anlage, in der Anhäufung der Waren und in dem Verkehr der Besucher, sondern in ihren Grundbedingungen, in welchen alle Fäden des modernen Lebens zusammengefaßt sind«.[32]

Als Gegensatz zu dem »modernen großartigen Gepräge«[33] der Gewerbeausstellung in der ehemaligen Reichstadt Villingen im Schwarzwald des Jahres 1907 präsentierte der Uhrenfabrikant und Sammler Oskar Spiegelhalder seine sogenannte Schwarzwaldsammlung in drei Stuben.[34] Ein Zimmer mit »unterhaltendem Sammelsurium« Schwarzwälder Provenienz, eine Bauernstube und eine Uhrmacherwerkstatt sorgten für die Vergegenwärtigung der Vergangenheit auf der Industrieausstellung und für die Idyllisierung der Herkunft angesichts einer »Großindustrie«, welche die »Kleinen aufgesaugt« hat.[35] Der Sammler Spiegelhalder kooperierte mit zahlreichen Museen, da diese nicht zuletzt Abnehmer seiner Sammlungsobjekte waren. Er war Mitglied des Berliner Vereins für das Museum Deutscher Volkstrachten und Erzeugnisse des Hausgewerbes. Im Jahr 1904 wurde das Museum umbenannt in Königliche Sammlung für Deutsche Volkskunde, die Vorgängerinstitution des heutigen Museum Europäischer Kulturen. In den Vereinsmitteilungen informiert der Kunsthistoriker Franz Weinitz über Spiegelhalders Präsentation auf der *Kunst-, Gewerbe- u. Industrieausstellung Villingen* 1907.[36] In seinem Bericht entschwindet jedoch der gewerbliche Zeigekontext. Spiegelhalder wird als »Forscher und Sammler« nobilitiert, der die »heimatliche Volkskunde« darbietet.[37] Weinitz hat die Ausstellung zwar nicht selbst gesehen, doch mit der Abschrift eines Artikels aus der *Furtwanger Zeitung* schließt er diese Lücke und legitimiert dieses Verfahren durch seinen früheren Besuch, bei dem die Ausstellung im Aufbau und von daher noch nicht sichtbar gewesen war. Sein Zurechtstutzen der Villinger Gewerbeausstellung für die Vereinsmitglieder zu einer Darbietung des »Volkslebens auf dem Schwarzwalde und seines Gewerbefleisses aus der älteren Zeit«[38] verschreibt sich damit der Rettungsidee und eliminiert die Parallelität von aktueller Gewerbeschau und historischem Rückblick.

32 Julius Lessing: Kunst- und Kunstgewerbe-Ausstellungen, in: Paul Hinneberg (Hg.): *Die allgemeinen Grundlagen der Kultur der Gegenwart*, Berlin, Leipzig 1906, S. 390–411, hier S. 390.

33 Die Schwarzwald-Sammlung von Oskar Spiegelhalder in Lenzkirch auf der Villinger Ausstellung, in: *Leipziger Uhrmacher-Zeitung* 14, Heft 17 (01.09.1907), S. 264.

34 Diese Sammlung wird im Rahmen eines Kooperationsprojektes mit dem Städtischen Museum Villingen untersucht und von der VolkswagenStiftung gefördert (2012–2015).

35 Die Schwarzwald-Sammlung von Oskar Spiegelhalder in Lenzkirch auf der Villinger Ausstellung (1907).

36 Franz Weinitz: Die Schwarzwälder Sammlung des Herrn Oskar Spiegelhalder auf der Villinger Ausstellung 1907, in: *Mitteilungen aus dem Verein der Königlichen Sammlungen für Deutsche Volkskunde* 3/1 (1907/08), S. 33–37, hier S. 33.

37 Ebd.

38 Ebd., S. 34.

Wie das Beispiel zeigt, gingen im letzten Viertel des 19. Jahrhunderts analog zu der Beschleunigung des Warenverkehrs auch Prozesse der Entschleunigung einher, zu denen sowohl die Ästhetisierung wie auch die Musealisierung zu zählen sind. Die Leidenschaften des Bewahrens und Innehaltens bürgerlicher Verbände kulminierten im Schützen, Sammeln und Zeigen von Dingen, die von dem schnellen Modewechsel industrieller Warenkultur scheinbar unberührt geblieben waren, sich aber zu verringern drohten. Dazu zählte das antiquarische Interesse an ländlicher Kleidung, an Arbeits- und Hausgerät, das heißt an ethnografischen Objekten. Der Versuch der Rezeptionsverkürzung von Weinitz, die museal-wissenschaftliche Seite von der gewerblichen Vernetzung zu trennen, war in der Volkskunde um 1900 kein Einzelfall. Der Dreischritt von »Retten«, Deponieren und Exponieren kannte unterschiedliche Verknüpfungslogiken; nicht zwangsläufig stand das Exponieren am Ende, sondern zuweilen eben gerade am Anfang.

Der Vorstand des Vereins für das Museum Deutscher Volkstrachten und Erzeugnisse des Hausgewerbes in Berlin mit dem Mediziner und Politiker Rudolf Virchow an der Spitze legitimierte bereits im Jahr 1897 die knapp zehnjährigen Sammelaktivitäten mit der »erschreckenden Schnelligkeit«, in der traditionelle Kleidung, Rituale, Geräte und Häuser verschwänden, vernichtet und verändert würden.[39] Ein wichtiger Teilbestand der Berliner Sammlungen gelangte im Jahr 1893 in den Besitz des Vereins, nachdem er auf der Weltausstellung in Chicago gezeigt worden war.

Die fortschrittsoptimistische Strategie des Zeigens zeitgenössischer Waren und technischer Neuheiten im Verbund mit historischen und ethnografischen Exponaten war seit der Londoner Weltausstellung 1851 vorbildlich für größere und kleinere Gewerbeausstellungen – wie in der Schwarzwaldstadt Villingen 1907 – geworden.[40] Die Chicagoer Weltausstellung ist für die Kulturanthropologie jedoch von besonderem Gewicht. Der Museumsmann Franz Boas, später der erste Lehrstuhlinhaber für Kulturanthropologie in New York,[41] war zuständig für den Pavillon für Anthropologie. Boas hatte sich bereits einen Namen gemacht, da er seine Forschungsreisen zu den nordwestamerikanischen *first nations* mit dem Ankaufen von Artefakten verband und durch den Weiterverkauf an Museen teilweise die Reisen finanzierte. Boas relativistisches Verständnis einer Eigenlogik jeder Kultur wurde bedeutsam für die Etablierung der Kulturanthropologie, wobei sein Sammeln und Zeigen materieller Kulturreste museologische Darstellungsweisen nachhaltig beeinflusste. Boas lud eine Kwakwaka'wakw-Gruppe ein, die Handwerkstechniken, Tänze, Zeremonien und

---

39 Vorwort, in: *Mittheilungen aus dem Museum für Deutsche Volkstrachten und Erzeugnisse des Hausgewerbes* 1 (1897), S. 3–5, hier S. 3.

40 Eckhardt Fuchs: Popularisierung, Standardisierung und Politisierung: Wissenschaft auf den Weltausstellungen des 19. Jahrhunderts, in: Franz Bosbach/John R. Davis (Hg.): *Die Weltausstellung von 1851 und ihre Folgen. The Great Exhibition and its Legacy*, München 2002, S. 205–221, hier S. 211.

41 Zu Franz Boas und der Begründung der Kulturanthropologie vgl. Christoph Wulf: *Anthropologie. Geschichte, Kultur, Philosophie*, Köln 2009, S. 101–110.

Musik vorführte. Mit neuesten technologischen Mitteln wurden die Aufführungen aufgezeichnet: Ton- und Bilddokumente entstanden, die wiederum in Museumsarchive überführt wurden.[42] Die Kwakwaka'wakw-Gruppe führte auf der Weltausstellung einen rituellen Tanz vor, dessen zentrales Element Boas dreidimensional in einem dioramatischen Schaukasten nachstellen ließ (Abb. 1). Um die Szene im Diorama in den Gesten möglichst lebensnah zu gestalten, probte er selbst vor der Kamera in unterschiedlichen Posen die Körperhaltungen (Abb. 2–5). Das dioramatische Exponieren stellte die Bewegungsformation auf Dauer und erlaubte Boas, Kleidung und Geräte im rituellen Gebrauchskontext zu zeigen. Das lebensgroße Diorama wurde im Jahr 1895 auf der *Cotton States and International Exposition*[43] in der Nähe von Atlanta, Georgia, gezeigt. Diese regionale Großausstellung bediente sich vieler Zeigeformate der Weltausstellungen, sodass neben der industriellen Leistungsschau auch ein Vergnügungsbezirk, historische Abteilungen und ethnografische Dörfer ausgestellt wurden. Damit zirkuliert das in diesem Beispiel auf der Weltausstellung in Chicago gewonnene Wissen über die Rituale der Kwakwaka'wakw-Gruppe durch Franz Boas zum American Museum of Natural History, zur nächsten Industrieausstellung und wieder zurück ins Museum. Die Chicagoer Weltausstellung war für Boas durch die Nutzung diverser Aufzeichnungsmedien jedoch nicht nur ein Experiment des Zeigens, sondern auch eine Laborsituation der Beobachtung. Insbesondere die ethnologische Forschung hat sich damit beschäftigt, was es für Geheimrituale bedeutet hat, öffentlich gemacht zu werden.[44] Das asymmetrische Gefüge der Macht wurde gleichsam mit ausgestellt.

Das *Handbook of Material Culture* spezifiziert, dass sich mit dem Primat der ethnologischen Feldforschung seit den 1920er Jahren die Aufzeichnungspraxis und der Status der materiellen Kultur verändert haben.[45] Das Sammeln, Klassifizieren und Analysieren von Artefakten im Sinne einer »salvage anthropology«[46], das am Ende des 19. Jahrhunderts zu großen Museumssammlungen geführt hatte, bekam Konkurrenz durch die Beobachtung vor Ort. In diesem Prozess veränderte sich der

---

42 Aaron Glass: On the circulation of ethnographic knowlegde, in: *Material World Blog*, URL: http://www.materialworldblog.com/2006/10/on-the-circulation-of-ethnographic-knowledge (01.04.2011); vgl. dazu Julien Bondaz: Franz Boas and the Ethnologist's Techniques of the Body, in: *Le Journal de la Triennale* 4, 18.05.2012, URL: http://www.latriennale.org/en/lejournal/you-do-not-stand-one-place-watch-masquerade/franz-boas-and-ethnologists-techniques-body (15.02.2013).

43 Der Fotograf Fred L. Howe hinterließ zahlreiche Aufnahmen der Ausstellung, siehe Fred L. Howe: Cotton States And International Exposition Photographs [1895], Atlanta History Center, URL: http://album.atlantahistorycenter.com/store/Category/437-fred-l-howe-1895-cotton-states-and-international-exposition-photographs.aspx (10.10.2012).

44 Glass (2006).

45 Vgl. Chris Tilley u. a. (Hg): *Handbook of Material Culture*, London 2006, S. 2.

46 Britta Lange: Sensible Sammlungen, in: Dies./Margit Berner/Anette Hoffmann (Hg.): *Sensible Sammlungen. Aus dem anthropologischen Depot*, Hamburg 2011, S. 15–40, hier S. 21; zu Boas als kritisiertem Vertreter der »salvage anthropology« vgl. Clifford Wilcox: *Robert Redfield and the Development of American Anthropology*, Plymouth 2006, S. 2.

Abb. 1   Anonym: Diorama für das American Museum for Natural History, Hamatsa-Ritual, 1895

Abb. 2–5   Anonym: Franz Boas (1858–1942) posiert für das Diorama des Hamatsa-Rituals, 1895

Status der Dinge in der wissenschaftlichen Aufmerksamkeit. Sie waren nun weniger Stellvertreter der Rettungsidee im evolutionistischen und kulturrelativistischen Verständnis, als vielmehr Indizien und Indikatoren des Sozialstatus, technologische oder zweckgerichtete Exempel auf der Basis funktionalistischer und strukturfunktionalistischer Theoriekonzepte.[47]

47 Vgl. Tilley (2006), S. 2.

In dieser Entdeckungsphase der sogenannten primitiven Kulturen, die bereits seit den letzten Jahrzehnten des 19. Jahrhunderts das wissenschaftliche Interesse geweckt hatten, wurden diese von der künstlerischen Avantgarde und den ethnografischen Wissenschaften als ästhetische und wissenschaftliche Reservoirs neu entdeckt. Im Sinne von James Cliffords »ethnographic surrealism« sind die ethnografischen Wissenschaften und der Surrealismus als zwei korrespondierende Weisen zu interpretieren, mit den Kontrasten von Fremdheit und Vertrautheit umzugehen.[48] In diesem Prozess, in dem etwa die Ethnografen das Fremde vertraut und die Surrealisten das Vertraute fremd machten, wurden die Betrachtungsweisen des Exotischen auf die eigene Kultur übertragen. Die Faszination für die Imponderabilien im Verhältnis zwischen Mensch und Ding begleitete die naturwissenschaftlichen und technischen Möglichkeiten der Dingerkundung wie Filmtechnik, Röntgenstrahlen und Quantenphysik. Mit ihrer Vervielfältigung in der Massenproduktion und ihrer Exposition in den Medien der Warenkultur gerieten die Dinge in ein neues Spannungsfeld von Attraktion und Aversion, von Nähe und Distanz.

Historizität der »Exponatik«[49]

Die Verbindungen zwischen musealen und merkantilen Strategien des Zeigens hat die Volkskundlerin Esther Gajek für die 1990er Jahre zu der Frage motiviert, ob es nicht mehr und mehr gemeinsame Phänomene wie Ausstellungen, Aufseher, Beschriftungen und Abteilungen in Museum wie Warenhaus gebe.[50] Auch wenn das Warenhaus als symbolische Repräsentation von Ästhetisierungsprozessen bürgerlicher Raumaneignung heute seine Prägekraft ökonomisch verloren hat,[51] so sind damit die Verbindungen zweier scheinbar konträrer Zonen des Zeigens nicht obsolet geworden. Sie kreisen um die museale Demonstration des Bewahrens und die kommerzielle Inszenierung des Begehrens. Gegen die These einer postmodernen Annäherung von Warenhaus und Museum muss der Gleichklang der Zeigestrategien nicht erst seit den 1990er Jahren, sondern bereits seit rund 100 Jahren gesetzt werden. Das gilt ebenfalls für die Verbindung zu den Museen. Bärbel Kleindorfer-Marx hat auf die »Wechselbeziehungen zwischen Gewerbeausstellungen und Hei-

---

48 Vgl. James Clifford: On Ethnographic Surrealism, in: Ders.: *The Predicament of Culture. Twentieth-Century Ethnography, Literature and Art*, Cambridge, London 1988, S. 117–151.

49 Zum Begriff vgl. die für Ausstellungspraktiker konzipierte Publikation von Fritz Franz Vogel: *Das Handbuch der Exponatik. Vom Ausstellen und Zeigen*, Köln 2012.

50 Esther Gajek: Museum und Kaufhaus. Ein weites Feld, in: Bärbel Kleindorfer-Marx/Klara Löffler (Hg.): *Museum und Kaufhaus. Warenwelten im Vergleich*, Regensburg 2000 (= Regensburger Schriften zur Volkskunde Bd. 15), S. 9–25, hier S. 10.

51 Vgl. Alarich Rooch: *Zwischen Museum und Warenhaus. Ästhetisierungsprozesse und sozial-kommunikative Raumaneignungen des Bürgertums (1823–1920)*, Oberhausen 2001.

matmuseum um 1900«[52] hingewiesen. Die Beobachtung, das Warenhaus bediene sich verstärkt musealer Präsentations- und Erzählformen, ist historisch nicht plausibel, weil Museen, Ausstellungen und Warenhäuser bereits um 1900 kooperierten und die Konsumenten konditionierten. Die Konjunktur der kulturwissenschaftlichen Aufmerksamkeit für die Phänomene der Gemeinsamkeiten verweist aber auf zweierlei: zum einen auf die verstärkte Reflexion über die Institution Museum seit den 1970er Jahren, die in der angloamerikanischen Literatur mit »new museology«[53] umschrieben wird, zum andern auf das anhaltende interdisziplinäre Interesse an der Analyse materieller Kultur und an den Zeigeformationen wie den Zeigequalitäten der Dinge.

Die Agenten der Sichtbarmachung um 1900, Architekten, Gestalterinnen und Künstler arbeiteten sowohl für Warenhäuser als auch für Ausstellungen und Museen. Das gilt für den Architekten Alfred Messel, die Malerin Marie Kirschner und den Grafiker Lucian Bernhard, um nur wenige Namen zu nennen. Insbesondere in der Architektur, aber vor allem bei den neuen grafischen Plakatkünsten, in der Werbung und bei der Schaufensterdekoration finden sich diese professionellen Entsprechungen. Der Architekt Alfred Messel hat im Jahr 1907 die Pläne für das Berliner Pergamonmuseum entworfen und baute das Landesmuseum Darmstadt fast zeitgleich mit dem Berliner Warenhaus Wertheim.[54] Die Malerin Marie Kirschner war mitverantwortlich für die historisch-museale Sektion der Internationalen Volkskunstausstellung 1909 im Warenhaus Wertheim.[55] Der Grafiker und Architekt Lucian Bernhard machte diverse Plakate für Gewerbeausstellungen in den Ausstellungshallen am Zoologischen Garten Berlin sowie Werbeplakate für die Firmen Manoli, Stiller und Bosch. Das Museum für Kunst in Handel und Gewerbe in Hagen feierte ihn in einer Publikation als vorbildlichen Reklamekünstler[56] und im Jahr 1922 wurde er Professor an der Staatlichen Unterrichtsanstalt des Berliner Kunstgewerbemuseums.[57] Durch die künstlerischen Parallelbeschäftigungen überlagerten sich ästhetisch die Präsentationsformen und die Gesten des Zeigens.

Berührungen zwischen Warenhaus und Museum thematisieren Kulturkritiker und Kunstwissenschaftler seit Beginn des 20. Jahrhunderts. Die »Profanierung von Kunst« im Berliner Warenhaus Wertheim begrüßte etwa der Kunstwissenschaftler

---

52 Kleindorfer-Marx (2000).

53 Vgl. Peter Vergo (Hg.): *The New Museology*, London 1989.

54 Michael Zajonc: Alfred Messel. Die Evolution findet im Saale statt, in: *Der Tagesspiegel* (04.11.2009), URL: http://www.tagesspiegel.de/kultur/ausstellungen-alt/alfred-messel-die-evolution-findet-im-saale-statt/1626810.htm (20.08.2013).

55 König (2009), S. 252.

56 Fritz Meyer-Schönbrunn (Hg.): *Monographien deutscher Reklamekünstler*. Im Auftrag des Deutschen Museums für Kunst in Handel und Gewerbe, Hagen i. W., Heft IV: Lucian Bernhard. Eingeleitet von Friedrich Plietzsch, Mannheim, Hagen, Dortmund 1913.

57 *Lucian Bernhard*, URL: http://www.klingspor-museum.de/KlingsporKuenstler/Schriftdesigner/Bernhard/LucianBernhard.pdf (23.05.2013).

und spätere Direktor des Kaiser Wilhelm Museums in Krefeld, Max Creutz, als Zeichen der Demokratisierung. Er war bereits im Jahr 1902 überzeugt von der erzieherischen Wirkung der »Kunst der Straße« wie der »Kunst der Warenhäuser«, die den exklusiven Anspruch der Museen hinter sich gelassen habe: »Das Volk geht selten in Museen, fortwährend dagegen steht es auf der Straße vor Plakaten und Schaukästen, vor Dingen.«[58] Warenhaus und Museum teilten sich die Idee der Demokratisierung: Das Warenhaus flankierte die Demokratisierung des Konsums, das Museum die Demokratisierung der Bildung. Gestalterinnen, Konservatoren und Architekten, die den Anspruch der ästhetischen Erziehung in die Öffentlichkeit trugen, konturierten beide Sphären. Gerade die (Welt-)Ausstellungen waren Orte, an denen trotz des kommerziellen Primärinteresses Kultur und Wissenschaft zum Ereignis wurden.

Bei allen Differenzen zwischen Museum und Warenhaus wanderten nicht nur die Exponate und die ästhetischen Vorstellungen von einem Ort zum anderen, sondern wissenschaftliche Interpretationen und Analysen profitierten von den Entwicklungen im gewerblich-merkantilen Zweig des Zeigens. Orientiert und geschult an den Expositionen der Konsumkultur, formulierten etwa der Kulturphilosoph Georg Simmel, der Soziologe Werner Sombart und der Gesellschaftstheoretiker Walter Benjamin zwischen den 1890er und den 1920er Jahren jene luziden Beschreibungen, die bis heute in der Museumstheorie von Bedeutung sind. Die Rezeption dieser frühen expositionstheoretischen Ansätze machte den Verweis auf Gewerbeausstellungen jedoch selten explizit.[59]

Simmel überlegt angesichts der Berliner Gewerbeausstellung 1896, dass Rahmung, Zusammenstellung, Anordnung und Aufbau der Waren die »Schaufenster-Qualität der Dinge« hervorbringe und ihnen Anziehungskraft hinzufüge. Diese Qualität markiert nach Simmel ein ästhetisches Surplus, denn das Arrangement des Zusammenseins verleihe »neue ästhetische Bedeutsamkeiten«.[60] Sombart reflektiert nach dem Besuch der Berliner Ausstellung *AUGUR*, das Akronym des Titels *Ausstellung umfassend Geschäftsbedarf und Reklame*, im Jahr 1908, die Ausstellung als Kulturphänomen fördere das »demokratische Omnibus-Prinzip« als Mittel der Bildung und Erbauung für alle, wodurch »mehr Menschen mehr Dinge zu sehen [...] bekommen als ohne sie«.[61] Die Ausstellung wurde vom Berliner Handel organisiert,

---

58 Max Creutz: Bei Wertheim, in: *Die Zeit: Nationalsoziale Wochenschrift* 2 (1902/03), S. 217–18, hier S. 217.

59 Gottfried Korff: Omnibusprinzip und Schaufensterqualität. Module und Motive der Dynamisierung des Musealen im 20. Jahrhundert, in: Michael Grüttner u. a. (Hg.): *Geschichte und Emanzipation. Festschrift für Reinhard Rürup*, Frankfurt am Main, New York 1999, S. 728–754.

60 Georg Simmel: Berliner Gewerbe-Ausstellung (1896), in: Ders.: *Vom Wesen der Moderne. Essays zur Philosophie und Ästhetik*, hg. von Werner Jung, Hamburg 1990, S. 167–174, hier S. 172 f.; Ulrike Weber-Felber/ Severin Heinisch: Ausstellungen. Zur Geschichte eines Mediums, in: *Österreichische Zeitschrift für Geschichtswissenschaften* 2/4 (1991), S. 7–24.

61 Werner Sombart: Die Ausstellung, in: *Morgen* 9 (28.02.1908), S. 249–256, hier S. 250.

sie enthielt eine historische Werbeplakatabteilung, die der Kunsthistoriker Paul Westheim kuratierte. Ende der 1920er Jahre profiliert Walter Benjamin in Hinblick auf die aufklärerische Ausstellung *Gesunde Nerven* im Gesundheitshaus Kreuzberg die besondere Qualität der visuellen Wahrnehmung dreidimensionaler Gegenstände, da sie »einen Trick der Evidenz« mit sich führten, die mit Worten grundsätzlich nicht erzielt werde.[62] Diese nach Benjamin prinzipielle Überzeugungskraft der gegenständlichen Anschauung gelinge jedoch nur im Verbund mit Überraschung und Unvorhergesehenem, dem berühmten »Chock«. Simmels Schaufensterqualität der Dinge, Sombarts Omnibus-Prinzip der Ausstellung und Benjamins inszenatorischer Schock als Erkenntnisinstrumente sind weitreichende Einsichten, die an den Ausstellungen der Konsumkultur gewonnen wurden und die museale *mise en scène* bis heute bestimmen.

Der Literaturwissenschaftler Hans Ulrich Gumbrecht hat hervorgehoben, in der westlichen Kultur sei das ästhetische Erleben einem spannungsreichen Oszillieren zwischen Bedeutung und Präsenz ausgesetzt.[63] Die »medien-technologisch durchsetzte Lebensform menschlicher Allgegenwart« habe die Sehnsucht, »mit Leib und Seele bei einer Sache zu sein«, überholt.[64] Begonnen habe diese Entwicklung mit dem Medienaufbruch im 19. Jahrhundert, der es möglich machte, »akustisch, visuell und intellektuell dort zu sein, wo die Körper nicht waren«.[65] Die Motivation der Kulturtheoretiker zu Beginn des 20. Jahrhunderts, den Gewerbeausstellungen gesteigerte Beachtung zu schenken, mag angesichts der neuen Waren- und jungen Medienfülle einer Reflexion von Bedeutungseffekten geschuldet sein, denn materiell, visuell, akustisch, körperlich und intellektuell sind gerade Ausstellungen Vermittlungsagenturen von Präsenz.

Ein Sammelbecken der frühen theoretischen Annäherungen an das Exponieren war der *Deutsche Werkbund*. Nicht nur Simmel und Sombart waren seine Mitglieder. Zu diesem Kreis zählten auch Karl Ernst Osthaus, Hagener Museumsgründer und Ausstellungsmacher mit seiner Schaufenstertheorie, der Schriftsteller und Volkswirtschaftler Alfons Paquet mit seiner Theorie des Exponats, die auf dem »Schauwert der Dinge«[66] beruht. Hier ergeben sich unmittelbare Parallelen zu Simmels ästhetischem Mehrwert durch die Präsentation im Schaufenster und auf Ausstellungen. Für den Kontext des Zeigens ist bedeutsam, dass dieser Schauwert,

---

62 Walter Benjamin: Bekränzter Eingang. Zur Ausstellung »Gesunde Nerven« im Gesundheitsamt Kreuzberg [1929], in: Ders.: *Gesammelte Schriften*, Bd. IV/1, Frankfurt am Main 1999, S. 557–561, hier S. 560.

63 Vgl. Hans Ulrich Gumbrecht: *Präsenz*, Berlin 2012, S. 343.

64 Gumbrechts Begriff der »Sache« integriert hoch- und alltagskulturelle Artefakte vom Buch über das Musikstück bis zum Linsengericht: Hans Ulrich Gumbrecht: SMS-Allgegenwart. Kommunizieren im Rhythmus der Götter? Deutschlandradio Kultur, Sendung vom 05.08.2007, URL: http://www.dradio.de/dkultur/sendungen/signale/654015/ (01.03.2013).

65 Ebd.

66 Vgl. dazu König (2009).

im Gegensatz etwa zu den Implikationen des Begriffs der Warenästhetik, nicht den Wunsch nach Gebrauch oder Besitz wecken müsse.[67] Für Paquet ist der Schauwert im Akt der Veröffentlichung real und ideell wertbildend: in direkter Weise, wenn der gezeigte Gegenstand so begehrt ist, dass für ihn Geld bezahlt wird, wie im Warenhaus, oder in indirekter Weise, wenn durch seine Präsentation gesellschaftliche Bedürfnisse befriedigt werden, wie im Museum. Paquet kann daher formulieren: »Läden, Lehrschauen, Museen, Musterlagen unterscheiden sich streng von einander und begegnen einander doch heimlich überall.«[68] Beim Ausstellen wird der Schauwert der Dinge in den Dienst genommen: Ökonomische, politische und didaktische Interessen instrumentalisieren den Schauwert jedoch auf je spezifische Weise.[69] Die Ansammlung von Schauwerten, ihre prinzipielle Ersetzbarkeit und die temporäre Architektur machten es Ausstellungen möglich, Stimmungswelten darzustellen, im Gegensatz zu den um 1900 üblichen typologischen und evolutionären Exponatreihen im Museum mit ihrem Sichtbarkeitsprinzip einer strukturellen Ordnung der Dinge.[70] Boas' Diorama mit dem szenischen Nachbau eines Rituals im Schaukasten betrat demgegenüber expositorisches Neuland.

Im Jahr 1909 fand in den Räumen des Berliner Warenhauses Wertheim eine Ausstellung statt, die von besonderem Interesse ist. Der bürgerliche Frauenklub Lyceum veranstaltete die erste *Internationale Ausstellung für Volkskunst*.[71] Die Ausstellung bedeckte rund 1000 Quadratmeter und gliederte sich in zwei große Bereiche: in die historische und in die moderne Abteilung. Die Königliche Sammlung für deutsche Volkskunde beteiligte sich mit Exponaten und erwarb für diese Ausstellung im Warenhaus Wertheim einen sogenannten Brautwagen aus Oberbayern als Hauptstück für die historische Abteilung.[72] Privatsammler, Volkskundevereine und mindestens zehn weitere deutsche Museen bestückten die Warenhausausstellung mit Hauben, Brautkronen, Holzschnitzarbeiten, Trachten und Leinenstickereien. Das Repertoire volkskundlich-musealer Sammelpraxis wurde regional sortiert in Kojen präsentiert. Dazu kamen jene Exponate aus aller Welt, die durch die Arbeit und Vermittlung des Deutschen Lyceum-Clubs nach Berlin geschickt worden waren. Sowohl für das Warenhaus Wertheim als auch für das Volkskundemuseum erfüllte die Ausstellung den Zweck der Reklame und der öffentlichen Sichtbarkeit. Die Verbindung von Museum

---

67 Alfons Paquet: *Das Ausstellungsproblem in der Volkswirtschaft*, Jena 1908, S. 7.

68 Vgl. Alfons Paquet: Kundschaft und Publikum. Im Haushalt der gezeigten Dinge, in: *Frankfurter Zeitung und Handelsblatt* (03.02.1942).

69 Vgl. Paquet (1908), S. 15 f.

70 Tony Bennett: *Past beyond Memory. Evolution, Museums, Colonialism*, London 2004, S. 172.

71 Vgl. Mary Pepchinski: *Feminist Space. Exhibitions and Discourses between Philadelphia and Berlin, 1865–1912*, Weimar 2007, S. 149 ff.

72 Karl Brunner: Die Königliche Sammlung für deutsche Volkskunde auf der internationalen Ausstellung für Volkskunst, in: *Mitteilungen aus dem Verein der Königlichen Sammlung für Deutsche Volkskunde* 3/2 (1909), S. 107–112, hier S. 108.

und Warenhaus, traktiert als Phänomen der Postmoderne, erweist sich auch an diesem Beispiel als eine Beziehung mit Geschichte. Ihr Resultat sind Crossover-Effekte in den Gebärden des Betrachtens und in der Schulung von Betrachtern, Konsumenten und Besucherinnen.

Zusammenfassend ist zu konstatieren, dass der Austausch ästhetischer Ideale, das Zirkulieren der Exponate und die Produktion von Wissen insbesondere die ephemeren gewerblichen Ausstellungen um 1900 zu Experimentierfeldern der Moderne machten. An ihnen schulten sich die kulturtheoretisch bewanderten Beobachter. Sie animierten zu expositionstheoretischen Ansätzen angesichts einer Kultur gesteigerter Sichtbarkeit. Das liegt auch daran, dass trotz ökonomischen Kalküls auf den Gewerbeausstellungen historische, aufklärerische und ethnografische Ausstellungseinheiten integriert waren.

In der aktuellen Hochphase der interdisziplinären Aufmerksamkeit für die Dinge als kulturelle Bedeutungsträger wird die methodisch abgesicherte Dingbefragung erneut zum Ausgangspunkt kultureller Exkursionen, um die Perspektiven auf die Subjekt- und Sinnkonstruktionen zu erweitern. Materialität und Medialität der Dinge sind aber nicht nur Resultate kulturellen Handelns oder Indizien kultureller Prozesse, sondern auch Generatoren von Bedeutung und Wissen.

Es ist die Zeigequalität, die Artefakte zu Schnittstellen visuell-kommunikativer Potenzialität macht. Sie zeigen sich und sie werden gezeigt. Das Zeigen gibt den Dingen nicht nur einen ästhetischen Mehrwert, sondern es macht sie zu pädagogischen Objekten, an denen etwas gezeigt werden soll. In der Analyse muss diese Zeigequalität in Sprache übersetzt und der Zeigerahmen beachtet werden, ohne vorschnell von einer Sprache der Dinge zu reden.

Die Untersuchung musealer und außermusealer Schauplätze der Dinge hat trotz basaler Interessensdifferenzen vielfältige Gemeinsamkeiten und heimliche Nähen offenbart und letztlich ein dynamisches Verweissystem deutlich gemacht, das auf der Zeigequalität der Dinge und der Waren beruht. Die koexistenten Praktiken des Zeigens verweisen unmittelbar auf die historisch engen Beziehungen zwischen Wissenschaft, Museum und Konsumkultur.

Literatur

Bal, Mieke: *Kulturanalyse*, Frankfurt am Main 2006.

Baur, Joachim: Was ist ein Museum? Vier Umkreisungen eines widerspenstigen Gegenstands, in: Ders. (Hg.): *Museumsanalyse. Methoden und Konturen eines neuen Forschungsfeldes*, Bielefeld 2010, S. 15–48.

Benjamin, Walter: Bekränzter Eingang. Zur Ausstellung «Gesunde Nerven» im Gesundheitsamt Kreuzberg [1929], in: Ders.: *Gesammelte Schriften*, Bd. IV/1, Frankfurt am Main 1999, S. 557–561.

Bennett, Tony: The exhibitionary complex, in: *new formations* 4 (Spring 1988), S. 73–102, URL: http://www.londonconsortium.com/uploads/The%20Exhibitionary%20Complex.pdf (30.04.2012).

Bennett, Tony: *Pasts beyond Memory. Evolution, Museums, Colonialism*, London 2004.

Böhme, Hartmut: *Fetischismus und Kultur: eine andere Theorie der Moderne*, Reinbek bei Hamburg 2006.

Bondaz, Julien: Franz Boas and the Ethnologist's Techniques of the Body, in: *Le Journal de la Triennale* 4, 18.5.2012, URL: http://www.latriennale.org/en/lejournal/you-do-not-stand-one-place-watch-masquerade/franz-boas-and-ethnologists-techniques-body (15.02.2013).

Brunner, Karl: Die Königliche Sammlung für deutsche Volkskunde auf der internationalen Ausstellung für Volkskunst, in: *Mitteilungen aus dem Verein der Königlichen Sammlung für Deutsche Volkskunde* 3/2 (1909), S. 107–112.

Carstensen, Jan (Hg.): *Die Dinge umgehen? Sammeln und Forschen in kulturhistorischen Museen*, Münster u. a. 2003.

Clifford, James: On Ethnographic Surrealism, in: Ders.: *The Predicament of Culture. Twentieth-Century Ethnography, Literature and Art*, Cambridge, London 1988, S. 117–151.

Creutz, Max: Bei Wertheim, in: *Die Zeit: Nationalsoziale Wochenschrift* 2 (1902/03), S. 217–18.

Cvetkovski, Roland: Modalitäten des Ausstellens. Musealisierungskultur in Frankreich, 1830–1860, in: *Historische Anthropologie* 18/2 (2010), S. 247–274.

Cvetkovski, Roland: *Über die Ordnung. Museum, museales Wissen und kulturelle Praxis im europäischen Kontext*, Tagungsankündigung Köln 2011, URL: http://hsozkult.geschichte.hu-berlin.de/termine/id=16292 (01.05.2011).

Daston, Lorraine (Hg.): *Things that Talk: Object Lessons from Art and Science*, New York 2004.

Fuchs, Eckhardt: Popularisierung, Standardisierung und Politisierung: Wissenschaft auf den Weltausstellungen des 19. Jahrhunderts, in: Franz Bosbach/John R. Davis (Hg.): *Die Weltausstellung von 1851 und ihre Folgen. The Great Exhibition and its Legacy*, München 2002, S. 205–221.

Gajek, Esther: Museum und Kaufhaus. Ein weites Feld, in: Bärbel Kleindorfer-Marx/Klara Löffler (Hg.): *Museum und Kaufhaus. Warenwelten im Vergleich*, Regensburg 2000 (= Regensburger Schriften zur Volkskunde Bd. 15), S. 9–25.

Geppert, Alexander C. T.: Welttheater. Die Geschichte des europäischen Ausstellungswesens im 19. und 20. Jahrhundert, in: *Neue Politische Literatur* 47 (2002), S. 10–61.

Geppert, Alexander C. T.: *Fleeting Cities: Imperial Expositions in Fin-de-Siècle Europe*, Basingstoke, New York 2010.

Glass, Aaron: On the circulation of ethnographic knowlegde, in: *Material World Blog*, URL: http://www.materialworldblog.com/2006/10/on-the-circulation-of-ethnographic-knowledge (01.04.2011).

Gumbrecht, Hans Ulrich: *Präsenz*, Berlin 2012.

Gumbrecht, Hans Ulrich: *SMS-Allgegenwart. Kommunizieren im Rhythmus der Götter?* Deutschlandradio Kultur, Sendung vom 05.08.2007, URL: http://www.dradio.de/dkultur/sendungen/signale/654015/ (01.03.2013).

Hahn, Hans Peter: *Materielle Kultur. Eine Einführung*, Berlin 2005.

Haug, Christine: »Die Illusion der Einmaligkeit einer Ware«. Warenhäuser als kulturelle Erfahrungsräume und Vermittler populärer Kultur, in: Dies./Franziska Mayer/Madleen Podewski (Hg.): *Populäres Judentum. Medien, Debatten, Lesestoffe*, Tübingen 2009, S. 85–102.

Haupt, Heinz-Gerhard: *Konsum und Handel. Europa im 19. und 20. Jahrhundert*, Göttingen 2003.

Hessisches Landesmuseum, URL: http://spurensuche-architektur.de/messel/werke/vertiefer_werke/vertiefer_hlmd.htm (23.05.2013).

Hochbruck, Wolfgang: Relikte, Reliquien und Replikate. Der Umgang mit historischen Objekten im Geschichtstheater, in: *Historische Anthropologie* 16/1 (2008), S. 138–153.

Howe, Fred L.: *Cotton States And International Exposition Photographs* [Fotografien, 1895], Atlanta History Center, URL: http://album.atlantahistorycenter.com/store/Category/437-fred-l-howe-1895-cotton-states-and-international-exposition-photographs.aspx (10.10.2012).

Keller-Drescher, Lioba: Das Versprechen der Dinge – Aspekte einer kulturwissenschaftlichen Epistemologie, in: *Basler Jahrbuch für historische Musikpraxis* XXXII (2008), S. 235–247.

Kleindorfer-Marx, Bärbel: Wechselbeziehungen zwischen Gewerbeausstellungen und Heimatmuseum um 1900, in: Dies./Klara Löffler (Hg.): *Museum und Kaufhaus. Warenwelten im Vergleich*, Regensburg 2000 (= Regensburger Schriften zur Volkskunde Bd. 15), S. 27–34.

König, Gudrun M.: Dinge zeigen, in: Dies. (Hg.): *Alltagsdinge. Erkundungen der materiellen Kultur*, Tübingen 2005, S. 9–28.

König, Gudrun M.: *Konsumkultur. Inszenierte Warenwelt um 1900*, Wien 2009.

König, Gudrun M.: Der Auftritt der Waren. Verkehrsformen der Dinge zwischen Warenhaus und Museum, in: Hartmut Böhme/Johannes Endres (Hg.): *Der Code der Leidenschaften*, München 2010, S. 146–156.

Korff, Gottfried: Zur *Eigenart der Museumsdinge*, in: Rosemarie Beier/Ders. (Hg.): *Zeitzeugen. Ausgewählte Objekte aus dem Deutschen Historischen Museum*, Berlin 1992, S. 277–281.

Korff, Gottfried: Omnibusprinzip und Schaufensterqualität. Module und Motive der Dynamisierung des Musealen im 20. Jahrhundert, in: Michael Grüttner u. a. (Hg.): *Geschichte und Emanzipation. Festschrift für Reinhard Rürup*, Frankfurt am Main u. a. 1999, S. 728–754.

Korff, Gottfried: *Museumsdinge deponieren – exponieren*, Köln u. a. 2002.

Lange, Britta: Sensible Sammlungen, in: Dies./Margit Berner/Anette Hoffmann (Hg.): *Sensible Sammlungen. Aus dem anthropologischen Depot*, Hamburg 2011, S. 15–40.

Lauffer, Otto: Quellen der Sachforschung, Wörter, Schriften, Bilder und Sachen. Ein Beitrag zur Volks-kunde der Gegenstandskultur, in: *Oberdeutsche Zeitschrift für Volkskunde* 17 (1943), S. 106–131.

Lehnert, Gertrud: Paradies der Sinne. Das Warenhaus als sinnliches Ereignis, in: *Image. Journal of Interdisciplinary Image Science* 8 (September 2008), URL: http://www.gib.uni-tuebingen.de/image/ausgaben-3?function=fnArticle&showArticle=137 (10.02.2010).

Lessing, Julius: Kunst- und Kunstgewerbeausstellungen, in: Paul Hinneberg (Hg.): *Die allgemei-nen Grundlagen der Kultur der Gegenwart*, Berlin, Leipzig 1906, S. 390–411.

Lucian Bernhard, URL: http://www.klingspor-museum.de/KlingsporKuenstler/Schriftdesigner/Bernhard/LucianBernhard.pdf (23.05.2013).

McCracken, Grant: *Culture and Consumption: New Approaches to the Symbolic Character of Con-sumer Goods and Activities*, Bloomington u. a. 1988.

Mersch, Dieter: *Was sich zeigt. Material, Präsenz, Ereignis*, München 2002.

Meyer-Schönbrunn, Fritz (Hg.): *Monographien deutscher Reklamekünstler*. Im Auftrag des Deut-schen Museums für Kunst in Handel und Gewerbe, Hagen i. W. Heft IV: Lucian Bernhard. Eingeleitet von Friedrich Plietzsch, Mannheim. Hagen, Dortmund 1913.

Miklautz, Elfie: *Kristallisierter Sinn. Ein Beitrag zur soziologischen Theorie des Artefakts*, Mün-chen, Wien 1996.

Miklautz, Elfie: Die Produktwelt als symbolische Form, in: Gudrun M. König (Hg.): *Alltagsdinge. Erkundungen der materiellen Kultur*, Tübingen 2005, S. 43–61.

Paquet, Alfons: *Das Ausstellungsproblem in der Volkswirtschaft*, Jena 1908.

Paquet, Alfons: Kundschaft und Publikum. Im Haushalt der gezeigten Dinge, in: *Frankfurter Zei-tung und Handelsblatt* (03.02.1942).

Pepchinski, Mary: *Feminist Space. Exhibitions and Discourses between Philadelphia and Berlin, 1865–1912*, Weimar 2007.

Rooch, Alarich: *Zwischen Museum und Warenhaus. Ästhetisierungsprozesse und sozial-kommuni-kative Raumaneignungen des Bürgertums (1823–1920)*, Oberhausen 2001.

Schade, Sigrid: Das Ornament als Schnittstelle. Künstlerischer Transfer zwischen den Kultu-ren, in: Dies./Thomas Sieber/Georg Christoph Tholen (Hg.): *SchnittStellen*, Basel 2005, S. 169–195.

Die Schwarzwald-Sammlung von Oskar Spiegelhalder in Lenzkirch auf der Villinger Ausstellung, in: *Leipziger Uhrmacher-Zeitung* 14, Heft 17 (01.09.1907), S. 264.

Simmel, Georg: Berliner Gewerbe-Ausstellung [1896], in: Ders.: *Vom Wesen der Moderne. Essays zur Philosophie und Ästhetik*, hg. von Werner Jung, Hamburg 1990, S. 167–174.

Sombart, Werner: Die Ausstellung, in: *Morgen* 9 (28.03.1908), S. 249–256.

Stanitzek, Georg/Wilhelm Voßkamp (Hg.): *Schnittstelle. Medien und kulturelle Kommunikation*, Köln 2001.

Thiemeyer, Thomas: Die Sprache der Dinge. Museumsobjekte zwischen Zeichen und Erscheinung, in: Museen für Geschichte (Hg.): *Online-Publikation der Beiträge des Symposiums »Ge-schichtsbilder im Museum« im Deutschen Historischen Museum Berlin*, Februar 2011, URL: http://www.museenfuergeschichte.de/downloads/news/Thomas_Thiemeyer-Die_Sprache_der_Dinge.pdf (10.10.2012).

Tilley, Chris u. a. (Hg): *Handbook of Material Culture*, London 2006.

Vergo, Peter (Hg.): *The New Museology*, London 1989.

Vogel, Fritz Franz: *Das Handbuch der Exponatik. Vom Ausstellen und Zeigen*, Köln 2012.

Vorwort. In: *Mittheilungen aus dem Museum für Deutsche Volkstrachten und Erzeugnisse des Hausgewerbes* 1 (1897), S. 3–5.

Weber-Felber, Ulrike/Severin Heinisch: Ausstellungen. Zur Geschichte eines Mediums, in: *Österreichische Zeitschrift für Geschichtswissenschaften* 2/4 (1991), S. 7–24.

Weinitz, Franz: Die Schwarzwälder Sammlung des Herrn Oskar Spiegelhalder auf der Villinger Ausstellung 1907, in: *Mitteilungen aus dem Verein der Königlichen Sammlung für Deutsche Volkskunde* 3/1 (1907/08), S. 33–37.

Wilcox, Clifford: *Robert Redfield and the Development of American Anthropology*, Plymouth 2006.

Wörner, Martin: *Die Welt an einem Ort. Illustrierte Geschichte der Weltausstellungen*, Berlin 2000.

Wörner, Martin: *Vergnügung und Belehrung. Volkskultur auf den Weltausstellungen, 1851–1900*, Münster u. a. 1999.

Wulf, Christoph: *Anthropologie. Geschichte, Kultur, Philosophie*, Köln 2009.

Zajonc, Michael: Alfred Messel. Die Evolution findet im Saale statt, in: *Der Tagesspiegel* (04.11.2009), URL: http://www.tagesspiegel.de/kultur/ausstellungen-alt/alfred-messel-die-evolution-findet-im-saale-statt/1626810.htm (20.08.2013).

Abb. 1　Emile Holba: Der norwegische Musiker und Komponist Terje Isungset mit Musikinstrumenten aus Eis, hergestellt von Bill Covitz, *Ice Music Festival* in Geilo (Norwegen), 24. Januar 2013

Thomas Kühn
Resonanzkörper.
Musikinstrumente als Werkzeuge der Vergegenwärtigung

Kaltstart | Musikinstrumente aus Eis

Die Musikinstrumente von Terje Isungset bestehen nicht aus konventionellen Materialien wie Holz, Metall, Fell oder Kunststoff. Seit mehr als zehn Jahren baut und spielt der norwegische Perkussionist und Komponist Instrumente aus gefrorenem Wasser (Abb. 1). Harfen, Hörner und diverse Schlaginstrumente zählten zu den ersten Klangwerkzeugen aus Eis, die Isungset gemeinsam mit Künstlern und Skulpteuren wie Bengt Carling und Bill Covitz entwickelt und hergestellt hat. Sein Instrumentarium umfasst mittlerweile auch Geigen, Celli, Didgeridoos und Marimbaphone, die er in Zusammenarbeit mit anderen Musikerinnen und Musikern nicht nur auf dem seit 2006 veranstalteten *Ice Music Festival* im norwegischen Ort Geilo vorstellt und spielt (Tafel 1, 2). Seine Arbeit trifft auf große Resonanz; er tritt weltweit auf und wird dabei medial begleitet.[1]

  Das Auffälligste an den Klangkörpern ist das Material, aus dem sie bestehen: Eis. Sie erscheinen nicht – wie gewöhnliche Musikinstrumente – als vertraute und gegebene Klangwerkzeuge, sondern machen nachdrücklich und unmissverständlich auf ihre materielle Verfasstheit aufmerksam. Die Beschaffenheit und der temperaturabhängige Aggregatzustand des Materials fordern eine eingehende Auseinandersetzung mit dem Werkstoff ein und werfen Fragen nach dem Prozess ihrer Herstellung und der Spezifik ihres Gebrauchs auf. So erheben sie nicht nur hohe Ansprüche an ihre klimatische Umgebung, sondern stellen auch in körperlicher und spieltechnischer Hinsicht eine Herausforderung dar. Musikinstrumente aus Eis sind zerbrechlich und unbeständig, reagieren auf Temperaturveränderungen und Körperkontakt, schmelzen während des Spielens und können weder restauriert noch konserviert, sondern lediglich rekonstruiert werden.[2]

---

1 Vgl. Icemusic, URL: www.icemusic.no (03.02.2012) sowie Tim Caspar Boehme: Kontrollverluste im Schnee, in: taz (03.02.2010), S. 15 und Wolfgang Gehrmann: Zum Dahinschmelzen, in: *Die Zeit* 8/2012 (16.02.2012), S. 72.

2 Einzelne Teile der Instrumente, wie etwa Saiten, Wirbel, Stege und Griffbretter, können nicht aus Eis hergestellt werden, wohl aber die Klang- bzw. Resonanzkörper. In Reportagen und Interviews werden häufig die Herstellung der Instrumente, die äußeren Umstände bei Aufführungen und Aufnahmen sowie die Bedeutung von Qualität und Alter des Eises hervorgehoben. Vgl. www.icemusic.no (03.02.2012) sowie Peter Bickels Interviews mit Terje Isungset auf www.nordische-musik.de (01.02.2012).

Ihre Fragilität und Vergänglichkeit ist offensichtlich und erscheint programmatisch, was ihnen den Reiz des Außergewöhnlichen verleiht. Gleichzeitig können die Eisinstrumente als Kristallisationspunkte von Natur und Kultur interpretiert werden, da sie in ihrer Materialität trotz der Gestaltung des Rohstoffs, durch die sie als kulturelle Artefakte in Erscheinung treten, mit einer natürlichen Ressource, dem Element Wasser, assoziiert werden.

Isungsets Instrumente sind dabei nicht nur als Kunstwerke im Sinne temporärer Skulpturen zu verstehen, sondern sie dienen in erster Linie als Klangwerkzeuge. Als ephemere Gegenstände borgen sie sich zwar ihre Form und Funktion von herkömmlichen Instrumenten, gleichzeitig entziehen sie sich aber durch ihre Kurzlebigkeit der dauerhaften Aufbewahrung und der beliebigen Wiederholung der mit ihnen ausgeführten musikalischen Handlungen.[3] So thematisieren sie nicht nur ihre eigene Vergänglichkeit, sondern betonen die Präsenz der Instrumente im Augenblick der Aufführungssituation ebenso wie sie die Unwiederbringlichkeit akustischer Ereignisse illustrieren. Damit verweisen sie gleichzeitig auf den ephemeren Charakter der Klänge, die mit ihnen erzeugt werden. Die Musik und ihre Wahrnehmung ist unmittelbar an die Instrumente und somit an den Moment der Darbietung gebunden.

Als Gegenstände lassen sich Objekte aus Eis und Schnee auf Grund ihres transitorischen Erscheinens ebenso wenig musealisieren[4] wie Konzerte.[5] Eine Dokumentation zur »Weiterverarbeitung und Speicherung des Nachlebens« der als vergänglich inszenierten Dinge und Aufführungen, gewissermaßen der »Denkmalschutz des Ephemeren«, erscheint nur durch mediale Vermittlung, durch Aufzeichnungen von Bild und Ton möglich.[6] Auch wenn audio-visuelle Aufnahmen als wesentlicher Bestandteil einer Erinnerungs- und Musealisierungspraxis zu identifizieren sind, liegen die essentiellen haptischen, visuellen, akustischen und symbolischen Eigenschaften der

---

3   Vgl. Michael Diers: Ewig und drei Tage. Erkundungen des Ephemeren – zur Einführung, in: Ders. (Hg.): *Mo(nu)mente. Formen und Funktionen ephemerer Denkmäler*, Berlin 1993, S. 1–9, hier S. 7 f. Ein Projekt, das ebenfalls auf die Konstellation von Musik, Performance und Instrumenten aus ephemeren Materialien baut, ist das seit 1998 bestehende Vegetable Orchestra aus Wien, das seine Klangwerkzeuge ausschließlich aus verschiedenen Gemüsen herstellt. Vgl. The Vegetable Orchestra, URL: www.vegetableorchestra.org (20.07.2012).

4   Die Geschichte von Plastiken und Denkmälern aus Schnee als Kunst zwischen Ewig- und Vergänglichkeit ist das zentrale Thema der Aufsätze von Martin Warnke und Florian Dering in: Michael Diers (Hg.): *Mo(nu)mente. Formen und Funktionen ephemerer Denkmäler*, Berlin 1993. Zur Musealisierung ephemerer Kunstwerke vgl. auch Dietmar Rübel: *Plastizität. Eine Kunstgeschichte des Veränderlichen*, München 2012, S. 268–305.

5   Erste Aufnahmen dieser Eismusik entstanden bereits 2001 im nordschwedischen Jukkasjärvi, wo im Ice Hotel ein Tonstudio, ebenfalls aus Eis und Schnee, eingerichtet wurde. Mittlerweile liegen sechs CDs mit Eismusik von Terje Isungset vor. Während er u. a. auf seiner Internetseite www.icemusic.no (03.02.2012) darauf hinweist, dass alle Instrumente nur von der Natur geliehen sind und nach Gebrauch zurückgegeben werden, wird er auf dem Umschlag seiner ersten CD ein wenig konkreter: »All ice instruments and studio-buildings are now somewhere in the north sea.« Terje Isungset: *Iceman is*. Jazzland Recordings/Universal Music, Norway 2002.

6   Diers (1993), S. 6.

Eisinstrumente vorwiegend in ihrer Materialität begründet. Sie verweisen somit auf eine spezifische Konstellation von Vergänglichkeit und Vergegenwärtigung, die auch für Musikinstrumente in musealen Kontexten kennzeichnend ist, denn auch hier entscheiden die Kriterien des Überdauerns und Verweisens maßgeblich über den Stellenwert der Dinge innerhalb zeitlicher und räumlicher Verflechtungen. Die ambivalenten Positionen, die Musikinstrumente als materielle Artefakte, historische Relikte und Werkzeuge zur Erzeugung von Klängen in Ausstellungen und Vorführungen einnehmen können, stehen im Mittelpunkt dieses Beitrags.

Museen | Dinge | Resonanzkörper

In der Regel konzentrieren sich Museen auf das Sammeln, Bewahren, Erforschen und Ausstellen von Gegenständen mit längeren Halbwertszeiten, da neben der Anschaubarkeit vor allem die Dauerhaftigkeit der Dinge grundlegend für die museale Praxis ist. Neben diesen von der Materialität ausgehenden Aspekten ist vor allem die Medialität der Dinge charakteristisch und für Ausstellungssituationen konstitutiv.[7] Museen lassen sich – so der Ethnologe James Clifford – als »Kontaktzonen« beschreiben: Durch die gleichzeitige Anwesenheit von Exponaten und Betrachtenden, die in einem geschützten Raum aufeinander treffen, können geografische sowie historische Trennungen scheinbar aufgehoben und räumliche sowie zeitliche Distanzen überbrückt werden.[8] Den dort ausgestellten Dingen wird demnach das Potenzial zugeschrieben, als »Mittler« auftreten und »Kommunikationsprozesse zwischen dem Fremden und dem Eigenen« in Gang setzen zu können.[9]

In diesem Zusammenhang hebt Gottfried Korff als zentrale Bedingungen die Fähigkeit zur »sinnlichen Affektation« sowie die Eignung zur »historischen Zeugenschaft« hervor.[10] Aus dieser Perspektive können Museumsdinge als Schnittstellen[11]

---

7 Gottfried Korff: Zur Faszinationskraft der Dinge. Eine museumshistorische Reflexion in Bildern, in: Institut für Europäische Ethnologie der Universität Wien (Hg.): *Volkskultur und Moderne. Europäische Ethnologie zur Jahrtausendwende*. Festschrift für Konrad Köstlin zum 60. Geburtstag am 8. Mai 2000, Wien 2000 (= Veröffentlichungen des Instituts für Europäische Ethnologie der Universität Wien Bd. 21), S. 341–354, hier S. 345.

8 Clifford, James: Museums as Contact Zones, in: Ders. (Hg.): *Routes. Travel and Translation in the Late Twentieth Century*, Cambridge, London 1997, S. 188–219, hier S. 192.

9 Korff (2000), S. 344.

10 Ebd., S. 343.

11 Hans-Jörg Rheinberger beschreibt in einem Essay über Experimente in den Biowissenschaften des 19. und 20. Jahrhunderts eine Schnittstelle als »Grenzfläche zwischen Apparat und Objekt«, die durch naturwissenschaftliche Instrumente am Untersuchungsgegenstand erzeugt wird. Hans-Jörg Rheinberger: Schnittstellen. Instrumente und Objekte im experimentellen Kontext der Wissenschaften vom Leben, in: Helmar Schramm/Ludger Schwarte/Jan Lazardzig (Hg.): *Instrumente in Kunst und Wissenschaft. Zur Architektonik kultureller Grenzen im 17. Jahrhundert*, Berlin 2006 (= Theatrum Scientiarum Bd. 2), S. 1–20, hier S. 2. Im Gegensatz dazu sollen hier die Instrumente selbst als Schnittstellen verstanden werden, die Verschiedenartiges und Entferntes zusammenbringen, Distanzen und Brüche überbrücken und Verbindungen herstellen.

aufgefasst werden, an denen spezifische Formen des Austauschs und der Repräsentation möglich sind: Als historische Artefakte erlauben sie einen mittelbaren Zugriff auf Abwesendes; als erhaltene Relikte implizieren sie das Versprechen, Vergangenes scheinbar in die Gegenwart überführen zu können. Historische Musikinstrumente bringen als Exponate zudem eine ihnen eigene Mehrdeutigkeit in museale Zusammenhänge ein. Sie sind hier nicht nur als Sachzeugen der Vergangenheit, als visuell wahrnehmbare Objektivationen im Sinne von handwerklich-technischen Erzeugnissen und ästhetischen Kunstwerken zu begreifen, sondern verkörpern durch ihre Funktion als Klangwerkzeuge auch eine akustische Dimension. In ihnen kann nicht nur »Unsichtbares sichtbar«,[12] sondern durch sie kann auch Verklingendes und Verklungenes hör- und erfahrbar werden. Die kulturellen Vorstellungen und Zuschreibungen, die Dinge in Museen als Schnittstellen funktionieren lassen, stellen die grundlegenden Voraussetzungen für die folgenden Überlegungen dar. Hierbei rückt das Spannungsfeld zwischen den Exponaten und den Präsentationstechniken sowie dem in erster Linie visuell organisierten Medium Ausstellung und dem akustischen Potenzial von Musikinstrumenten in den Fokus der Betrachtung. Es geht um die Frage, wie musealisierte Musikinstrumente zugänglich gemacht werden und was durch sie zugänglich gemacht werden kann. Als empirisches Beispiel dient die Sammlung historischer Tasteninstrumente des Museums für Kunst und Gewerbe (Hamburg).[13]

Vor diesem Hintergrund sollen die hier behandelten Gegenstände als Resonanzkörper beschrieben werden, da durch diese Perspektive zentrale Eigenschaften sichtbar werden, die für Musikinstrumente in musealen Kontexten kennzeichnend sind. Dabei ist der Begriff nicht nur auf Grund seiner metaphorischen Nähe zur Musik geeignet, sondern er birgt auch analytisches Potenzial in sich, da er sowohl die physische als auch die akustische Seite der Instrumente berücksichtigt, die symbolischen Facetten der Dinge aufgreift und damit gleichzeitig die konstitutiven Aspekte

---

12 Korff (2000), S. 343.

13 Für dieses Forschungsprojekt habe ich im Zeitraum zwischen Juli 2011 und April 2012 eine Feldforschung in der Sammlung historischer Tasteninstrumente im Museum für Kunst und Gewerbe Hamburg durchgeführt. Um die kuratorischen, konservatorischen und kommunikativen Strategien und Praktiken des Museums sowie die Bedingungen und Bedeutungen von Musikinstrumenten in Hinblick auf ihre Präsentation in musealen Kontexten zu untersuchen, habe ich zusätzlich zur Auswertung schriftlicher Quellen einen ethnografischen Zugang gewählt. Neben teilnehmenden Beobachtungen in den Ausstellungen und regelmäßigen Besuchen der Veranstaltungsreihe *Auf historischen Tasteninstrumenten*, bei der professionelle Musikerinnen und Musiker durch die Sammlung führen, habe ich themenzentrierte Interviews mit Angestellten des Museums sowie mit Musikerinnen und Musikern geführt, die die Spinette, Cembali und Hammerflügel vorführen, aber auch im Museum üben und konzertieren. Für eine methodologische Reflexion dieses Ansatzes vgl. Eric Gable: Ethnographie. Das Museum als Feld, in: Joachim Baur (Hg.): *Museumsanalyse. Methoden und Konturen eines neuen Forschungsfeldes*, Bielefeld 2010, S. 95–119. Einen konzisen Überblick über die Sammlung und die Ausstellung bietet Olaf Kirsch: Klingende Musikgeschichte. Die Sammlung Beurmann im Museum für Kunst und Gewerbe Hamburg, in: Franz Körndle/Gert-Dieter Ulferts (Hg.): *Konservierung und Restaurierung historischer Tasteninstrumente in den Sammlungen der Klassik Stiftung Weimar*. Bericht über die internationale Tagung vom 12. bis 14. September 2008 im Schlossmuseum Weimar, Augsburg 2011, S. 123–138.

der Materialität und Medialität bündelt. Resonanzkörper reagieren auf von außen kommende Anregungen. Sie können Impulse übertragen und in Schwingung versetzt werden, Frequenzen und Stimmungen verstärken sowie einen Nachklang oder Widerhall erzeugen. Der aus der Akustik entlehnte *terminus technicus* der Resonanz findet nicht nur in naturwissenschaftlichen Bereichen Verwendung, sondern wird auch zur kulturwissenschaftlichen Beschreibung unterschiedlicher Phänomene eingesetzt.[14] Hingewiesen sei hier lediglich auf Stephen Greenblatt, der den Begriff der *Resonanz* nutzt, um das repräsentierende und evokative Potenzial von Exponaten zu fassen, das beim Publikum in einer Ausstellung emotionale Effekte auslösen kann:

> »Unter ›Resonanz‹ verstehe ich die Macht des ausgestellten Objekts, über seine formalen Grenzen hinaus in eine umfassendere Welt hineinzuwirken und im Betrachter jene komplexen, dynamischen Kulturkräfte heraufzubeschwören, denen es ursprünglich entstammt und als deren – sei es metaphorischer oder bloß metonymischer – Repräsentant es vom Betrachter angesehen werden kann. Unter ›Staunen‹ verstehe ich die Macht des ausgestellten Objekts, den Betrachter aus seiner Bahn zu werfen, ihm ein markantes Gefühl von Einzigartigkeit zu vermitteln, eine Ergriffenheit in ihm zu produzieren.«[15]

Während hier vornehmlich die Kriterien des Abwesenden und der Vergegenwärtigung zum Tragen kommen, sollen durch die Erweiterung um den Begriff *Körper* verschiedene Aspekte der Gegenwart und der Gegenwärtigkeit betont werden. Über die Materialität der Dinge hinaus gerät so auch die Dimension der Performanz ins Blickfeld, die für die Beschreibung und Analyse von Ausstellungssituationen unerlässlich ist, wenn das Objekt nicht nur auf seine Rolle als »Bedeutungsträger« reduziert, sondern »in seiner spezifischen Materialität, in seinem phänomenalen Sein wahrgenommen« werden soll.[16] Im Rahmen eines performativen Ausstellungsparadigmas, wie es Angela Jannelli und Thomas Hammacher mit Rückgriff auf Erika Fischer-Lichte entwerfen, sind Ausstellungen nicht ausschließlich als semiotische Zeichensysteme zu verstehen: »Die Ästhetik der Performanz erkennt an, dass Kommunikation im Museum über die leibliche Präsenz von Dingen und Besuchern in Räumen stattfindet.«[17]

---

14 Für einen interdisziplinären Überblick zur Rezeption und Verwendung dieses Begriffs als Modell, Metapher und Methode vgl. Karsten Lichau/Viktoria Tkaczyk/Rebecca Wolf: Anregungen, in: Dies. (Hg.): *Resonanz. Potentiale einer akustischen Figur*, München 2009, S. 11–32.

15 Stephen Greenblatt: Resonanz und Staunen, in: Ders.: *Schmutzige Riten. Betrachtungen zwischen den Weltbildern*, Berlin 1991 (= Kleine kulturwissenschaftliche Bibliothek Bd. 33), S. 7–29, hier S. 15. Im englischen Originaltext verwendet Greenblatt die Begriffe »Resonance« und »Wonder«, die sich in semantischer Hinsicht graduell von der Übersetzung abheben.

16 Angela Jannelli/Thomas Hammacher: Das Museum als Erfahrungsraum. Ausstellungen als performative Räume, in: Gerhard Kilger/Wolfgang Müller-Kuhlmann (Hg.): *Szenografie in Ausstellungen und Museen III. Raumerfahrung oder Erlebnispark. Raum–Zeit/Zeit–Raum*, Essen 2008, S. 44–51, Zitat S. 46 f.

17 Ebd.

Ein Resonanzkörper figuriert somit als ein physisches und mediales Gegenüber, das auf die an ihn herangetragenen Impulse reagieren, in Schwingung geraten, diese durch seine spezifische Beschaffenheit anreichern, seiner Konsistenz entsprechend verstärken oder modulieren, wirkungsvoll reflektieren und so wiederum Effekte wie Affekte erzielen und somit unterschiedliche Reaktionen provozieren kann.[18]

Musikinstrumente im Museum

Musikinstrumente sind Gegenstände, die in erster Linie als Hilfsmittel zur Klangerzeugung konstruiert und hergestellt werden. Während sie bedingt durch ihre Materialität längere Zeiträume überdauern und somit musealisiert werden können, handelt es sich bei der auf ihnen gespielten Musik um zeitgebundene Ereignisse. Die Problematik, die sich hieraus für eine Ausstellungssituation ergibt, hat Olaf Kirsch, Kurator der Sammlung historischer Musikinstrumente des Museums für Kunst und Gewerbe Hamburg, im Interview auf den Punkt gebracht:

> »Was macht ein Musikinstrument im Museum? Ein Musikinstrument ist ja eben nicht *per se* das Kunstwerk, sondern das Musikinstrument ist ja eigentlich nur das Werkzeug, mit dem der Künstler, also in diesem Fall der Musiker, die Kunst hervorbringt. Dass man ein Gemälde ins Museum hängt, [...] ist von sich aus verständlich und macht Sinn, denn das Gemälde ist das Kunstwerk und zur Kunstrezeption muss der Besucher dieses Gemälde anschauen und kann dann eben ein Kunsterlebnis haben. Wenn er ein Musikinstrument anschaut, schaut er eigentlich ein technisches Gerät an, was zunächst mal nicht unmittelbar ein künstlerisches Erlebnis auslöst.«[19]

Durch die Überführung aus ihrem ursprünglichen Nutzungszusammenhang in ein Museum werden alltägliche Dinge ihrer eigentlichen Zweckmäßigkeit enthoben und zu aussagekräftigen wie erhaltungswürdigen Objekten erklärt. Die Änderungen ihres Stellenwerts, ihrer Bedeutsamkeit sowie die Art und Weise ihrer Verwendung wirken sich auf den Umgang mit ihnen und die Positionierung zu ihnen aus. An die Stelle der in einen »Latenzzustand« versetzten Gebrauchsfunktionen[20] treten die Verheißung des Verweises, das Verdikt des Bewahrens und das Verharren in der »Gebärde der

---

18 Analog zum Theater könnten Ausstellungen auch als Resonanzräume beschrieben werden, in denen in der gemeinsamen Gegenwart von Besuchern und Objekten »Vergangene[s] erinnert und am Leben erhalten [wird], indem es immer wieder neu und anders vergegenwärtigt wird.« Vgl. Erika Fischer-Lichte: Theater als Resonanz-Raum, in: Lichau/Tkaczyk/Wolf (2009), S. 237–248, Zitat S. 248. Zum Verhältnis von Theater und Museum vgl. auch Marc Maure: The Exhibition as Theatre. On the Staging of Museum Objects, in: *Nordisk Museologi* 2 (1995), S. 155–168.

19 Interview mit Olaf Kirsch, 22.02.2012.

20 Martin R. Schärer: *Die Ausstellung. Theorie und Exempel*, München 2003, S. 58–76, hier S. 68.

Besichtigung«[21]. Gegenstände, die ihre volle Geltung und ihren Eigensinn erst in performativen Kontexten entfalten, werden regelrecht stumm geschaltet. Der »Umzug in den Ausstellungsraum«, so Greenblatt, wird »stets von einer bewussten Stilllegung der Resonanz begleitet.«[22]

Generelle Überlegungen hinsichtlich der Entfunktionalisierung von Exponaten treffen jedoch nur bedingt auf die Geschichte und Gegenwart von Musikinstrumenten in Museen zu. Das seit Beginn des letzten Jahrhunderts aufkeimende Interesse an Alter Musik und die Überzeugung, dass das Repertoire vergangener Epochen nur mithilfe von »Originalinstrumenten«[23] adäquat aufgeführt werden könne, hat einerseits zur Gründung vieler privater und institutioneller Sammlungen geführt und somit zum Erhalt vieler Objekte beigetragen. Andererseits sind auf Grund nicht immer fachgerecht ausgeführter Restaurierungen in konservatorischer und dokumentarischer Hinsicht irreparable Schäden zu verzeichnen, da viele dieser Maßnahmen vorrangig mit dem Ziel unternommen wurden, so viele Instrumente wie möglich in einen spiel- und vorführbaren Zustand zu bringen. Auch durch die Verwendung bei Aufführungen und Aufnahmen sind Veränderungen des Zustands in Kauf genommen worden.[24] Während Gemälde durch ihren Einsatz als visuelle Medien keinerlei Abnutzung erfahren, sind Musikinstrumente hingegen durch den für sie vorgesehenen Gebrauch mechanischen und chemischen Belastungen und einem damit einhergehenden Verschleiß ausgesetzt.[25] Auf Grund ihrer Potenziale als Resonanzkörper werden dennoch in vielen Museen verschiedene Instrumente – Originale, Kopien, Rekonstruktionen, mechanische oder virtuelle Modelle – nicht nur ausgestellt, sondern auch zum Klingen gebracht.[26] Neben musikhistorischen Einrichtungen sind hier vor allem ethnografische Museen zu nennen, die etwa im Rahmen didaktischer Programme

---

21 Horst Rumpf, zit. n. Eva Sturm: *Konservierte Welt. Museum und Musealisierung*, Berlin 1991, S. 104–109, hier S. 108.

22 Als Beispiele nennt Greenblatt Altarbilder, vor denen keine Messen mehr gelesen werden oder Dogon-Masken, aus denen keine Laute mehr hervordringen. Stephen Greenblatt: Resonanz und Staunen revisited. Über Wunden, Schnitte und die Norton Anthology of English Literature, in: Lichau/Tkaczyk/Wolf (2009), S. 33–51, hier S. 33.

23 Zur Mehrdeutigkeit und zum Wandel dieses Begriffs vgl. Martin Elste: »Originalinstrumente« – Über den Umgang mit Alter Musik heute, in: *Jahrbuch Preußischer Kulturbesitz* 24 (1989), S. 169–185.

24 Vgl. Kate Arnold-Forster/Hélène La Rue: *Museums of Music. A Review of Musical Collections in the United Kingdom*, London 1993, S. 1–9, S. 23–33 sowie Kerstin Neubarth: *Historische Musikinstrumente im 20. Jahrhundert. Begriff – Verständnis – kompositorische Rezeption*, Köln 2005, S. 251–260.

25 Cary Karp: Musical Instruments in Museums, in: *The International Journal of Museum Management and Curatorship* 4 (1985), S. 179–182, hier S. 181.

26 Mit museumspraktischen Fragen des Umgangs mit Musikinstrumenten in Museen und Sammlungen beschäftigt sich das 1960 ins Leben gerufene *Comité International des Musées et Collections d'Instruments de Musique* (CIMCIM) des *International Council of Museums* (ICOM) auf seinen regelmäßigen Tagungen sowie in vom Komitee herausgegebenen Publikationen und Empfehlungen, vgl. www.music.ed.ac.uk/euchmi/cimcim (30.08.2012). Auch die Zeitschrift *Museum Aktuell* hat eine Ausgabe dem Thema *Musikinstrumente im Museum* gewidmet, vgl. *Museum Aktuell*, Januar 2003.

für diesen Zweck angeschaffte Schlagwerk-Ensembles wie indonesische Gamelan-Orchester einsetzen, an welche die Besucherinnen und Besucher zur spielerischen Auseinandersetzung mit außereuropäischer Musik selbst Hand anlegen können.[27]

Sachzeugen | Zeitzeugen

Obwohl Musikinstrumente auf den ersten Blick nicht zu den zentralen Exponaten kunstgewerblicher Museen zählen, tauchen sie schon relativ früh in der Geschichte des 1877 eröffneten Museums für Kunst und Gewerbe in Hamburg auf. Ab 1890 kaufte der Musikwissenschaftler Friedrich Chrysander alte Musikinstrumente an und stellte sie dem Museum zur Verfügung. Dabei war er nicht nur von antiquarischen Interessen geleitet, sondern hatte die Absicht, neben dem Repertoire vergangener Epochen auch die zeittypischen Instrumente ins öffentliche Bewusstsein zu rücken, wobei regionale Bezüge bei der Auswahl der Erwerbungen ausschlaggebend waren. So zählten zu den ersten Instrumenten acht Gamben und Lauten des in Hamburg ansässigen Instrumentenbauers Joachim Tielke.[28] Die Erzeugnisse dieser Werkstatt seien mit den Geigen seines »Zeitgenossen Stradivarius« zu vergleichen – so urteilte der Historiker und Archivar Hans Nirrnheim 1902 in einer Darstellung der Sammlung, aus der ebenso hervorgeht, dass etwa die Gamben zu dieser Zeit auch gespielt wurden: »Und ein Versuch, der vor einigen Jahren im Museum für Kunst und Gewerbe mit den dort befindlichen Tielkeschen Instrumenten vorgenommen wurde, zeigte, dass ihr Ruf kein unverdienter ist: das Ohr der Zuhörer wurde durch einen eigenartig schönen und weichen Klang berührt.«[29]

Doch obwohl um 1900 einige Streich- und Tasteninstrumente aus dem 17. und 18. Jahrhundert bei musikhistorischen Vorträgen und Konzerten im Museum nicht nur gezeigt, sondern auch vorgeführt wurden (Abb. 2),[30] war es »nicht die musikalische Vortrefflichkeit allein« die den Wert der Instrumente für das Museum ausmachte. Nirrnheim betonte vor allem ihre »äussere Ausstattung«, da diese Instrumente

---

27 Neben dem Übersee-Museum (Bremen) bietet auch das Rautenstrauch-Joest-Museum (Köln) entsprechende Kurse für Jugendliche und Erwachsene an, vgl. Jutta Beate Engelhard: Gamelan – Ein Ausstellungsangebot besonderer Art im Rautenstrauch-Joest-Museum für Völkerkunde, in: *Kölner Museums-Bulletin* 4 (2001), S. 4–12.

28 Vgl. Dorothea Schröder: *Musikinstrumente im Museum für Kunst und Gewerbe Hamburg*, München 2001, S. 9–11 sowie David Klemm: *Das Museum für Kunst und Gewerbe. Band 1. Von den Anfängen bis 1945*, hg. von Wilhelm Hornbostel, Hamburg 2004, S. 160–162.

29 Hans Nirrnheim: Die Hamburgischen Musikinstrumente, in: *Das Hamburgische Museum für Kunst und Gewerbe*. Dargestellt zur Feier des 25jährigen Bestehens von Freunden und Schülern Justus Brinckmanns, Hamburg 1902, S. 163–167, hier S. 164 f.

30 Abgesehen von diesen Anlässen wurde der Gebrauch der Instrumente durch hinzugefügte Radierungen und Kupferstiche mit Darstellungen historischer Szenen veranschaulicht. Vgl. Klemm (2004), S. 86, S. 162–164.

Abb. 2   Museumskonzert mit historischen Instrumenten, Museum für Kunst und Gewerbe Hamburg, ca. 1905

»an Eleganz der Form und an Schönheit der angebrachten Verzierungen nicht viele ihresgleichen haben werden«. Handwerkliche und ästhetische Gesichtspunkte
kommen hier genauso zur Sprache wie materielle Wertigkeiten: »Sie sind von ihrem
Verfertiger auch sonst mit Zierat verschwenderisch bedacht worden. Aus kostbarem
Material, Ebenholz, Palisander, Elfenbein und Schildpatt, hergestellt, sind sie mit
eingelegter Arbeit […] aufs reichste geschmückt.«[31]
        Historische Musikinstrumente wurden in der Folgezeit zunächst weniger in Hinblick auf ihre funktionale Bestimmung, sondern vor allem als kunstgewerbliche Objekte ausgestellt, was laut Martin Elste nicht nur auf den Umstand, dass man »das Musizieren auf ihnen nicht mehr und (noch) nicht wieder beherrschte«, sondern auch auf
die Zielsetzung der sammelnden Institutionen zurückzuführen ist.[32] Diese Annahme

31 Nirrnheim (1902), S. 165.
32 Martin Elste: Gelsominas Trompete. Überlegungen zu einer Neukonzeption des Musikinstrumenten-Museums
    am Beispiel der Blechblasinstrumente, in: *Jahrbuch Preußischer Kulturbesitz* 31 (1994), S. 273–294, hier
    S. 280.

Abb. 3   Detail eines Tafelklaviers von Christian Baumann von 1777, Museum für Kunst und Gewerbe Hamburg, 2012

bestätigt sich bei der Relektüre von Publikationen des Museums für Kunst und Gewerbe. In einem Museumsführer von 1980 etwa sind eine Gitarre aus der Werkstatt Tielkes und das Cembalo von Christian Zell neben aufwändig verzierten Möbeln und Trinkgefäßen abgebildet.[33] Waren die Ausstellungen in erster Linie nach historischen Epochen wie »Barock« oder »Renaissance« organisiert, so erschienen die Musikinstrumente durch die Einordnung in diesen Bezugsrahmen als gestaltete Holzobjekte, die als gegenständlicher Ausdruck einer zeittypischen Ästhetik zu deuten sind. Somit wurden sie nicht als Werkzeuge zur Ausübung einer Kunst dargestellt, sondern als Zeugnisse handwerklichen Könnens kontextualisiert. Als Exponate haben die Musikinstrumente in diesem Modus der Präsentation vor allem eine visuelle Relevanz: Sie dienen als Sachzeugen einer Stilepoche der Veranschaulichung einer kunsthistorischen Entwicklung; sie sind Anschauungsobjekte.

33 Vgl. Museum für Kunst und Gewerbe Hamburg (Hg.): *Handbuch*, München 1980, S. 125, S. 6 f. Vgl. hierzu auch Museum für Kunst und Gewerbe: *Ausgewählte Werke aus den Erwerbungen 1962–1971* (1972). Festgabe für Lise Lotte Möller zu ihrem 60. Geburtstag am 18. November 1972. Museum für Kunst und Gewerbe, Hamburg 1972 (= Bildführer 3), S. 210 f.

Seit dem Jahr 2000 beherbergt das Museum für Kunst und Gewerbe im eigens für diesen Zweck neu errichteten Schümann-Flügel eine umfangreiche Sammlung historischer Tasteninstrumente, die der Sammler Andreas Beurmann dem Museum vermacht hat.[34] Durch diese Schenkung gewann der musikhistorische Schwerpunkt in der Ausrichtung des Museums zunehmend an Bedeutung. In den Augen des Kurators Olaf Kirsch manifestiert sich die Verknüpfung mit den anderen Beständen des Museums zunächst durch die äußere Erscheinung der Objekte. Die hier verfolgte Sammlungs- und Ausstellungsstrategie erklärt er rückblickend durch die handwerklich-ästhetischen Qualitäten der Exponate und die thematische Geschlossenheit des übernommenen Bestandes:

> »Die Tasteninstrumentensammlung von Professor Beurmann ist dann ja eher eine Gattungsgeschichte der Tasteninstrumente, wobei beim Tasteninstrument da die Dekoration natürlich wieder mit dabei ist, weil [...] viele der Instrumente künstlerisch gestaltet sind, also die barocken Cembali mit schönen Deckelgemälden und teilweise Resonanzbodenbemalung, später die Klaviere mit Einlegearbeiten und Edelfurnieren und so weiter, sodass das also auch Möbelstücke sind und insofern wiederum sich gut ans Haus angliedern.«[35]

Neben dieser thematischen Erweiterung um weitere musikhistorische Objekte konnte nun auch die akustische Dimension der Musikinstrumente in die Vermittlungspraxis einbezogen werden, da es ein zentrales Anliegen des Stifters ist, die Instrumente vor allem in ihrer Bespielbarkeit und somit ihren Klangcharakter zu präsentieren.[36] So führen professionelle Musikerinnen und Musiker im Rahmen der Veranstaltungsreihe *Auf historischen Tasteninstrumenten* mehrmals im Monat ehrenamtlich durch die Sammlung und spielen Werke berühmter Komponisten, die dem gleichen Zeitraum entstammen wie die Instrumente. Auf diese Weise geraten nicht nur zeitgenössische Interpreten in den Fokus der Betrachtung, sondern auch die musikalische Praxis. Beurmann, der die Instrumente seiner Sammlung zuvor auf Gut Hasselburg in Holstein selbst spielte und vorführte, erwähnt eine »eigenartige emotionale Rührung«, die er empfinde, wenn er an zwei bestimmten Instrumenten der Sammlung sitzt (Abb. 3):

---

34 Vgl. Isabell Hofmann: Schatzkammer der Instrumente, in: *Lübecker Nachrichten* (29.01.2000) sowie Ursula Herrndorf: Viel Platz für sehr Altes und ganz Neues, in: *Hamburger Abendblatt* (12.09.2000).

35 Interview mit Olaf Kirsch, 22.02.2012. In diesem Zusammenhang erwähnt Kirsch, dass durch den Neuzugang der Sammlung Wolfgang Hanneforths im Jahr 2011 zudem auch »handwerklich-technische Aspekt[e]« und die Geschichte der »Sonderentwicklungen und Erfindungen« berücksichtigt werden können.

36 Vgl. Andreas Beurmann: Ein Wort zur Spielbarmachung, Noli me tangere?, in: Ders.: *Das Buch vom Klavier. Die Sammlung Beurmann im Museum für Kunst und Gewerbe in Hamburg und auf Gut Hasselburg in Ostholstein*, Hildesheim 2007, S. 374.

»Es ist ein erhebendes Gefühl zu wissen, daß zwei der größten Komponisten daran gearbeitet, daß sie mit ihren Händen die Tasten berührt haben. So hat Mozart an dem Tafelklavier von Baumann von 1777 die Baronesse von Waldstätten unterrichtet und Beethoven hat dem herrlichen Brodmann-Flügel aus dem ehemaligen Besitz der Familie von Breuning [...] oft gespielt [...].«[37]

Die Vorstellung, dass berühmte Personen an den Instrumenten gesessen haben, verleiht ihnen einen auratischen, beinahe sakralen Status. Sie werden gewissermaßen zu Berührungsreliquien erklärt, die von der *virtus* der verehrten Komponisten erfüllt zu sein scheinen, wenngleich hier von einer Übertragung musikalischer Fähigkeiten freilich nicht die Rede ist.[38] Die Bedeutsamkeit dieser Objekte als Relikte ist daher nicht ausschließlich in ihrer materiellen fortwährenden Koexistenz zu vermuten, sondern rührt auch von der Vorstellung des sich in ihnen niederschlagenden Umgangs mit ihnen her, wie John Butt unter Bezugnahme auf Marcel Merleau-Pontys Überlegungen zum Verhältnis von Künstlern, Kunstwerken und Rezipienten betont: »Artefacts such as musical instruments, moulded by human action, contain the sediment of human action; we feel the presence of others in such cultural objects.«[39] Das Potenzial zur Erzeugung dieses Gefühls von Präsenz ist eine wesentliche Eigenschaft von Resonanzkörpern, auf die ich später noch zurückkommen werde.

Neben ihrer generellen Historizität erhalten die Instrumente eine konkrete referentielle Bedeutung: Sie werden zu Zeitzeugen historischer Ereignisse, Personen und Handlungen erklärt. Während sie die Objektbeschriftungen meist den Instrumentenbauern zuordnen, die sie geschaffen haben, verwiesen die Musikerinnen und Musiker in den Führungen anhand einzelner Instrumente auf herausragende Personen wie Bach, Beethoven oder Mendelssohn Bartholdy. Einerseits wurden die Instrumente eingesetzt, um Stücke bestimmter Komponisten auf zeittypischen Instrumenten zu spielen: »So klang das Stück zu der Zeit, als Mozart es komponiert hat.« Zahlreiche Varianten dieses Satzes habe ich im Rahmen verschiedener Führungen zu hören bekommen.[40] Durch die Zusammenführung der charakteristischen Eigenschaften des Instruments mit dem entsprechenden Repertoire eines Komponisten und

37 Andreas Beurmann: Führung durch die Tasteninstrumenten-Sammlung Beurmann im Museum für Kunst und Gewerbe Hamburg, in: Bernhart Jähnig (Hg.): *Musik und Literatur im frühneuzeitlichen Preussenland*, Marburg 2009 (= Tagungsberichte der historischen Kommission für ost- und westpreussische Landesforschung Bd. 24), S. 79–94, hier S. 92.

38 Vgl. Karl-Heinz Kohl: *Die Macht der Dinge. Geschichte und Theorie sakraler Objekte*, München 2003, S. 48–55, S. 256–260 sowie den Beitrag von Urte Krass in diesem Band.

39 John Butt: Historical instruments and the embodiment of music, in: Michael Latcham (Hg.): *Musique ancienne – instruments et imagination*. Actes des Recontres Internationales harmoniques, Lausanne 2004 / *Music of the past – instruments and imagination*. Proceedings of the harmoniques International Congress, Lausanne 2004 (= Publikationen der Schweizerischen Musikforschenden Gesellschaft / Publications de la Société Suisse de Musicologie, Serie II, Vol. 46), S. 9–16, hier S. 15.

40 Vgl. Feldforschungstagebuch, 17.07.2011, 16.02.2012, 07.03.2012 und 22.03.2012.

den verbal vermittelten Kontextinformationen soll in den Führungen eine historische Klanglandschaft erzeugt werden, die der Imagination der Vergangenheit förderlich ist. Andererseits zogen die ehrenamtlichen Mitarbeiterinnen und Mitarbeiter des Museums auf den Rundgängen prominente Personen der Kulturgeschichte heran, um die Instrumente historisch zu verorten. Auch wenn die Instrumente nicht als direkte Zeugen mit den genannten Berühmtheiten in Kontakt gekommen sind, so gelten sie hier als ihre Zeitgenossen, die gleichzeitig mit den Persönlichkeiten gelebt haben und nun in der Ausstellung die Gegenwart der Besucherinnen und Besucher teilen. Diese Form der Vergegenwärtigung spielt sich im Bereich der Konnotation ab, denn direkt am Objekt hinterlässt diese Beziehung kaum einen eindeutigen Abdruck. Die den Instrumenten zugeschriebene Bedeutung muss durch andere musikhistorische Quellen gestützt werden, denn die Geschichte nahm in den von mir besuchten Führungen meist erst durch belegte oder kolportierte Anekdoten Gestalt an. Durch narrative Elemente inszenierten die Museumsführerinnen und Museumsführer die ausgestellten Gegenstände, indem sie von ihrem Entstehungs- und Gebrauchskontext erzählten und zeithistorische Bezüge herstellten.[41] Die Erzählungen regen die verstummten Tasteninstrumente zur Resonanz ihrer eigenen Biografie oder zumindest der kulturhistorischen Verhältnisse an, denen sie entstammen.

Dis-play or play?

Mitunter birgt die materielle Seite der Instrumente jedoch Spuren der Vergangenheit in sich, die nicht für jedes Auge sichtbar sind. Die für das Museum arbeitende Restauratorin Birte Köhler fasste im Interview die Bedeutungsebenen zusammen, die aus ihrer Perspektive die Instrumente im Museum für die Gegenwart auszeichnen:

> »Das sind Zeitdokumente oder Dokumente zur Geschichte von Techniken, von Materialien, von Lebenskultur, von Musikkultur, von Hörgewohnheiten. Ja, vielseitige Geschichtsdokumente, sage ich jetzt mal. Die viel erzählen können, wenn man die richtigen Leute hat, die einem das da rauslesen können. [...] Es erschließt sich natürlich nur jemandem, der in der Materie drinsteckt.«[42]

Damit spricht sie die Bereiche des Bewahrens und Erforschens an, die ebenso wie die Vermittlung zu den Aufgaben des Museums zählen. Aus ihrem Berufsverständnis heraus sieht sie die Vorführung der Instrumente kritisch, da zuweilen Veränderungen

---

41 Vgl. hierzu Gottfried Korff: Zur Eigenart der Museumsdinge, in: Ders.: *Museumsdinge. Deponieren – Exponieren*, hg. von Martina Eberspächer/Gudrun Marlene König/Bernhard Tschofen, Köln, Weimar, Wien 2007, S. 140–145, hier S. 143 f.

42 Interview mit Birte Köhler, 09.03.2012.

an der Substanz eines Instruments vorzunehmen sind, um es spielbar zu machen. Hinzu kommen mechanische Belastungen und Abnutzungserscheinungen, die beim Gebrauch des Instruments einkalkuliert werden müssen. Die Frage, ob und unter welchen Umständen historische Musikinstrumente aufbewahrt und gespielt werden sollten, wird in Museums- und Sammlerkreisen seit einigen Jahrzehnten kontrovers diskutiert.[43] Auch wenn die musealisierten Objekte bei weitem nicht so fragil sind wie Isungsets Eisinstrumente, so bestimmt die Vergänglichkeit der den Museen anvertrauten Dinge maßgeblich die Arbeit der Kuratoren und Konservatoren.

Für sie als Restauratorin, so Köhler, sei es essentiell, dass Musikinstrumente nicht ausschließlich als »Klangkörper« gesehen werden, sondern dass auch ihre »äußere Schale [...] als historischer Bestand« respektiert und konserviert wird: »Also für mich ist es auch wichtig, dass das Objekt so zu erhalten ist erst mal wie es ist, das heißt auch alle Spuren und alles was auch an Geschichte mit dem Objekt passiert ist, also wenn daran verändert wurde, dass das auch erst mal bestehen bleibt und ablesbar bleibt.«[44]

Die materielle, technische und biografische Dimension des Objekts spricht Köhler hier gleichermaßen als Bedeutungsträger an. Sein Informationsgehalt ist nicht nur vom Zustand des musealisierten Gegenstandes abhängig, sondern auch von den Kompetenzen derjenigen, die diese Bedeutungen entschlüsseln wollen. Sie sieht es darüber hinaus als ihre Aufgabe an,

> »das Objekt auch von seinem Material und auch von seiner Technik so gut zu erhalten, wie es nur irgendwie möglich ist und auch von daher für die spätere Generation so zu erhalten, dass die noch alles ablesen können, was ich theoretisch jetzt ablesen könnte, vielleicht zum Beispiel aber auch gar nicht die technischen Möglichkeiten oder das Wissen habe zu lesen, was überhaupt an dem Objekt ablesbar ist und dass, wenn jemand in fünfzig Jahren kommt und da aber die Möglichkeiten hat, das zu lesen, der das immer noch lesen kann.«[45]

Das museale Bestreben, Dinge nicht nur in der Gegenwart zugänglich zu machen, sondern sie auch für die Zukunft zu bewahren, wird hier deutlich. Ist die durch die Materialität der Exponate bedingte Dauerhaftigkeit die Voraussetzung für ihre Präsentations- und Repräsentationsfähigkeit, so stellt sich aus dieser Perspektive auch ihre Vergänglichkeit als konstitutiver Aspekt für das Museumsobjekt dar, da der Zustand der Instrumente entscheidenden Einfluss auf die Art und Weise der Aufbewahrung und Ausstellung hat. Die Form der Inszenierung wiederum ist Gegenstand von

---

43 Für einen Überblick über diesen Diskurs vgl. Neubarth (2005), S. 242–251.
44 Interview mit Birte Köhler, 09.03.2012.
45 Ebd.

Aushandlungsprozessen zwischen verschiedenen Akteuren im Museum. Der Kurator und die Restauratorin berichten in den Interviews von divergierenden Interessen, die in der musealen Praxis regelmäßig auftauchen und allen Beteiligten Kompromisse abverlangen: Klimatische Bedingungen, Dokumentationsvorgänge, Konservierung und Restaurierung, die Spielbarmachung, Zugang zu den Instrumenten für Forscher und Musiker sowie das Spielen der Instrumente zählen zu den zentralen Anliegen, deren Beachtung von den Instrumenten auf Grund der an sie herangetragenen Erwartungen eingefordert wird und die den Umgang mit ihnen prägen.

Bei genauerem Hinsehen wird jedoch deutlich, dass die Frage, welche Instrumente im Museum für Kunst und Gewerbe gespielt werden, nicht ausschließlich von kuratorischen und konservatorischen Gesichtspunkten abhängt, sondern in der Differenzierung verschiedener Sammlungsbestände begründet ist. Während die historisch gewachsene Sammlung des Museums – unter anderem die erwähnten Instrumente aus der Werkstatt von Tielke oder das Cembalo von Zell – gegenwärtig nicht (oder nur sehr selten) bespielt werden darf, finden mit vielen Tasteninstrumenten regelmäßig musikalische Führungen statt, obwohl dadurch aus konservatorischer Sicht verschiedene Risiken der Schädigung der Mechanik oder Abnutzung des Materials entstehen. Dass die meisten Instrumente der Sammlung Beurmann – im Gegensatz zu den anderen Beständen des Museums – in einem spielbaren Zustand gehalten und auch gespielt werden, hängt mit einer Verfügung des Stifters zusammen, der die Instrumente nicht nur als Sach- und Zeitzeugen, sondern auch als Klangkörper erleb- und erfahrbar machen möchte. Andreas Beurmann untermauert seine Einstellung auch durch den Vergleich mit anderen Praktiken:

> »Musikinstrumente wurden zum Spielen gemacht und für diesen Zweck verläßlich haltbar konstruiert. Was für eine Schizophrenie ist es etwa, daß die kostbarsten historischen Meistergeigen täglich durch die ganze Welt geflogen und Abend für Abend gespielt werden, daß aber ein historisches Tasteninstrument, das zudem an seinem Platz verbleibt, nicht angerührt werden dürfe!«[46]

Er hält es für irrational, Musikinstrumente nicht für die vorgesehenen künstlerischen Zwecke zu nutzen. Auch wenn »nicht jedermann darauf herumklimpern« dürfen solle, so sollten Fachleute und interessiertes Publikum Zugang zu den Objekten und ihrer Klangwelt haben, solange die Instrumente dabei nicht »verkonsumiert« werden.[47] Die Konservatorin und der Kurator, die mit der Realisierung der Bedingungen des von Beurmann angestrebten »klingenden Musikinstrumentenmuseums« befasst sind, betonen in den Interviews, dass nur speziell ausgebildete Personen auf den Instrumenten spielen dürfen, wodurch die bereits erwähnten Risiken und die Notwen-

46 Beurmann (2007), S. 374.
47 Ebd.

digkeit restauratorischer Maßnahmen minimiert werden sollen. Olaf Kirsch erwähnt, dass einige der etwa 80 ausgestellten Instrumente regelmäßig gespielt werden und begründet dieses Konzept durch die Spezifik des Akustischen:

> »Wen interessiert das, wenn nicht einen Spezialisten, wenn diese Instrumente alle nicht klingen? Dann sieht man achtzig Holzkisten stehen, teilweise ganz schön, mit Malerei und Ornamenten und so weiter, aber letztlich ist es ja doch das, was den Besucher irgendwie reizt, […] einen mehr oder weniger authentischen Klang dieses Originalinstrumentes zu hören.«[48]

Zwar sei auch ein Audioguide eingeführt worden, der den Gästen des Museums über Kopfhörer einen Klangeindruck von den Instrumenten vermitteln könne, aber den »authentischen Klang« der Instrumente – insofern man unter Berücksichtigung der Restaurierungen und Erneuerungen überhaupt von »authentisch« sprechen könne – selbst zu hören, sei wesentlich reizvoller.[49]

Die Präsenz des Ephemeren

Was jedoch macht den Reiz eines live gespielten Musikinstruments aus und welche Erwartungen und epistemischen Bedeutungen sind an eine solche Aufführung geknüpft?[50] Die gleichzeitige Anwesenheit von Musizierenden und Rezipierenden sowie die Gegenwart der Instrumente und die unmittelbare Präsenz erklingender Töne bilden im Zusammenspiel eine konkrete Aufführungssituation, die der Philosoph Andreas Luckner als nicht substituierbare Form des Erlebens beschreibt: »Authentische musikalische Ereignisse gibt es nur in einem gemeinsamen, geteilten Kommunikationsraum.«[51] Unter »Authentizität« sei in diesem Zusammenhang keine Wertung,

---

48 Interview mit Olaf Kirsch, 22.02.2012. Tonträger mit Aufnahmen der mitunter vom Sammler selbst gespielten Instrumente können im Museumsshop erworben werden. Vgl. etwa Andreas Beurmann: *Historische Tasteninstrumente: Cembali, Spinette und Virginale*. Werke von Bach, Händel, Mozart und Meistern des 16.–18. Jahrhunderts. Musikverlag Heikedine Körting, Hamburg o. J.

49 Ebd., vgl. hierzu auch Kirsch (2011), S. 131–136. In Hinblick auf die erhaltenen Bestandteile der Instrumente ist die Bezeichnung *Resonanzkörper* durchaus wörtlich zu verstehen: Während bei Tasteninstrumenten im Museum die direkt an der Klangerzeugung beteiligten Elemente (Saiten, Kiele, Tangenten, Filze etc.) als Verschleißteile teilweise oder vollständig erneuert werden müssen, überdauern hier vor allem die Resonanzkörper. Bei den Eisinstrumenten hingegen ist es umgekehrt, denn die Resonanzkörper aus gefrorenem Wasser sind vergänglicher als ihre Garnituren (Wirbel, Stege, Saiten etc. aus Holz, Kunststoff, Naturdarm oder Metall).

50 Werden musikalische Aufführungen als experimentelle Anordnungen im Sinne Rheinbergers aufgefasst, so kann angenommen werden, dass die Instrumente »erst im Zusammenhang mit und im Zuschnitt auf Experimentalsysteme ihre epistemische Bedeutung« erlangen. Vgl. Rheinberger (2006), S. 3.

51 Andreas Luckner: Gemeinsamer Raum. Zur Authentizität musikalischer Ereignisse, in: Gerhard Kilger (Hg.): *Szenografie in Ausstellungen und Museen V. Raum und Wahrnehmung. Bewegte Räume*, Essen 2011, S. 40–47, hier S. 40.

keine Unterscheidung von echt oder unecht zu verstehen, sondern ein »Modus der Erfahrung«. Es geht bei Luckner um die »Erfahrung gemeinsamer Präsenz« und die »konstitutive Räumlichkeit eines Klanges«.[52] Bei den musikalischen Führungen im Museum für Kunst und Gewerbe kommt es demnach zu einer Verschränkung verschiedener Ausprägungen von Authentizität. Während die Instrumente als materielle Sach- und Zeitzeugen angesehen werden, ermöglicht ihr akustisches Potenzial überdies ein spezifisches Erleben des Klangs. Sie figurieren demnach als ambivalente Resonanzkörper, die als Schnittstellen zu Vergangenem (Geschichte) und Vergänglichem (Musik) gleichermaßen agieren können. Diese Formen der Vergegenwärtigung, die bei der Veranstaltungsreihe *Auf historischen Tasteninstrumenten* augenfällig werden, lenken den Blick auf die Aspekte der Zeitlichkeit und der Räumlichkeit.

Die von Hans Ulrich Gumbrecht vorgenommene Unterscheidung von »Sinnproduktion« und »Produktion von Präsenz« entspricht diesem komplementären Verhältnis. Erstere kommt in der museal inszenierten Überbrückung von Distanzen durch die repräsentierenden Eigenschaften der musealisierten Objekte zum Vorschein: »Repräsentation denken wir als die Evokation eines räumlich und/oder zeitlich abwesenden Referenzgegenstandes durch etwas Anwesendes, das wir – mit je verschiedenen inhaltlichen Implikationen – als ›Zeichen‹ für das Abwesende auffassen.«[53] Hierbei tritt vor allem die geschichtliche Dimension im Rahmen einer Bedeutungszuschreibung in Erscheinung, wobei dieser Prozess in erster Linie als durch die Ausstellung veranlasste Verknüpfung mit historischem Wissen einerseits und als imaginäre Leistung andererseits zu verstehen ist. Durch das Spielen der Instrumente hingegen, gedacht als (Wieder-)Herstellen einer Gegenwärtigkeit von Musik, tritt vor allem die performative sowie räumliche Dimension in den Vordergrund, bei der die Körperlichkeit und die sinnliche Wahrnehmung der Besucherinnen und Besucher zu zentralen Referenzpunkten werden:

> »Solche Re-Präsentation ist nicht Stellvertretung für etwas abwesend Bleibendes, sondern die Produktion der erneuten Präsenz von etwas zuvor temporär abwesend Gewesenem. Der wieder gegenwärtig gemachte Gegenstand wird dann nicht nur mit der Zeit der Wahrnehmung eines Betrachters synchronisiert, er ist auch (und vor allem) im Raum des Betrachters gegenwärtig – und wird für ihn berührbar.«[54]

Bei einer von mir besuchten Führung im Museum für Kunst und Gewerbe etwa spielte der Pianist und Pädagoge Uwe Kliemt die so genannte *Sonata Pathetiqué* (1798)

---

52 Ebd., S. 40–42.

53 Hans Ulrich Gumbrecht: Produktion von Präsenz, durchsetzt mit Absenz. Über Musik, Libretto und Inszenierung, in: Josef Früchtl/Jörg Zimmermann (Hg.): *Ästhetik der Inszenierung. Dimensionen eines künstlerischen, kulturellen und gesellschaftlichen Phänomens*, Frankfurt am Main 2001, S. 63–76, hier S. 64.

54 Ebd., S. 65.

Abb. 4   Blick in die Ausstellung im Schümann-Flügel mit der Sammlung historischer Tasteninstrumente,
Museum für Kunst und Gewerbe Hamburg, 2012

von Ludwig van Beethoven auf einem Hammerflügel, der ebenfalls aus dem ausgehenden 18. Jahrhundert stammt.[55] Wird das Instrument in der Ausstellung als Repräsentant einer vergangenen Musikkultur eingesetzt, so soll durch seinen Gebrauch als
Werkzeug nicht nur ein historisches Klangbild re-präsentiert werden, sondern ebenso
eine in diese Epoche datierende Komposition, die wiederum als repräsentativ für
Beethoven, sein Werk und seine Zeit erachtet wird. Diese durch den wieder zum
Schwingen gebrachten Resonanzkörper hör- und erlebbar gemachte Form der Präsenz sprach Kliemt auch im Interview an:

> »Ich finde, durch die Instrumente wird Vergangenheit auch nochmal besonders le-
> bendig […]. Einerseits sind es alte Instrumente aus der Vergangenheit, aber wenn
> ich dann da ein Publikum vor mir habe und spiele, dann ist das jetzt! Und die Stücke
> sind ja auch zwar alt, aber sie […] werden auch sonst im Konzertsaal jetzt gespielt
> und erzeugen eine absolute Gegenwart.«[56]

55 Feldforschungstagebuch, 22.03.2012.
56 Interview mit Uwe Kliemt, 03.04.2012.

Das affektive Potenzial, das aus der Verschränkung von Repräsentation und Re-Präsentation resultiert und das in der »gemeinsame[n] Wirklichkeit des Wahrnehmenden und des Wahrgenommenen« begründet ist, kann nach Gernot Böhme als »Atmosphäre« beschriebenen werden.[57] Die in der konkreten Aufführungssituation entstehende Atmosphäre hat über allgemeine Bildungs- und Wissensaspekte hinaus Einfluss auf das Erlebnis des Publikums: »Sie greift bei der Befindlichkeit des Menschen an, sie wirkt aufs Gemüt, sie manipuliert die Stimmung, sie evoziert die Emotionen.«[58] Als Ausstellungsgestalter ist sich Olaf Kirsch der Wirkmächtigkeit von Musik und ihrer Relevanz als nicht-kognitiver, emotionaler Zugang zu den Inhalten der Ausstellungen bewusst und leitet hieraus seine Inszenierungspraxis ab: »Also, spannend finde ich, dass man mit Musik, weil es ja doch irgendwie eine letztlich emotional auch sehr sprechende Kunstform ist, eigentlich in so ein Epochengefühl relativ unmittelbar hineingeführt wird.« Bei der Besichtigung wissenschaftlicher Geräte oder Möbel in der Renaissance-Abteilung etwa benötige der Betrachter »viel mehr Hintergrund- und Kontextwissen«, um die dargestellte Epoche zu verstehen: »Wenn ich ein Renaissance-Musikstück auf einem Renaissance-Instrument spiele, bin ich emotional plötzlich in einer Stimmung einer Epoche, einer Zeit [...].« Musik ermöglicht in seinen Augen einen »anderen, direkten, sinnlichen Zugang in solche Zeitstimmungen«. Seien ausgestellte, aber nicht gespielte Musikinstrumente wie die Gamben von Tielke zunächst in »kunsthistorischen Kontexten [...] als Beispiele barocker Dekorationskunst neben barocken Möbeln oder anderen barocken Objekten« gezeigt worden, so könne durch die gemeinsame Präsentation von epochenspezifischem Interieur und spielbaren Instrumenten »die historische Atmosphäre, aus der die Instrumente stammen« noch umfassender dargestellt werden (Abb. 4).[59]

Vielfalt | Differenz

Die verschiedenen Epochen, deren »Zeitstimmungen« im Museum nachvollziehbar gemacht werden sollen, sind im Ausstellungsraum nebeneinander vorzufinden. Die Präsentation der Sammlung Beurmann baut auf zwei miteinander verwobenen Ebenen auf: Als Gattungsgeschichte der Tasteninstrumente, wie sie Olaf Kirsch beschreibt, sollen einerseits unterschiedliche regionale Schulen des Instrumentenbaus – Italien, Frankreich, Niederlande, England und Deutschland – dargestellt werden. Andererseits geht es bei der historischen Entwicklung um die chronologische Abfolge technischer Innovationen, die neue Klangbilder und Spieltechniken hervorgebracht

---

57 Gernot Böhme: *Atmosphäre. Essays zur neuen Ästhetik*, Frankfurt am Main 1995, S. 34.
58 Ebd., S. 39.
59 Interview mit Olaf Kirsch, 22.02.2012.

haben.[60] Zur Orientierung innerhalb dieser räumlichen und zeitlichen Gliederung dienen in der Ausstellung in erster Linie Objektbeschriftungen sowie auf die Wände aufgebrachte Texte.

Eine Führung, die Uwe Kliemt regelmäßig anbietet, ist der Entwicklung vom ersten Hammerklavier bis zum Konzertflügel gewidmet. Für diesen Zeitraum vom ausgehenden 18. Jahrhundert bis in die 1870er Jahre wählte er sieben Instrumente aus, an denen er Erfindungen wie neue Dämpfermechaniken und Pedale sowie die Einführung neuer Materialien, wie etwa Rahmen aus Gusseisen, erklärt. Die Auswirkungen auf den Klang demonstriert er durch den konkreten Vergleich.[61] Das Hörerlebnis sei ihm dabei besonders wichtig, da er zeigen wolle, dass ein Klavier nicht immer wie ein Klavier geklungen habe: »Naja, es ist einfach eine andere Klangwelt, ja so. Das Cembalo ist eine ganz andere Klangwelt, dann der Hammerflügel, der moderne Flügel wieder. […] Da kann man also Zeitsprünge machen, ja so durch ein halbes Jahrtausend.«[62]

Der direkte technische und klangliche Vergleich sowie die kontrastierende Demonstration von Jahrzehnte oder Jahrhunderte auseinander liegenden historischen Klangwelten wird erst durch die Versammlung von spielbaren Instrumenten verschiedener Epochen im musealen Raum möglich. Dieses Neben- und Miteinander an sich disparater Räume und Zeiten kann nach Michel Foucault als eine für Museen charakteristische heterotope und heterochrone Akkumulation aufgefasst werden.[63] In diesem expositorischen Verwendungskontext erscheinen die Instrumente, die ihrer Vergänglichkeit zum Trotz erhalten geblieben sind, nicht nur als materielle Stellvertreter eines ›ZeitRaums‹ und den damit verbundenen ästhetischen und technischen Entwicklungen, sondern können als Werkzeuge der Vergegenwärtigung (bzw. Re-Präsentation) historischer Klangwelten eingesetzt werden. Der Kurator der Ausstellung schätzt an dieser Konstellation, dass neben den kulturgeschichtlichen Erkenntnissen auch die »Wahrnehmungssensibilität« gefördert werden könne, da sich die Besucherinnen und Besucher während einer musikalischen Führung unbewusst einer »sehr subtile[n] Wahrnehmungs- oder Sinnesschulung« unterziehen würden.[64]

Aber nicht nur in akustischer Hinsicht könne in der Sammlung die Vielfalt verschiedener Tasteninstrumente erlebt werden. Olaf Kirsch sieht sich als Wissenschaftler nicht nur für die historische und musikalische Vermittlung zuständig, sondern ist sich als aktiver Musiker ebenso der Differenzerfahrungen bewusst, die die versammelten Instrumente unter spieltechnischen Gesichtspunkten ermöglichen. Er betont, dass neben der Lektüre zeitspezifischer Quellen und der Aneignung historischen

---

60 Ebd.

61 Verschiedene Variationen seiner Führung »Hammerflügel, Pianoforte, Tafelklavier – viele Namen für ein Instrument« bietet er nach eigenen Angaben regelmäßig an. Vgl. Feldforschungstagebuch, 22.03.2012.

62 Interview mit Uwe Kliemt, 03.04.2012.

63 Foucault, Michel: Andere Räume, in: Karlheinz Barck (Hg.): *Aisthesis. Wahrnehmung heute oder Perspektiven einer anderen Ästhetik*, Leipzig 1992, S. 34–46, hier S. 42 f.

64 Interview mit Olaf Kirsch, 22.02.2012.

Wissens vor allem die Beschäftigung mit den Klangfarben, dem Tonumfang und der Lautstärke einzelner Instrumente zu einem tieferen Verständnis historischer Musik führen kann. In diesem Kontext macht er auf relevante Facetten des Instrumentengebrauchs aufmerksam und lenkt den Blick auf die durch konkretes Handeln geprägten Beziehungen von Mensch und Instrument. Die musikalische Praxis – das aktive Spielen von Instrumenten – wird vor allem durch drei Dispositionen bestimmt, die in einem wechselseitigen Verhältnis stehen: Während die musikalischen Potenziale eines Musikinstruments (Klangfarbe, Tonumfang, Lautstärke usw.) als »materiell-gegenständliche Disposition« subsumiert werden können, ergeben sich die Fähigkeiten von Musikerinnen und Musikern aus dem Zusammenspiel von »psychophysische[r]« und »physiologisch-motorische[r] Disposition«.[65] Im Rahmen dieses Modells bestimmt die aus dem reziproken Verhältnis der dispositionellen Eigenschaften von Spieler und Instrument basierende Spieltechnik als Schnittstelle das musikalische Handeln und damit das akustische Resultat.[66]

In den Interviews scheinen die charakteristischen Eigenschaften einzelner Instrumente vor allem durch den Vergleich mit anderen Instrumenten beschreibbar zu sein. So zogen Olaf Kirsch und Uwe Kliemt mehrfach den modernen Steinway-Flügel als kontrastierendes Beispiel zum Hammerklavier heran, wenn sie mir die Eigenheiten älterer Instrumente und ihren Einfluss auf Komposition und Spielweise des ausgehenden 18. und frühen 19. Jahrhunderts beschreiben wollten:

> »[D]ie Klänge dieses Instruments bekomme ich so nur von diesem Instrument geliefert und von keinem anderen und es ist sehr lehrreich, also wenn ich etwa Chopin auf einem romantischen Flügel der 1840er Jahre spiele, dann gibt das Instrument mir eigentlich so viel vor. [...] Also einfach diese Dinge zu erfahren von den Instrumenten und zu lernen und festzustellen, dass da vieles in der Musik passiert, [was] bedingt [ist] durch die klanglichen Eigenschaften des Instrumentes.«[67]

Auch Uwe Kliemt betont, dass er sich – etwa bei der Gestaltung des Spieltempos – vom Klang der Instrumente instruieren lasse und sich der moderne Flügel im Gegensatz zum Hammerklavier gegen bestimmte Spielweisen sperre.[68] Die Instrumente scheinen hier Vorgaben zu machen und anzuleiten; sie stellen sich mit ihren spezifi-

---

65 Andreas Michel: Entwicklungsgedanke und Organologie. Problemskizze zur Methodologie von historischer Instrumentenkunde und Ethnoorganologie, in: Christoph-Hellmut Mahling/Stephan Münch (Hg.): *Ethnomusikologie und historische Musikwissenschaft. Gemeinsame Ziele, gleiche Methoden?* Tutzing 1997 (= Mainzer Studien zur Musikwissenschaft Bd. 36), S. 75–89, hier S. 78 f.

66 Besonders deutlich wird dieser Umstand bei den eingangs beschriebenen Musikinstrumenten aus Eis, die auf Grund ihrer ephemeren und fragilen Beschaffenheit umgehend auf den Zugriff der Musikerinnen und Musiker mit einer Veränderung ihrer Gestalt reagieren und damit zur ständigen Reflexion und Adaption der Spieltechnik auffordern.

67 Interview mit Olaf Kirsch, 22.02.2012; vgl. hierzu auch Elste (1989), S. 176 f.

68 Interview mit Uwe Kliemt, 03.04.2012.

schen Eigenschaften dem Musiker entgegen oder ermutigen ihn zu einer bestimmten Art und Weise der Interpretation. Gleichzeitig, so kann aus diesen Beobachtungen geschlossen werden, gewähren sie den Musikerinnen und Musikern Einblicke in den Entstehungskontext des (wieder-)aufgeführten Repertoires, der aus den Dispositionen der Instrumente herauszuhören ist. Hieran zeigt sich eine für den Werkzeugcharakter der Instrumente spezifische Funktion: Durch ihre Beschaffenheit und den durch sie angeregten Modus der Verwendung prägen sie maßgeblich den mit ihnen untersuchten Gegenstand – die (Wieder-)Aufführung historischer Musik. Gleichzeitig reagieren sie als Akteure nicht nur auf den Zugriff, sondern nehmen durch ihre Materialität und Klangeigenschaften unmittelbar Einfluss auf die Handlungen ihres Gegenübers – des musizierenden Menschen.[69] Die anhand der historischen Tasteninstrumente gemachten Erfahrungen können sich wiederum auf die bisherige musikalische Praxis auswirken: »Ich glaube, man lernt auch einen modernen Flügel anders zu traktieren, wenn man das Klangbild der alten [Instrumente] im Ohr hat.«[70]

Ausklang | ...

Die Instrumente, die bei den Veranstaltungen *Auf historischen Tasteninstrumenten* im Museum für Kunst und Gewerbe Hamburg auf Grund ihrer materiellen und akustischen Eigenschaften als Werkzeuge der Vergegenwärtigung von Vergangenem und Vergänglichem zum Einsatz kommen, sind als Resonanzkörper zunächst stumm. Aber sie reagieren auf die Stimuli, mit welchen sie in der Gegenwart konfrontiert werden; sie antworten jedoch nicht direkt, sondern erwidern die Fragen in dem für sie spezifischen Modus der Resonanz.

Bei einer musealen Darstellung kann es sich daher weder um eine exakte Abbildung noch um eine Annäherung an eine vermeintlich historische Realität handeln, wohl aber um eine Interaktion zwischen zeitlich getrennten handwerklich-technischen, ästhetischen, musikalischen und symbolischen Zusammenhängen, bei der die Instrumente als Schnittstellen dienen. Auch wenn bei musikalischen Führungen »Originalinstrumente« verwendet werden, so weist Elste zu Recht darauf hin, dass »jeder Versuch, ein historisches Klanggeschehen in unserer Gegenwart zu produzieren, immer Rekonstruktion ist und daher entscheidende Parameter des Klanges immer spekulativ bleiben.«[71] Er geht davon aus, dass die erhaltenen »Tonwerkzeuge nur

---

69 Zur Funktion (musealer) Objekte als Akteure und Untersuchungsgegenstände in wissenschaftlichen Aneignungsprozessen vgl. Anke te Heesen: Objekte der Wissenschaft. Eine wissenschaftshistorische Perspektive auf das Museum, in: Joachim Baur (Hg.): *Museumsanalyse. Methoden und Konturen eines neuen Forschungsfeldes*, Bielefeld 2010, S. 213–230, hier S. 214–217.

70 Interview mit Uwe Kliemt, 03.04.2012.

71 Elste (1989), S. 177–179. In den Interviews wurde deutlich, dass sämtliche Personen, die an den Führungen beteiligt sind, diesen Umstand reflektieren. Bei den von mir besuchten Veranstaltungen thematisierten sie diese Überlegungen jedoch nicht immer.

die gegenständlichen Relikte eines anthropologischen Systems mit soziokulturellen Komponenten sind.« Erst das von ihm als »System Musikinstrument« bezeichnete Zusammenspiel von Ding und Mensch kann demnach als verlässliches – aber an sich nicht musealisierbares – Zeugnis vergangener Musikkultur aufgefasst werden.[72] Hieran zeigt sich ein entscheidendes Merkmal dieser Schnittstellen: Die durch sie mögliche Form der Vergegenwärtigung erlaubt keinen direkten Zugriff auf Vergangenes, wohl aber den experimentellen Nachvollzug im Sinne einer Übersetzungsleistung. Die mithilfe dieser Instrumente erzeugten Klangbilder dienen als gegenwärtige Ereignisse der Erfahrung von Resonanz und erscheinen somit als ein möglicher Modus der Aneignung von Vergangenheit. Unter Resonanz darf jedoch keinesfalls »bloßer Widerhall« verstanden werden, da in ihr gleichzeitig auch eine kontext- und medienspezifische »Modifikation« mitschwingt: »Die mögliche Abweichung oder Ähnlichkeit, die das Resonanzereignis zulässt, legt eine Metaphorik nahe, in der Fremdes zum Eigenen werden kann. Dies geschieht nicht durch eine von außen geleitete Absicht, sondern aus den materialen Eigenschaften der dem Resonanzvorgang selbst zugrunde liegenden Gegenstände.«[73]

Bei einer musealen Ausstellung handelt es sich trotz des zunehmenden Einsatzes Neuer Medien wie Hörstationen oder Audioguides nach wie vor um ein primär visuell organisiertes Medium. Es ist jedoch nicht verwunderlich, dass bereits in der ersten Hälfte des 20. Jahrhunderts in Museen bei der Präsentation von historischen Musikinstrumenten vereinzelt Geräte zum Abspielen akustischer Aufzeichnungen eingesetzt wurden.[74] Instrumente, die tatsächlich in Ausstellungen vorgeführt werden, unterlaufen indessen gängige museale Logiken gleich in zweierlei Hinsicht: Die von Luckner als »authentisch« bezeichneten musikalischen Ereignisse beeinflussen durch die »Räumlichkeit des Klanges« die reguläre Ausstellungssituation. Sie verleihen ihr zeitweilig den Charakter eines Konzerts, denn der »Rufcharakter« der live gespielten Musik hält als gestische Aufforderung zur Aufmerksamkeit an und dominiert den

---

72 Ebd. In diesem Konzept spiegelt sich eine grundsätzliche Überlegung der Akteur-Netzwerk-Theorie wider: Im Rahmen dieses Ansatzes werden Objekte und Subjekte in handlungsspezifischen Konstellationen nicht als getrennte Entitäten, sondern in ihrer Verbindung als Hybrid-Akteure aufgefasst. Vgl. Bruno Latour: Über technische Vermittlung. Philosophie, Soziologie und Genealogie, in: Andréa Belliger/David J. Krieger (Hg.): *ANThology. Ein einführendes Handbuch zur Akteur-Netzwerk-Theorie*, Bielefeld 2006, S. 483–528.

73 Lichau/Tkaczyk/Wolf (2009), S. 19 f.

74 Bereits 1936 stand im Musikinstrumenten-Museum der Stiftung Preußischer Kulturbesitz in Berlin, das damals als »erste[s] tönende[s] Museum der Welt« beworben wurde, ein Magnetophon (Tonbandgerät) zur Verfügung. Elste (1994), S. 283.

75 Luckner (2011), S. 42–46. Luckner ist daher der Auffassung, dass sich nur technisch reproduzierte Musik für museale Ausstellungen eignet, da diese als »nicht-authentische[s] musikalische[s] Ereignis[se]« um ihren Rufcharakter depotenziert sei und somit nicht vom eigentlichen Gegenstand der Ausstellung ablenke. Aus einem anderen Grund hält auch Elste über Lautsprecher abgespielte Tonaufnahmen für einen adäquateren Präsentationsmodus: Da es nicht hinreichend sei, nur »das gegenständliche Objekt als eindeutiges Klangerzeugnis vergangener Zeiten heranzuziehen«, sei das Musizieren auf historischen Instrumenten nur »innerhalb einer elektro-akustischen Übertragungskette« glaubwürdig, da nur so die »»musikökologischen

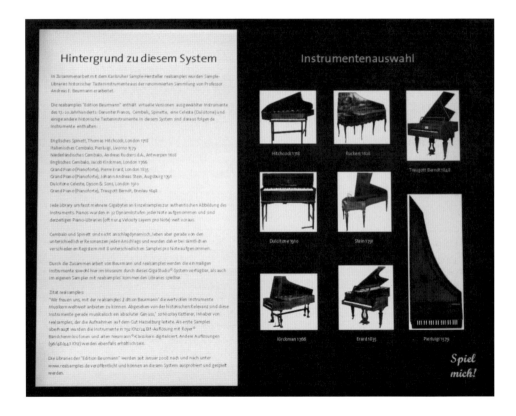

Abb. 5, 6   Midi-Klavier mit Samples der historischen Tasteninstrumente im Museum für Kunst und Gewerbe Hamburg, 2012

Raum.[75] Diese temporäre Veränderung im musealen Paradigma ist aus kuratorischer Sicht durchaus gewollt und wird bei den musikalischen Führungen gezielt eingesetzt. Darüber hinaus wird die Entfunktionalisierung der Exponate entgegen konservatorischer Prinzipien zwischenzeitlich aufgehoben. Das Publikum sieht und hört, wie Musikerinnen oder Musiker musealisierte Objekte berühren, bedienen und zum Klingen bringen, was etablierten Konventionen und Erwartungen an eine museale Ausstellung widerspricht. Am eigenen Leib können die Besucherinnen und Besucher zwar die akustische Dimension, nicht aber die musikalisch-haptische Ebene erfahren. Sie sind auf Personen wie Uwe Kliemt oder Olaf Kirsch angewiesen, die diese Erfahrungen selbst machen und daraufhin erläutern können. Neben der Zugänglichkeit zu den Instrumenten sind allerdings auch musikalische Kompetenzen notwendig, um den Kontrast und den Einfluss der Instrumente auf die Spiel- und Kompositionstechnik wahrnehmen und begreifen zu können. Die Pianisten und Cembalisten handeln mit ihrem Vorwissen somit stellvertretend mit den Gegenständen und können durch ihre eigenen Erfahrungen als Mittler zwischen dem Publikum und den Instrumenten agieren.

Die in museale Sammlungen aufgenommenen Objekte sollen einerseits erhalten und bewahrt, andererseits zugänglich und verständlich gemacht werden. Diesem Spannungsfeld begegnen technische Innovationen in Form digitaler Medien, die neben der visuellen und auditiven Wahrnehmung zunehmend auch den Tastsinn und damit das aktive ›Be-Greifen‹ von Exponaten fokussieren.[76] Im Museum für Kunst und Gewerbe bietet ein Midi-Klavier die Möglichkeit, mit den Klängen der Instrumente der Sammlung Beurmann in Kontakt zu treten. Über Lautsprecher oder Kopfhörer sind Samples von acht der ausgestellten Instrumente zu hören, die die Besucherinnen und Besucher über die Tasten ansteuern können (Abb. 5, 6).[77] Neben der Möglichkeit,

Bezüge‹ des hic et nunc der Gegenwart des Musizierens« keine Rolle mehr spielen würden. Elste (1989), S. 179f. Doch gerade durch dieses Verhältnis von Materialität, Repräsentation, Re-Präsentation und Rezeption erscheint die Frage nach der Präsenz im Rahmen eines performativen Verständnisses musealer Ausstellungen von zentraler Bedeutung zu sein, wenn die Signifikanz von Resonanzkörpern bei Prozessen der Vergegenwärtigung analysiert werden soll.

76 Die Kuratorinnen und Kuratoren der Ausstellung *Sounds from the Vaults* im Field Museum (Chicago) setzten bereits 1999 digital simulierte Instrumente und den Exponaten nachempfundene elektronische Interfaces ein, um dem Publikum einen spielerischen Umgang mit den ausgestellten Objekten und Klängen zu ermöglichen. Hierbei können die Besucherinnen und Besucher nicht nur miteinander interagieren. Darüber hinaus können Instrumente aus unterschiedlichen Zeiten und Räumen in Bezug zueinander gesetzt werden. Vgl. hierzu Robert Zimmer/Janis Jefferies/Mandayam Srinivasan: Touch Technologies and Museum Access, in: Helen J. Chatterjee (Hg.): *Touch in Museums. Policy and Practice in Object Handling*, Oxford, New York 2008, S. 150–159 sowie Carolyn S. Johnson/Alaka Wali/Richard Faron/Bruce Odland: Sounds from the Vault. The Field Museum, in: Kathleen McLean/Catherine McEver: *Are we there yet? Conversations about Best Practices in Science Exhibition Development*, San Francisco 2004, S. 88–92.

77 Vgl. hierzu Kirsch (2011), S. 136. Die hier genutzten Soundlibraries wurden von der Firma *realsamples* nicht nur zu musealen, sondern auch zu kommerziellen Zwecken angefertigt. Durch diese *Edition Beurmann* können die Klänge der historischen Instrumente auch in anderen Kontexten außerhalb des Museums eingesetzt werden und erleben durch die Digitalisierung eine neue Form des Nachlebens, vgl. hierzu die Webseite *realsamples*, URL: www.realsamples.de (04.11.2011).

eingespielte Tonbeispiele zu hören, besteht so die Option zum freien Spiel mit den historischen Klängen. Diese sind nicht simuliert, wie etwa bei Synthesizern, sondern technisch reproduziert. Die Aufnahmen der einzelnen Töne stammen von den in Sichtweite positionierten Instrumenten. Da die Klangerzeugung jedoch nicht simultan von ihnen ausgeht, sondern trotz der Bindung an die Objekte als virtuell anzusehen ist, bleibt die materielle Dimension ebenso außen vor wie die Räumlichkeit des Klangs. Dennoch steht ein von den Exponaten ausgehender Zugang zur akustischen Dimension der Instrumente im Raum; das Keyboard ist eine alternative Schnittstelle zu den Klängen der ausgestellten Instrumente, deren Materialität durch die Virtualisierung allerdings umgangen wird, da ihre Präsenz so wiederum auf ihre Anschaubarkeit reduziert wird.

Übertragen auf die Eisinstrumente von Terje Isungset hätte dieser Sachverhalt folgende Auswirkungen: Die frostigen Klangkörper können zum Klingen gebracht werden, ohne dass die Musikerinnen und Musiker kalte Finger bekommen und die Instrumente zu schmelzen beginnen. Der programmatische Reiz der Vergänglichkeit kann sich so nicht entfalten, da zusammen mit der materiellen Verfasstheit auch die konservatorischen Ansprüche der Instrumente ebenso wie der Zeiträume, die sie überdauert haben, ausgeblendet werden. Die Reproduktion der Klänge hebt durch die Umorganisation des haptischen Zugriffs auf die Klangerzeugung den Stellenwert der Präsenz auf. Als Schnittstellen unterscheiden sich die gesampelten Klänge somit in Hinblick auf die Zugänglichkeit und den Modus der Aneignung grundlegend von den Museumsobjekten: Ihr Potenzial zur Herstellung von Präsenz verleiht den Resonanzkörpern in Prozessen der Vergegenwärtigung von Vergangenem und Vergänglichem in musealen Kontexte signifikante Eigenschaften. Diese sind über die bloße Repräsentation von Abwesendem hinaus für die gegenwartsbezogene Inszenierung historischer Klangwelten von zentraler Bedeutung.

Literatur

Arnold-Forster, Kate/Hélène La Rue: *Museums of Music. A Review of Musical Collections in the United Kingdom*, London 1993.

Beurmann, Andreas: Ein Wort zur Spielbarmachung, Noli me tangere?, in: Ders.: *Das Buch vom Klavier. Die Sammlung Beurmann im Museum für Kunst und Gewerbe in Hamburg und auf Gut Hasselburg in Ostholstein*, Hildesheim 2007, S. 374.

Beurmann, Andreas: Führung durch die Tasteninstrumenten-Sammlung Beurmann im Museum für Kunst und Gewerbe Hamburg, in: Bernhart Jähnig (Hg.): *Musik und Literatur im frühneuzeitlichen Preussenland*, Marburg 2009 (= Tagungsberichte der historischen Kommission für ost- und westpreussische Landesforschung Bd. 24), S. 79–94.

Boehme, Tim Caspar: Kontrollverluste im Schnee, in: *taz* (03.02.2010), S. 15.

Böhme, Gernot: *Atmosphäre. Essays zur neuen Ästhetik*, Frankfurt am Main 1995.

Butt John: Historical instruments and the embodiment of music, in: Michael Latcham (Hg.): *Musique ancienne – instruments et imagination*. Actes des Recontres Internationales harmoniques, Lausanne 2004 / *Music of the past – instruments and imagination*. Proceedings of the harmoniques International Congress, Lausanne 2004 (= Publikationen der Schweizerischen Musikforschenden Gesellschaft / Publications de la Société Suisse de Musicologie, Serie II, Vol. 46), S. 9–16.

Clifford, James: Museums as Contact Zones, in: Ders. (Hg.): *Routes. Travel and Translation in the Late Twentieth Century*. Cambrige, London 1997, S. 188–219.

Dering, Florian: »Flüchtige Träume«. Schneeplastiken und Schneedenkmäler, in: Michael Diers (Hg.): *Mo(nu)mente. Formen und Funktionen ephemerer Denkmäler*, Berlin 1993, S. 179–189.

Diers, Michael: Ewig und drei Tage. Erkundungen des Ephemeren – zur Einführung, in: Ders. (Hg.): *Mo(nu)mente. Formen und Funktionen ephemerer Denkmäler*, Berlin 1993, S. 1–9.

Elste, Martin: »Originalinstrumente« – Über den Umgang mit Alter Musik heute, in: *Jahrbuch Preußischer Kulturbesitz* 24 (1989), S. 169–185.

Elste, Martin: Gelsominas Trompete. Überlegungen zu einer Neukonzeption des Musikinstrumenten-Museums am Beispiel der Blechblasinstrumente, in: *Jahrbuch Preußischer Kulturbesitz* 31 (1994), S. 273–294.

Engelhard, Jutta Beate: Gamelan – Ein Ausstellungsangebot besonderer Art im Rautenstrauch-Joest-Museum für Völkerkunde, in: *Kölner Museums-Bulletin* 4 (2001), S. 4–12.

Fischer-Lichte, Erika: Theater als Resonanz-Raum, in: Karsten Lichau/Viktoria Tkaczyk/Rebecca Wolf (Hg.): *Resonanz. Potentiale einer akustischen Figur*, München 2009, S. 237–248.

Foucault, Michel: Andere Räume, in: Karlheinz Barck (Hg.): *Aisthesis. Wahrnehmung heute oder Perspektiven einer anderen Ästhetik*, Leipzig 1992, S. 34–46.

Gable, Eric: Ethnographie. Das Museum als Feld, in: Joachim Baur (Hg.): *Museumsanalyse. Methoden und Konturen eines neuen Forschungsfeldes*, Bielefeld 2010, S. 95–119.

Gehrmann, Wolfgang: Zum Dahinschmelzen, in: *Die Zeit* 8/2012 (16.02.2012), S. 72.

Greenblatt, Stephen: Resonanz und Staunen, in: Ders.: *Schmutzige Riten. Betrachtungen zwischen den Weltbildern*, Berlin 1991 (= Kleine kulturwissenschaftliche Bibliothek Bd. 33), S. 7–29.

Greenblatt, Stephen: Resonance and Wonder, in: Ivan Karp/Steven D. Lavine (Hg.): *Exhibiting cultures. The Poetics and Politics of Museum Display*, Washington, London 1992, S. 42–56.

Greenblatt, Stephen: Resonanz und Staunen revisited. Über Wunden, Schnitte und die Norton Anthology of English Literature, in: Karsten Lichau/Viktoria Tkaczyk/Rebecca Wolf (Hg.): *Resonanz. Potentiale einer akustischen Figur*, München 2009, S. 33–51.

Gumbrecht, Hans Ulrich: Produktion von Präsenz, durchsetzt mit Absenz. Über Musik, Libretto und Inszenierung, in: Josef Früchtl/Jörg Zimmermann (Hg.): *Ästhetik der Inszenierung. Dimensionen eines künstlerischen, kulturellen und gesellschaftlichen Phänomens*, Frankfurt am Main 2001, S. 63–76.

Gumbrecht, Hans Ulrich: *Diesseits der Hermeneutik. Die Produktion von Präsenz*, Frankfurt am Main 2004.

Herrndorf, Ursula: Viel Platz für sehr Altes und ganz Neues, in: *Hamburger Abendblatt* (12.09.2000).

te Heesen, Anke: Objekte der Wissenschaft. Eine wissenschaftshistorische Perspektive auf das Museum, in: Joachim Baur (Hg.): *Museumsanalyse. Methoden und Konturen eines neuen Forschungsfeldes*, Bielefeld 2010, S. 213–230.

Hofmann, Isabelle: Schatzkammer der Instrumente, in: *Lübecker Nachrichten* (29.01.2000).

Jannelli, Angela/Thomas Hammacher: Das Museum als Erfahrungsraum. Ausstellungen als performative Räume, in: Gerhard Kilger/Wolfgang Müller-Kuhlmann (Hg.): *Szenografie in Ausstellungen und Museen III. Raumerfahrung oder Erlebnispark. Raum–Zeit/Zeit–Raum*, Essen 2008, S. 44–51.

Johnson, Carolyn S./Alaka Wali/Richard Faron/Bruce Odland: Sounds from the Vault. The Field Museum, in: Kathleen McLean/Catherine McEver: *Are we there yet? Conversations about Best Practices in Science Exhibition Development*, San Francisco 2004, S. 88–92.

Karp, Cary: Musical Instruments in Museums, in: *The International Journal of Museum Management and Curatorship* 4 (1985), S. 179–182.

Kirsch, Olaf: Klingende Musikgeschichte. Die Sammlung Beurmann im Museum für Kunst und Gewerbe Hamburg, in: Franz Körndle/Gert-Dieter Ulferts (Hg.): *Konservierung und Restaurierung historischer Tasteninstrumente in den Sammlungen der Klassik Stiftung Weimar*. Bericht über die internationale Tagung vom 12. bis 14. September 2008 im Schlossmuseum Weimar, Augsburg 2011, S. 123–138.

Klemm, David: *Das Museum für Kunst und Gewerbe. Band 1. Von den Anfängen bis 1945*, hg. von Wilhelm Hornbostel, Hamburg 2004.

Kohl, Karl-Heinz: *Die Macht der Dinge. Geschichte und Theorie sakraler Objekte*, München 2003.

Korff, Gottfried: Zur Eigenart der Museumsdinge, in: Ders.: *Museumsdinge. Deponieren – Exponieren*, hg. von Martina Eberspächer/Gudrun Marlene König/Bernhard Tschofen. Köln, Weimar, Wien 2007, S. 140–145.

Korff, Gottfried: Zur Faszinationskraft der Dinge. Eine museumshistorische Reflexion in Bildern, in: Institut für Europäische Ethnologie der Universität Wien (Hg.): *Volkskultur und Moderne. Europäische Ethnologie zur Jahrtausendwende*. Festschrift für Konrad Köstlin zum 60. Geburtstag am 8. Mai 2000, Wien 2000 (= Veröffentlichungen des Instituts für Europäische Ethnologie der Universität Wien Bd. 21), S. 341–354.

Latour, Bruno: Über technische Vermittlung. Philosophie, Soziologie und Genealogie, in: Andréa Belliger/David J. Krieger (Hg.): *ANThology. Ein einführendes Handbuch zur Akteur-Netzwerk-Theorie*, Bielefeld 2006, S. 483–528.

Lichau, Karsten/Viktoria Tkaczyk/Rebecca Wolf: Anregungen, in: Dies. (Hg.): *Resonanz. Potentiale einer akustischen Figur*, München 2009, S. 11–32.

Luckner, Andreas: Gemeinsamer Raum. Zur Authentizität musikalischer Ereignisse, in: Gerhard Kilger (Hg.): *Szenografie in Ausstellungen und Museen V. Raum und Wahrnehmung. Bewegte Räume*, Essen 2011, S. 40–47.

Maure, Marc: The Exhibition as Theatre. On the Staging of Museum Objects, in: *Nordisk Museologi* 2 (1995), S. 155–168.

Michel, Andreas: Entwicklungsgedanke und Organologie. Problemskizze zur Methodologie von historischer Instrumentenkunde und Ethnoorganologie, in: Christoph-Hellmut Mahling/ Stephan Münch (Hg.): *Ethnomusikologie und historische Musikwissenschaft. Gemeinsame Ziele, gleiche Methoden?* Tutzing 1997 (= Mainzer Studien zur Musikwissenschaft Bd. 36), S. 75–89.

Museum für Kunst und Gewerbe Hamburg (Hg.): *Handbuch*, München 1980.

Museum für Kunst und Gewerbe: *Ausgewählte Werke aus den Erwerbungen 1962–1971*. Festgabe für Lise Lotte Möller zu ihrem 60. Geburtstag am 18. November 1972. Museum für Kunst und Gewerbe, Hamburg 1972 (= Bildführer 3).

Musikinstrumente im Museum, Museum Aktuell, Januar 2003.

Neubarth, Kerstin: *Historische Musikinstrumente im 20. Jahrhundert. Begriff – Verständnis – kompositorische Rezeption*, Köln 2005.

Nirrnheim, Hans: Die Hamburgischen Musikinstrumente, in: *Das Hamburgische Museum für Kunst und Gewerbe*. Dargestellt zur Feier des 25jährigen Bestehens von Freunden und Schülern Justus Brinckmanns, Hamburg 1902, S. 163–167.

Rheinberger, Hans-Jörg: Schnittstellen. Instrumente und Objekte im experimentellen Kontext der Wissenschaften vom Leben, in: Helmar Schramm/Ludger Schwarte/Jan Lazardzig (Hg.): *Instrumente in Kunst und Wissenschaft. Zur Architektonik kultureller Grenzen im 17. Jahrhundert*, Berlin 2006 (= Theatrum Scientiarium Bd. 2), S. 1–20.

Rübel, Dietmar: *Plastizität. Eine Kunstgeschichte des Veränderlichen*, München 2012.

Schärer, Martin R.: *Die Ausstellung. Theorie und Exempel*, München 2003.

Schröder, Dorothea: *Musikinstrumente im Museum für Kunst und Gewerbe Hamburg*, München 2001.

Sturm, Eva: *Konservierte Welt. Museum und Musealisierung*, Berlin 1991.

Warnke, Martin: Schneedenkmäler, in: Michael Diers (Hg.): *Mo(nu)mente. Formen und Funktionen ephemerer Denkmäler*, Berlin 1993, S. 51–59.

Zimmer, Robert/Janis Jefferies/Mandayam Srinivasan: Touch Technologies and Museum Access, in: Helen J. Chatterjee (Hg.): *Touch in Museums. Policy and Practice in Object Handling*. Oxford, New York 2008, S. 150–159.

Internetseiten

www.icemusic.no (03.02.2012)

www.music.ed.ac.uk/euchmi/cimcim (30.08.2012)

www.nordische-musik.de (01.02.2012)

www.realsamples.de (04.11.2011)

www.vegetableorchestra.org (20.07.2012)

Diskografie

Beurmann, Andreas: *Historische Tasteninstrumente: Cembali, Spinette und Virginale*. Werke von Bach, Händel, Mozart und Meistern des 16.–18. Jahrhunderts. Musikverlag Heikedine Körting, Hamburg o. J.

Isungset, Terje: *Iceman is*. Jazzland Recordings/Universal Music, Norway 2002.

Angelika Mader, Dennis Reidsma, Edwin Dertien
Single Value Devices – Schnittstellen im Internet der Dinge

Ein *Single Value Device* ist ein physisches Objekt in unserer alltäglichen Umgebung, das genau eine Art von Information oder Mitteilung anzeigt. Dabei kann es sich um den Gemütszustand der Großmutter handeln, um das Wetter am Urlaubsort oder um die Zeit, die zum Frühstücken bleibt, bevor man bei der aktuellen Verkehrslage zur Arbeit aufbrechen muss. Der Fokus auf persönlich relevante Informationen bildet dabei einen Gegensatz zum Informationsüberfluss im Internet. Die Anzeige durch das physische Objekt kommt unseren kognitiven Fähigkeiten entgegen. Beide Faktoren tragen dabei zur sogenannten *calm technology*[1] bei, die der Beruhigung und Bewältigung dieser Informationsflut dienen soll. Die individuellen Bedeutungen, die dem Material, der Form und dem Inhalt der Objekte zugeschrieben werden können, sind wichtig für die Effektivität von *Single Value Devices*. Wir stellen hier die Frage, welche Möglichkeiten Designerinnen und Designer haben, *Single Value Devices* so zu entwerfen, dass Benutzerinnen und Benutzer die Möglichkeit bekommen, diesen Objekten persönliche Bedeutungen zu geben und sie auf diese Weise als Schnittstellen einzusetzen.

1. Einführung

Der ursprüngliche Zweck von Technik war die Erleichterung unseres Lebens. Sie nimmt uns Arbeit ab, die schwer ist, oder zu der wir wenig Lust haben. Ein Beispiel für ein technisches Gerät ist etwa die Spülmaschine, die den täglichen Abwasch erledigt. Aber arbeitserleichternde Technologie macht nur einen kleinen Teil aus. Darüber hinaus schafft Technologie Möglichkeiten, die wir uns nie erträumt haben und die wir vor ein paar Jahren nur in *Science-Fiction*-Romanen lesen konnten. Unsere Umwelt ist inzwischen angefüllt mit Technologie, die immer komplexer, kleiner und unsichtbarer[2] wird: Über 90 % der weltweit gebauten Prozessoren sind Teil sogenannter

---

1 Vgl. hierzu Mark Weiser/John Seely Brown: Designing Calm Technology, in: *PowerGrid Journal* 1 (1996), S. 1–5; Dies.: The Coming Age of Calm Technology, in: Peter J. Denning/Robert M. Metcalfe (Hg.): *Beyond Calculation. The Next Fifty Years of Computing*, New York 1997, S. 75–85.

2 Mark Weiser: The Computer for the 21st Century, in: *Scientific American* 265/3 (1991), S. 94–104.

»eingebetteter Systeme« und sind in Autos, Waschmaschinen, Ampeln, Kameras oder Telefone integriert. Technologie formt unsere Gewohnheiten und generiert unsere Bedürfnisse – wer hätte es sich je gewünscht, täglich zwei Stunden im Internet zu verbringen, wie es der durchschnittliche Deutsche im Jahr 2011 tat?[3] Wer hatte vor 2010 den Wunsch nach einem *iPad*? Zudem definiert Technologie auch zeitgenössische Statussymbole – der *Full-HD*-Fernsehschirm gehört ebenso dazu wie das Smartphone. Inzwischen soll Technologie auch unterhalten, kontrollieren oder beschützen, motivieren oder manipulieren.[4] Wenn der Computer »schuld ist«, dann geht es um Moralvorstellungen und Wertesysteme, die wir unwillkürlich auf technische Geräte übertragen. Im Gegensatz dazu bedeutet »menschliches Versagen«, dass ein Mensch sich nicht wie eine Maschine verhalten hat.

Wenn Technik unser Leben formt, dann stellt sich auch die Frage, in welche Richtung wir unser Leben formen lassen wollen. Dieses Thema untersuchen wir als Ingenieure, Informatiker und Designer im Kontext der »Creative Technology«.[5] Mit den *Single Value Devices* wollen wir einen Beitrag zur Lebensqualität in einer technisierten Gesellschaft leisten. Dieser Ansatz nutzt Vorteile des Internets und umfasst zwei zentrale Aspekte: Die Reduktion auf das Wesentliche soll dem Informationsüberfluss entgegenwirken und dadurch zu mentaler Ruhe beitragen. Der Schritt von PC und Bildschirm zu physischen Objekten kommt dabei den kognitiven Fähigkeiten des Menschen entgegen.

In Bezug auf die Internetnutzung bedeutet Reduktion auf das Wesentliche die Fokussierung auf persönlich relevante Information. Wer Heuschnupfen hat, interessiert sich für den aktuellen Pollenflug am Wohnort und am Arbeitsplatz und dabei vor allem für die Sorten Blütenstaub, die die Allergie auslösen. Will man sich darüber informieren, ist man nicht auch noch auf der Suche nach billigen Mietwagen oder den netten Singles in der Umgebung, die einem auf vielen Webseiten unvermeidlich aufgedrängt werden. Wenn es nicht um Informationen, sondern um Kommunikation und Kontakt geht, ist vielleicht nicht immer ein Echtzeit-Vollbild mit Audio-Übertragung optimal, sondern ein reduziertes Zeichen der Anwesenheit erscheint effektiver, wie etwa die Übermittlung des Zustandes »ich arbeite«, »ich bin zuhause« oder »ich denke an dich«.

Der zweite Aspekt zielt auf die Absicht, nützliche Information aus dem Internet von Browsern und Bildschirmen loszulösen und durch physische Objekte in unserer Umgebung wiederzugeben. Es wird davon ausgegangen, dass solche

3   Vgl. Statista: *Internetnutzung in Deutschland nach durchschnittlicher Nutzungszeit pro Tag im Jahr 2011*, URL: http://de.statista.com/statistik/daten/studie/164413/umfrage/durchschnittliche-internetnutzung-der-bevoelkerung-pro-tag/ (01.03.2013).

4   Brian J. Fogg: *Persuasive Technology. Using Computers to Change What We Think and Do*, Amsterdam u. a. 2003.

5   »Creative Technology« ist ein neuer, multidisziplinärer Bachelor-Studiengang an der Universität Twente, Niederlande.

Objekte eher unseren kognitiven Fähigkeiten entsprechen als ein PC. Für das Heuschnupfen-Beispiel würden wir einen ästhetisch ansprechenden Gegenstand wie einen Baum in unserem Wohnraum platzieren. Dieser Baum könnte beispielsweise durch die Veränderung einer Farbe wiedergeben, wie es um die Belastung mit Blütenstaub in der Wohnung steht. Es ist dann nicht mehr nötig zum PC zu gehen, um die relevante Webseite zu öffnen und aus einer Tabelle die interessierende Information zu extrahieren. Der Baum selbst ist ein Objekt im Hintergrund, das an sich keine Aufmerksamkeit auf sich zieht. In den Vordergrund rückt er erst dann, wenn man ihn bewusst ansieht; entweder, um sich über den Blütenstaub zu informieren oder ihn als Objekt mitsamt den mit ihm verbundenen Assoziationen wahrzunehmen.

Den Fokus auf (persönlich) relevante Informationen legen auch sogenannte »Apps« auf Smartphones. Diese Applikationen werden jedoch auf einer »universalen Maschine« dargestellt, dem Computer im Smartphone, der im Prinzip alles kann, was ein Rechner kann. Ein *Single Value Device* ist der dazu komplementäre Ansatz: Ein Objekt repräsentiert genau eine Sorte Information. Der Vorteil des Smartphones ist die Flexibilität, der Vorteil des *Single Value Devices* liegt darin, dass es sich in unsere gewohnte Umgebung einfügt und unserer Wahrnehmung anpasst. *Single Value Devices* sind damit eine Objekt gewordene Schnittstelle zwischen Mensch und Internet. Sie gehören damit konzeptuell zum Internet der Dinge, das nicht nur Computer mit Bildschirm und Tastatur mit dem Internet verbindet, sondern auch Objekte; dabei insbesondere schon bestehende Alltagsobjekte. Diese Gegenstände sind Teil der *pervasive technology*, der »unsichtbaren Technik«, die Eingang in unsere alltägliche Lebensumgebung findet. Auch der Begriff der »ruhigen Technik« (*calm technology*)[6] steht hier zentral für Technik, die uns begleitet, sich aber nicht aufdrängt.

Die ersten Beispiele für *Single Value Devices* sind inzwischen schon zehn Jahre alt. Seither wurde eine Reihe von Objekten gebaut, die als *Single Value Devices* charakterisiert werden können. In den meisten Fällen sind es Prototypen, die vor allem entwickelt wurden, um das Konzept der *Single Value Devices* zu explorieren. Oft sind sie kaum dokumentiert und nur mithilfe von Ad-hoc-Technologie realisiert, die nicht direkt übertragbar ist. Nur wenige dieser Geräte sind kommerziell erhältlich.

Wir sind vom Potenzial der *Single Value Devices* überzeugt und wollen den Weg zur weiteren und professionelleren Anwendungen ebnen. Dazu sind Schritte in zwei Richtungen nötig: Die Basistechnologie sollte verfügbar, robust und einfach sein; Designerinnen und Designer brauchen schließlich nicht zusätzlich Expertinnen und Experten für Internetprotokolle zu sein.[7] Die zweite Richtung

---

6 Weiser/Brown (1996); Dies. (1997).

7 Mit diesem Aspekt beschäftigen wir uns in anderen Arbeiten.

ist das Verständnis der Entwurfskriterien, zu dem dieser Aufsatz einen Beitrag liefert. Die zentralen Fragen, die wir hier stellen und diskutieren, sind: Wie unterstützen die Form, das Material und die Bedeutung des Objekts und die Art der Wiedergabe die Wahrnehmung? Welche Rolle können Benutzerinnen und Benutzer im Entwurfsprozess einnehmen, um die Bedeutung eines Objektes individuell zu definieren? Im nächsten Abschnitt werden wir zunächst bestehende Beispiele beschreiben, teils zur Illustration des Gebietes, teils als Vorbereitung einer im anschließenden Abschnitt vorgestellten Taxonomie, in der wir die beobachteten Charakteristika ordnen. Die Bedeutung des Objekts, die Art der Wiedergabe, die Wahrnehmung und die Rolle des Benutzers oder der Benutzerin im Entwurfsprozess werden im vierten Abschnitt diskutiert. Eine Zusammenfassung schließt diesen Beitrag ab.

2. Single Value Devices: Beispiele

In diesem Abschnitt geben wir einen Überblick über bisher realisierte *Single Value Devices*. Ziel ist es, die Variationen von Anwendungen und Ausdrucksmitteln zu illustrieren. Darüber hinaus dienen diese Beispiele als Grundlage für die anschließend dargestellte Taxonomie, in der die beobachteten Phänomene klassifiziert werden. Als Ordnung wählen wir hier jedoch zunächst eine chronologische Reihenfolge, um gleichzeitig einen Eindruck der Entstehung des Gebietes zu vermitteln.

Bei den hier beschriebenen Objekten handelt es sich meist um nicht kommerziell erhältliche Prototypen, um konzeptuelle Experimente, Entwürfe oder Kunstprojekte. Bei vielen ist aus den entsprechenden Veröffentlichungen nicht ersichtlich, wie sie technisch realisiert wurden. Dennoch stellen die hier dargestellten Beispiele die gemeinsame Basis für das von uns untersuchte Gebiet dar.

Zu den ersten *Single Value Devices* zählen *Feather*, *Scent* und *Shaker*, die 1996 entworfen wurden. Dabei handelt es sich jeweils um für zwei Menschen bestimmte Paare von Objekten.[8] Bei *Feather* und *Scent* besitzen beide Partner einen Bilderrahmen mit einer Fotografie des anderen. Wenn der eine den Rahmen schüttelt, wird die Nachricht »ich denke an dich« an den anderen gesendet, allerdings nicht schriftlich, sondern bildlich, olfaktorisch oder haptisch. Die Nachricht wird auf eine Weise übermittelt, die die Flüchtigkeit von Gedanken symbolisiert: Während bei *Feather* eine Feder durch einen Ventilator in einem Glaszylinder bewegt wird, verdampft bei *Scent* eine kleine Menge Duftöl in einer erwärmten Aluminium-

---

8   Rob Strong/Bill Gaver: Feather, Scent, and Shaker: Supporting Simple Intimacy, in: *CSCW '96* (1996), S. 29–30.

schale. *Shaker* hingegen besteht aus zwei handgroßen Objekten, von denen das eine zu vibrieren anfängt, wenn das andere geschüttelt wird.

Der *Dangling String*[9] (auch *Live Wire* genannt) ist eine ebenfalls 1996 entstandene Installation, die Bits sichtbar, physisch und hörbar machen soll. In einer Büroumgebung hängen etwa eineinhalb Meter lange Kunststofffäden von der Decke, die an einem kleinen Elektromotor befestigt sind. Der Motor wird der Aktivität eines Ethernet-Kabels entsprechend aktiviert. Wenn das Netzwerk stark gebraucht wird, dreht sich der Motor, und die Plastikfäden wirbeln geräuschvoll umher. Die Installation ist in einer ungenutzten Ecke des Ganges angebracht und kann dabei von vielen Büros aus gesehen und gehört werden, ohne aufdringlich zu sein.

Das Massachusetts Institut of Technology (MIT) entwickelte 1997 den *Ambient Room*[10] als Entwurf einer Umgebung, in der Atmosphärisches, etwa Temperatur oder Licht, zum Träger konkreter Informationen wird. Einen Teil des Raums bildet eine Installation, die die Aktivität auf einer Webseite durch Muster von Wasserkreisen abbildet, die auf die Decke projiziert werden. Ein Schwimmer in einem Aquarium wird durch die Aktivitäten auf der Webseite in Bewegung gesetzt und verursacht dadurch Wellen auf der Wasseroberfläche. Mithilfe einer Lampe werden die Wellen wiederum auf die Decke reflektiert. Durch diese Projektion wird auf subtile Weise die »natürliche« Umgebung, hier der private Wohnraum, einbezogen. Motivation für diese Installation war es, den Wechsel von Aufmerksamkeit zwischen Vordergrund und Hintergrund zu untersuchen. Sie gehört zu einer Serie von Installationen des MIT, *Tangible Bits*, die eine Brücke zwischen digitaler und physischer Welt schlagen wollen und dazu digitale Informationen durch physische Objekte wiedergeben.

Ebenfalls für den Arbeitsplatz wurde 1999 folgende Lichtinstallation[11] entwickelt: An der Wand hängende *Poster* von Forschungsprojekten werden durch Spots beleuchtet. Die Intensität des Lichts hängt dabei von der Anzahl der Besuche der Webseite des jeweiligen Projektes ab. Je mehr Besuche es im abgelaufenen Zeitraum waren, desto heller leuchtet die Lampe. Im Gegensatz zur oben beschriebenen Installation im *Ambient Room* repräsentiert das Licht hier nicht einen Besuch im Moment, sondern die Gesamtheit von Besuchen in einem Zeitraum.

Die im selben Jahr entworfenen *Surrogates*[12] informieren über die An- oder Abwesenheit von Personen in anderen Räumen. Auch sie sind für eine Arbeits-

9 Weiser/Brown (1996).

10 Hiroshi Ishii/Brygg Ullmer: Tangible Bits. Towards Seamless Interfaces between People, Bits and Atoms, in: *Proc. CHI'97* (1997), S. 234–241.

11 Hans Gellersen/Albrecht Schmidt/Michael Beigl: Ambient Media for Peripheral Information Display, in: *Personal and Ubiquitous Computing* 3 (1999), S. 199–208.

12 Saul Greenberg/Hideaki Kuzuoka: Using Digital but Physical Surrogates to Mediate Awareness, Communication and Privacy in Media Spaces, in: *Personal and Ubiquitous Computing* 3 (1999), S. 182–198.

umgebung konzipiert. Bei *Peek-Aa-Boo Surrogate* dreht sich eine kleine Figur zur Wand, wenn die entsprechende Person nicht in ihrem Büro ist. Ist sie anwesend, wendet sich die Figur mit ihrem Gesicht dem Raum zu. Ein anderes Beispiel ist eine Libelle, die An- und Abwesenheit in Flügelschläge umsetzt. Ist die entsprechende Person anwesend und aktiv, bewegt die Libelle ihre Flügel. Ein wichtiger Faktor beim Entwurf dieser Objekte war die Privatsphäre, die dadurch geschützt wird, dass von beinahe allen Parametern außer dem der Anwesenheit selbst abstrahiert wird.

White Stones (2000) ist ein Gerät zur non-verbalen Kommunikation zwischen Partnern und ein Beispiel für »telematic emotional communication«[13]. Ein Berührungssensor oder Temperatursensor kann wahrnehmen, wenn einer der Partner seinen Stein in die Hand nimmt. Der Stein des anderen Partners produziert dann ein Geräusch. Wenn er dann wiederum seinen Stein in die Hand nimmt, wird eine Nachricht zurückgeschickt, die ein kleines Heizelement im ersten Stein aktiviert. Die *White Stones* zählen zu einer Reihe von Objekten, die darauf ausgelegt sind, Kommunikationsprozesse besser nachvollziehen zu können.

Auch beim 2000 vorgestellten *Kiss Communicator*[14] handelt es sich um ein für Paare bestimmtes Objekt. Es besteht aus zwei Geräten, die drahtlos über das Internet verbunden sind. Der Sender kann auf sein Gerät pusten, was vom korrespondierenden Gerät durch einen Farbwechsel wiedergegeben wird, der nur für einen kurzen Moment sichtbar ist. *LumiTouch*[15] aus dem Jahr 2001 besteht aus zwei Bilderrahmen und ist ebenfalls für Paare gedacht. Ein Rahmen enthält jeweils das Foto der anderen Person. Wenn jemand an seinen Partner denkt, kann er seinen Rahmen drücken. Der korrespondierende Bilderrahmen leuchtet dann auf und übermittelt dadurch den Gedanken der Verbundenheit zwischen den Partnern. Die Rahmen verbindet zusätzlich eine passive Form von Interaktion: Erfasst ein Sensor im Rahmen eine Person vor ihm, wird auf dem anderen Rahmen zusätzlich ein anderer Lichteffekt erzeugt.

Der *Internet-Wasserkocher*[16] wurde 2001 für älter werdende Eltern und deren erwachsene Kinder entwickelt. Teil der japanischen Kultur ist es, regelmäßig Tee zu trinken. Wenn Eltern eine Weile kein heißes Wasser für den Tee zubereiten, dann bedeutet das, dass etwas nicht den gewohnten Gang geht. Der Wasserkocher sendet dann eine E-Mail an die Kinder, die sich daraufhin mit den Eltern in Verbindung setzen können. Bei Projekten, die für die Pflege im häuslichen Umfeld gedacht sind, gibt es eine Reihe von Beispielen, in denen Sensoren das Verhalten

13 Konrad Tollmar/Stefan Junestrand/Olle Torgny: Virtually Living Together. A Design Framework for New Communication Media, in: *Symposium for Designing Interactive Systems* (2000), S. 83–91, hier S. 83.

14 Marion Buchenau/Jane Fulton Suri: Experience Prototyping, in: *3. Conference on Designing Interactive Systems* (2000), S. 424–433.

15 Angela Chang u. a.: LumiTouch. An Emotional Communication Device, in: *CHI '01, Extended Abstracts on Human Factors in Computing Systems* (2001), S. 313–314.

16 http://www.mimamori.net (01.03.2013).

Abb. 1   Die *Data Fountain* gibt Wechselkurse
wieder, 2003

von Personen erfassen, lernende Programme daraus Muster des »normalen« und
»abweichenden« Verhaltens ableiten und als Notfallsituationen identifizieren können. Der Internet-Wasserkocher gehört in die Reihe von Anwendungen mit diesem
Ansatz. Er greift auf ein alltägliches Muster zurück, das bereits Teil der japanischen Kultur ist. Mit einem einzelnen, sehr eingeschränkten Sensor tastet er nicht
die Privatsphäre der Eltern an. Er ist eines der wenigen kommerziell produzierten
Single Value Devices.

   Ebenfalls im Handel erworben werden kann der 2002 entwickelte *Ambient
Orb*[17], eine Lichtkugel, die beispielsweise den aktuellen Energiepreis wiedergibt.
Die Lichtkugel kann über eine Webseite des Produzenten konfiguriert werden, um
auch andere Informationen darzustellen. Das für Manager und Geschäftsleute bestimmte Objekt wurde mit dem Ziel konzipiert, relevante Daten unmittelbarer und
intuitiver darzustellen als dies etwa durch Grafiken möglich wäre. Der *Ambient
Orb* hat eine elegante und zugleich neutrale Form.

   Data Fountain[18] ist ein 2003 präsentiertes Wasserspiel, das Börseninformationen anzeigt (Abb. 1). Die Höhe der drei Wasserstrahlen entspricht hier jeweils
den Wechselkursen von Dollar, Euro und Yen. Dieser Springbrunnen ist ein Beispiel für eine Serie von Objekten, die mit dem Ziel entworfen wurden, Informationen über unsere ökonomische Umwelt anzuzeigen.

17 Ambient Devices: *Ambient Orb*, http://www.ambientdevices.com/about/consumer-devices (01.03.2013).
18 Berry Eggen/Koert van Mensvoort: Making Sense of What is Going on ›Around‹: Designing Environmental Awareness Information Displays, in: *Awareness Systems, Human Computer Interaction Serie* (2009),
   S. 99–124.

Abb. 2   *Blossom* der Designerin Jayne Wallace öffnet sich, wenn es im Herkunftsland der Besitzerin regnet, 2004

Nabaztag oder *Karotz*[19] (2007) ist eine mit dem Internet verbundene Kaninchenfigur, die sprechen kann, bewegliche Ohren hat und unter anderem mit farbigen LEDs und einem Mikrofon ausgestattet ist. Eine Reihe von Anwendungen können auf diesem »Internetkaninchen« ablaufen, wie etwa ein Internet-Radio, persönliche Nachrichten oder Wettervorhersagen. In diesem Sinne gehört *Nabaztag* nicht zu den *Single Value Devices*. Indem wir die Figur hier jedoch auf eine originelle Form der Kommunikation, die Ohr-Kommunikation, beschränken, wollen wir sie in die Reihe der *Single Value Devices* einbeziehen. Zwei *Nabaztags* können »verheiratet« werden. Wenn dann die Ohren des einen Kaninchens in eine Position gedreht werden, nehmen die Ohren des anderen *Nabaztags* automatisch dieselbe Position ein. Die Ohr-Positionen ermöglichen es den Eigentümern der Kaninchen, eine eigene kleine Sprache zum Austausch von Nachrichten zu entwickeln.

Zu einer Reihe von Objekten, die konzipiert wurden, um das Bewusstsein für den heimischen Energieverbrauch zu vergrößern, gehört die *Flower Lamp*.[20] Diese

19 http://store.karotz.com/de_DE/ (01.03.2013).

20 Sara Backlund u. a.: STATIC! The Aesthetics of Energy in Everyday Things, in: *Design Research Society Wonderground International Conference* (2006), S. 1–4.

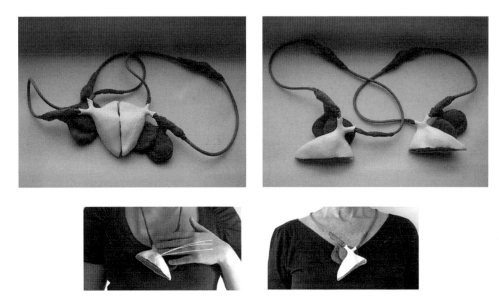

Abb. 3 *Journeys Between Ourselves* – Die Halsketten von Jayne Wallace kommunizieren miteinander, 2007

Lampe in Form einer Blume öffnet sich nach dem Grad der verbrauchten Energie: je weniger verbraucht wird, desto weiter blüht sie auf.

Blossom[21] ist ein 2004 von der Designerin Jayne Wallace (Culture Lab, Newcastle, England) individuell gestaltetes Objekt, das die Verbundenheit einer in England lebenden Frau zu ihrem Herkunftsland Zypern symbolisiert (Abb. 2). Der Hauptbestandteil ist eine Blume mit Blättern aus Briefmarken, die genau in der Zeit von Zypern nach England geschickt wurden, in der auch ihre Familie emigrierte. Die Blume öffnet sich, wenn auf dem Familiengrundstück auf Zypern eine gewisse Menge Regen gefallen ist. Sie blüht nur ein einziges Mal. Damit wird die Einzigartigkeit eines Ereignisses unterstrichen, die im Gegensatz zur kontinuierlichen Verfügbarkeit von Dienstleistungen in unserer Gesellschaft steht.

Von derselben Designerin stammt auch *Journeys Between Ourselves* (2007). Es handelt sich um ein Paar Halsketten, das für eine Mutter und ihre erwachsene Tochter entworfen wurde (Abb. 3). Wenn eine der beiden Frauen ihre Kette berührt, beginnt die andere Kette sacht zu vibrieren. Die Ketten sind sehr persönliche

21 Jayne Wallace: Social Fabric, in: Sabine Seymour (Hg.): *Fashionable Technology. The Intersection of Design, Fashion, Science and Technology*, Wien, New York 2008, S. 138–157.

Objekte, denn ihre Gestaltung referiert auf geteilte Erinnerungen von Mutter und Tochter. Ein so individuell gestaltetes Objekt nimmt damit, wie auch im vorherigen Beispiel, eine Gegenposition zu Massenprodukten ein.

Die folgenden Beispiele stammen aus den Jahren 2008 und 2009. *Smart Umbrella*[22] ist ein Regenschirm, der eine akustische Warnung gibt, wenn der Eigentümer das Haus verlässt ohne den Schirm mitzunehmen und gleichzeitig Regen vorhergesagt ist. Dafür werden im *Smart Umbrella* zwei Informationen kombiniert: die im Internet abgerufene Wettervorhersage und die lokale, persönliche Information, ob die Haustür geöffnet wird und ob jemand das Haus verlässt.

Babbage Cabbage[23] (benannt nach Charles Babbage, dem Erfinder einer der ersten mechanischen Computer) verwendet einen Rotkohl als Anzeige. Der Säuregehalt des Wassers, mit dem er gegossen wird, wirkt sich auf die Farbe des Rotkohls aus. Ist der Säuregehalt höher, wird der Kohl blau, ist er niedriger, bleibt der Kohl rot. Das Gießwasser bestimmt demnach, ob der Rotkohl zum Blaukraut wird oder sogar eine grünliche Farbe annimmt. Der Wert, den *Babbage Cabbage* anzeigt, wird hier zunächst in eine Menge Säure umgesetzt, die dem Gießwasser beigefügt wird. Die Farbveränderung stellt sich als Folge von selbst ein. *Babbage Cabbage* kann so als *Single Value Device* zur Anzeige des globalen Klimas verwendet werden, indem es aus Daten zur Luftverschmutzung und Klimaabweichungen aggregierte Informationen wiedergibt.

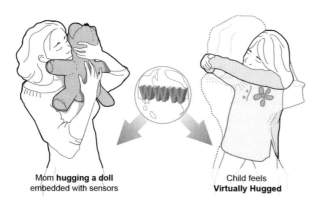

Mom **hugging a doll** embedded with sensors

Child feels **Virtually Hugged**

Abb. 4   *Huggy Pajama* erlaubt auch bei Abwesenheit taktile Kommunikation zwischen Eltern und Kind, 2008

22 Juan Ignacio Vazquez/Diego Lopez-De-Ipina: Social Devices. Autonomous Artifacts that Communicate on the Internet, in: *Proc. 1st Conf. on The Internet of Things* (2008), S. 308–324.

23 Owen Noel Newton Fernando u. a.: Babbage Cabbage. Biological Empathetic Media, in: *VRIC Laval Virtual Proceedings* (2009), S. 363–366.

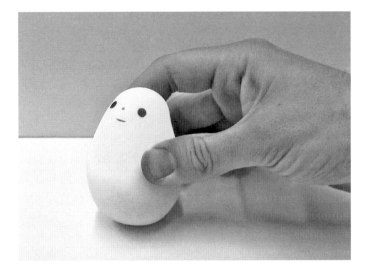

Abb. 5 *Coconatch* meldet
eingehende Tweets, 2010

E. coli[24] sind lebende Mikroorganismen, die durch Gentechnologie so modifiziert wurden, dass sie leuchten können. Ähnlich wie *Babbage Cabbage* verändert sich ihre Leuchtkraft durch die Zusammensetzung der Flüssigkeit, in der sie sich aufhalten. Abhängig von den anzuzeigenden Werten kann nun die Zusammensetzung der Flüssigkeit verändert werden. Die Beispiele für Daten, die hier wiedergegeben werden, sind, wie beim *Babbage Cabbage*, aggregierte Werte.

Scottie[25] wurde für non-verbale Kommunikation zwischen Kindern im Krankenhaus und ihrer Familie entworfen. Das Kind und die Familie zuhause erhalten jeweils eine Puppe. Nachrichten können durch Klopfen und Schütteln der Puppe gesendet werden. Eine empfangene Botschaft wird in Farbe und Vibrationen umgesetzt.

Taktile Kommunikation zwischen abwesenden Eltern und ihren Kindern wird durch den *Huggy Pajama*[26] ermöglicht (Abb. 4). Er besteht aus einer Puppe, die mit Drucksensoren ausgestattet ist und von einem Elternteil umarmt werden kann. Durch eine haptische Jacke, die das Kind trägt, wird mithilfe von Luftkissen die Empfindung einer Umarmung reproduziert.

---

24 Adrian David Cheok u. a.: Empathetic Living Media, in: *Proc. of the 7. ACM Conference on Designing Interactive Systems* (2008), S. 465–473.

25 http://waag.org/nl/project/scottie (01.03.2013).

26 Keng Soon Teh u. a.: Huggy Pajama. A Parent and Child Hugging Communication System. in: *Proc. IDC'09* (2009), S. 290–291.

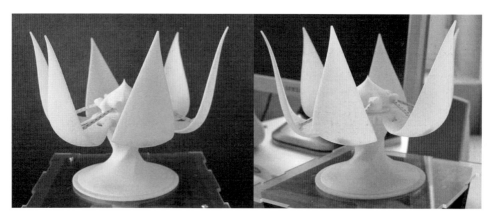

Abb. 6   *Kommunizierende Blumen* zeigen Gemütszustände an, 2012

Das *Internet Furby*[27] ist ein Beispiel für ein instrumentalisiertes Spielzeug, das als Lichtsensor für einen entfernten Raum verwendet wird und zudem durch die Bewegung der Ohren eine simple Form von Kommunikation erlaubt. Die als studentische Projektarbeit 2010 an der Universität Twente entwickelten *Fridge Magnets*[28] zeigen an, wie viel Zeit zum Frühstücken bleibt, bevor man zur Arbeit muss. Sie beziehen dabei den geplanten Arbeitsbeginn, den Weg zur Arbeit (etwa mit *Google Maps*) und die aktuellen Verkehrsinformationen auf diesem Weg mit ein.

Der seit 2010 erhältliche *Coconatch*[29] (Abb. 5) ist ein Melder für Nachrichten, die über soziale Medien wie *Twitter* empfangen werden (Tweets). Er ist direkt mit einem Computer verbunden. *Coconatch* macht den Benutzer oder die Benutzerin durch Geräusche, Licht und Bewegungen auf neue Tweets aufmerksam. Durch einen Druck auf das Objekt kann eine Antwort auf einen Tweet generiert werden.

Das *Message-Board Systeem*[30] wurde für ein Altersheim entworfen. Eine kleine Anzeige im Zimmer aller Bewohnerinnen und Bewohner weist sie darauf hin, dass auf der zentralen Anzeigetafel eine neue Nachricht steht. Dadurch wer-

---

27 Edwin Dertien: *Internet Enabled Furby*, http://hackaday.com/2009/08/31/internet-enabled-furby/ (01.03.2013).

28 Jan Kolkmeier/Pieter Pelt: *Fridge Magnets* (Projektarbeit »Smart Environments« im Studiengang »Creative Technology«), Universität Twente 2010.

29 www.coconatch.com (01.03.2013).

30 Rick van der Heemst: *Het Message-Board Systeem* (Master-Arbeit im Studiengang Industrie-Design), Universität Twente 2011.

den die Bewohnerinnen und Bewohner motiviert, zur zentralen Anzeigetafel zu gehen, mit dem Effekt, dass sie dort einander begegnen und in Kontakt kommen.

Die *Kommunizierenden Blumen*[31] (2012) wurden für einen depressiven Menschen und seine Angehörigen entworfen (Abb. 6). Dieser kann die Blume per Hand öffnen, schließen oder in alle dazwischen liegenden Positionen bringen, um damit seinen Gemütszustand auszudrücken, der sich über die anderen Blumen überträgt. Dieses Beispiel will durch die Übertragung non-verbaler Kommunikation einen empathischen Austausch auch dann möglich machen, wenn direkte Kommunikation als Belastung empfunden wird.

Der *Windanzeiger*[32] gibt die gegenwärtige Windstärke durch einen im Haus angebrachten Ventilator wieder, der sich bei stärkerem Wind schneller dreht. Daneben gibt er auch die Windrichtung an, weil sich der Ventilator zudem an der aktuellen Windrichtung orientiert. Die Daten stammen dabei von einer Internetseite mit Wetterinformationen.

3. Taxonomie

In diesem Abschnitt ordnen wir die charakteristischen Eigenschaften der vorangegangenen Beispiele. Ziel ist es, die Kriterien herauszuarbeiten, für die im Entwurfsprozess eine bewusste Entscheidung getroffen werden muss. Darüber hinaus kann die systematische Darstellung auch helfen, neue Kombinationsmöglichkeiten und Anwendungen zu identifizieren. Sinnvoll erscheint hierbei eine Differenzierung nach Art der wiedergegebenen Informationen, Quellen der Informationen, den Zielen der Informationswiedergabe sowie Aspekten der Wahrnehmung und Aufmerksamkeit. Zur Illustration führen wir einzelne Beispiele aus der Übersicht an.

a) Wiedergegebene Informationen

An erster Stelle charakterisieren wir die Informationen, die wiedergegeben werden. Wenn wir den Informationsfluss und seine Richtung betrachten, dann kann dieser zwischen zwei Menschen bestehen und dabei unidirektional oder bidirektional sein, wie etwa bei den Beispielen *Scottie* oder den Halsketten von *Journeys Between Ourselves*. Die Übermittlung von Status-Informationen hingegen findet nur in einer Richtung statt und kann von Mensch zu Mensch fließen, wie beim

---

31 Vgl. die Bachelor-Arbeiten von Lisette Schuddeboom und Jan Kolkmeier in den Studiengängen Elektrotechnik und »Creative Technology«, Universität Twente 2012.

32 Aufgabe in der Vorlesung »Physical Computing«, Studiengang »Creative Technology«, Universität Twente 2012.

Internet-Wasserkocher, oder von einer Maschine zu einem Menschen, wie bei *Data Fountain*. Einige Beispiele vereinen beide Möglichkeiten, wie der Bilderrahmen *Lumitouch*, der eine Statusinformation in Form von Bewegung detektiert und diese übermittelt sowie direkte Kommunikation durch Drücken des Rahmens erlaubt.

Der Charakter der Informationen kann, muss aber nicht sozial determiniert sein. Soziale Informationen werden zwischen Menschen ausgetauscht. Das Wetter, Busfahrpläne oder der Aktienkurs hingegen sind nicht-soziale Informationen (Abb. 7). Der Abstand zwischen Sender und Empfänger kann durch verschiedene Stufen beschrieben werden. Diese beginnen bei der Benutzerin oder dem Benutzer selbst und setzen sich fort bei der Partnerin oder dem Partner, der Familie, Freunden, dem Wohnort und der Welt, wobei feinere Abstufungen bei Bedarf möglich sind. Beispiele für die erste Stufe, die Benutzerin oder der Benutzer selbst, sind der eigene Blutdruck oder die Bewegung, die durch einen Schrittzähler festgehalten wird. Für die Stufe der Partnerin oder des Partners sind die *White Stones* ein Beispiel, für Familie die Halsketten. Auf der Stufe der Freunde kann beispielsweise ein *Coconatch* ein Schulkind auf Tweets mit Informationen über Prüfungen in der Schule oder das Ausgehen mit Mitschülerinnen und Mitschülern hinweisen. Ein Repräsentant für die Stufe allgemeiner Informationen, etwa aus der Welt der Wirtschaft, ist der *Ambient Orb*, der Börseninformationen anzeigt.

Eine relevante Eigenschaft von Informationen ist auch ihr Status in Hinblick auf die Privatsphäre und Datensicherheit. Die Informationen, die ein *Single Value Device* anzeigt, können öffentlich sein, wobei alles, was im Internet frei zugänglich ist, als öffentlich gelten kann. Hier kann es sich ebenso um Informationen über die Umwelt, etwa die Belastung durch Blütenstaub, das Wetter oder den Ozongehalt der Luft handeln wie um Fahrpläne öffentlicher Verkehrsmittel. Informationen, die zwischen Menschen ausgetauscht werden, sind meist privat, wie etwa beim *Kiss Communicator* oder dem Bilderrahmen. Der *Fridge Magnet* kombiniert private Information, d.h. den eigenen Weg zur Arbeit, mit öffentlicher Information über die Distanz zum Arbeitsplatz und Staus auf dem Weg dorthin.

Eine Armbanduhr oder ein Fieberthermometer sind im Prinzip auch *Single Value Devices*. Die Beispiele unserer Übersicht beinhalten jedoch alle den Aspekt der Entkopplung, den wir als essentielles Merkmal von *Single Value Devices* ansehen und der sie zu Schnittstellen macht, die Abwesendes vergegenwärtigen. Physische Entkopplung bedeutet, dass die wiedergegebene Größe nicht einem messbaren Phänomen zu entsprechen braucht, sondern ein Aggregat verschiedener Werte sein kann. So wird etwa durch den *Cabbage Babbage* ein Zustand der Umwelt ablesbar, welcher eine Zusammensetzung aus verschiedenen Informationsquellen darstellt. Daten-Netzwerke erlauben geografisch eine Entkoppelung des Ortes, an dem etwas gemessen wird, von dem Ort, an dem das Ergebnis angezeigt wird.

Information flow between humans
bidirectional

Information flow between humans
unidirectional

Information flow from internet to
human, unidirectional

Abb. 7   Informationsfluss und Kommunikationsteilnehmer

Exemplarisch steht hierfür das Objekt *Blossom*, bei dem der Niederschlag auf Zypern die Öffnung einer mechanischen Blume in England bewirkt.

Eine zeitliche Entkopplung liegt vor, wenn ein Wert nicht in demselben Moment wiedergegeben wird, in dem er gemessen wurde. Bei *Poster* wird die Lichtintensität durch die Ereignisse in einem Zeitintervall in der Vergangenheit bestimmt. Andere Anwendungen könnten zum Beispiel das Wetter vor 20 Jahren an meinem Wohnort anzeigen, um ein Gefühl für Klimaveränderung zu erzeugen.

b) Informationsquellen

Als Informationsquellen können wir Sensoren, Datenbanken und Statistiken sowie Aggregatoren unterscheiden. Objekte zur Kommunikation generieren ihre Information meist mithilfe von Sensoren, wie zum Beispiel die *White Stones* oder der *Kiss Communicator*. Daten, die im Internet verfügbar sind, bilden eine andere Informationsquelle. Beispiele hierfür sind hier die für Wechselkurse stehende *Data Fountain* oder der *Coconatch*, der seine Informationen ebenfalls aus einer Datenbank im Internet bezieht. Aggregatoren können verschiedenartige Informationen miteinander kombinieren. Die Palette reicht dabei von einer simplen Zusammensetzung bis hin zu komplexer Datenintegrationen unter Verwendung intelligenter Lernverfahren. Ein Beispiel für ersteres ist der *Smart Umbrella*, der zwei Sorten von Information verknüpft: Daten über das Wetter aus dem Internet und Daten lokaler Sensoren, die feststellen können, ob jemand das Haus verlässt. Ein intelligentes Lernverfahren könnte beim zuvor beschriebenen Wasserkocher den normalen Tagesablauf seiner Besitzer noch genauer verstehen und damit die Angehörigen zuverlässiger alarmieren.

c) Ziele der Informationswiedergabe

Die Wiedergabe von Informationen verfolgt immer einen Zweck. In erster Linie ist es das Ziel aller *Single Value Devices*, ein Bewusstsein für etwas zu schaffen: Der Partner denkt an dich, den Eltern geht es gut, das Wetter bleibt stabil. Oder der Apparat führt vor Augen, wie hoch der CO_2-Ausstoß vor zehn Jahren im Vergleich zur Gegenwart war.

Bestimmte Informationen implizieren eine Handlung: Der Effekt der Bewusstwerdung ist dann entweder eine Handlung oder eine Emotion.[33] Zum Beispiel kann das *Peek-Aa-Boo Surrogate* dazu einladen, einen Kollegen zu besuchen, der wieder anwesend ist. Andere *Single Value Devices* könnten zum Gießen der Blumen, zu einer Kaffeepause im Aufenthaltsraum, zum Lesen eines Tweets oder zu einem Anruf anregen. Die Messung und Anzeige des eigenen Gesundheitszustandes könnte zum Joggen animieren.

Andere Informationen haben das Ziel, Emotionen zu vermitteln oder auszulösen: Dies gilt vor allem für all die Geräte, die für Partner entworfen wurden. Es können aber auch andere Effekte hervorgerufen werden. Denkbar ist etwa, dass das Selbstwertgefühl durch ein Gefühl von Reichtum oder Beliebtheit, einen persönlichen Aktien-Anzeiger oder die Anzahl erhaltener Tweets gesteigert werden könnte.

d) Wahrnehmung und Aufmerksamkeit

Beim Entwurf von *Single Value Devices* wird viel Kreativität in die Modalitäten investiert, die zur Repräsentation von Informationen verwendet werden. Die vorgestellten *Singe Value Devices* vermitteln ihre Informationen über die Sinne Sehen, Fühlen, Hören oder Riechen. Zum Einsatz kommen bei den hier aufgeführten Beispielen folgende Modalitäten: Lichtintensität (die Beleuchtung der *Poster*), Lichtmuster (die Reflektionen der Wellen im *Ambient Room*), Farbe (etwa beim Rotkohl *Babbage Cabbage*), Geräusch (bei den *White Stones*), Geruch (in der Installation *Scent*), Bewegung (*Dangling Strings*) und Vibration (wie bei den Halsketten *Journeys of Ourselves*). Diese Modalitäten können durch verschiedene Aktuatoren erzeugt werden, wie etwa durch Leuchtmittel, Dimmer, Motoren, Vibrationsmotoren, Bimetalle, Lautsprecher, aufblasbare Komponenten oder Pumpen.

Jede Modalität nimmt Einfluss auf die Wahrnehmung. Wir differenzieren hier zwischen Ereignissen, die im Hintergrund und solchen, die im Vordergrund der alltäglichen Umgebung der Nutzer stattfinden. Ereignisse im Hintergrund ziehen

---

33 Vgl. Mihaly Csíkszentmihályi/Eugene Halton: *The Meaning of Things. Domestic Symbols and the Self*, Cambridge u. a. 1981.

nicht per se unsere Aufmerksamkeit auf sich. Die Entscheidung, sie zum Mittelpunkt des Interesses zu machen, liegt bei der Benutzerin oder dem Benutzer. Einige Objekte bleiben unauffällig, und erst, wenn eine Zustandsänderung auftritt, treten sie in den Vordergrund.[34] Ein akustischer Alarm ist dabei viel aufdringlicher als ein Lichtwechsel oder eine kurze Bewegung. Aufmerksamkeit kann dabei in eine Anzahl verschiedener Stufen unterteilt werden,[35] und die gewählte Modalität hat einen direkten Einfluss auf den Grad der Aufmerksamkeit der Benutzerin oder des Benutzers.

4. Entwurfsraum

Die Taxonomie beschreibt einen Teil des Entwurfsraumes: Für jeden Aspekt, der dort beschrieben wird, muss im Designprozess eine Entscheidung getroffen werden. Hier werden nun Entwurfskriterien diskutiert, die auf einer Ebene darüber liegen. Dabei stellt sich eine grundlegende Frage, der wir weiterhin nachgehen wollen: Inwieweit kann die Gestaltung des Objektes die Wahrnehmung des Inhalts unterstützen? Dabei geht es um kognitive Fähigkeiten, aber auch um den langfristigen Gebrauch von Objekten – es sollten keine »Eintagsfliegen« oder »Gadgets« sein. Obwohl die Punkte, die im Folgenden erörtert werden, nicht unabhängig voneinander zu betrachten sind, soll hier in jedem Abschnitt ein Aspekt in den Mittelpunkt gerückt werden.

Der erste Gesichtspunkt bezieht sich auf die Individualität der Benutzerinnen und Benutzer, ihre ästhetischen Anforderungen, ihre kognitiven Vorlieben und Fähigkeiten und ihre Bedeutungszuschreibung. *Single Value Devices* sind Objekte, die ihren Platz in unserer unmittelbaren Lebensumgebung haben. Wenn sie eine ansprechende Erscheinung haben, fördert das die Kognition.[36] Ein zeitloser Entwurf kann dem entgegenkommen, wie etwa bei den Objekten des »Bauhaus« oder dem *iPhone*, die von vielen Menschen als ästhetisch empfunden werden. Eine andere Option wäre der Entwurf einer Vielzahl von Objekten, die der Vielfalt individueller Kriterien von Ästhetik entsprechen. Die dritte Möglichkeit besteht darin, die Benutzerinnen und Benutzer selbst ein Objekt wählen oder gestalten zu lassen.

Wahrnehmung ist individuell. Farbenblinde werden wenig Freude an einem Objekt haben, das durch Farbwechsel Inhalte vermittelt. Schlecht Hörende

34 William Buxton: Integrating the Periphery and Context. A New Taxonomy of Telematics, in: *Proceedings of Graphics Interface '95* (1995), S. 239–246.

35 Zachary Pousman/John Stasko: A Taxonomy of Ambient Information Systems. Four Patterns of Design, in: *Proceedings of the Working Conference on Advanced Visual Interfaces* (2006), S. 67–74.

36 Tom Flint/Phil Turner: The Role of Appropriation in the Design of Engaging Artefacts, in: *Workshop on Re-Thinking Technology in Museums* (2011).

haben wenig von einem akustischen Signal. Das sind Extremfälle, aber auch im »Normalfall« unterscheiden sich kognitive Vorlieben. Wir gehen davon aus, dass Farben, Geräusche und Formen besser wahrgenommen werden, wenn sie unseren individuellen Fähigkeiten und Vorlieben entsprechen.[37]

Ein Objekt oder eine Sorte Information hat nicht an sich Bedeutung: Diese muss erst durch die Benutzerin oder den Benutzer verliehen werden. Menschen sind in der Lage, Bedeutungen an die verschiedensten Gegenstände zu knüpfen.[38] »Gutes« Design mag dabei ebenso wichtig sein wie die persönliche Erlebniswelt der Benutzerinnen und Benutzer. Dabei kann Bezug auf eine schöne Erinnerung genommen werden, die auf einen Gegenstand projiziert wird; es handelt sich dann gewissermaßen um ein Souvenir. In einem anderen Fall ist es ausschließlich der vermittelte Inhalt, der persönliche Bedeutung hat: Ein Windanzeiger hat vermutlich vor allem für Segler große Bedeutung.

Wenn wir die Konsistenz des Konzeptes betrachten, sind sowohl der Zusammenhang von Inhalt und Form als auch der Zusammenhang von Interaktion und Inhalt relevant. Es ist intuitiver, die Menge Blütenstaub im Frühling durch einen Baum wiederzugeben als beispielsweise durch einen Delfin. Eine Wasserfontäne für den Wechselkurs ist ästhetisch, aber nicht direkt mit dem Inhalt zu assoziieren. Wenn der konzeptuelle Zusammenhang zwischen Inhalt und Objekt stimmt, unterstützt dies die Wahrnehmung. Ein neutrales Objekt, wie zum Beispiel eine Lichtkugel, ist zumindest nicht kognitiv dissonant. Wasserwellen, die auf die Decke projiziert werden, sind eine sinnvolle Repräsentation von Aktivität. Ebenso repräsentiert die zur Wand gekehrt Figur von *Surrogates* sehr direkt, dass die assoziierte Person abwesend ist. Der Umgang mit dem Foto des Partners, das geschüttelt oder gekniffen werden muss, um die Nachricht »Ich denke an dich« zu übermitteln, ist nicht »natürlich«. Seinen Partner würde man dazu auch nicht schütteln oder kneifen. Das Streichen über die Halskette in *Journeys between Ourselves* hingegen entspricht der übertragenen Nachricht viel unmittelbarer. Darüber hinaus kann das Berühren der Halskette eine »gedankenlose« Handlung sein, die dennoch eine Nachricht übermittelt; eine implizite Aufmerksamkeit, die auch den Kern der Nachricht in sich trägt. Übertragen auf das Foto sollte dieses besser dann eine Nachricht senden, wenn einer der Partner es ansieht.

Um effektiv die Wege zum PC zu reduzieren, brauchen wir vermutlich mehrere *Single Value Devices*. Wir wollen unser Wohnzimmer aber auch nicht in ein Cockpit voller Anzeigeobjekte verwandeln. Wenn mehrere Gegenstände verwendet werden, ist die direkte Verbindung zwischen Form, Inhalt und Interaktion umso wichtiger, um aus einem Objekt unmittelbar die Art der Information ableiten zu können.

---

37 Im Gegensatz zur Werbung, in der auch Irritation als Mittel eingesetzt wird, um Aufmerksamkeit zu erzeugen.
38 Vgl. Csíkszentmihályi/Halton (1981).

Die Personalisierung eines Objektes verstärkt die persönliche Bedeutung für die Benutzerin oder den Benutzer.[39] In diesem Abschnitt erläutern wir, welche Varianten der Personalisierung bestehen und welche Rolle die Benutzerinnen und Benutzer im Entwurfsprozess einnehmen können. Prinzipiell gibt es die Möglichkeiten, den Benutzer selbst ein Objekt wählen zu lassen oder einen gegebenen Gegenstand zu konfigurieren. Wenn eine abstrakte Sprache gegeben ist, kann der Benutzer oder die Benutzerin dem Objekt selbst eine Bedeutung geben.

Einerseits kann ein vollständig gestaltetes *Single Value Device* angeboten werden. Andererseits kann der Benutzerin oder dem Benutzer die Möglichkeit gegeben werden, ein Objekt zu wählen und als *Single Value Device* zu verwenden. Das Beispiel des *Internet Furby* zeigt, wie das Kuscheltier dadurch komplett verändert wird und danach nicht mehr verwendet werden kann wie zuvor. Eine andere Variante wäre es, der Benutzerin oder dem Benutzer eine Vitrine, Wandkonsole oder ein Podest anzubieten, das mit einem beliebigen, persönlichen Objekt ausgestattet werden kann. So könnte im Seniorenheim eine hübsche, geerbte Porzellantasse zu einem *Single Value Device* werden, das anzeigt, dass sich viele Personen im Kaffeeraum aufhalten und es sich lohnt dorthin zu gehen. Hierbei wird angenommen, dass ein Objekt besser wahrgenommen wird, wenn es eine emotionale Bedeutung hat.[40] Wenn eine Benutzerin oder ein Benutzer jedoch selbst ein Objekt wählen kann, ist die konzeptuelle Konsistenz zwischen Form und Inhalt womöglich nicht gewährleistet.

Konfigurierbarkeit, die es erlaubt, ein *Single Value Device* an die individuelle Situation anzupassen, ist manchmal notwendig, um den persönlichen Bezug herzustellen. Im Blütenstaub-Beispiel muss das Gerät wissen, auf welche Pollen der Besitzer allergisch ist, wo sich Wohnort oder Arbeitsplatz befinden und welcher Pollenflug dort anzutreffen ist. Wechselnde Bedeutung, die durch Konfiguration erreicht werden kann, braucht man bei vorübergehender Relevanz: Das Wetter am Urlaubsort wollen wir in den Wochen vor der Urlaubsreise verfolgen und danach nicht mehr. Dann hat vielleicht die Wasserqualität am lokalen Badesee mehr Bedeutung. Hier stellt sich jedoch die Frage, inwieweit ein Objekt, das ständig wechselnde Informationen anzeigt, noch intuitiv zu begreifen ist. Vielfältige Möglichkeiten der Konfiguration von Geräten können Benutzerinnen und Benutzer schnell überfordern; diese Lektion wurde zumindest anhand des Gebrauchs von Videorekordern gelernt.

Für *Single Value Devices*, die als Kommunikatoren dienen, kann die Bedeutung des übermittelten Wertes durch eine Übereinkunft der Benutzerinnen und Benutzer festgelegt werden. Ein Beispiel dafür sind die *Kommunizierenden Blumen*.

---

39 Jan Blom: Personalization. A Taxonomy, in: *CHI 2000. Conference on Human Factors in Computing Systems* (2000), S. 313–314.

40 Jan Blom/Andrew Monk: Theory of Personalization of Appearance. Why Users Personalize their PCs and Mobile Phones, in: *Human-Computer Interaction* 18 (2003), S. 193–228.

Dabei gibt es zahlreiche Möglichkeiten, eine Bedeutung zu definieren. Es kann der emotionale Zustand sein: froh, wenn die Blume geöffnet ist, betrübt, wenn sie geschlossen ist, und alles dazwischen. Das Objekt kann anzeigen, dass der andere zuhause ist, auf einen Anruf wartet oder beschäftigt ist. Die Ohr-Positionen des Internet-Kaninchens *Nabaztag* lassen eine ganz eigene Sprache zu, die ihre Eigentümer vereinbaren können.

5. Diskussion

Das Konzept der *Single Value Devices* trägt dazu bei, dass Informationen viel angepasster an die menschliche Wahrnehmung übertragen werden können, als dies mit Computern oder Smartphones der Fall ist. Damit können *Single Value Devices* einen Beitrag zur Steigerung der Lebensqualität in einer Informationsgesellschaft leisten. Einzelne Beispiele gibt es seit etlichen Jahren, dennoch haben *Single Value Devices* noch nicht den Weg in die Wohnzimmer und alltäglichen Lebensumgebungen gefunden. Unser Ziel ist es, den Weg für die Verwendung zu ebnen, sodass dieses Konzept in absehbarer Zeit in größerem Umfang eingesetzt werden kann.

Hat ein *Single Value Device* eine (emotionale) Bedeutung, so fördert das die Wahrnehmung und Beständigkeit im Gebrauch. (Emotionale) Bedeutung ist jedoch etwas, das nur die Benutzenden einem Objekt geben können. Die Aufgabe der Designerinnen und Designer besteht daher darin, Objekte so zu entwerfen, dass die Nutzerinnen und Nutzer genügend Raum haben, dem Objekt selbst Bedeutungen zuzuordnen. Die Frage, auf welche Weise man entwirft, um den Benutzer oder die Benutzerin am Prozess teilhaben zu lassen, wurde bereits von Alan Dix gestellt,[41] aber noch nicht vollständig beantwortet. Wir haben hierfür zwei Wege identifiziert: Der eine führt über »gutes« Design, das den jeweiligen ästhetischen Anforderungen entspricht. Darüber hinaus ist es essentiell, dass der konzeptuelle Zusammenhang zwischen Inhalt einerseits sowie Form und Interaktion andererseits stimmig gestaltet wird. Der zweite Weg besteht darin, die Benutzerinnen und Benutzer an der Gestaltung teilhaben zu lassen, damit sich diese das Objekt viel mehr »zu eigen« machen können. Das kann auf der Ebene der Form stattfinden, wenn etwa ein bestehendes Objekt ausgewählt und zum *Single Value Device* gemacht oder ein vorgegebenes Objekt modifiziert werden kann. Auf der Ebene des Inhalts kann den Benutzerinnen und Benutzern die Möglichkeit gegeben werden, durch Konfigurationen Inhalte zu selektieren oder zu präzisieren. Eine weitere Möglichkeit ist es, Ausdrucksmöglichkeiten für eine Sprache anzubieten, deren Bedeutung die Benutzerinnen und Benutzer miteinander festlegen.

---

41 Alan Dix: Designing for Appropriation, in: *21. British HCI Group Conference. People and Computer. HCI ... but not as we know it* 2 (2007), S. 27–30.

Der nächste Schritt besteht darin, den identifizierten Möglichkeiten Gestalt zu geben und diese gemeinsam mit Benutzerinnen und Benutzern zu evaluieren. Dabei kommt es auch darauf an, inwieweit Benutzerinnen und Benutzer selbst einen Teil der Gestaltung übernehmen wollen und welchen Effekt dies auf das Konzept der *Single Value Devices* hat. Designerinnen und Designer, die keine Elektrotechnik- oder Informatikexpertinnen und -experten sind, sollen mit vorgefertigten Bauteilen in die Lage versetzt werden, mit einem Bausteinsatz *Single Value Devices* zu entwerfen, die dann von Benutzerinnen und Benutzern direkt getestet werden können. Über einen derart individualisierten Entwurfsprozess könnten sich *Single Value Devices* als Schnittstellenobjekte etablieren, die über alle Sinne eine Gegenwart des ausschließlich persönlich Relevanten ermöglichen.

Literatur

Backlund, Sara u. a.: STATIC! The Aesthetics of Energy in Everyday Things, in: *Design Research Society Wonderground International Conference* (2006), S. 1–4.

Blom, Jan: Personalization. A Taxonomy, in: *CHI 2000. Conference on Human Factors in Computing Systems* (2000), S. 313–314.

Blom, Jan/Andrew Monk: Theory of Personalization of Appearance. Why Users Personalize their PCs and Mobile Phones, in: *Human-Computer Interaction* 18 (2003), S. 193–228.

Buchenau, Marion/Jane Fulton Suri: Experience Prototyping, in: *3. Conference on Designing Interactive Systems* (2000), S. 424–433.

Buxton, William: Integrating the Periphery and Context. A new Taxonomy of Telematics, in: *Proceedings of Graphics Interface '95* (1995), S. 239–246.

Chang, Angela u. a.: LumiTouch. An Emotional Communication Device, in: *CHI '01, Extended Abstracts on Human Factors in Computing Systems* (2001), S. 313–314.

Cheok, Adrian David u. a.: Empathetic Living Media, in: *Proc. of the 7. ACM Conference on Designing Interactive Systems* (2008), S. 465–473.

Csíkszentmihályi, Mihaly/Eugene Halton: *The Meaning of Things. Domestic Symbols and the Self*, Cambridge u. a. 1981.

Dix, Alan: Designing for Appropriation, in: *21. British HCI Group Conference. People and Computer. HCI … but not as we know it* 2 (2007), S. 27–30.

Eggen, Berry/Koert van Mensvoort: Making Sense of What is Going on ›Around‹: Designing Environmental Awareness Information Displays, in: *Awareness Systems, Human Computer Interaction Serie* (2009), S. 99–124.

Fernando, Owen Noel Newton u. a.: Babbage Cabbage. Biological Empathetic Media, in: *VRIC Laval Virtual Proceedings* (2009), S. 363–366.

Flint, Tom/Phil Turner: The Role of Appropriation in the Design of Engaging Artefacts, in: *Workshop on Re-Thinking Technology in Museums* (2011).

Fogg, Brian J.: *Persuasive Technology. Using Computers to Change What We Think and Do*. Amsterdam u. a. 2003.

Gellersen, Hans/Albrecht Schmidt/Michael Beigl: Ambient Media for Peripheral Information Display, in: *Personal and Ubiquitous Computing* 3 (1999), S. 199–208.

Greenberg, Saul/Hideaki Kuzuoka: Using Digital but Physical Surrogates to Mediate Awareness, Communication and Privacy in Media Spaces, in: *Personal and Ubiquitous Computing* 3 (1999), S. 182–198

van der Heemst, Rick: *Het Message-Board Systeem* (Master-Arbeit im Studiengang Industrie-Design), Universität Twente 2011.

Ishii, Hiroshi/Brygg Ullmer: Tangible Bits. Towards Seamless Interfaces Between People, Bits and Atoms, in: *Proc. CHI'97 ACM* (1997), S. 234–241.

Kolkmeier, Jan/Pieter Pelt: *Fridge Magnets* (Projektarbeit »Smart Environments« im Studiengang »Creative Technology«), Universität Twente 2010.

Pousman, Zachary/John Stasko: A Taxonomy of Ambient Information Systems. Four Patterns of Design, in: *Proceedings of the Working Conference on Advanced Visual Interfaces* (2006), S. 67–74.

Strong, Rob/Bill Gaver: Feather, Scent, and Shaker: Supporting Simple Intimacy, in: *CSCW '96* (1996), S. 29–30.

The, Keng Soon u. a.: Huggy Pajama. A Parent and Child Hugging Communication System, in: *Proc. IDC'09* (2009), S. 290–291.

Tollmar, Konrad/Stefan Junestrand/Olle Torgny: Virtually Living Together. A Design Framework for New Communication Media, in: *Symposium for Designing Interactive Systems* (2000), S. 83–91,

Wallace, Jayne: Social Fabric, in: Sabine Seymour (Hg.): *Fashionable Technology. The Intersection of Design, Fashion, Science and Technology*, Wien, New York 2008, S. 138–157.

Vazquez, Juan Ignacio/Diego Lopez-De-Ipina: Social Devices. Autonomous Artifacts that Communicate on the Internet, in: *Proc. 1st Conf. on The Internet of Things* (2008), S. 308–324.

Weiser, Mark: The Computer for the 21st Century, in: *Scientific American* 265/3 (1991), S. 94–104.

Weiser, Mark/John Seely Brown: Designing Calm Technology, in: *PowerGrid Journal* 1 (1996), S. 1–5.

Weiser, Mark/John Seely Brown: The Coming Age of Calm Technology, in: Peter J. Denning/Robert M. Metcalfe (Hg.): *Beyond Calculation. The Next Fifty Years of Computing*. New York 1997, S. 75–85.

Internetseiten

Ambient Devices: *Ambient Orb*, http://www.ambientdevices.com/about/consumer-devices (01.03.2013)

Dertien, Edwin: *Internet Enabled Furby*, http://hackaday.com/2009/08/31/internet-enabled-furby/ (01.03.2013).

http://www.mimamori.net (01.03.2013)

http://store.karotz.com/de_DE/ (01.03.2013)

http://waag.org/nl/project/scottie (01.03.2013)

www.coconatch.com (01.03.2013)

Farbtafeln

Tafel 1   Emile Holba: Terje Isungset mit einem Horn und Perkussionsinstrumenten aus Eis, hergestellt von Bill Covitz, *Ice Music Festival* in Geilo (Norwegen), 4. Februar 2012

Tafel 2   Emile Holba: Cello aus Eis, gebaut für den schwedischen Musiker Leo Svensson von Bill Covitz, *Ice Music Festival* in Geilo (Norwegen), 4. Februar 2012

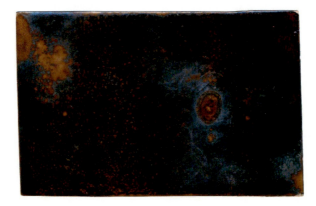

Tafel 3   August Strindberg: *Celestographie »2«*, 1894, Königliche Bibliothek zu Stockholm

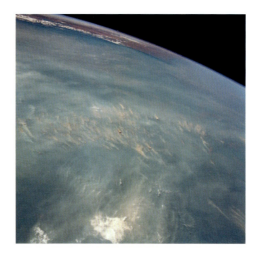

Tafel 4   Aufnahme vom Space Shuttle *Discovery*, Rauchschwaden aus dem amazonischen Regenwald, Rondônia, Brasilien, 31. August 1984

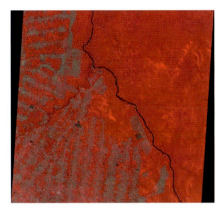

Tafel 5   Falschfarbenaufnahme des *Advance Spaceborne Thermal Emission and Reflection Radiometer* (ASTER) von abgeholzten Regionen in Rondônia, Brasilien, 24. August 2000

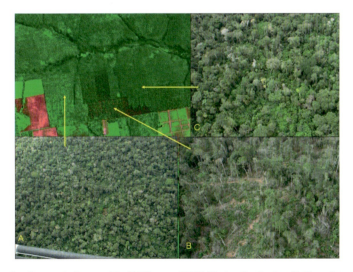

Tafel 6   Fernerkundungsaufnahme und Luftbilder von INPE (Nationales Institut für Raumforschung, Brasilien), Abholzung von Regenwald im Amazonasgebiet, 2008

Tafel 7   *Hamburger Abendblatt*, Zeichnung Ulli Lust, 10. April 2012

Tafel 8   *The New York Times*, Fotografien Damon Winter, 22. November 2010

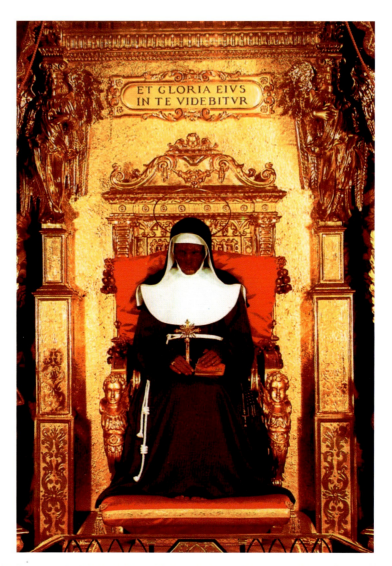

ET GLORIA EIVS
IN TE VIDEBITVR

Tafel 9   Der Leichnam der 1463 gestorbenen Heiligen Katharina Vigri, Corpus Domini Kloster, Bologna

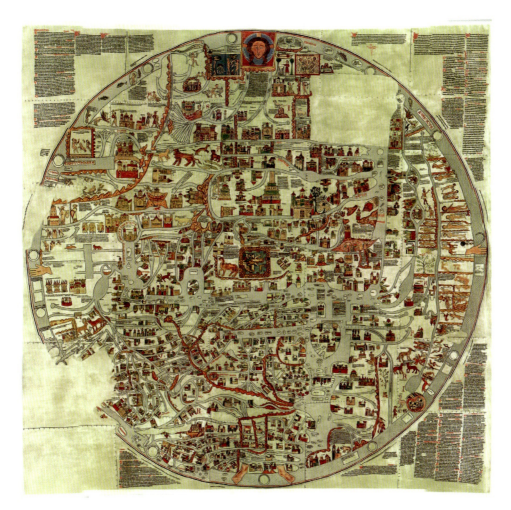

Tafel 10   *Ebstorfer Weltkarte*, um 1300, Nachbildung, Original zerstört

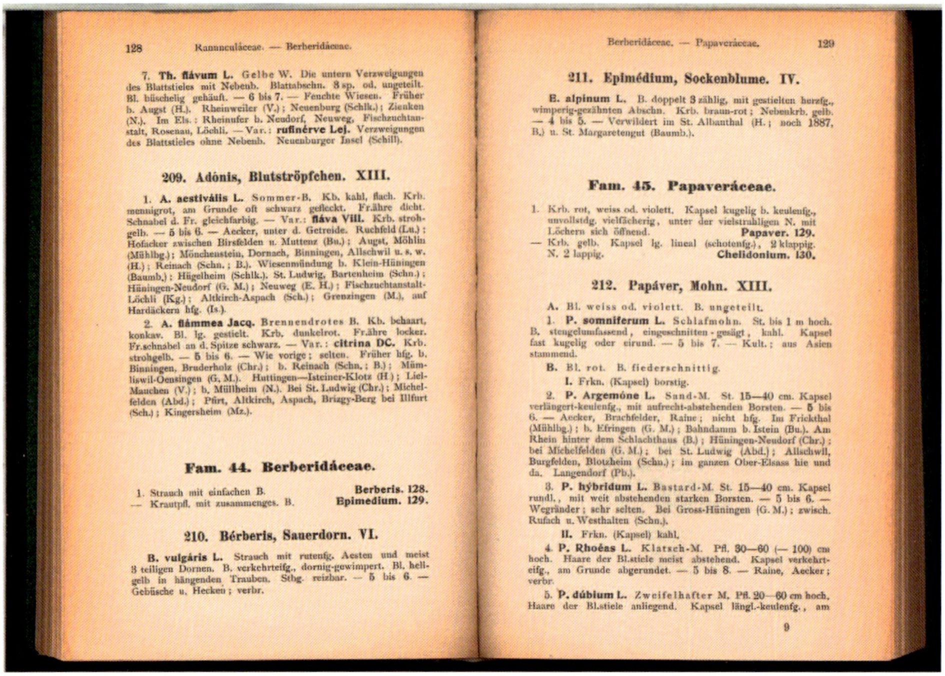

128 Ranunculáceae. — Berberidáceae.

7. **Th. flávum L.** Gelbe W. Die untern Verzweigungen des Blattstieles mit Nebenb. Blattabschn. 3 sp. od. ungeteilt. Bl. büschelig gehäuft. — 6 bis 7. — Feuchte Wiesen. Früher b. Augst (H.). Rheinweiler (V.); Neuenburg (Schlk.); Zienken (N.). Im Els.: Rheinufer b. Neudorf, Neuweg, Fischzuchtanstalt, Rosenau, Löchli. — Var.: **rufinérve Lej.** Verzweigungen des Blattstieles ohne Nebenb. Neuenburger Insel (Schill).

209. Adónis, Blutströpfchen. XIII.

1. **A. aestivális L.** Sommer-B. Kb. kahl, flach. Krb. mennigrot, am Grunde oft schwarz gefleckt. Fr.ähre dicht. Schnabel d. Fr. gleichfarbig. — Var.: **fláva Vill.** Krb. strohgelb. — 5 bis 6. — Aecker, unter d. Getreide. Ruchfeld (Lu.); Hofacker zwischen Birsfelden u. Muttenz (Bu.); Augst, Möhlin (Mühlbg.); Mönchenstein, Dornach, Binningen, Allschwil u. s. w. (H.); Reinach (Schn.; B.). Wiesenmündung b. Klein-Hüningen (Baumb.); Hügelheim (Schlk.). St. Ludwig, Bartenheim (Schn.); Hüningen-Neudorf (G. M.); Neuweg (E. H.); Fischzuchtanstalt-Löchli (Kg.); Altkirch-Aspach (Sch.); Grenzingen (M.), auf Hardäckern hfg. (Is.).

2. **A. flámmea Jacq.** Brennendrotes B. Kb. behaart, konkav. Bl. lg. gestielt. Krb. dunkelrot. Fr.ähre locker. Fr.schnabel an d. Spitze schwarz. — Var.: **citrina DC.** Krb. strohgelb. — 5 bis 6. — Wie vorige; selten. Früher hfg. b. Binningen, Bruderholz (Chr.); b. Reinach (Schn.; B.); Mümliswil-Oensingen (G. M.). Huttingen—Isteiner-Klotz (H.); Liel-Mauchen (V.); b. Müllheim (N.). Bei St. Ludwig (Chr.); Michelfelden (Abd.); Pfirt, Altkirch, Aspach, Brizgy-Berg bei Illfurt (Sch.); Kingersheim (Mz.).

Fam. 44. Berberidáceae.

1. Strauch mit einfachen B. **Berberis. 128.**
— Krautpfl. mit zusammenges. B. **Epimedium. 129.**

210. Bérberis, Sauerdorn. VI.

B. vulgáris L. Strauch mit rutenfg. Aesten und meist 3 teiligen Dornen. B. verkehrteifg., dornig-gewimpert. Bl. hellgelb in hängenden Trauben. Stbg. reizbar. — 5 bis 6. — Gebüsche u. Hecken; verbr.

Berberidáceae. — Papaveráceae. 129

211. Epimédium, Sockenblume. IV.

E. alpinum L. B. doppelt 3 zählig, mit gestielten herzfg., wimperig-gezähnten Abschn. Krb. braun-rot; Nebenkrb. gelb. — 4 bis 5. — Verwildert im St. Albanthal (H.; noch 1887, B.) u. St. Margaretengut (Baumb.).

Fam. 45. Papaveráceae.

1. Krb. rot, weiss od. violett. Kapsel kugelig b. keulenfg., unvollstdg. vielfächerig, unter der vielstrahligen N. mit Löchern sich öffnend. **Papaver. 129.**
— Krb. gelb. Kapsel lg. lineal (schotenfg.), 2 klappig. N. 2 lappig. **Chelidonium. 130.**

212. Papáver, Mohn. XIII.

A. Bl. weiss od. violett. B. ungeteilt.

1. **P. somniferum L.** Schlafmohn. St. bis 1 m hoch. B. stengelumfassend, eingeschnitten-gesägt, kahl. Kapsel fast kugelig oder eirund. — 5 bis 7. — Kult.; aus Asien stammend.

B. Bl. rot. B. fiederschnittig.

I. Frkn. (Kapsel) borstig.

2. **P. Argemóne L.** Sand-M. St. 15—40 cm. Kapsel verlängert-keulenfg., mit aufrecht-abstehenden Borsten. — 5 bis 6. — Aecker, Brachfelder, Raine; nicht hfg. Im Frickthal (Mühlbg.); b. Efringen (G. M.); Bahndamm b. Istein (Bu.). Am Rhein hinter dem Schlachthaus (B.); Hüningen-Neudorf (Chr.); bei Michelfelden (G. M.); bei St. Ludwig (Abd.); Allschwil, Burgfelden, Blotzheim (Schn.); im ganzen Ober-Elsass hie und da. Langendorf (Pb.).

3. **P. hýbridum L.** Bastard-M. St. 15—40 cm. Kapsel rundl., mit weit abstehenden starken Borsten. — 5 bis 6. — Wegränder; sehr selten. Bei Gross-Hüningen (G. M.); zwisch. Rufach u. Westhalten (Schn.).

II. Frkn. (Kapsel) kahl.

4. **P. Rhoéas L.** Klatsch-M. Pfl. 30—60 (— 100) cm hoch. Haare der Bl.stiele meist abstehend. Kapsel verkehrteifg., am Grunde abgerundet. — 5 bis 8. — Raine, Aecker; verbr.

5. **P. dúbium L.** Zweifelhafter M. Pfl. 20—60 cm hoch. Haare der Bl.stiele anliegend. Kapsel längl.-keulenfg., am

9

Tafel 11 Florenverzeichnisse als vielschichtige Listen: Ausschnitt aus August Binz' *Flora von Basel*, 1905

Abb. 1   Verhandlung zwischen Cortés und Moctezuma, *Lienzo von Tlaxcala* (Ausschnitt), Mitte 16. Jahrhundert, Faksimile

Ralph Buchenhorst
Border Thinking, Networking.
Anmerkungen zum Verhältnis zwischen Bild und Realität

I Zwei Konzepte für eine Theorie der Bildvermittlung

Der Titel des vorliegenden Textes exponiert zwei epistemologische Konzepte – das des Grenzdenkens und das des Arbeitens in und mit Netzwerken. *Border thinking* ist ein Begriff, den der argentinische Semiotiker Walter Mignolo im Rahmen seiner Postkolonialismus-Kritik einführt. Er dient dazu, die imaginäre Einheit der Moderne als Verkörperung einer vermeintlich universalen Rationalität aufzubrechen und deren Legitimität zu unterwandern. Mignolo schlägt vor, die Moderne nicht erst mit der westlichen Industrialisierung im 18. Jahrhundert beginnen zu lassen, sondern bereits mit der europäischen Expansion seit Ende des 15. Jahrhunderts. Der globale hegemoniale Anspruch westlicher Epistemologie würde in diesem Sinne mit der Kolonialisierungsstrategie der spanischen und portugiesischen Krone einsetzen und bis heute andauern. Er drückt sich, so Mignolo, in einer kolonialen Machtmatrix aus, die definiert, was als Wissen und Wahrheit gelten darf. Diese Matrix basiert auf einer fundamentalen Asymmetrie:

> »[…] the Spanish missionary and the French philosopher did not have to incorporate Indigenous languages and experiences into their theological or egological frame of thinking. The Aymara or Nahuatl intellectuals of what are now Bolivia, Mexico, and Central America had no choice, because Spanish and French institutions were set up in their territory, on top of and around their dwelling places.«[1]

Border thinking setzt diese Asymmetrie voraus und bezieht sich damit in einem sehr genauen und wesentlichen Sinne auf eine epistemologische Schnittstelle. Denn durch die Gegenüberstellung von kolonialisierendem und kolonialisiertem Denken zeigt sich, dass die Implementierung von Sinn einseitig ist, eine Einbahnstraße von

---

1   Walter Mignolo: *The Idea of Latin America*, Malden, Oxford 2005, S. 10; als weitere Publikation des Autors zum Konzept des *border thinking* sei genannt: Ders.: *Local Histories/Global Designs: Coloniality, Subaltern Knowledges and Border Thinking*, Princeton 2000; siehe auch Rámon Grosfoguel: Transmodernity, border thinking, and global coloniality: Decolonizing political economy and postcolonial studies, *Eurozine* (04.07.2008), URL: http://www.eurozine.com/articles/2008-07-04-grosfoguel-en.html (02.05.2012).

Europa nach Lateinamerika. *Border thinking* ist entsprechend die Anstrengung, die Macht symbolischer Ordnungen sichtbar werden zu lassen.

Diese Macht wirkt bis in die Gegenwart hinein und führt auch dazu, dass die europäische Moderne ihre eigene Epistemologie unter völlig anderen Voraussetzungen und Blickrichtungen wahrnimmt als die Erkenntnistheorien und Kosmologien anderer, nicht-euro-amerikanischer Gemeinschaften. Die Beobachtung und Analyse solcher sozialen Verbände werden zumeist der Ethnologie (die in diesem Sinne selbst als einflussreiche Schnittstelle zwischen unterschiedlichen symbolischen und normativen Ordnungen fungiert) übertragen. Diese geht grundsätzlich davon aus, dass »fremdes« Wissen nur verständlich wird, wenn man sein Wirken im sozialen Kontext der anwendenden Ethnien studiert, während das eigene Wissen wie selbstverständlich als Metadiskurs, unabhängig von sozialen Praktiken, verhandelt wird. Der französische Wissenschafts- und Techniksoziologe Bruno Latour kann seine Verwunderung über diese hybride Geschichte der europäischen Wissenschaften nicht verbergen:

> »In allen ethnologischen Diskussionen werden die Modernen immer als Leute begriffen, die auf der Grundlage ihrer offiziellen Philosophie verstanden werden können. Aber wenn man die anderen untersucht, die Völker Amazoniens, die Chinesen und so fort, dann heißt es nie: ›Na, sehen wir uns doch erst einmal ihre Philosophie an!‹ Stattdessen betrachtet man ihre Praxis. Doch in dem Moment, wo man sich mit der Moderne beschäftigt, koppelt man sich vollständig ab und konzentriert sich auf die offizielle Version der Sache.«[2]

Auch die Beantwortung der Frage also, wann die Theorie der Praxis bedarf, um ihre Wahrheitsproduktion beurteilen zu können, und wann eine Theorie dadurch geadelt wird, dass sie anderen Theorien beigesellt und von der Konfrontation von sozialer Praxis freigestellt wird, hat Anteil an der oben erwähnten Asymmetrie.

Als eine der berühmten Gründungssituationen für das Problem des *border thinking* gelten die Verhandlungen, die 1519 zwischen dem Konquistador Hernán Cortés – nur spanischsprachig – und dem Aztekenherrscher Moctezuma – nur des Nahuatl mächtig – stattfanden. Möglich wurden sie erst durch die Teilnahme der aus Veracruz

---

2   Bruno Latour in: Bruno Latour/Anselm Franke: Engel ohne Flügel: Ein Gespräch, in: Irene Albers/Anselm Franke (Hg.): *Animismus: Revisionen der Moderne*, Zürich 2012, S. 97–109, hier S. 102. Wie das Verhältnis zwischen Theorie und Praxis ist auch dasjenige zwischen Natur und Kultur von europäischer Seite her prädeterminiert, hier durch den antiken Begriff der Mimesis, der das Wissen durch Nachahmung der Naturordnung bestimmt. Die Erkenntnis, dass man auch bei indigenen Ethnien wie z.B. den Caduveo im brasilianischen Regenwald Kunstformen findet, die sich diesem Konzept des Mimetischen entgegensetzen und zwischen Malerei und menschlichem Körper ein Verhältnis etablieren, die erstere als abstrakt und autonom versteht, hat sich erst in der zweiten Hälfte des 20. Jahrhunderts durchgesetzt. So lassen sich den Ergebnissen der Untersuchungen zu den Körperbemalungen der Caduveo von Claude Lévi-Strauss auch Einsichten zu der Entwicklung der europäischen Avantgarde von Marcel Duchamp bis Andy Warhol abgewinnen, vgl. dazu Boris Wiseman: Lévi-Strauss, Caduveo Body Painting and the Readymade: Thinking Borderlines, in: *Insights* 1/1 (2008), S. 2–20.

stammenden Indigenen La Malinche, die Geliebte des Cortés und seine Dolmetscherin war (Abb. 1). La Malinche repräsentiert genau diejenige Schnittstelle, an der das Wissen zwischen beiden kulturellen Räumen vermittelbar und zugleich hierarchisiert wurde.[3] Und von Dolmetschern erwartet man idealiter das Gleiche wie von technischen Schnittstellen: dass sie den Sinn des zu Übertragenden möglichst neutral vermitteln und einen ungehinderten Austausch zwischen beiden Seiten ermöglichen. Was geschieht jedoch, wenn die Schnittstellen eigene Signale aussenden, wenn sie die Macht der zu übertragenden symbolischen Ordnungen reflektieren? Betrachten wir die historische Begegnung zwischen Cortés und Moctezuma etwas genauer. Ihre Asymmetrie war von vornherein ersichtlich, so der französische Literatur- und Geschichtswissenschaftler Tzvetan Todorov:

> »Moctezuma wußte sich über seine Feinde zu informieren, solange diese Tlaxcalteken, Tarasken oder Huaxteken hießen. Doch das war eine angestammte Form des Informationsaustausches. Die Identität der Spanier ist dagegen so anders, ihr Verhalten derart unvorhersehbar, daß das gesamte Kommunikationssystem dadurch ins Wanken gerät und den Azteken nicht einmal mehr das gelingt, was sie zuvor bestens beherrschten: das Sammeln von Informationen.«[4]

La Malinche, die sowohl Maya als auch das Nahuatl der Azteken und das Spanisch der Kolonisierenden sprach, schlug sich auf die Seite von Cortés, weshalb sie nach der Unabhängigkeit Mexikos zum Inbegriff des Verrats an den einheimischen Werten wurde. Malinche war also alles andere als eine neutrale Überträgerin zwischen zwei *Black Boxes*,[5] sie übernahm die Werte der Spanier, aber sie nutzte sie – so sieht es Todorov –, um ihre eigene symbolische Ordnung besser zu verstehen.[6] Diese Gründungssituation des *border thinking* zeigt uns, dass das Denken von Grenzen der Kommunikation niemals wertfreie Epistemologie ist, sondern dass es einer zweifa-

---

3 Eine neuere Arbeit über die Dolmetscherin des Cortés, mit dem Anspruch ihrer Demystifizierung, liefert Luis Barjau: *La conquista de La Malinche. La verdad acerca de la mujer que fundó el mestizaje en México*, México 2009.

4 Tzventan Todorov: *Die Eroberung Amerikas. Das Problem des Anderen*, Frankfurt am Main 1985, S. 91.

5 Ich benutze hier den Begriff der Black Box in Anlehnung an das gleichnamige Konzept in der Kybernetik und Systemtheorie. Dort steht es für ein meist komplexes System, von dem in einem gegebenen Zusammenhang nur das äußere Verhalten betrachtet werden kann, obwohl man davon ausgeht, dass das innere Funktionieren auf einer spezifischen, nachvollziehbaren Selbstorganisation beruht. Bei einem Aufeinandertreffen von zwei solchen sinnbenutzenden Systemen, die einander nicht durchsichtig sind, wird etwas erkennbar, das notwendig als eine beträchtliche Reduktion des inneren Funktionierens angenommen werden muss. Vgl. Niklas Luhmann: *Soziale Systeme. Grundriss einer allgemeinen Theorie*, Frankfurt am Main 1987, 156 f. Um die Reduktion des Sichtbaren so gering wie möglich zu halten, werden Schnittstellen wie Malinche eingesetzt. Von ihnen erwartet man, dass sie an beiden symbolischen und normativen Systemen teilnehmen, eine gegenseitige Rückkopplung der im jeweiligen Inneren erzeugten Sinnkomplexe und damit ein zusätzliches Angebot verhandelbarer Sinnelemente in der Kommunikation garantieren.

6 Todorov (1985), S. 123 ff.

chen Machtasymmetrie unterliegt: Die beiden kommunizierenden Seiten verhandeln nie in einem Machtvakuum, und die Übersetzer selbst sind ebenfalls nicht neutral.

Das zweite theoretische Element, der Gedanke des Netzwerkes, in das medial vermittelter Sinn immer eingebunden ist, lässt sich ebenfalls an einem Beispiel mit lateinamerikanischen und europäischen Akteuren erläutern.

Am 29. Juni 1973 unternahm das Militär in Santiago de Chile einen ersten Versuch, den damaligen sozialistischen Präsidenten Salvador Allende zu stürzen. In der Straße Augustinas in der Nähe des Regierungspalastes versammelte es Soldaten, Lastwagen und Panzerfahrzeuge. Wir konzentrieren uns auf eine bestimmte Szene des Übergriffs, die als sechsminütige Filmaufnahme überliefert ist (Abb. 2). Von einem der Lastwagen steigen Soldaten ab und beginnen, die Straße zu räumen. Dabei fallen ihnen zwei Journalisten auf, die die Szene mit Hilfe einer Filmkamera festhalten. Die Soldaten eröffnen das Feuer auf den Kameramann. Eine der Kugeln trifft Leonardo Henrichsen, schwedisch-argentinischer Korrespondent im Auftrag des schwedischen Staatsfernsehens, der berühmt wird als der Mann, der seinen eigenen Tod filmt. Die Sequenz schließt mit verschwimmenden Bildern.

Die beschriebene Aufnahme wurde u. a. deshalb so berühmt, weil hier die Asymmetrie der Verhältnisse und das Eingebundensein der Schnittstelle in diese Machtkonstellation auf radikale Weise deutlich werden. Die Schnittstellen-Membran, die die Kommunikation zwischen chilenischer politischer Realität und globaler Aufmerksamkeit garantieren soll, wird durchstoßen, um den Überträger-Akteur selbst zu zerstören. Dieser kann die Authentizität seiner Aufnahmen in der Folge nicht mehr bezeugen. Wer tut es dann? In Dokumentationen und bildtheoretischen Untersuchungen wird oft das dritte Bild der gezeigten Sequenz als dasjenige bezeichnet, das den Tod des Kameramanns festhält. Hans Belting etwa hat in seiner *Bild-Anthropologie* das dritte *film still* reproduziert und folgendermaßen untertitelt: »L. Hendricksen [sic!]: Photo des eigenen Todes in Chile, 1973«[7].

Bei genauer Analyse der Filmaufnahmen und sich auf sie beziehender Texte wird jedoch schnell deutlich, dass der abgebildete Soldat gar nicht der Todesschütze war. Der dokumentierte Schuss verfehlte sein Ziel. In der Folge werden zwei weitere Schüsse abgegeben, und erst der dritte trifft, abgefeuert vom Gefreiten Héctor Hernán Bustamante Gómez, der auf dem im zweiten *film still* sichtbaren Lastwagen positioniert war (Abb. 3).[8] Das dokumentarische Material, das Henrichsen filmt, hat also einen blinden Fleck. Es zeigt zwar Schüsse in Richtung der Kamera und verschwimmende Bilder, aber den Tod des Kameramanns, wie Belting behauptet, zeigt

---

7 Hans Belting: *Bild-Anthropologie. Entwürfe für eine Bildwissenschaft*, München 2001, S. 231.
8 Ein ausführlicher Kommentar zu Beltings Analyse findet sich in Ralph Buchenhorst: *Das Element des Nachlebens. Zur Frage der Darstellbarkeit der Shoah in Philosophie, Kulturtheorie und Kunst*, München 2011, S. 176 f.

Abb. 2, 3   Leonardo Henrichsen, Filmstills, Filmreportage vom Militärputsch am 29. Juni 1973,
Santiago de Chile

es gerade nicht. Wie kann man dieser Blindheit abhelfen? Man bräuchte eine zweite
Kamera, die die Tätigkeit und das Getroffenwerden des ersten Kameramannes filmen
müsste, dann eine dritte, die das Filmen der zweiten zu dokumentieren hätte und so
weiter *ad infinitum*. Man müsste also vor allem eine ergänzende gleichzeitige Obser-
vation aus verschiedenen Blickwinkeln garantieren. Anders gesagt: wenn die Realität (der schießende Putschist) die Schnittstellen-Membran zwischen Welt und Wahrnehmung zerstört, dann müssen andere Medien und Akteure einspringen, um diese
Membran zu ersetzen und zu ergänzen. Die sich daraus ergebenden Verbindungen
nenne ich eine human-mediale Netzwerkstruktur. Im Falle Henrichsens übernimmt
die Aufgabe des Beobachters zweiter Ordnung ein Kollege, der schwedische Journalist Jan Sandquist. Erst durch seine ergänzenden Hinweise wird die Filmsequenz bis
in ihre letzten Bilder hinein lesbar.

Erst das Netzwerk verschiedener, sich aufeinander beziehender Medien und Akteure kann der Komplexität des Realen gerecht werden.[9] Diese Medientheorie ließe sich auch als eine Theorie der Metarepräsentation beschreiben. Authentizitätsanforderungen werden immer im Zusammenhang eines intermedialen Diskurses gestellt, innerhalb dessen Perspektivenwechsel und permanente Übersetzungsleistungen nachgefragt und angeboten werden. Logozentrismus und Imagozentrismus können sich nur insofern gegenseitig aufheben, als sie sich diesen Übersetzungen und Variationen des Bildgehalts als Text und des Textgehalts als Bild gegenüber öffnen.

Wie eine Bildtheorie durch die Anwendung dieser eben vorgestellten Konzepte visuelle Schnittstellen in ihrer Funktion erklären könnte, soll im Folgenden anhand dreier Beispiele gezeigt werden.

II   Strindbergs Celestografien, oder: Die Welt für sich und die Welt für uns

Die fotografischen Arbeiten des schwedischen Dramatikers August Strindberg, die sogenannten Celestografien, sind, obwohl seit langem bekannt, kaum kommentiert worden.[10] Hervorgegangen sind sie aus Strindbergs Misstrauen gegenüber den damals zugänglichen Linsen, weil diese seiner Ansicht nach ein verzerrtes Abbild der Realität wiedergaben. Deshalb begann der Schwede, aus Zigarrenschachteln Kameras ohne Linsen zu bauen.[11] Seine fotografischen Arbeiten verfolgen damit eine

---

9   Bruno Latour drückt diese Einsicht auf andere Weise aus: Es gehe darum zu zeigen, wie Bilder, Objekte, Zeichen und Dokumente mit anderen Bildern, Objekten, Zeichen und Dokumenten verbunden seien, vgl. Bruno Latour: *Icono*clash: *Gibt es eine Welt jenseits des Bilderkrieges?*, Berlin 2002, S. 62.

10   Lediglich vier Autoren, die Fotohistoriker Clément Chéroux und Bernd Stiegler sowie die Kunsthistoriker Douglas Feuk und Grischka Petri, haben sich eingehender mit der Frage auseinandergesetzt, wie und was die Celestografien eigentlich repräsentieren. Für Bernd Stiegler zeichnet sich in ihnen der Wunsch nach einer unverstellten, nicht durch Medien vermittelten Wirklichkeit ab, vgl. Bernd Stiegler: Bilder des Realen. August Strindberg und die Photographie, in: Ders.: *Montagen des Realen. Photographie als Reflexionsmedium und Kulturtechnik*, München 2009, S. 127–151. Clément Cheroux hingegen betrachtet sie nüchtern als ungleichmäßig entwickelte Fläche zufälliger Mikrooxydierungen von Silber und stellt die vermeintlichen Bilder des Sternenfirmaments in den Zusammenhang des Fin-de-siècle-Okkultismus, vgl. Clément Chéroux: *L'expérience photographique d'August Strindberg. Du naturalisme au sur-naturalisme*, Arles 1994. Douglas Feuk versteht die Aufnahmen mehr als poetische Träumerei, bei der Natur nicht mehr nur abgebildet wird, sondern das Bild selbst Natur ist. Er schreibt ihnen einen hohen imaginären, avantgardistischen Wert zu und stellt eine ästhetische Verbindung her zwischen ihnen und einigen Gemälden Dubuffets, vgl. Douglas Feuk: Dreaming Materialized. On August Strindberg's Photographic Experiments, in: Per Hedström (Hg.): *Strindberg. Painter and Photographer*, New Haven 2001, S. 117–129. Grischka Petri: *Der Bildprozeß bei August Strindberg*, Köln 1999. Neuere Publikationen dazu: Katharina Steidl: Traces of/by Nature: August Strindberg's Photographic Experiments of the 1890s, in: Maren Behrensen u. a. (Hg.): *Modernities Revisited, IWM Junior Visiting Fellows' Conferences*, Vol. 29, Wien 2011, URL: http://www.iwm. at/index.php?option=com_content&task=view&id=432&Itemid=125 (03.05.2012); Peter Geimer: *Bilder aus Versehen. Eine Geschichte fotografischer Erscheinungen*, Hamburg 2010, S. 111–123.

11   Vgl. dazu August Strindberg: Über die Lichtwirkung bei der Fotografie. Betrachtung aus Anlaß der X-Strahlen, in: Ders.: *Verwirrte Sinneseindrücke: Schriften zu Malerei, Photographie und Naturwissenschaften*, hg. von Thomas Fechner-Smarsly, Amsterdam, Dresden 1998, S. 122–130.

eindeutig apparatekritische Strategie. Allerdings misstraute er auch dem sphärischen menschlichen Auge, von dem er meinte, es könne »zerebrale Phänomene« nur manipulativ wiedergeben.[12] Anscheinend verstand Strindberg sowohl die Fotokamera als auch das Auge als manipulative Schnittstellen zwischen Wirklichkeit und Gehirn. Sein zentrales Interesse galt also nicht primär der Erforschung von Naturobjekten, sondern dem Verhalten von Medien der Übertragung. Eine seiner Überlegungen zur Optik macht dies deutlich:

> »Ein Spiegel lag auf meinem Tisch und spiegelte das Bild des Mondes. Ich dachte: Wie fängt der Spiegel den Mond auf und reflektiert ihn, wenn nicht Linse und Kamera meines Auges da sind und verzerren. Der Optik zufolge mußte ja jeder Punkt auf der ebenen Fläche des Spiegels das Licht des Mondes zurückwerfen, nach den und den Gesetzen. Wäre der Spiegel sphärisch konkav, würden sich dagegen die Mondstrahlen in einem Punkt sammeln und ein kleines rundes Bild erzeugen, das dem ähnlich wäre, was wir Mond nennen und mit unserem Auge sehen.«[13]

Strindbergs *border thinking* kommt jedoch nicht zu dem Ergebnis, fotografische Repräsentationen müssten durch andere mediale Darstellungen desselben Sachverhalts kontrolliert und so in ein Netzwerk eingespannt werden. Es stellt vielmehr noch einmal die aus der Geschichte der europäischen Erkenntnistheorie so bekannte Forderung, unkontrollierbare Überträger müssten so weit wie möglich ausgeschaltet werden. Statt einer Linse setzte er deshalb Blenden in seine improvisierten Kisten ein und durchbohrte sie mit einer Nadel. In einer zweiten Stufe der Vereinfachung verzichtete er dann auch noch auf diese schlichten Apparate und setzte die ins Entwicklerbad gelegten Bromsilberplatten ohne weitere Vorrichtungen 45 Minuten dem nächtlichen Sternenhimmel aus, indem er sie auf ein Fensterbrett oder einfach auf den Boden legte. Danach hob er die Fotoplatte aus dem Entwickler heraus und belichtete sie mit diffusem Licht nach, bevor er sie fixierte. In einem Brief aus dem Jahr 1893 notierte er:

> »Ich habe wie der Teufel gearbeitet und ich habe auf einer ausgelegten photographischen Platte die Bewegung des Mondes und das wirkliche Aussehen des Himmelsgewölbes aufgenommen, unabhängig von unserem irreleitenden Auge. Dies ohne Camera und ohne Linse [...] Die Camera leitet in die Irre wie das Auge, und das Rohr narrt die Astronomen! «[14]

---

12 Vgl. Rolf Söderberg: *Edvard Munch, August Strindberg: Fotografi som verktyg och experiment/Photography as a Tool and an Experiment*, Stockholm 1989, S. 32 f.

13 Strindberg (1998), S. 128 f.

14 In: August Strindberg: *Brev, 1892-januari 1894*, Bd. 9, hg. von Torsten Eklund, Stockholm 1965. Vgl. zu den Celestografien auch Thomas Fechner-Smarsly: ›Die Welt für sich und die Welt für uns.‹ August Strindbergs Celestografien, in: Franziska Brons (Hg.): *Imagination des Himmels*, Berlin 2007 (= Bildwelten des Wissens: Kunsthistorisches Jahrbuch für Bildkritik, Bd. 5, 2), S. 29–39.

Auf der hier abgebildeten Celestografie (Tafel 3) sind die aufgenommenen Himmelsobjekte entweder gar nicht erkennbar oder sie lassen sich nicht von den Formen unterscheiden, die die fotochemische Reaktion ohne Einfluss eines spezifischen Lichtobjekts von alleine bildet. Die sichtbaren Muster könnten auch von Tautropfen, Staubpartikeln oder verunreinigten Entwicklerlösungen herrühren. Deshalb sind die Celestografien von sehr geringem wissenschaftlichem Wert.[15] Auf den ersten Blick haben sie eine andere Funktion: Mit ihnen scheint Strindberg noch einmal den alten metaphysischen Traum, der die Welt nicht so, wie sie für uns, sondern so, wie sie für sich selbst sei, geträumt zu haben – die Welt also durch das zu erblicken, was Hilary Putnam »the god's eye view« genannt hat.[16] So sagte Strindberg, er möchte wissen, »[…] wie sich die Welt unabhängig von meinem trügerischen Auge darstellt.«[17] Dieser hegemoniale Anspruch, so meint jedenfalls der Bildtheoretiker Peter Geimer, ist jedoch nur vordergründig.[18] Strindberg dekonstruierte ihn selbst durch sein Interesse an den Korrespondenzen, die die Natur überall ausbildet. Der Korrespondenzgedanke leitete ihn auch bei der Vorstellung, dass die Natur selbst einen Weg finde, sich in den menschlichen Medien authentisch Ausdruck zu verschaffen. Das unkonventionellste Beispiel für diese Idee ist seine Behauptung, das kunstvolle Muster des Panzers der tropischen Schnecke *Conus Marmoratus*, in dem er Schriftzeichen zu finden meinte, sei Vorbild für das assyrische Alphabet und dessen Keilschrift gewesen.[19] Strindberg nahm, halb im Scherz, halb im Ernst, diese Formgebung der Natur als Beweis für den Drang der Materie zur visuell wahrnehmbaren Gestalt, also den überall sich durchsetzenden

---

15 Der schwedische Kunsthistoriker Douglas Feuk meint dazu: »But what is remarkable, and what makes these images so ›modern‹, is that they also concrete examples of a kind of chemical naturalism (as in the work of Polke, Kiefer, and many other recent artists). Strindberg insisted that art should try to ›imitate […] nature's way of creating‹, and in these celestographs the image and the world have approached each other to the extent that they more or less merge. Whatever the coincidences were that created these pictures, the subject matter appears less as a photographic image than as a ›work‹ by nature itself«, Ders.: The Celestographs of August Strindberg, in: *The Cabinet* 3 (Summer 2001), S. 102. Aber nicht nur diese Verbindung präsentiert Feuk als überraschende Koinzidenz. Er weist weiter darauf hin, dass die Relation zwischen Sternhimmel und terrestrischen Materien heute zur anerkannten wissenschaftlichen Erkenntnis gehört. Grischka Petri verweist insbesondere darauf, dass die Celestografien nicht fixiert sind und sieht in ihnen deshalb das Prozesshafte im Werk Strindbergs versinnbildlicht. Thomas Fechner-Smarsly streicht die morphologischen Aspekte in Strindbergs Ansatz heraus, die ihn u. a. dazu veranlassten, in einer schimmernden Fischhaut Aspekte einer fotochemischen Spur wiederzuerkennen. Wenn dies Strindberg auf sein künstlerisches Programm übertrug, so ging folglich sein Schaffen für Thomas Fechner-Smarsly über eine poetische Metapher hinaus: »Es handelt sich um ein mimetisches Verfahren nicht der Abbildung beziehungsweise der Darstellung von Natur, sondern der intentionalen Nachbildung natürlicher ›Verfahren‹, natürlicher Prozesse.« Strindbergs Versuche seien fotogrammatische Konstellationen.

16 Hilary Putnam: *Realism with a Human Face*, Cambridge/Mass. 1992, S. 5.

17 August Strindberg: Der Himmel und das Auge, in: Ders. (1998), S. 117.

18 Geimer (2010), S. 111–123.

19 Siehe August Strindberg: *Ein Blaubuch: Die Synthese meines Lebens*, München, Leipzig 1908, S. 555 f.

Formwillen der Natur, und empfahl allen, die »vergleichende Philologie« betreiben wollten, die erwähnte Schnecke für eine Mark fünfzig zu kaufen.[20]

In letzter Konsequenz sollte sich dieser Formwille auch in den Schnittstellen selbst durchsetzen. Denn dann müssten ja auch unsere visuellen Wahrnehmungsformen, die durch Auge, Orientierungssinn und Gehirn produziert werden, diesem Willen entstammen und sich entsprechend den wahrgenommenen äußeren Formen anschmiegen. Aus dieser Netzwerk-Perspektive erscheint schließlich auch die gesamte moderne Bildproduktion, entgegen der Strindberg'schen Interpretation, nur als Ausdruck dieses Formprinzips, da sie immer noch auf natürlichen oder naturnahen Materialien basiert. Erst die digitale Bildwelt würde dann ein ganz neues, von den Naturformen vollständig abgekoppeltes Formprinzip etablieren. Wir sehen, dass Strindberg am Ende sowohl eine sehr moderne Form des kritischen *border thinking* entwickelte als auch die Vorstellung, dass sich Gestalt und Struktur durch die netzwerkartige Bezüglichkeit aller Naturdinge und -vorgänge herausbilden.

III *Remote Sense Data*: Fernerkundung mit Fehlfarben, oder: Die Welt als Verweisungszusammenhang

Strindberg versuchte, den Blick von unten nach oben, vom Boden zum Sternenhimmel, in seine Idee der Naturkorrespondenzen einzubinden. Ich wende mich in meinem zweiten Beispiel nun der Umkehrung dieses Blicks zu, also dem Blick, der von oben nach unten zielt: von Satelliten auf die Erdoberfläche. Und nicht nur der Blick unterliegt einer Umkehrung, auch die Intention: Es geht nicht mehr darum, durch Ausschaltung manipulierender Schnittstellen authentische Bilder zu erzeugen, sondern gerade umgekehrt um das Einsetzen einer möglichst großen und potenten Anzahl von Schnittstellentechniken, um Daten zu transferieren, zu manipulieren und zu komprimieren. Generell ist *remote sensing* (deutsch: Fernerkundung) die Gesamtheit aller Verfahren zur Gewinnung von Informationen über die Erdoberfläche oder anderer nicht direkt zugänglicher Objekte durch Messung und Interpretation der von ihr ausgehenden (Energie-)Felder. Als Informationsträger dient dabei die reflektierte oder emittierte elektromagnetische Strahlung, die sogenannte EMR (electromagnetic radiation, das können Gammastrahlen, Röntgenstrahlen oder UV-Strahlung sein).

---

20 Ebd., S. 557. Entsprechend ist auch der Zufall, der bei den Celestografien durch das Eingreifen der lichtsensiblen Materialien in den Abbildungsprozess eine Rolle spielt, für Strindberg kein Störenfried, sondern nur ein Element mehr im netzwerkartigen Gebilde der Naturerscheinungen und -prozesse. In einem Aufsatz über den Zufall im künstlerischen Schaffen berichtet er begeistert von einem Musiker, der sein Klavier völlig verstimmte und dann auswendig Beethovens *Pathétique* spielte. Strindbergs Vorstellungen mit dieser Form des Durchkreuzens des kontrollierten Durcharbeitens der Gestalt kulminieren in der Forderung: »Die Natur *ungefähr* nachahmen; vor allem ihre Art des Schaffens nachahmen!«, vgl. August Strindberg: »Neue Kunstformen! oder Der Zufall im künstlerischen Schaffen«, in: Ders. (1998), S. 38; Hervorhebung von mir, R. B.

Remote-sensing-Verfahren benutzen Sensoren, die diese Strahlung auffangen, Software, die die dadurch gewonnenen Daten aufbereitet, und wissenschaftliche Theorien, die diese Daten in jedem Anwendungsfall neu interpretieren müssen.

Das Beispiel, das ich zur Illustration dieses Verfahrens heranziehen möchte, bezieht sich auf die Überwachung der Abholzung des Regenwaldes im brasilianischen Amazonasbecken.[21] Schon die Geschichte der Kontrolle der Amazonas-Region und des *remote sensing* in Brasilien verweist darauf, dass diese Visualisierungsstrategie ohne Sensibilität für ein *border thinking* naiv wäre und zu kurz greifen würde. Bereits während der portugiesischen Kolonisierung im 17. Jahrhundert existierten Bestrebungen, die indigene Bevölkerung des Amazonasbeckens örtlich zu erfassen und unter Regierungskontrolle zu bringen. Die Militärdiktatur in Brasilien zwischen 1964 und 1988 unterstützte die Entwicklung von *remote-sensing*-Technologien, weil sie eine Invasion des abgelegenen Amazonas-Gebiets von außen befürchtete. *Remote sensing* ist also eine Schnittstelle zwischen Kolonisierenden und Kolonisierten, zwischen Europa und Lateinamerika, zwischen einem für das menschliche Auge unüberschaubaren Areal und dem Wissen über ein ökologisches System, das rund ein Fünftel aller Süßwasserreserven der Erde umfasst. Wie kontrolliert man dieses System anhand von Visualisierungen?

Auf dem ersten Foto, einer analogen Echtfarbenaufnahme aus dem Space Shuttle *Discovery*, sieht man Rauchsäulen, hervorgerufen durch Abbrennen von Wald in Rondonia, einem nordwestlichen Bundesstaat Brasiliens, der wirtschaftlich fast ausschließlich von der Nutzung des Regenwalds abhängt (Tafel 4). Anhand dieses Fotos ist es zwar möglich, das schiere Ausmaß der Rodungen zu erahnen, andererseits aber unmöglich, die genauen Orte der illegalen Rodungen zu bestimmen. Beim zweiten und dritten Bild handelt es sich um Aufnahmen von aktiven Mikrowellensensoren der *remote-sensing*-Technologie (JERS-1 SAR und PALSAR), die unabhängig von Wetterbedingungen wie z.B. flächendeckender Wolkenbildung sowohl tags als auch nachts Erdoberflächenbilder produzieren können (Abb. 4, 5). Die gesammelten Daten werden einem Rechenzentrum (PALSAR Ground Data Systems) übermittelt, das die Parameter aufnehmen, auswerten, archivieren und distribuieren kann. Hier lassen sich die Rodungsareale durch den Vergleich von Aufnahmen aus unterschiedlichen Jahren eindeutig bestimmen, jedoch nicht, ob diese Rodungen legal oder illegal waren.

---

21 Im Folgenden beziehe ich mich auf Untersuchungen des brasilianischen Sozialanthropologen Marko Monteiro, der Geologen bei ihrer Arbeit der Bearbeitung und Interpretation von Fernerkundungsbildern beobachtet hat, siehe Marko Monteiro: *Are Scientific Images Good Ethnographic Sites? Interpreting Remote sensing Practices in Brazil*, unveröffentlichtes Vortragsmanuskript, präsentiert auf der Tagung *Visualisation in the Age of Computerisation* (Oxford, März 2011). Zum generellen Zusammenhang von Visualisierung und Wissensproduktion siehe auch Ders.: Beyond the Merely Visual: Interacting with Digital Objects in Interdisciplinary Scientific Practice, in: *Semiotica* 1–4/181 (2010), S. 127–147; Ders.: Reconfiguring Evidence: Interacting with Digital Objects in Scientific Practice, in: *Computer Supported Cooperative Work* 19/3–4 (2010), S. 335–354. Zur Nutzung von Satellitenbildern zur Erschließung und Kontrolle sonst nicht zugänglicher Regionen siehe auch den Aufsatz von Nils Zurawski in diesem Band, v. a. S. 233.

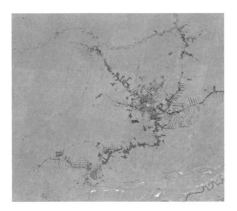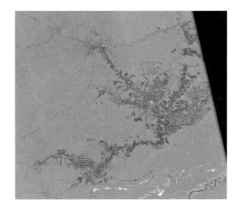

Abb. 4, 5   Zusammengesetzte *remote-sensing*-Bilder, West-Rondônia, aufgenommen mit dem JERS-1 SAR-Sensor, 1995, und dem PALSAR Sensor, 2006

Das folgende Bild ist eine Falschfarbenaufnahme eines weiteren Rodungsgebiets, zusammengesetzt durch ein sogenanntes thermisches Emissions- und Reflektionsstrahlungsmessgerät, das Nah-Infrarot-, Infrarot- und Grünlichtwellen einfängt (Tafel 5). Der intakte Regenwald erscheint hellrot, hellgraue und braune Areale repräsentieren gerodetes Gelände. Schwarze und dunkelgraue Flecken sind wahrscheinlich erst vor kurzem brandgerodet worden. Hier lassen sich aus den prozessierten und kombinierten Daten bereits Aussagen über die Art der Rodung machen. Doch erst der Vergleich zwischen *remote-sensing*-Bildern und Vor-Ort-Fotografien lässt eine abschließende Beurteilung der Rodungen zu (Tafel 6).

Diese Aufnahmen lassen bereits erahnen, was Forscherinnen und Forscher aus dem Feld der Science and Technology Studies (STS) beschrieben haben: Der gesamte Visualisierungs- und Auswertungsprozess basiert auf einem Netzwerk an Repräsentationen und Interpretationsprozessen, die alle Schnittstellencharakter haben. Zwischen die Basisrelation von realer Erdoberfläche, Bild und geologischem Wissen drängen sich Zwischenfaktoren wie die Forderungen der Endverbraucher nach und an Visualisierungen und geologische Daten, die Felderfahrung der Geologen, die Auswertungssoftware, eingesetzte Sensoren, mathematische Modelle und die Datenkalibrierung. Aus der Verbindung all dieser Faktoren – und nicht nur aus der Übertragung der elektromagnetischen und solaren Strahlung in ein Bild – resultiert ein Wissen, das selbst wieder eingespeist wird in den wissenschaftlichen Diskurs, wo es einer permanenten Reinterpretation unterworfen wird. Der brasilianische Sozialanthropologe Marko Monteiro meint deshalb: »Scientific imaging is thus a process [...] which builds usable images through complex and active interpretive work. The images, models, and other visual artifacts that are thus produced are only part of a much broader network of relationships.«[22] Das zweite Beispiel zeigt also, dass für das Verstehen von heutigen komplexen Visualisierungsverfahren der reine Objekt-Abbild-Analyserahmen längst nicht mehr ausreicht. Datenerfassung, -umwandlung und -auswertung sind zusätzliche Schnittstellen, die in einer Netzwerkstruktur gedacht und deren gegenseitige Abhängigkeit berücksichtigt werden muss. Was Strindberg auf der Ebene der Naturerscheinungen vorausgesetzt hat, wird hier auf der Ebene der technischen Wandler und der menschlichen Kommunikation vorausgesetzt: die Idee, dass es allererst die Korrespondenzen einzelner Repräsentationen sind, die Sinn erzeugen.

IV   Der Fotograf in der Gaskammer: Bilder aus der absoluten *Black Box* heraus, oder: Die Welt als jenseitige

Im letzten Beispiel möchte ich fragen, wie mit Fotografie als Schnittstelle umzugehen ist, wenn die Realität, auf die sie sich bezieht, als absolute *Black Box* definiert wird, wie es für die Opfer-Erfahrung in den nationalsozialistischen Vernichtungs- und Konzentrationslagern normalerweise geschieht. Der französische Bildhistoriker Georges Didi-Huberman hat in seiner Untersuchung mit dem Titel *Bilder trotz allem* vier Fotografien eines anonymen Mitglieds des Sonderkommandos im Vernichtungslager Auschwitz-Birkenau kommentiert (Abb. 6, 7).[23] Auf den Aufnahmen sind die Konsequenzen der massenhaften Vergasung von ungarischen Juden im August 1944 zu sehen: Weil die Krematorien die Körper nicht mehr verarbeiten konnten, veranlasste das Lagerkommando das Einäschern von Leichen in eigens dazu ausgehobenen Gräben. Anhand einer Diskussion, die sich um diese Fotos entwickelte, können wir eine radikale Auslegung der Konzepte des *border thinking* und des human-medialen Netzwerkes kennenlernen.[24]

Didi-Huberman sieht in den Bildern nicht (nur) Dokumente, die die dargestellte Realität bezeugen, sondern (auch) einen performativen Akt. Er hebt vor allem die schwarzen Anteile der Fotos hervor, die Anteile also, auf denen es nichts zu sehen gibt: »Diese schwarze Masse markiert die Bedingungen, unter denen die Bilder alleine zu verstehen sind: ihren Status als visuelles Ereignis.«[25] Seine Analyse der vier Fotografien unterscheidet also zwei Bildfunktionen (er spricht auch von

---

22 Monteiro (2011), S. 7.

23 Vgl. Georges Didi-Huberman: *Bilder trotz allem*, München 2007.

24 Die abgebildete erste Fotografie der obigen Sequenz stellt das einzige mir bekannte Dokument dar, das die Gaskammer nicht als Instrument industrialisierten Massenmordes an den Juden zeigt, sondern als Schutzraum für einen von ihnen. Die Position des Fotografen wäre ohne die schwarz erscheinende Sichtblende der Fensterumrahmung nicht möglich gewesen.

25 Didi-Huberman (2007), S. 62 f.

Abb. 6, 7   Anonym (Mitglied des Sonderkommandos Auschwitz-Birkenau): aufgenommen beim Kremato-
rium V, Auschwitz-Birkenau, August 1944, Staatliches Museum Auschwitz-Birkenau, Oświęcim

einer »zweifachen Ordnung«[26] der Bilder): den traditionellen Abbildbereich, der es erlaubt, Realobjekt und Bildkorrelat aufeinander zu beziehen (Referenzrelation), und den performativen, der eine schwarze Masse als Repräsentant einer existenziellen Situation deutet (Performanzrelation). Die Kombination beider resultiert in einem fotografischen Ereignis:

> »Dieses Bild ist buchstäblich außer Atem: als reine Geste, als bloße ›Aussage‹ und blinder fotografischer Akt – d. h. ohne die Möglichkeit einer festen Orientierung nach oben oder unten – ermöglicht es einen Zugang zu den Bedingungen, unter denen der Hölle von Auschwitz vier Fetzen entrissen wurden. Auch diese Dringlichkeit hat Anteil an der Geschichte.«[27]

Der Autor entwickelt hier eine Sichtweise, die wir zu Beginn unserer Untersuchung mit dem Begriff des *border thinking* zu fassen versucht hatten: Die Fotografie als Schnittstelle ist nicht nur Überträgerin zwischen Realität und Wahrnehmung, sie ist, wie in unserem ersten Beispiel La Malinche, Ereignis, Einmischung, an ihr haftet etwas, das den Übertragenden selbst angeht.

Der Psychoanalytiker Gerard Wajcman und die Autorin Elisabeth Pagnoux haben in zwei Artikeln[28] die Bewertung jener Fotografien durch Didi-Huberman scharf kritisiert. Didi-Huberman lasse sich von der Schimäre einer Referenzleistung des Bildes blenden, wo doch gar kein Bild sei, weil jede Körperlichkeit und damit jegliche Kontur *in situ* ausgelöscht wurde. Ihre Kritik konzentriert sich schließlich in der Frage nach dem epistemischen Wert der Fotografien; Pagnoux formuliert sie folgendermaßen:

> »Was kann es hier im Übrigen auch bedeuten, ›zu wissen‹? [...] Durch eine Fotografie lernt man nichts, was man nicht ohnehin schon gewusst hätte. [...] Es handelt sich um eine zweifache Lüge, eine Konfusion, die der ganzen Perversität des Unternehmens zugrunde liegt: Wir haben Zugang zum Innern einer Gaskammer.«[29]

Für beide Kritiker folgt aus der realen Vernichtung zwangsläufig die Ablehnung jeder Form von technisch unterstützter Netzwerkbeziehung. Für sie ist entscheidend, dass die Shoah nicht nur Vernichtung eines Volks und seiner Kultur war, sondern auch der Versuch, alle Schnittstellen gleich mit zu beseitigen, die diese Vernichtung hätten dokumentieren können. Deshalb könne es Bilder der Shoah als Dokumente nicht ge-

---

26 Ebd., S. 56.
27 Ebd., S. 63.
28 Gérard Wajcman: De la croyance photographique, in: *Les temps modernes* 56/613 (2001), S. 47–83; Elisabeth Pagnoux: Reporter photographe à Auschwitz, in: *ebd.*, S. 84–108.
29 Zit. in: Didi-Huberman (2007), S. 91.

ben, weil schon der Wille zum visuellen Dokumentieren der geschichtlichen Realität nicht-authentisch ist: Er gehört zur jenseitigen Welt, die mit der der Vernichtungslager nichts gemein hatte. Das ist der Sinn, der sich hinter der Ablehnung von Bildern der Shoah bei Wajcman und Pagnoux verbirgt.[30] Für die Verfechter der Bilderlosigkeit ist das Wort des Überlebenden das einzig akzeptierbare Medium der Übertragung zwischen der *Black Box* Shoah und der Wahrnehmung der Außenstehenden. Bilder dagegen sind technisch erzeugte Schnittstellen und solidarisieren sich automatisch mit der Industrialisierung der Massenvernichtung. Beide Kritiker Didi-Hubermans akzeptieren also die Unterscheidung zwischen Bild und Nichtbild nicht, die notwendige Voraussetzung für die Anwendung des Konzepts der Fotografie als Schnittstelle. Sie wären nur mit völlig geschwärzten Bildern einverstanden, oder nur mit zerstörten.

Allerdings muss ja, damit überhaupt über die Erinnerung an die Shoah verhandelt werden kann, irgendeine Form der Übertragung zwischen der *Black Box* Lager und der Nachwelt zugelassen sein. Die in den Texten von Wajcman und Pagnoux permanent thematisierte Unterscheidung zwischen Bild und Wort dient nun genau dazu, ein Medium gegen ein anderes auszuspielen und damit das Konzept des *border thinking* radikal auszulegen. Für die Verfechter der Bilderlosigkeit ist es einzig das Wort des Überlebenden, das die Idee der Shoah authentisch repräsentiert, während das Bild nur dort akzeptiert wird, wo es keinerlei Repräsentationsfunktion hat: in der Kunst.[31]

Deshalb ist für Wajcman Claude Lanzmanns neunstündiges Filmepos *Shoah* – ein Werk, das alleine den Worten der Opfer, Zeitzeugen und Täter gewidmet ist und keinerlei dokumentarisches Bildmaterial aus der Zeit der Judenvernichtung zeigt – dasjenige Werk, das das von ihm so genannte »Objekt des Jahrhunderts«[32] am getreuesten bezeichnet: die Abwesenheit. Entscheidend in Lanzmanns Werk sei die Konzentration auf das Fehlen von visuellen Spuren an den authentischen Orten. Lanzmann spricht von Auschwitz und Treblinka als »Nicht-Orten der Erinnerung« (»non-lieux de la mémoire«)[33]. Entscheidend sei die Funktion der Interviews mit

---

30 Diese kategorische Inszenierung des Nichts ist natürlich keineswegs auf das Thema Shoah beschränkt. Sie interessiert Kunst und Alltagsästhetik gleichermaßen. Vgl. Burghart Schmidt: Über das Bilderverbot in der bildenden Kunst, in: Hans Zitko (Hg.): *Kunst und Gesellschaft. Beiträge zu einem komplexen Verhältnis*, Heidelberg 2000, S. 213–226, hier S. 225. Man darf nicht unterschätzen, inwiefern der Kunst aus autonomen Gründen an einer Nicht-Darstellung, an einer Bildverweigerung gelegen ist.

31 Als extreme Gegenposition dazu lassen sich Ansätze verstehen, die gerade in der konventionellen Lagerfotografie eine ästhetische Funktion sehen, die Wissen erzeugt: »[C]an we turn to the aesthetic for better understanding of history's visual or literary accounts? I believe we must.« Carol Zemel: Emblems of Atrocity. Holocaust Liberation Photographs, in: Shelley Hornstein/Florence Jacobowitz (Hg.): *Image and Remembrance. Representation and the Holocaust*, Bloomington, Indianapolis 2003, S. 201–219, hier S. 205. Zemel sieht in den bekannten Fotografien, die Margaret Bourke-White bei der Befreiung der Vernichtungslager gemacht hat, ein Beispiel für das »Holocaust Sublime«, vgl. ebd., S. 211.

32 Vgl. dazu Gerard Wajcman: *L'objet du siècle*, Paris 1998.

33 Claude Lanzmann: Der Ort und das Wort. Über Shoah, in: Ulrich Baer: *›Niemand zeugt für den Zeugen‹: Erinnerungskultur nach der Shoah*, Frankfurt am Main 2000, S. 101–118, hier S. 105.

den Überlebenden, die statt eines (unmöglichen) Abbildes einer Spur am Ort ein Bewusstsein für die Abwesenheit der Spur erzeugen. In dieser Auslegung der Zeugenerzählungen in *Shoah* findet sich also ein eindrückliches Beispiel für das, was als Imagination einer authentischen Schnittstelle zwischen zwei *Black Boxes* bezeichnet werden könnte: das Hinüberretten einer radikalen und isolierten Erfahrung in das Nachleben durch die Erzählung der Opfer.[34]

Aus Wajcmans Argument, nur die Imagination des Abwesenden sei authentisch, ergibt sich folgende Konsequenz: Da das fotografische Bild affirmativ ist und niemals die Erfahrung der Negation von Erfahrung vermitteln kann, wie sie Auschwitz erzeugt hat, muss sich das apparateerzeugte Bild – wie in Lanzmanns Film *Shoah* – dem Ort der authentischen Repräsentation der Abwesenheit überlassen: der Retina des Überlebenden, seines Mundes, seines Gehörs. Es sind also diese kommunikativen Körperfunktionen, auf die sich die Ökonomie der Bilder bezieht.[35] Man müsse es dabei belassen, »ein Wort zu filmen, eine Bewegung der Lippen, einen Ausrutscher der Stimme, eine Geste der Hand«[36].

Die fotografische Vermittlung ist den Autoren Wajcman/Pagnoux also eigentlich keine überflüssige Schnittstelle, sondern zum einen eine mit einem Defekt behaftete. Sie bedarf der gegenläufigen Technik der Schrift, um Erkenntnis von Negativität werden zu können, denn sie kann die Beziehung zu ihrem Referenten nicht kontrollieren (d.h. aktualisieren) und ihren eigenen Produktionsprozess nicht kritisch reflektieren – eine Position, die sich mit dem Konzept des human-medialen Netzwerkes entkräften ließe. Zum anderen, könnte man folgern, ist sie den Autoren auch eine bedrohliche, selbstzerstörerische Repräsentationstechnik: Sie birgt die Gefahr der direkten Enthüllung des Realen, der Ausstreichung jeglicher Differenz und damit des Verschwindens der Schrift. Einen Film oder eine Fotografie anschauen bedeutet dann, aus der Bild-Wahrnehmung heraus direkt in den ursprünglichen Wahrnehmungsprozess eingesetzt zu werden, also der Lagerverwalter zu sein und Auschwitz verantwortlich zu ereignen.[37] Unerträglich wäre so das Bild, das direkt zum Realen vorstoßen könnte, das es sozusagen neben das Signifikantennetz setzt: Barthes hat das mit Lacan das »Tychische« des Fotos genannt, seine absolute Kon-

---

34 Siehe weiterführend dazu Buchenhorst (2011), S. 162 f.

35 Vgl. Wajcman (1998), S. 226.

36 Ebd., S. 232 f. (Übersetzung von mir, R. B.) Claude Lanzmann selber legte großen Wert darauf, dass in *Shoah* nicht ein einziges Archivbild eingearbeitet ist. Man versteht, dass in seinem Film genau jene oben genannte Ökonomie am Werk ist. Deswegen grenzt Lanzmann sich z.B. gegen Resnais' Film *Nacht und Nebel* ab, in dem es Aufnahmen von Leichenbergen in Konzentrationslagern gibt, die er als Bilder ohne Imagination kritisiert. Vgl. Lanzmann: Autorengespräch mit Claude Lanzmann zu seinem Film *Shoah*, in: Kulturamt der Stadt Marburg (Hg.): *Formen von Erinnerung. Eine Diskussion mit Claude Lanzmann. Ein anderer Blick auf Gedenken, Erinnern und Erleben*, Marburg 1998, S. 11–32, hier S. 20, S. 26.

37 Genau so argumentiert in einer Verteidigung der Position Wajcmanns: Jean-Jacques Delfour: La pellicule maudite. Sur la figuration du réel de la Shoah: le débat entre Semprún et Lanzmann, in: *L'Arche* 508 (Juni 2000), S. 14–17, hier S. 14 f.

tingenz.[38] In der Thematisierung der schwarzen Masse bei Didi-Huberman und in der ikonoklastischen Vision Lanzmanns, der meinte, falls ihm filmisches Material aus einer Gaskammer in die Hände fiele, würde er es zerstören,[39] ist dieses Tychische wieder erkennbar.

Die direkte Stoßwirkung des Tychischen wird jedoch in Lanzmanns *Shoah* dadurch verhindert, dass der Film seine Mängel nicht verbirgt und auf jene Korrespondenzen angewiesen ist, die wir oben analytisch gefasst haben. Lanzmann entwickelt eine Kommunikation zwischen Regisseur, Zeuge, Dolmetscher und Ort, die, ohne dass es der Regisseur selbst darauf anlegt, in jedem dieser Narrative einen Defekt aufweist, eine Defizienz, die der jeweils eigenen Perspektive und Disposition der Zeugengruppen geschuldet ist. Der Mangel des Regisseurs ist noch offensichtlich: weil sein Wissen unvollständig oder zu abstrakt ist (und weil ihm die Lektüre von bereits existierenden Standardwerken über die Shoah wie das von Raul Hilberg nicht reicht), geht er auf die Suche nach Zeugen. Diese aber zeigen im Film selbst ihre spezifischen Unzulänglichkeiten. Die Täter blenden eigene Verantwortung aus und können oft nicht die Funktionsweise des Gesamtlagers erklären, die Zuschauer sagen immer wieder, sie hätten von der eigentlichen Funktion von Zügen, Lastwagen (den Gaswagen von Chelmno) und Lagern nichts gewusst und verweigern das Durchspielen von Szenarien, die sich aus ihrem Eingreifen ergeben hätten, und die Opfer müssen sich permanent mit dem Problem der Inszenierung ihrer historischen Erfahrung auseinandersetzen. Es gehört zu den entscheidenden Formproblemen des Films, dass er es unmöglich bei der bloßen Vermittlung von Wissen belassen kann und seine Aussage in der Inszenierung von Wahrheit findet (Lanzmann betont ja gerade, dass *Shoah* kein Dokumentarfilm sei), in einer Fiktion aus dem Wirklichen: »[…] es [war] auf eine gewisse Art unumgänglich, die Leute zu Schauspielern zu machen. Sie erzählen zwar ihre eigene Geschichte. Aber sie zu erzählen war nicht genug. Sie mussten sie schon spielen, d. h., sie mussten sie

---

38 Zum Einfluss, den Lacan auf Barthes' *Die helle Kammer* hatte, und zum Einbruch des Realen in die Beziehung zwischen Blick und Foto vgl. Margaret Iversen: Was ist eine Fotografie?, in: Herta Wolf (Hg.): *Paradigma Fotografie. Fotokritik am Ende des fotografischen Zeitalters Bd.1*, Frankfurt am Main 2002, S. 108–131. Im Zeitalter allgegenwärtiger Digitalmedien mit ihren potenzierten Kommunikationskanälen scheint dieser Enthüllungseffekt allerdings abgenutzt. Der Medientheoretiker Florian Rötzer meint jedenfalls: »Wir glauben nicht mehr an die Macht der Bilder. Sie sind zu dünn geworden, zu flach. [Es] wird immer deutlicher, was sie nicht bieten können: Wir sind immer draußen, es führt kein Weg hinein, so nah wie wir ihnen oder sie uns auch immer kommen mögen«, zit. in: Heinrich Klotz: *Kunst im 20. Jahrhundert: Moderne, Postmoderne, Zweite Moderne*, München 1999, S. 189.

39 »Aber hätte ich zufällig einen dreiminütigen Film gefunden, gedreht von einem SS-Mann, der zeigte, wie dreitausend Menschen zusammen sterben in der Gaskammer des Krematoriums II von Birkenau – nicht nur, daß ich ihn nicht in Shoah eingebaut hätte – ich denke, ich hätte diesen Film vernichtet.« Lanzmann (1998), S. 28. Einen derartigen Film soll es gegeben haben: Gerhard Reitlinger berichtet in seinem Buch *The Final Solution*, dass 1949 in Berlin, in der Wohnung von Artur Nebe, ein Amateurfilm gefunden wurde, der eine Gaskammer in Funktion zeigt, zit. in: Clement Chéroux: »Les chambres noires, ou l'image absente?«, in: Ders. (Hg.): *Mémoire des camps: Photographie des camps de concentration et d'extermination nazis (1933–1999)*, Paris 2001, S. 213–217, hier S. 215.

irrealisieren.«[40] Damit sagt Lanzmann: Es genügt für einen Zeugen nicht, einfach nur Zeuge zu sein und seine Erzählung aktiv zu leisten, er muss auch wissen, wie dieses Narrativ vor der Kamera und in einer spurlosen Landschaft in Szene zu setzen ist. Jede dieser Defizienzen läuft darauf hinaus, dass *Shoah* zwischen Kamera, intervenierendem Regisseur, sprechenden und sich inszenierenden Zeugen, ihren Gesten, den Dolmetschern und den authentischen Orten ein permanentes Spiel gegenseitiger Korrekturen, Kommentare und Krisenbewältigung spielen muss, um am Ende ein halbwegs kohärentes Bild der Geschehnisse zeichnen zu können.

Als Ergebnis der Analyse von Bildern der Shoah lässt sich Folgendes festhalten: Beide Artefakte – die eingangs besprochenen Fotografien aus Birkenau und der Film *Shoah* – stehen für eine spezifische Ästhetik der Vermittlung, indem die Bilder einen Dialog des Autors und des Kameraauges mit realen Ereignissen einerseits und den Bedingungen der Produktion andererseits initiieren. Das heißt: Beide Bildproduktionen machen sensibel für die Machtbedingungen, unter denen Schnittstellen ihre Repräsentationsfunktion ausüben. Lanzmanns Film entwickelt darüber hinaus in seiner ästhetischen Struktur ein eigenes human-mediales Netzwerk. Shoah zeigt, dass Bilder die Funktion der Selbstkontrolle übernehmen können. Der Film produziert also vor allem eines: Differenz. Die Vielzahl der interviewten Zeugen mit ihren unterschiedlichen Sprachen (Englisch, Polnisch, Deutsch, Jiddisch, Hebräisch, Französisch und Sizilianisch) und die Juxtaposition der Zeugenberichte (obwohl Lanzmann von einer inneren Ordnung und logischen Abfolge der Interviews spricht) vermitteln die Idee eines Forums von Stimmen, das nicht eine gültige Rekonstruktion der Shoah intendiert, sondern einen Diskurs fortschreitender Differenzierung, Historisierung und Übersetzung anstößt.[41]

V   Schlussfolgerung

Im letzten Beispiel wurde das *border thinking* radikal interpretiert: Es ist die Schnittstelle selbst – Fotografie als Medium –, die bei Wajcman als Instrument der Macht durch technisch hergestellte Repräsentation des nicht Repräsentierbaren dekonstruiert und abgelehnt wird. Auch jede Form von Netzwerkrelation zur Darstellung der Shoah unterliegt dieser Kritik. Akzeptiert und favorisiert wird alleine dasjenige Bild,

---

40 Claude Lanzmann: Der Ort und das Wort. Über *Shoah*, in: Ulrich Baer: ›*Niemand zeugt für den Zeugen*‹: *Erinnerungskultur nach der Shoah*, Frankfurt am Main 2000, S. 101–118, hier S. 113.

41 Shoshana Felman spricht zwar ganz in diesem Sinne von Shoah als einer Entsakralisierung der Zeugenaussage und einer Dekanonisierung des Holocaust, vgl. Shoshana Felman: Im Zeitalter der Zeugenschaft. Claude Lanzmanns Shoah, in: Ulrich Baer: ›*Niemand zeugt für den Zeugen*‹: *Erinnerungskultur nach der Shoah*, Frankfurt am Main 2000, S. 173–193, hier S. 191, fällt aber hinsichtlich der realen Realität der Shoah zurück in den hypostasierenden Schluss, jene sei »absolutes historisches Ereignis«, das eine »buchstäblich überwältigende Evidenz« habe, vgl. ebd., S. 181.

das die Rede des Überlebenden ganz unmetaphorisch wiedergibt. Unsere Analyse des Films *Shoah* von Claude Lanzmann hat jedoch gezeigt, dass das Bild der sprechenden Opfer höchst komplex und vermittelt ist. Der Film kann die in seiner eigenen Struktur reproduzierten Machtverhältnisse kritisch hinterfragen, indem er im eigenen Aufbau human-mediale Korrespondenzen und Perspektivenwechsel entwickelt. Was bei der Auslegung von *remote-sensing*-Bildern selbstverständlich ist – die permanente, technisch gestützte Übertragung einer Vielzahl von Daten zur Entwicklung von Korrespondenzen – und bei Strindberg noch auf die Idee der Naturformen beschränkt war, kommt auch bei der radikalsten Auslegungen von visuellen Schnittstellen zum Tragen: Nur durch den Aufbau von Korrespondenzen können wir uns der Idee einer allgemein akzeptierten Interpretation der Realität annähern, und bei dieser Arbeit sind Schnittstellen unerlässlich. Wahrscheinlich ist es am Ende die Anzahl und Qualität der verfügbaren Repräsentationen einer untersuchten Realität und die Sensibilität der Rezipierenden für die Vielfalt unterschiedlicher Machtkonstellationen, die über die Einschätzung der Funktion von Schnittstellen entscheidet.

Literatur

Baer, Ulrich: ›Niemand zeugt für den Zeugen‹: Erinnerungskultur nach der Shoah, Frankfurt am Main 2000.

Barjau, Luis: La conquista de La Malinche. La verdad acerca de la mujer que fundó el mestizaje en México, México 2009.

Belting, Hans: Bild-Anthropologie. Entwürfe für eine Bildwissenschaft, München 2001.

Buchenhorst, Ralph: Das Element des Nachlebens. Zur Frage der Darstellbarkeit der Shoah in Philosophie, Kulturtheorie und Kunst, München 2011.

Chéroux, Clément: L'expérience photographique d'August Strindberg. Du naturalisme au sur-naturalisme, Arles 1994.

Chéroux, Clement: Mémoire des camps: Photographie des camps de concentration et d'extermination nazis (1933–1999), Paris 2001.

Delfour, Jean-Jacques: La pellicule maudite. Sur la figuration du réel de la Shoah: le débat entre Semprún et Lanzmann, in: L'Arche 508 (Juni 2000), S. 14–17.

Didi-Huberman, Georges: Bilder trotz allem, München 2007.

Fechner-Smarsly, Thomas: ›Die Welt für sich und die Welt für uns.‹ August Strindbergs Celestografien, in: Franziska Brons (Hg.): Imagination des Himmels: Bildwelten des Wissens: Kunsthistorisches Jahrbuch für Bildkritik, Bd. 5, 2, Berlin 2007, S. 29–39.

Felman, Shoshana: Im Zeitalter der Zeugenschaft. Claude Lanzmanns Shoah, in: Baer, Ulrich: ›Niemand zeugt für den Zeugen.‹ Erinnerungskultur nach der Shoah, Frankfurt am Main 2000, S. 173–193.

Feuk, Douglas: Dreaming Materialized. On August Strindberg's photographic experiments, in: Per Hedström (Hg.): Strindberg. Painter and Photographer, New Haven 2001, S. 117–129.

Feuk, Douglas: The Celestographs of August Strindberg, in: The Cabinet 3 (Summer 2001), o. S.

Franke, Anselm/Bruno Latour: Engel ohne Flügel: Ein Gespräch, in: Irene Albers/Anselm Franke (Hg.): Animismus: Revisionen der Moderne, Zürich 2012, S. 97–109.

Geimer, Peter: Bilder aus Versehen. Eine Geschichte fotografischer Erscheinungen, Hamburg 2010.

Grosfoguel, Rámon: Transmodernity, border thinking, and global coloniality. Decolonizing political economy and postcolonial studies, Eurozine (04.07.2008), URL: http://www.eurozine.com/articles/2008-07-04-grosfoguel-en.html (02.05.2012).

Iversen, Margaret: Was ist eine Fotografie?, in: Herta Wolf (Hg.): Paradigma Fotografie. Fotokritik am Ende des fotografischen Zeitalters Bd.1, Frankfurt am Main 2002, S. 108–131.

Klotz, Heinrich: Kunst im 20. Jahrhundert: Moderne, Postmoderne, Zweite Moderne, München 1999.

Lanzmann, Claude: Autorengespräch mit Claude Lanzmann zu seinem Film Shoah, in: Kulturamt der Stadt Marburg (Hg.): Formen von Erinnerung. Eine Diskussion mit Claude Lanzmann. Ein anderer Blick auf Gedenken, Erinnern und Erleben, Marburg 1998, S. 11–32.

Lanzmann, Claude: Der Ort und das Wort. Über Shoah, in: Baer, Ulrich: ›Niemand zeugt für den Zeugen‹: Erinnerungskultur nach der Shoah, Frankfurt am Main 2000, S. 101–118.

Latour, Bruno: *Iconoclash. Gibt es eine Welt jenseits des Bilderkrieges?*, Berlin 2002.

Luhmann, Niklas: *Soziale Systeme. Grundriss einer allgemeinen Theorie*, Frankfurt am Main 1987.

Mignolo, Walter: *The Idea of Latin America*, Malden, Oxford 2005.

Mignolo, Walter: *Local Histories/Global Designs. Coloniality, Subaltern Knowledges, and Border Thinking*, Princeton 2000.

Putnam, Hilary: *Realism with a Human Face*, Cambridge/Mass. 1992.

Monteiro, Marko: Beyond the Merely Visual: Interacting with Digital Objects in Interdisciplinary Scientific Practice, in: *Semiotica* 1–4/181 (2010), S. 127–147.

Monteiro, Marko: Reconfiguring Evidence: Interacting with Digital Objects in Scientific Practice, in: *Computer Supported Cooperative Work* 19/3–4 (2010), S. 335–354.

Pagnoux, Elisabeth: Reporter photographe à Auschwitz, *Les temps modernes*, 56/613 (2001), S. 84–108.

Petri, Grischka: *Der Bildprozeß bei August Strindberg*, Köln 1999.

Schmidt, Burghart: Über das Bilderverbot in der bildenden Kunst, in: Hans Zitko (Hg.): *Kunst und Gesellschaft. Beiträge zu einem komplexen Verhältnis*, Heidelberg 2000, S. 213–226.

Söderberg, Rolf: *Edvard Munch, August Strindberg: Fotografi som verktyg och experiment/Photography as a Tool and an Experiment*, Stockholm 1989.

Steidl, Katharina: Traces of/by nature: August Strindberg's photographic experiments of the 1890s, in: Maren Behrensen u. a. (Hg.): *Modernities Revisited*, IWM Junior Visiting Fellows' Conferences 29, Wien 2011, URL: http://www.iwm.at/index.php?option=com_content&task=view&id=432&Itemid=125 (03.05.2012).

Stiegler, Bernd: Bilder des Realen. August Strindberg und die Photographie, in: ders.: *Montagen des Realen. Photographie als Reflexionsmedium und Kulturtechnik*, München 2009, S. 127–151.

Strindberg, August: Über die Lichtwirkung bei der Fotografie. Betrachtung aus Anlaß der X-Strahlen, in: Ders.: *Verwirrte Sinneseindrücke: Schriften zu Malerei, Photographie und Naturwissenschaften*, hg. von Thomas Fechner-Smarsly, Amsterdam, Dresden 1998, S. 122–130.

Strindberg, August: *Brev, 1892-januari 1894 Bd. 9*, hg. von Torsten Eklund, Stockholm 1965.

Strindberg, August: *Ein Blaubuch. Die Synthese meines Lebens*, München, Leipzig 1908.

Todorov, Tzventan: *Die Eroberung Amerikas. Das Problem des Anderen*, Frankfurt am Main 1985.

Wajcman, Gerard: *L'objet du siècle*, Paris 1998.

Wajcman, Gérard: De la croyance photographique, in: *Les temps modernes*, 56/613 (2001), S. 47–83.

Wiseman, Boris: Lévi-Strauss, Caduveo Body Painting and the Readymade: Thinking Borderlines, in: *Insights*, 1/1 (2008), S. 2–20.

Zemel, Carol: Emblems of Atrocity. Holocaust Liberation Photographs, in: Shelley Hornstein/Florence Jacobowitz (Hg.): *Image and Remembrance. Representation and the Holocaust*, Bloomington, Indianapolis 2003, S. 201–219.

Abb. 1 *Hamburger Abendblatt*, Zeichnung Ulli Lust, 10. April 2012

Katharina Hoins
Aufzeichnungen. Über künstlerische, anachronistische Verfahren in journalistischen Kontexten

»Das Abendblatt als Kunstobjekt«, titelte am 10. April 2012 die Hamburger Tageszeitung über einem für sie ungewöhnlichen Bild: Statt eines Fotos druckte die Zeitung auf der ersten Seite eine Zeichnung der Berliner Illustratorin und Reportagezeichnerin Ulli Lust ab. In groben Strichen skizziert, zeigte sie eine in ein Buch vertiefte Frau (Abb. 1, Tafel 7). Der Untertitel kündigte weitere Illustrationen an, die die Zeichnerin anlässlich des Starts der Graphic Novel-Tage in Hamburg zur Berichterstattung für die Kulturseiten angefertigt hatte. Angesichts der Wahl der Technik schlussfolgerte das *Hamburger Abendblatt* augenzwinkernd, durch die Zeichnungen werde aus der Zeitung ein Kunstwerk. Dabei verhielt es sich genau anders herum: Die vor allem künstlerisch konnotierte Technik der Zeichnung wurde im Kontext der Zeitung als Modus der Berichterstattung eingesetzt, eine künstlerische Technik als journalistische Darstellungsform aufgefasst.

Die Zeichnerin als Verstärkung der Redaktion zu engagieren, war für das *Hamburger Abendblatt* ein Experiment. Gleichzeitig scheint die Entscheidung aber symptomatisch für ein allgemeineres Phänomen. Denn auch Zeitungsredaktionen in den USA, Kanada, Frankreich, Großbritannien oder Deutschland erweitern ihr klassisches Instrumentarium um künstlerisch besetzte Techniken wie die Zeichnung als Medien der Berichterstattung. Sie schicken sogenannte »grafische Journalisten« mit Stift und Pinsel nicht mehr nur dann los, wenn das Fotografieren bei Gerichtsverhandlungen verboten ist, sondern setzen das Medium darüber hinaus gezielt als Alternative zum Foto ein.

Die Zeichnung soll beschreiben, berichten, aufzeichnen – nicht etwa kommentieren oder bewerten, wie es die klassischen Karikaturen in Zeitungen tun. Statt auf den Meinungs- oder Kommentarseiten platzieren der britische *Guardian*, die *Herald Tribune*, die französischen *Liberation* oder *Le Monde* oder die amerikanische *New York Times* die neuen Zeichnungen denn auch vornehmlich im Nachrichten- und Politikteil – als Reportagen und Ereignisbilder in Bleistift und Aquarell oder als Comics. Im Umfeld der Zeitung und des Journalismus wird die Zeichnung zunehmend wieder in einem Funktionszusammenhang verwendet, dessen Grundanliegen die Vermittlung von Realität, von Gegenwart ist. In anderen Ressorts erfährt sie ohnehin bereits eine Renaissance, etwa als Infografik zur Visualisierung abstrakter Wirtschaftsthemen oder als freie Illustration im Feuilleton – doch vermehrt erscheint die Zeichnung auch als eigene Form der Berichterstattung im Politikteil. Die »Reportagezeichnung« ist im Begriff, sich als Darstellungsform zu etablieren. Der amerikanische Zeichner Art Spiegelman, der durch seinen Holocaust-Comic *Maus* oder den Comic *In the Shadow of no Towers* zu den Anschlägen vom 11. September 2001 bekannt geworden ist, hat in diesem Sinne konstatiert: »In a world where Photoshop has outed the photograph to be a liar, one can now allow artists to return to their original function – as reporters.«[1]

Als Reporterin trat auch Ulli Lust für das *Hamburger Abendblatt* auf. In einer ihrer Zeichnungen für die Zeitung thematisierte sie das zunehmende Interesse von Zeichnern wie Rezipienten, sich nicht mit Phantasiewelten, sondern mit der gesellschaftlichen Gegenwart auseinanderzusetzen. Eine Figur, die am Elbstrand eine *graphic novel* liest, lässt sie sagen: »Dieser Comic handelt von Palästina und nicht vom Geldspeicher von Onkel Dagobert«.[2] Ein vor allem mit fiktionalen Geschichten verbundenes Medium schickt sich hier also an, dokumentarisch, aus der realen Welt, von gesellschaftlichen Konflikten, von Politik und aktuellem Geschehen zu berichten.

Zahlreiche Preise hat der amerikanische Zeichner Joe Sacco inzwischen mit seinen Comic-Reportagen aus Palästina oder Bosnien gewonnen – er ist der bekannteste Vertreter einer rasant wachsenden Zunft von zeichnenden Reportern, die ihre Beiträge auch über neue, webbasierte journalistische Medien verbreiten.[3] Sacco versteht sich wie seine zeichnenden Kollegen in erster Linie als Journalist und möchte mit seinen Zeichnungen eine Ergänzung und Alternative zur konventionellen Berichterstattung bieten. Zunehmend veröffentlicht er nicht nur Bücher, sondern wird auch von Zeitschriften und Zeitungen angefragt, sowohl für deren online-Angebote als auch für die Print-Ausgaben. Er beobachtet ein verstärktes Interesse auch der etablierten journalistischen Medien an der Reportagezeichnung.[4]

Vom Fenster zur Schnittstelle

Journalismus, auch Bildjournalismus hat den Anspruch, Gegenwart zu beobachten, darzustellen, zu vermitteln und dadurch zu informieren, aber auch aufzuklären oder aufzurütteln. Authentizität, also die wahrheitsgetreue und richtige Berichterstattung ist (immer noch, möchte man hinzufügen) seine wichtigste Leitidee.[5] Journalistische

---

1   Art Spiegelman, zit. nach David Thompson: Eyewitness in Gaza, in: *The Guardian*, 05.01.2003, URL: http://www.guardian.co.uk/theobserver/2003/jan/05/comics.politics (15.04.2013).

2   *Hamburger Abendblatt*, 10.04.2012, S. 15.

3   Etwa Sarah Glidden, Matt Bors, Dan Archer, Susie Cagle, die ihre Beiträge z. B. in *Symboliamag*, www.symboliamag.com oder www.cartoonmovement.com veröffentlichen.

4   Joe Sacco bei einer Veranstaltung im Rahmen der Graphic Novel-Tage in Hamburg am 10.04.2012.

5   Elke Grittmann: *Das politische Bild. Fotojournalismus und Pressefotografie in Theorie und Empirie*, Köln 2007, S. 53, 264.

Objektivität ist auch in der Bildberichterstattung nach wie vor das Ideal. Dabei hat die Entwicklung der digitalen Fotografie mit ihren offensichtlichen Manipulationsmöglichkeiten aber dazu geführt, dass Authentizität kaum mehr als Eigenschaft des Mediums Fotografie aufgefasst wird.[6] Vielmehr erscheint sie als ein Ideal einerseits und als Vereinbarung andererseits. Sie wird durch verschiedene Mechanismen, professionelle Routinen und Verfahren konsensuell hergestellt und hervorgerufen.[7]

Diese Mechanismen des politischen Fotojournalismus zielen in der Regel darauf ab, das Bild möglichst »natürlich« wirken und die Darstellungsmittel selbst so wenig wie möglich in den Blick rücken zu lassen, »die eigene Medialität unsichtbar zu machen«[8]. Es wird deswegen meist alles vermieden, was auffällig sein könnte. Es gibt in der politischen Bildberichterstattung wenige Montagen, kaum freigestellte fotografierte Objekte, in der Regel keine extremen *close-ups* oder Totalen. Es dominieren Standardformate. Ungewöhnliche Ausschnitte, Auf- und Untersichten sind selten.[9] »Damit erscheint das Bild selbst zurückhaltend und das Motiv tritt nach vorne.«[10] Die Fotografien werden also in der journalistischen Praxis der Bildredaktionen als durchsichtig auf das Dargestellte hin inszeniert, sodass ihre Medialität und Materialität dem Betrachter möglichst nicht ins Auge fallen. Das Bild ist konzipiert als »Fenster zur Welt«.[11] Es funktioniert demnach als *fenestra aperta* im Sinne Leon Battista Albertis, der in »de pictura« das Gemälde als offenes Fenster beschrieb.[12] Dennoch bleibt die nach diesen Regeln hergestellte Natürlichkeit, die über Bildausschnitt, Perspektive, Belichtung etc. als Bildkonvention erzeugt wird, eine Konstruktion. Auch und gerade diese Fotografien sind Inszenierungen; Objektivität erscheint als Produkt professioneller Praktiken. Die Bilder verbergen dabei aber meist ihren Status als Inszenierungen und ihr Gemachtsein.[13] Sie geben vor, einen unmittelbaren Blick auf das Gezeigte zu ermöglichen und das Dargestellte neutral

---

6 Grundsätzlich zum Verhältnis von digitaler Fotografie und Realität mit einem Schwerpunkt auf seiner Reflexion in der künstlerischen Fotografie siehe Hubertus v. Amelunxen/Stefan Iglhaut/Florian Rötzer (Hg.): *Fotografie nach der Fotografie*, München 1996.

7 Grittmann (2007), S. 267.

8 Siegfried J. Schmidt: Die Wirklichkeit des Beobachters, in: Klaus Merten/Siegfried J. Schmidt/Siegfried Weischenberg: *Die Wirklichkeit der Medien. Eine Einführung in die Kommunikationswissenschaft*, Opladen 1994, S. 3–19, hier S. 14; für das Fernsehen beschreibt dieses Paradigma Martin Luginbühl: Vergegenwärtigen und verkünden. Zur Kulturalität von Authentizitätsinszenierungen in Fernsehnachrichten, in: Ursula Amrein (Hg.): *Das Authentische. Referenzen und Repräsentationen*, Zürich 2009, S. 67–88, hier besonders S. 68.

9 Dies zeigte Grittmann in ihrer Fallstudie der Bildberichterstattung von fünf Tageszeitungen, siehe Grittmann (2007), S. 390.

10 Grittmann (2007), S. 390.

11 Ebd., S. 281, S. 351.

12 Leon Battista Alberti: De pictura / Die Malkunst, in: ders.: *Das Standbild. Die Malkunst. Grundlagen der Malerei*, Darmstadt 2000, S. 224.

13 Siehe die Diskussion dieser Forschungsansätze, u. a. von Dona Schwartz: To Tell the Truth. Codes of Objectivity in Photojournalism, in: *Communication* 13/2 (1992), S. 95–109; Grittmann (2007), S. 74, S. 98.

wiederzugeben, auch wenn die abgebildete Situation selbst, etwa das Shake-Hands von Politikern, als inszeniertes Motiv zu erkennen ist.

Wenn Zeitungen statt Fotografien Zeichnungen als Medien der Berichterstattung einsetzen, widerspricht dies dem Prinzip der »Durchsichtigkeit« der Medien, der Konvention ihrer Natürlichkeit, da diese aufgrund der künstlerischen Technik sofort als Artefakte wahrgenommen werden. Die Zeichnungen behaupten nicht, der Betrachter sehe durch sie unmittelbar und ungefiltert auf das Geschehen. Stattdessen lenken sie die Aufmerksamkeit auf das Medium und auf den Vorgang des Zeichnens. Sie geben damit nicht länger vor, das Beobachtete ließe sich von den Verfahren seiner Darstellung ohne weiteres abtrennen, sondern setzen zur Berichterstattung auf eine Verknüpfung von Modus und Motiv. Ebenso wie Fotografien halten Zeichnungen nicht nur fest und zeichnen auf, sondern generieren und formen als epistemische Verfahren das Bezeichnete erst.[14] Die offensichtlich subjektive Zeichnung aber verweist im Gegensatz zur Fotografie auf ihr Gemachtsein.[15] So kann sie gegenüber der Fotografie, die seit der Digitalisierung noch einmal verstärkt unter dem generellen Verdacht der Manipulation steht, glaubwürdiger erscheinen.[16]

Ein Interview im Kulturteil des *Abendblatts* mit Sabine Rossbach, der Direktorin des NDR-Landesfunkhauses Hamburg, begleitete statt eines Porträtfotos eine Zeichnung von Ulli Lust. Die Überschrift »Machen statt repräsentieren« könnte sich genauso gut auf die Zeichnung statt auf die resolute NDR-Chefin beziehen: Das Verfahren *macht* ein eigenständiges Bild, formt eher etwas Neues, als dass es lediglich wiedergibt oder abbildet.

Das Fenster ist, um Albertis Methapher weiterzuführen, in diesem Konzept des Bildes nicht mehr geöffnet auf eine dahinter liegende Wirklichkeit hin, sondern es tritt selbst in Erscheinung. Die Fläche des Fensters wird teils undurchsichtig und auf diese Weise sichtbar. Journalistische Bilder in diesem Sinne sind also, um eine Formulierung Carlo Ginzburgs in Bezug auf historische Quellen aufzugreifen, »weder offene Fenster, wie die Positivisten glauben, noch Mauern die den Blick verstellen, wie die Skeptiker meinen«.[17]

Stattdessen, so soll im Folgenden argumentiert werden, sind die Zeichnungen als *Schnittstellen* konzipiert, als Grenzflächen oder Kontaktzonen, an denen das Abwesende gegenwärtig wird, an denen die Rezipienten Zugang bekommen zum sonst geschlossenen System, der Blackbox. Auch dieses Konzept beruht auf Konventio-

---

14 Hier knüpfe ich an an die Feststellungen zur Zeichnung v.a. für den Bereich der Wissenschaft von Christoph Hoffmann: Festhalten, Bereitstellen. Verfahren der Aufzeichnung, in: Ders. (Hg.): *Daten sichern. Schreiben und Zeichnen als Verfahren der Aufzeichnung*, Zürich 2008, S. 7–20, hier S. 7.

15 Clemens Krümmel: Es reicht zu zeichnen. Möglichkeiten der Reportagezeichnung, in: Ausst.-Kat. *Tauchfahrten. Zeichnung als Reportage*, Kunstverein Hannover 2004, S. 8–19, hier S. 12.

16 Stephan Berg/Ulrike Groos: Vorwort, in: Ausst.-Kat. *Tauchfahrten* (2004), S. 6–7, hier S. 7.

17 Carlo Ginzburg: *Die Wahrheit der Geschichte. Rhetorik und Beweis*, Berlin 2001, S. 34.

nen, Regeln und Inszenierungen. Zu ihnen gehört, dass die Zeichnungen als Schnittstellen gerade nicht im Moment der Vermittlung auf das Dargestellte hin transparent werden, sondern dass sie für die Vergegenwärtigung des Abwesenden das zentrale Argument bilden. Der materielle Vermittler, Zeichengrund und -mittel sowie die Art und Weise der Darstellung werden in den Zeichnungen nicht ausgeblendet, sondern in den Mittelpunkt gerückt.

Wohl wesentlich durch die oben erwähnte Etablierung der digitalen Fotografie ausgelöst, sind in den letzten zwanzig Jahren die bisherigen Konventionen zweifelhaft geworden, nach denen fotografische Bilder in Massenmedien gestaltet wurden, um als verlässlich zu gelten. Zum Teil wurde die Auffassung vertreten, durch die digitale Technik sei das Bild in einem Maße veränderbar, dass es nicht länger abbilde, sondern zur Fiktion gerate.[18] Diese »Position einer völligen Auflösung des Realen« ist inzwischen überholt, sie hat aber eine differenzierte Debatte angestoßen über die Regeln und Mechanismen von Objektivität bei Pressebildern und über die Gültigkeit und Berechtigung dieses journalistischen Anspruchs.[19] Die Folge war eine verstärkte Reflexion bei Praktikern wie Medienwissenschaftlern, die sich Gestaltungsmechanismen zunehmend bewusst machten und gezielt einsetzten.

Die Redaktionen experimentieren mit ungewöhnlichen, vom Standard des Pressefotos abweichenden Bildformen und scheinen Alternativen und Ergänzungen zu den bisherigen Formen der mit Transparenz, Objektivität und Natürlichkeit konnotierten Berichterstattung zu suchen. Sie greifen dabei auf Medien zurück, die die Materialität, Subjektivität und Inszenierung ihrer Bilder nicht mehr leugnen, sondern gerade als Stärken herausstellen.[20]

Welche Potenziale birgt die Zeichnung als eines dieser Konkurrenz- oder Alternativkonzepte? Wie wird sie eingesetzt und inszeniert?

Das Blatt als Objekt und Zeuge

Die Website der kanadischen Tageszeitung *National Post* zeigt unter der Überschrift der Rubrik *News* einen Artikel vom 18. April 2011 mit der Schlagzeile »Kandahar Journal: Road Trip« (Abb. 2). Text und Bild der Reportage stammen von Richard Johnson, der als *graphic editor* der überregionalen *National Post* auch die Bildredaktion des Blatts und dessen visuelle Erscheinung insgesamt verantwortet. Eines der mit bläulichem Stift angefertigten Bilder des Beitrags zeigt einen Soldaten auf

---

18 Grittmann (2007), S. 116; Victor Burgin: Das Bild in Teilen, in: Hubertus v. Amelunxen/Stefan Iglhaut/Florian Rötzer (Hg.): *Fotografie nach der Fotografie*, München 1996, S. 26–35, hier S. 29; Florian Rötzer: Betrifft: Fotografie, in: Ebd., S. 13–25, hier S. 23.

19 Grittmann (2007), S. 116 f.

20 Zu dieser Entwicklung in der Bewertung von Fotografie und Zeichnung siehe auch Berg/Groos (2004), S. 7.

Abb. 2   Screenshot *National Post*, Zeichnung
Richard Johnson, 2011

einem Panzer. Doch der Blick des Betrachters wird in dieser Darstellung nicht nur auf das Motiv, sondern auch auf die Objekthaftigkeit der Zeichnung gelenkt: Deutlich verweist die Reproduktion auf ihren ursprünglichen Entstehungskontext. Die Perforation des Papiers in der Mitte zeigt an, dass es sich um die Doppelseite eines Skizzenbuchs mit Spiralbindung handelt.

Auf diese Weise suggeriert die Abbildung, dass die Zeichnung nicht etwa im Atelier oder in der Redaktion entstanden ist, sondern vor Ort, wo sich nicht mit großen Formaten hantieren lässt. Der untere Teil der Zeichnung ist kaum ausgeführt, er bleibt skizzenhaft. Johnson hat dadurch gleichzeitig den Fokus auf Soldat und Waffe gelegt. Details wegzulassen und sich auf andere konzentrieren, sie isolieren zu können, gehört zu den spezifischen Möglichkeiten der Zeichnung.

Die Zeichnung, so zeigt all dies an, war mit vor Ort, sie hat mit dem Ereignis Zeit und Ort geteilt. Diese »körperliche Kopräsenz«[21] wird als Potenzial der

---

21 Ich übertrage hier Krämers an der Person als Zeuge entwickelten Begriff auf die Zeichnung als Objekt, siehe Sybille Krämer: Vertrauenschenken. Über Ambivalenzen der Zeugenschaft, in: Sibylle Schmidt/Sybille Krämer/Ramon Voges (Hg.): *Politik der Zeugenschaft. Zur Kritik einer Wissenspraxis*, Bielefeld 2010, S. 117–140, hier S. 120.

Zeichnung in journalistischen Kontexten gezielt betont. Das Blatt erscheint auf diese Weise als materielles Zeugnis, als Überrest der Situation selbst. Es »überbrückt einen zeitlichen oder räumlichen Abstand, indem e[s] Teil eines Materialitätskontinuums ist, und zwar gerade auch im physischen Bestand seiner Körperlichkeit.«[22] Gleichzeitig fungiert der Zeichner als Augenzeuge und als Aufzeichnungsorgan der vergangenen Ereignisse. Dieser Aspekt wird auch durch die handschriftliche Notiz deutlich, die lautet: »Master Corporal Christian Latour, 17. April 2011, on Route Hyena«. Hier sind noch einmal Zeit, Ort und Dargestellter benannt und durch die Handschrift als individuelle Wahrnehmung beglaubigt. Die individuelle Linie bezeugt als Spur den zeichnenden Reporter. Sonja Neef formulierte zu dieser Eigenschaft der Handschrift:

> »[D]er *Zug* der Hand [liefert] eine einzigartige *Linie*, die wie das fotografische Porträt indexikalisch auf einen unverwechselbaren Grund und Ursprung verweist, auf dessen Anwesenheit, auch und gerade wenn diese vergangen ist [...]. Auch Handschrift hat mit der physischen Abwesenheit ihres Referenten zu tun, den sie nachträglich ›beinah‹ berührt.«[23]

Sie erläutert weiter: »[D]ie Behauptung einer authentischen und physischen Präsenz des Urhebers beim Akt des Schreibens bleibt fortbestehen, auch und gerade, wenn dieser nicht mehr anwesend ist – als testamentarisches Instrument.«[24] Die handschriftlichen Notizen vermitteln darüber hinaus wie die Zeichnung selbst einen »Eigensinn der Schrift«, der in einer Transkription verloren ginge.[25]

Reportagezeichner haben, darauf hat Alexander Roob hingewiesen, handschriftliche Notizen bereits früh dazu eingesetzt, Authentizität zu inszenieren. Nachdem in den 1880er Jahren in der Zeitungsillustration fotomechanische Verfahren neben den Holzstich als Reproduktionstechnik getreten waren und Handschrift direkt auf die Druckplatte übertragen werden konnte, veränderte sich der Status von Beischriften auf den Skizzen. Dienten sie ursprünglich dazu, den Stechern erläuternde Informationen für die Reproduktion der Zeichnungen zu geben, nutzte etwa Melton Prior sie häufig dazu, die Darstellungen nachträglich mit bewusst handschriftlich-expressiven Beischriften als Vor-Ort-Skizzen zu beglaubigen.[26]

---

22 Ebd., S. 120.
23 Sonja Neef: *Abdruck und Spur. Handschrift im Zeitalter ihrer technischen Reproduzierbarkeit*, Berlin 2008, S. 44, Hervorhebungen im Original.
24 Ebd., S. 43.
25 Vgl. dazu Aspekte der Texteditionen von Schriftsteller-Autografen, Ursula Amrein: Einleitung, in: Dies. (Hg.): *Das Authentische. Referenzen und Repräsentationen*, Zürich 2009, S. 9–24, hier S. 13.
26 Alexander Roob im Interview, in: Bo Soremsky: *Wiederkehr und Wandlung der Illustration. Gegenwärtige Herausforderungen für die illustrierte Bildreportage*, Masterarbeit, Fachhochschule Potsdam 2011, S. 226, URL: http://www.bosoremsky.de/Master_BSoremsky.pdf (15.04.2013).

Heute werden die Präsenz der Handschrift und die Objekthaftigkeit der Zeich-
nung in digitalen Medien, auch in journalistischen Angeboten häufig hervorgehoben.
Auf der Website der französischen Tageszeitung *Le Monde* etwa wird dies an der
Präsentation der Skizzen der französischen Gerichtszeichnerin Noelle Herrenschmidt
(Abb. 3) anschaulich, die als Galerie in Einzelbildern abrufbar sind. Ungewöhnlich ist
hier nicht, dass Zeichner von Gerichtsverfahren berichten, – dies ist ein lange üblicher
Vorgang – sondern wie die Zeichungen in den digitalen Medien inszeniert werden. In
einer Bildergalerie sind verschiedene Blätter abgebildet, auf denen unter anderem eine
Szene aus dem sogenannten Clearstream-Prozess 2009 mit Dominique de Villepin im
Zeugenstand dargestellt ist. Deutlich ist auch hier die Perforierung des Zeichenblattes
reproduziert. Dabei wäre es leicht möglich gewesen, diesen Rand mit einem Bildbe-
arbeitungsprogramm zu entfernen. Stattdessen ist auf den ursprünglichen Zusammenhang eines transportablen Skizzenbuchs verwiesen, wohl um zu suggerieren, dass es
sich um eine Zeichnung handelt, die direkt im Gerichtssaal entstanden ist. Durch diese
Präsentation ist das Blatt in seiner Physis vorrangig als Sachzeuge der Situation inszeniert, nicht so sehr die darauf befindliche Zeichnung als Darstellung der Situation.

Auch Herrenschmidt konzentrierte sich in ihren Zeichnungen auf die Haupt-
figuren und blendete den Hintergrund aus. Neben den Personen finden sich häufig
handschriftliche Beischriften, die Uhrzeiten und Aussagen festhalten. Durch ihre
Notizen bestimmte sie die Zeichnungen näher, gab Zeiträume an und annotierte
etwa eine Szene mit einer Dauer von 17.20 bis 17.32 Uhr. Sie betonte auf diese
Weise die Fähigkeit der Zeichnung, mehrere Zeitpunkte auf einem Blatt festzuhalten
und dadurch eine Prozessualität anzuzeigen, eine zeitliche Entwicklung. Bereits im

Abb. 3   Screenshot *Le Monde*,
Zeichnung Noelle Herrenschmidt,
2009

ZEIT ONLINE   AUSLAND

START POLITIK WIRTSCHAFT MEINUNG GESELLSCHAFT KULTUR WISSEN DIGITAL STUDII

Deutschland   Ausland

TERROR-PROZESS

Drahtzieher von 9/11 sollen zivil gerichtet werden

Eine Strafkammer, kein Militärtribunal, soll Scheich Mohammed und seinen Helfern den Prozess machen. Das Verfahren dürfte zum spektakulärsten US-Terrorprozess geraten.

13. November 2009 16:32 Uhr   57 Kommentare |

Verdächtig: Chalid Scheich Mohammed (M.) und Waleed bin Attash 2008 im Lager Guantanamo | © Janet Hamlin/AFP/Getty Images

Abb. 4   Screenshot *Die Zeit*, Zeichnung Janet Hamlin, 2008

Krimkrieg 1853 bis 1856 zeichnete Konstantin Guys Szenen mit nervöser, skizzenhafter Strichführung, die eine Bewegung der Szene suggerierten, ein unermüdliches Strömen. Auch motivisch findet sich dieser Aspekt, bevorzugte Guys doch die Darstellung von Straßenszenen und Ereignissen, die sich im Bildraum entwickelten.[27] Die stillstellende Fotografie erreichte über den bewussten Einsatz der Unschärfe ähnliche Effekte.[28]

Den Aspekt der Zeichnung als Objekt, das körperlich mit dem Geschehen verbunden ist, hat die Gerichtszeichnerin Janet Hamlin zugespitzt formuliert. Hamlin verfolgte als einzige zugelassene Bildjournalistin die Prozesse zu den Anschlägen vom 11. September 2001 in Guantanamo. Sie berichtete in einem Gespräch mit der *Frankfurter Allgemeinen Zeitung* von der schwierigen Arbeitssituation bei der Verhandlung gegen den Angeklagten Chalid Scheich Mohammed im Jahr 2008:

---

27 Siehe dazu auch Roob (2004), S. 64. Siehe Ulrich Keller: *Kriegsbilder, Bilderkriege. Die Erfindung der Bilderreportage im Krimkrieg*, Melton Prior Institut für Reportagezeichnung, 22.10.2007, URL: www.alteseite. meltonpriorinstitut.org/content/aktuell/Keller-dt.html (15.08.2011).

28 Siehe zur Unschärfe in der Fotografie etwa Wolfgang Ullrich: *Die Geschichte der Unschärfe*, Berlin 2002.

»Normalerweise darf man als Zeichner sehr nah ran an die Angeklagten, aber bei Scheich Mohammed musste ich hinter einer Glaswand sitzen, ganz hinten im Saal.« Hamlin rief hier den Topos der besonderen Nähe des Zeichners zum Geschehen auf, um dann das Fehlen genau dieser charakteristischen Nähe zu beklagen. Sie berichtete weiter, dass sie die Proportionen des Angeklagten nicht richtig getroffen hätte. Ein Pentagon-Beamter verlangte nach der Zeichnung und brachte sie zu den Anwälten von Scheich Mohammed, um sie autorisieren zu lassen:

> »Als wir zurück in den Saal gingen, stieß mich der Beamte mit dem Ellbogen an und sagte: Achtung, Mohammed sieht sich Ihre Zeichnung an! Und da stand er und schüttelte mit dem Kopf, und ich wusste genau, warum. Und dann wurde mir klar, dass er in dieser Sekunde anfasst, was ich gezeichnet hatte. Das war schon ein bisschen schaurig, diese Nähe. Furchteinflößend.«[29]

Die Zeichnung (Abb. 4) ist hier nicht mehr durch Ähnlichkeit der Darstellung, sondern gewissermaßen durch die Berührung des Dargestellten authentifiziert.

Die Atmosphäre hinterlässt Spuren

»Zeichnen ist wie ein erweitertes Sensorium und reagiert ganz unmittelbar auf körperliche Befindlichkeit. Sie ist in der Lage, seismographisch die spezifischen Spannungen unterschiedlicher Orte und Ereignisse zu protokollieren«[30], meint Alexander Roob, der am 30. September 2002 im *Guardian* Zeichnungen zur Londoner Demonstration gegen den Irakkrieg veröffentlichte (Abb. 5). Der Bericht nahm die gesamte Breite der Seite 4 ein, stand also mitten im Politikteil des ersten Buches der Zeitung.

Der Text über die Veranstaltung und einzelne Teilnehmer wurde im unteren Teil der Seite von Fotoporträts flankiert, oberhalb des Textes standen die sechs zu einem Block arrangierten Zeichnungen, in denen Roob von der Demonstration auf Londons Straßen berichtete. In reduzierten Konturlinien zeigt er verschiedene Szenen mit Protestierenden, Transparenten, Absperrungen oder Polizisten.

Alexander Roob hat für seine Reportagezeichnungen eine spezielle Technik entwickelt, den Stift am oberen Ende zu fassen und dann in einem sehr steilen Winkel von etwa 90 Grad auf das Papier zu zeichnen. Die zeichnende Hand berührt dabei weder das Papier noch eine andere Ablage, sondern wird frei geführt. Dadurch

---

29 Janet Hamlin im Interview mit Tobias Rüther: Ist Guantanamo ein gezeichneter Ort, Mrs. Hamlin?, in: *Frankfurter Allgemeine Zeitung*, 16.08.2008, URL: http://www.faz.net/-00t5of (17.08.2012).

30 Alexander Roob im Interview mit Andreas Bee, in: Andreas Bee (Hg.): *Richter zeichnen. Alexander Roob zeichnet den Auszug des Stammheim-Zyklus von Gerhard Richter aus dem Museum für Moderne Kunst in Frankfurt am Main*, Köln 2001, S. 217.

Abb. 5   *The Guardian*, Zeichnung Alexander Roob, 30. September 2002

entsteht die ungelenk erscheinende Art der Linienführung. Roob will sich mit dieser Technik und in seinem oben zitierten Statement an das technische Gerät des Seismografen anlehnen (Abb. 6, 7). Der Künstler argumentiert hier mit einer Mechanisierung der Aufzeichnung als Authentizitätsgarant, die im 19. Jahrhundert gerade zur Etablierung der Fotografie als Medium der wahrhaftigen Darstellung gegenüber der Zeichnung beigetragen hatte. Damals »verkündeten die ersten Fotografen die Wahrhaftigkeit der Fotografie, ermöglicht dadurch, daß die Hand des Menschen vom Mechanismus des Apparates und der Chemie abgelöst wurde«.[31] Die Faszination der Fotografien lag in der Vorstellung, in ihnen bilde sich gewissermaßen die Natur selbst ab.

An diese Vorstellung von Unmittelbarkeit knüpft Roob mit seinem Verweis auf den Seismografen an. Das technische System des Seismografen verspricht Phänomene der Realität scheinbar direkt, ohne Übersetzung, aufzuzeichnen und erscheint damit gleichsam als Medium indexikalischer Repräsentation. Zu einem Zeitpunkt, an dem durch die Digitalisierung die ursächliche Verbindung von Objekt und Fotografie

31 Rötzer (1996), S. 15.

Abb. 6   Alexander Roob zeichnet, Museum für Moderne Kunst Frankfurt am Main, 2001

nicht länger verbindlich erscheint,[32] führt der Künstler die Zeichnung wieder als indexikalisches Verfahren ein, das auf der unmittelbaren Verbindung von Ursache und Wirkung beruht.

Roob betont in seinem Konzept der Berichterstattung nicht so sehr die bewusste Aussage des Zeugen, sondern er hebt die Qualität der unbewussten, ursächlichen Verbindung von Ereignis, Zeuge und Aufzeichnung hervor. Die Gestalt der Zeichnung erscheint damit als »Effekt eines *kausalen* Geschehens«[33], als Spur. Diese kön

32 Peter Lunenfeld: Die Kunst der Posthistorie. Digitale Fotografie und elektronische Semiotik, in: Hubertus v. Amelunxen/Stefan Iglhaut/Florian Rötzer (Hg.): *Fotografie nach der Fotografie*, München 1996, S. 93–99, hier S. 97.

33 Krämer (2011), S. 127.

ne zwar falsch interpretiert werden, sei aber als Zeugnis nicht anzuzweifeln.[34] Roob verbindet in seinem Zeichnungskonzept Subjekt und Objekt, organisches und mechanisches Aufzeichnen und sucht beides zu integrieren. Ohnehin lassen sich diese Konzepte, auch durch die Entwicklungen in der digitalen Fotografie, nicht mehr als gegensätzliche Pole denken.[35]

Roob inszeniert sich einerseits als »sächliches Aufzeichnungsinstrument«[36]. Gleichzeitig beansprucht er für sich – folgt man der von ihm angelegten Analogie zum Seismografen weiter – die Schwingungen aufzuzeichnen, die ihn im metaphorischen Sinne bewegen. Er möchte also die Wirkung eines Ortes und einer Situation festhalten. Statt maschineller, automatischer Techniken der Aufzeichnung setzt der Reporter also gerade auf individuelle Zeugenschaft.[37] Auf dem Papier ergebe sich eine Spur, die je nach Situation anders wirke:

> »Eine Zeichnung, die ich im Operationssaal mache, hat einen völlig anderen Charakter, eine ganz andere Linienführung als eine Zeichnung, die an der Börse entstanden ist oder im MMK [Museum für Moderne Kunst Frankfurt am Main]. Da gibt es einen Grad an Objektivität, von dem die technischen Medien nur träumen können.«[38]

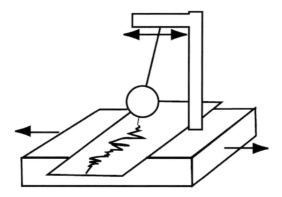

Abb. 7   Seismograf

34 Ebd.

35 Die Auflösung einer solchen Polarität ist besonders für die digitale Fotografie beschrieben worden, siehe etwa Burgin (1996), S. 28 f.

36 Vgl. den Begriff bei Krämer (2011), S. 138.

37 Siehe dazu auch die Überlegungen von Ulrich Keller zu Zeichnung und Fotografie im Krimkrieg, Ulrich Keller: *Kriegsbilder, Bilderkriege. Die Erfindung der Bilderreportage im Krimkrieg*, Melton Prior Institut, www.alteseite.meltonpriorinstitut.org/content/aktuell/Keller-dt.html (15.08.2011).

38 Alexander Roob im Interview mit Andreas Bee, in: Bee (2001), S. 216.

Statt eines fotografischen Realismus, der eine visuelle Wirklichkeit nachahmt, entwirft Roob ein Bildkonzept und eine alternative Vorstellung von Objektivität, mit dem er auch emotionale und körperliche Erfahrungen zu vermitteln versucht.[39] Dabei interpretiert er den konventionellen Begriff von Objektivität neu und besetzt ihn gerade durch subjektive, menschliche Qualitäten.

Roob betont, die Zeichnung reagiere unmittelbar auf körperliche Befindlichkeit. Die Situation, die Atmosphäre vor Ort als körperliche Erfahrung, habe Einfluss auf den Strich. Das sei ein Potenzial, das Atmosphärische zu vermitteln, das die Fotografie nicht biete. Das »oft lästige Mitempfinden der eigenen Präsenz am Ort«[40] wirke sich, so Roob, direkt auf die Zeichnung aus. »Gerade die Transparenz und die Verletzlichkeit des Zeichenprozesses sind entscheidende Punkte. Der Kasten der Kamera ist ein Schutzraum, der überwunden und verlassen werden muss.«[41] Nach Gernot Böhme lässt sich Atmosphäre nur körperlich erfahren, spüren[42] – technische, optische Aufzeichnungsinstrumente könnten sie nicht einfangen. Diese zu transportieren setzt demnach zum einen die leibliche Anwesenheit voraus, zum anderen ein Medium, das körperliche Aspekte der Wahrnehmung zu vermitteln fähig ist. Folgerichtig unterscheidet Roob denn auch zwischen Zeichnungen, die auf die optische Wahrnehmung wirkten und solchen, von denen ein »vibrierend-dynamischer« Impuls ausgehe, »der aufs Nervensystem zielt«.[43] Die Rezeption von Zeichnungen geschieht in diesem Konzept nicht nur auf der Ebene des Sehens, sondern auch als Spüren und Fühlen. Roob führt als Beispiel für solche Notate die Zeichnungen Constantin Guys' an und konstatiert angesichts dessen Skizzen »ein[en] ziemlich direkte[n] Weg von dessen meist aus der Erinnerung halluzinierten visuellen Stenogrammen zu der ›écriture automatique‹ der Surrealisten und den seismografischen Notaten des Unbewussten eines Henri Michaux.«[44]

Zeichnungen repräsentierten und evozierten damit eine Atmosphäre nicht nur, sondern erschienen zugleich als ihr unwillkürliches Produkt und Ergebnis, ihr Effekt. Dadurch versprechen sie umgekehrt auch einen Zugang zu einer »Stimmung«. Den Begriff der Stimmung hat Hans-Ulrich Gumbrecht jüngst für die Literaturwissenschaft in die Diskussion eingebracht. Er versucht mithilfe dieses Schlagworts eine Ebene des Erlebten »diesseits der Hermeneutik«[45] beschreibbar zu machen, statt aus-

---

39 Zum Primat des Fotorealismus in der digitalen Bildproduktion siehe Lev Manovich: Die Pradoxien der digitalen Fotografie, in: Amelunxen/Iglhaut/Rötzer (1996), S. 58–66, hier S. 64 f.

40 Alexander Roob im Interview mit Andreas Bee, in: Bee (2001), S. 214.

41 Ebd.

42 Gernot Böhme: *Atmosphäre. Essays zu einer neuen Ästhetik*, Frankfurt am Main 2007, S. 15 f., S. 31–34.

43 Alexander Roob: Sonderzeichner. Ein kurzer Faden durch die Geschichte der Zeichnungsreportage, in: Ausst.-Kat. *Tauchfahrten* (2004), S. 46–73, hier S. 56.

44 Ebd. Hervorhebung im Original.

45 Siehe Hans Ulrich Gumbrecht: *Diesseits der Hermeneutik. Die Produktion von Präsenz*, Frankfurt am Main 2004.

schließlich auf eine Ebene des Sinnhaften zu fokussieren.[46] Eben eine solche »Vergegenwärtigung vergangener Stimmungen«[47] scheinen auch die vor Ort entstandenen Reportagezeichnungen als weitere Dimension der Vermittlung von Ereignissen anzustreben.

Das Künstlersubjekt ist in Roobs Konstruktion entscheidend, es fungiert als Medium, das die Stimmung, die Atmosphäre einer Situation aufzuzeichnen versteht. Roob stellt sein Konzept der Zeichnung damit in die Tradition der »modernistischen Utopie der Zeichnung als Medium der reinen Subjektivität«[48]. Dass ihm dieser Bezug nicht vollends behagt, zeigt sich darin, dass er ihn über die Analogie des Seismografen zurücknimmt. Die technische Metapher ermöglicht es Roob, die Bedeutung des Subjekts abzuwerten und die Zeichnung nicht nur als Spur des Künstlers, sondern als Spur des Ereignisses selbst zu deuten, die selbst unsichtbare Aspekte zu visualisieren vermag.[49]

Sein Konzept der Zeichnung kennzeichnet eine eigentümliche Dualität und Widersprüchlichkeit zwischen einer Mechanisierung und einer Subjektivierung. Für die Zeichnung trifft dabei im Besonderen zu, was Sybille Krämer als Dilemma der Zeugenschaft beschreibt: In ihr verschränken sich materieller Gegenstand und authentische Person.[50] Gerade dies macht offenbar die besondere Stärke der Zeichnung in der Berichterstattung aus.[51]

»Das primäre Thema von Sinnlichkeit sind nicht die Dinge, die man wahrnimmt, sondern das, was man empfindet: die Atmosphären«, so Gernot Böhme.[52] Übertragen auf die Zeichnung bedeutet das, dass Atmosphäre in ihnen nicht am Abgebildeten, im Motiv, sichtbar wird, sondern dass sich Atmosphären über den Umweg des Zeichners im Strich der Zeichnung niederschlagen. Die körperliche Befindlichkeit des Zeichners in der Situation hinterlässt auf dem Papier ihre Spur und gewinnt Bedeutung. Roobs Verständnis der Reportagezeichnung folgt damit dem modernistischen Topos, den der englische Maler Roger Fry 1909 beschrieb: »The drawn line is the record of a gesture, and that gesture is modified by the artist's feeling which is thus com-

---

46 Hans Ulrich Gumbrecht: *Stimmungen lesen. Über eine verdeckte Wirklichkeit der Literatur*, München 2011.

47 Ebd., S. 26.

48 Barbara Wittmann: Symptomatologie des Zeichnens und Schreibens. Verfahren der Selbstaufzeichnung, in: Dies. (Hg.): *Spuren erzeugen. Zeichnen und Schreiben als Verfahren der Selbstaufzeichnung*, Zürich, Berlin 2009, S. 7–19, hier S. 7.

49 Sybille Krämer: Vertrauenschenken. Über Ambivalenzen der Zeugenschaft, in: Sibylle Schmidt/Sybille Krämer/Ramon Voges (Hg.): *Politik der Zeugenschaft. Zur Kritik einer Wissenspraxis*, Bielefeld 2011, S. 117–140, hier S. 128.

50 Ebd.

51 Ähnliches lässt sich in der Aufwertung von Zeugeninterviews beobachten, die nicht nur als als historische Quellen, »sondern auch als Ausdruck subjektiver Erfahrung und Erinnerung« betrachtet werden. Sibylle Schmidt: Wissensquelle oder ethisch-politische Figur? Zur Synthese zweier Forschungsdiskurse über Zeugenschaft, in: Krämer (2011), S. 49.

52 Böhme (2007), S. 15.

municated to us directly«.[53] Auch anderer kunsthistorischer Topoi ist sich Alexander Roob wohl bewusst. Angesprochen, ob sich sein Verfahren des schnellen, flüssigen Zeichnens als eine Art Trancezustand verstehen lasse, antwortete Roob: »Das ist mir zu geheimnisvoll. Es handelt sich um einen sehr gelösten Zustand, in dem die Dinge nicht mehr vorgewußt auf einer zeichenhaft sprachlichen Ebene wahrgenommen werden, sondern sich in reine Bewegungsabläufe aufzulösen beginnen.«[54] Ein Bezug zur surrealistischen *écriture automatique*, in der ebenfalls das überlegte Aufzeichnen ausgeschaltet werden sollte, um an tiefer liegende Quellen zu gelangen, drängt sich auf. Indem sich der Zeichner eine motorische Einschränkung verordnet und den Stift unnatürlich am oberen Ende fasst, »hat die Schwächung der höheren Kontrollinstanzen eine Aufwertung der verwendeten Materialien und Instrumente zu veritablen Aktanten zur Folge.«[55]

Roob nutzt für seine Zeichnungen leicht getönten A5-Zeichenkarton und einen Stift aus Pittkreide, einem sehr weichen Zeichenmaterial. Bei geringem Druck reibt die schwarze Kreide bereits auf der Oberfläche des Papiers ab. Pittkreide ist geschmeidiger und weniger krümelig als Kohle auf Holzbasis. Bei geringem Druck wirkt der Strich wie der eines Bleistifts. Je nach Intensität des ausgeübten Drucks und nach dem Winkel des Zeichenstifts auf dem papiernen Untergrund ergeben sich verschiedene Modulationen der Linie, die mal breiter ist und durch die Struktur des Papiers an ihren Rändern offen ausläuft oder sich schmal zu einem geschlossenen Strich verdichtet.

Insgesamt sind die Materialien von Reportagezeichnungen, weicher Bleistift, Kohle, Aquarell, Filzstifte oder Kugelschreiber, meist so gewählt, dass auch kleinste Bewegungen der Hand als Spuren auf dem Papier sichtbar und diese Spuren zu Bedeutungsträgern werden. Die Linie behauptet über die Darstellung, die Bezeichnung hinaus durch ihre Modulation eine eigene Qualität, eine eigene Aussage. Die Zeichnung macht auf diese Weise deutlich, dass sie nicht in ihrer Abbildfunktion aufgeht, sondern als Ausdruck und Speicherung einer Erfahrung der Wirklichkeit im Moment der Aufzeichnung gedeutet werden kann.

Die Zeichnung vermittelt oder vergegenwärtigt ein Ereignis damit auf zwei Ebenen: Zum einen bezieht sich die Zeichnung als Abbildung auf ein Realobjekt und steht damit zu diesem in einer Relation der Referenz. Zugleich aber besteht eine Performanzrelation der Zeichnung zum Ereignis, indem die performative Situation die Erscheinung des Bildes beeinflusst.[56] Die Art der Linienführung ist ein wesentlicher

53 Roger Fry: An Essay in Aesthetics (1909), in: Ders.: *Vision and Design* (1920), hg. v. J. Barry Bullen, London u. a. 1981, S. 12–27, hier S. 23 f., zit. nach Wittmann (2009), S. 7.

54 Alexander Roob im Interview mit Andreas Bee, in Bee (2001), S. 214.

55 Vgl. Wittmann (2009), S. 13.

56 Ich beziehe mich hier auf die Ausführungen von Ralph Buchenhorst zu Performanz- und Referenzrelation, vgl. seinen Beitrag in diesem Band.

Aspekt, der in den Reportagezeichnungen einen Zugang zu den Umständen der Bildentstehung ermöglicht. Bereits in den späten 1860er Jahren drängten die Zeichner darauf, dass die Zeichenweise ihrer vor Ort entstandenen Skizzen auch bei der Übertragung in den Holzstich beibehalten und nicht länger in eine akkurate Illustriertenmanier übertragen werde.[57] In den 1880er Jahren wurde es dann durch fotomechanische Reproduktionsverfahren möglich, Fotografien in Zeitungen zu drucken und die Handschrift der Reportagezeichner ohne den Umweg über den Holzstich sichtbar zu machen. Die Skizzenhaftigkeit entwickelte sich zum wichtigen Authentizitätskriterium der Handzeichnung, bevor sich die Fotografie etwa zehn Jahre später als journalistisches Bildmedium durchsetzte.[58] Auch heute werden vor allem solche Zeichnungen als authentisch wahrgenommen, die durch Skizzenhaftigkeit, fehlende Details oder Fehler in Perspektive und Komposition gekennzeichnet sind. Die Betrachter nehmen aufgrund dieser Merkmale an, sie seien unter Zeitdruck oder widrigen Bedingungen direkt am Ort des Geschehens entstanden – unabhängig davon, ob dies tatsächlich zutrifft.[59]

Die Präsenz des Autors

Journalistische Zeichner heben immer wieder hervor, dass ihre Präsenz, anders als die technischer Medien, kaum Auswirkungen auf die aufgezeichnete Situation habe. Im Sinne dieser Argumentation bestätigte auch das Bundesverfassungsgericht 2001 das Verbot von Fernseh- und Fotokameras in bestimmten Verhandlungen, während das Zeichnen in Gerichtssälen in den meisten Fällen gestattet ist:

> »Viele Menschen verändern ihr Verhalten in Anwesenheit von Medien. Manche fühlen sich durch die Medienaufnahmen beflügelt, andere gehemmt. [...] Der Prozess der Wahrheitsfindung kann [...] leiden, wenn die am Verfahren beteiligten Personen versucht sind, ihr Verhalten an der erwarteten Medienwirkung auszurichten.«[60]

Diese Auffassung geht davon aus, dass Foto- und Fernsehkameras nicht nur unser *Bild* von einem Ereignis gestalten, sondern auch auf die Form und Gestaltung des Ereignisses *selbst* Auswirkung haben. Demgegenüber, so muss man aus der Zulassung von Gerichtszeichnerinnen und Gerichtszeichnern schließen, berge die Zeichnung weniger die Gefahr, den Prozess und das Verhalten der Beteiligten zu beeinflussen.

---

57 Roob (2004), S. 57.
58 Siehe auch Soremsky (2011), S. 21, S. 40.
59 Siehe dazu auch Soremskys praktische Experimente, Soremsky (2011), S. 40 f., S. 65.
60 BVerfG, Urteil vom 24. 1. 2001–1 BvR 2623/95, Abschnitt 68 (2); URL: www.Lexetius.com/2001,3 [2001/1/311] (22.10.2012).

Abb. 8   Detail *The Guardian*, Zeichnung Alexander Roob, 30. September 2002

Diese Unsichtbarkeit des Berichterstatters bildete bereits in der dokumentarischen Fotografie eine wichtige Strategie zur Herstellung von Authentizität.[61] Gezielt entwickelten Fotografen Arbeitsweisen, »die fast jede Aufmerksamkeit der Dargestellten für die Anwesenheit der Fotografin verhindert[en]«[62]. Bekannt wurde etwa der Pressefotograf Erich Salomon, der 1931 den Band *Berühmte Zeitgenossen in unbewachten Augenblicken* publizierte.

Zeichner berichten immer wieder, das Medium werde von den Beobachteten als defensiv, zurückhaltend wahrgenommen.[63] Dadurch sei, so schlussfolgern sie, meist eine größere Nähe zu den Personen möglich als mit einer Kameraausrüstung oder gar einem Filmteam.

Nicht eigentlich der Zeichner prägt demnach die Situation. Sehr wohl aber könnte man umgekehrt formulieren, dass die Situation den Beobachter prägt. Seine Befindlichkeit beeinflusst, und hier liegt der entscheidende Unterschied zur Fotografie, wesentlich die Gestalt der Zeichnung. Indem Roob durch die quasi mechanische Zeichentechnik demonstrativ die bewusste Lenkung zurückdrängt, suggeriert er, sich ganz auf das Spüren und Aufzeichnen der Atmosphäre einzulassen. Sie lässt sich als

61 Eine Konvention, die mit dem 1931 publizierten Band *Berühmte Zeitgenossen in unbewachten Augenblicken* von Erich Salomon einen ersten Höhepunkt erreichte, siehe Grittmann (2007), S. 361.

62 Wolfgang Brückle: Die »Dimension der Zeugenschaft«. Zum Stellenwert der Fotografie auf der documenta X, in: *kritische berichte* 25/4, (1997), S. 15–23, hier S. 18.

63 Siehe etwa Soremsky (2011), S. 53.

Abb. 9   Detail *Süddeutsche Zeitung*, Fotografie Associated Press, 30. September 2002

Symptom begreifen, dessen Ursache unklar und nur von der Zeichnung ausgehend zu rekonstruieren ist.[64] Die Zeichnung bildet eine Schnittstelle, eine Grenzfläche, an der sich ein sonst als Black Box erscheinendes, unbekanntes System zeigt.

Wahrnehmung und Darstellung sind in der Zeichnung als sinnlich und subjektiv gekennzeichnet. Wie der Fotograf trifft der Zeichner Entscheidungen zum Betrachterstandpunkt und zur Komposition und wählt den Zeitpunkt der Darstellung. Darüber hinaus gewichtet und bewerten die Zeichnung und gerade auch die Skizze aber in weit höherem Maße, indem sie auswählen, bestimmte Details weglassen und sich auf andere konzentrieren.

Exemplarisch fassen lässt sich die Differenz zwischen Fotografie und Zeichnung anhand des Vergleichs einer Demonstrationsszene von Alexander Roob mit einer Fotografie der gleichen Situation, die am Tag nach dem Ereignis in der *Süddeutschen Zeitung* erschien (Abb. 8, 9). Das Medium Zeichnung bedingt von vornherein eine Auswahl. Es verlangt eine Scheidung in Darstellungswürdiges und zu Vernachlässigendes. Während die Fotografie die Menschenmenge in der Totalen unterschiedslos

64 Zur Zeichnung als Symptom siehe Wittmann (2009), S. 9.

aufzeichnet und die Bäume genauso detailreich wiedergibt wie die Demonstranten, verzichtete Roob auf eine Wiedergabe des Hintergrunds der Szene und konzentrierte sich auf die demonstrierende Menschenmenge.

Auswahl und Komplexitätsreduktion bilden dabei Aspekte des Mediums, die der Zeichnung im Vergleich zur Fotografie bereits in der Diskussion um die Bebilderung wissenschaftlicher Lehrbücher und Tafelwerke um 1900 als Stärken attestiert wurden. Die Wissenschaftshistoriker Lorraine Daston und Peter Galison konstatierten in ihrer Untersuchung der wissenschaftlichen Kategorie der Objektivität, dass der Zeichnung im Wettbewerb der Medien um die Jahrhundertwende die Fähigkeit zugeschrieben wurde, das Wesentliche und die Bedeutung einer Situation zu erfassen.[65] Der von ihnen zitierte Leipziger Embryologe Wilhelm His benannte 1880 die Prägung durch den Autor als entscheidendes Charakteristikum der Zeichnung:

> »Vorteile und Nachteile jeder Zeichnung gegenüber der Photographie liegen in dem subjectiven Elemente. In einer jeden verständigen Zeichnung ist mit Bewusstsein das Wesentliche vom Unwesentlichen geschieden und der Zusammenhang der dargestellten Formgebilde ist in das nach der Auffassung des Zeichners richtige Licht gesetzt. Die Zeichnung ist somit mehr oder weniger eine Deutung des Objectes, sie wird für den Zeichnenden zur geistigen Arbeit und verkörpert diese dem Beschauer, wogegen die Photographie den Gegenstand mit allen seinen Einzelheiten, auch den zufällig vorhandenen wiedergibt, gewissermaßen als Rohstoff, dafür aber die absolute Treue garantiert.«[66]

In der Markierung des Bemerkenswerten und in der impliziten Bewertung liegt auch für die heutige journalistische Nutzung eine Attraktivität der Zeichnung. Gerade für den Qualitätsjournalismus gewinnen diese Funktionen des *Gatekeeping* und der Einordnung von Ereignissen an Bedeutung, um ein Medium zu profilieren.

Stärker und offensichtlicher als im Konzept der klassischen Pressefotografie ist der Künstler in der journalistischen Zeichnung mit im Bild, sein Blick und seine Darstellungsweise prägen die Skizze ebenso wie das dargestellte Ereignis. Damit ist zugleich klar, dass der Zeichner, wie alle Journalisten, nicht »objektiv« berichtet, sondern dass bewusste und unbewusste Absichten Einfluss darauf haben, was und wie berichtet wird.[67] Die Zeichnung stellt so auch eine bestimmte Sichtweise mit aus. Bereits durch die Wahl des Mediums ist der Anspruch auf Objektivität zurückgenommen. In der Pressezeichnung wird der Autor wieder zentral.

---

65 Lorraine Daston/Peter Galison: *Objektivität*, Frankfurt am Main 2007, S. 173.

66 Wilhelm His: *Anatomie menschlicher Embryonen*, Leipzig 1880, S. 6, zit. nach ebd.

67 Siehe dazu Ivor Gabers Kritik an einer proklamierten Objektivität von Journalismus, Ivor Gaber: Three Cheers for Subjectivity: Or the Crumbling of the Seven Pillars of Traditional Journalistic Wisdom, in: Alec Charles/Gavin Steward (Hg.): *The End of Journalism. News in the Twenty-First Century*, Bern 2011, S. 31–49, hier S. 38 f.

Abb. 10   Patrick Chappatte: In the Slums of Nairobi, in: *The New York Times*, 29. Mai 2010

Manche Zeichner setzen sich direkt und ostentativ mit ins Bild, so der Schwei-zer Comic-Zeichner Patrick Chappatte in einer ganzseitigen Reportage, in der er für die *Herald Tribune* aus Nairobi berichtete. Im vorletzten, schmalen Panel der Ge-schichte ragt Chappattes Profil von rechts ins Bild, versehen mit einer Sprechblase, die zeigt, dass wir es hier mit dem fragenden Journalisten zu tun haben (Abb. 10). Ge-rade in der Comicreportage findet sich häufig die Reflexion und explizite Darstellung der eigenen Rolle. Die mit ins Bild gesetzte Subjektivität des Zeichners, die Filterung der Ereignisse durch seinen Blick wird dabei als Garant für Authentizität eingesetzt. Gegenüber der scheinbar objektiven Fotografie erheben die Reportage-Comics den Anspruch, ihre Subjektivität offenzulegen und auf die eigenen Darstellungsmittel hinzuweisen. Unter dieser Prämisse erscheinen immer mehr journalistische Comics auf eigenen Webportalen, vor allem in den USA diskutieren sie Journalistenverbände und Universitäten auf Konferenzen seit einiger Zeit als journalistische Darstellungs-form.[68]

Nicht die Welt selbst darstellen zu wollen, sondern den eigenen Blick darauf, erklärt neben anderen Künstlern auch Dan Archer, der selbst Zeichner ist und das Internetportal »Archicomix«[69] für Comic-Journalismus betreibt: »Personally, I think a drawing is all the more sincere in explicitly revealing that the object depicted has been run through a subjective filter. [...] To me, drawn images are the most accurate way of translating what's in our heads onto paper – crystallizing our subjective ex-perience.«[70]

Die Strategie, sich selbst als Reporter mit ins Bild zu setzen, ist aber keine Erfindung des Reportage-Comics. Mitte des 19. Jahrhunderts zeichnete sich Con-stantin Guys in Reportagezeichnungen vom Krimkrieg selbst. Guys versah seine vor Ort entstandenen Skizzen zudem mit Beischriften, die ihn zweifelsfrei identi-fizierten. Ganz ähnlich wie Chappatte oder Joe Sacco (Abb. 11) zeigte er sich dem Betrachter ostentativ in einer Interviewsituation und demonstrierte auf diese Weise, dass er selbst sich seiner spezifischen Perspektive bewusst war.[71] Die Autoren ma-chen ihre Zeichnungen »als synthetisches Konstrukt für den Betrachter erkennbar und reflektierbar.«[72]

---

68 Siehe etwa URL: www.symboliamag.com; www.archcomix.com; www.cartoonmovement.com (12.06.2013).

69 URL: www.archcomix.com (12.06.2013).

70 Interview mit Dan Archer, 02.08.2011, in: Soremsky (2011), S. 232, siehe allgemeiner dazu auch ebd., S. 29 f., 66–68. Siehe zum subjektiven Standpunkt von aktuellen Positionen im Comic-Journalismus auch Joost Pollmann: *Comics & Journalism. Whitnessing the world with pen and paper*, Melton Prior Institut für Re-portagezeichnung, undat. [2008], URL: http://meltonpriorinstitut.org/pages/textarchive.php5?view=text&ID=183&language=English (16.06.2013).

71 Zu Constantin Guys Selbstdarstellungen im Krimkrieg siehe Florian Nagel: Anfänge der Bildreportage: Zeichner und Fotografen im Krimkrieg, in: Urte Krass (Hg.): *Was macht die Kunst? Aus der Werkstatt der Kunstgeschichte*, München 2009 (= Münchner Kontaktstudium Geschichte Bd. 12), S. 85–120, hier S. 103.

72 Keller (2007).

Abb. 11   Joe Sacco: *Palestine*, Detail, 1995

Auswirkungen auf den Journalismus

Die zunehmende Konjunktur der Zeichnung in journalistischen Kontexten markiert die jüngste Phase einer längerfristigen Entwicklung im Selbstverständnis des Journalismus: Seit Ende der 1990er Jahre lässt sich zunehmend beobachten, dass Journalisten das Dogma der Objektivität als nicht mehr aktuell kritisieren. Die *Society of Professional Journalists* etwa strich den Begriff Objektivität 1996 aus ihrem »Code of Ethics«[73] und ersetzte zudem die Formulierung »seeking the truth« durch »seeking truth«.[74] Ihr bisheriges Handeln erschien vielen Journalisten gerade in der Berichterstattung über Kriege und Konflikte als unangebrachte Haltung und *dispassionate practice*. Das Ideal der Objektivität als einer neutralen Berichterstattung wurde kritisiert und von einigen Reportern verworfen. Als Ausweg wählten manche eine persönlich geprägte Berichterstattung, die als *emotional correctness* beschrieben worden ist.[75] Vor diesem Hintergrund einer subjektiveren, reflektierten journalistischen Grundhaltung erscheint das Interesse an der Zeichnung nachvollziehbar, die als Medium ihren Autor nicht verbirgt, sondern als Gewährsmann der Situation stärkt.

---

73 Die aktuelle Version des Code of Ethics ist abzurufen unter URL: http://www.spj.org/pdf/ethicscode.pdf (12.06.2013).

74 Andrew Calcutt/Philip Hammond: Objectivity and the End of Journalism, in: Alec Charles/Gavin Steward (Hg.): *The End of Journalism. News in the Twenty-First Century*, Bern 2011, S. 19–30, hier S. 19.

75 Der Begriff wurde von Mick Hume geprägt, siehe Andrew Calcutt, Philip Hammond: Objectivity and the End of Journalism, in: Alec Charles/Gavin Steward (Hg.): *The End of Journalism. News in the Twenty-First Century*, Bern 2011, S. 19–30, hier S. 25.

Die faktische, aktuelle Vermittlung von Ereignissen wird innerhalb des Journalismus heute vor allem von elektronischen Echtzeitmedien übernommen. Zeitungen bieten diese Nachrichten natürlich auch, gehen in ihren Angeboten aber weit darüber hinaus. Sie entwickeln zusätzliche und alternative Modi für die Wahrnehmung von und den Zugang zu Realität. Zudem reflektieren sie verstärkt den eigenen journalistischen Zugriff: Die deutsche Tageszeitung *Die Welt* etwa provoziert ein Nachdenken über den Einsatz journalistischer Bilder, indem sie seit 2010 einmal im Jahr einem Künstler alle Bildflächen der Zeitung zur Gestaltung überlässt, während die Textteile den ganz normalen journalistischen Routinen folgen. Georg Baselitz, Elsworth Kelly und Gerhard Richter haben bisher Ausgaben bebildert und Zeitungen als Kunstobjekte konzipiert, deren Titelseiten als Grafik-Sondereditionen vertrieben wurden.[76] Die Gegenüberstellung von künstlerischen Bildern und journalistischen Texten irritiert die Rezeptionsgewohnheiten und erlaubt durch die Andersartigkeit der Bilder, (visuellen) Journalismus in seinen alltäglichen Routinen wahrzunehmen und zu überdenken.

Demgegenüber markierte der Vorstoß der deutschen Wochenzeitung *Die Zeit*, 2011 mehr als ein halbes Jahr im Politikteil neben Nachrichten, Reportagen und Fotografien politische Gedichte zu veröffentlichen, die Suche nach konkreten Alternativen: Hier wurde mit der Lyrik eine künstlerische Textgattung als gleichrangige Darstellungsform im journalistischen Kontext erprobt. *Die Zeit* schrieb dazu: »Es ist ein Versuch, das Politische und die Politiker auf andere Weise wahrzunehmen, ihre Sprache neu zu hören und sie mit anderen Worten zu beschreiben, Worten, die so noch nicht gefallen sind. Und es ist ein Versuch, uns aus dem Konzept zu bringen.«[77]

Offenbar gibt es ein Bedürfnis, aus den bisherigen journalistischen Routinen auszubrechen, in der Hoffnung, Betrachter und Leser zu überraschen und der Gegenwart mit anderen Mitteln, etwa mit künstlerischen Darstellungsformen wie dem Gedicht oder der Zeichnung, näher zu kommen. Die Dichterin Monika Rinck fasste diesen Wunsch als

> »Sehnsucht nach einer anderen, unerhörten Beschreibung von medial wie zu Grunde berichteten Geschehnissen oder Situationen […]. Worin aber besteht dann die eigentliche Kontrastdimension zum Journalistischen? Die Ästhetik bietet hier ihre klassischen Begriffe an: Freiheit, Offenheit, Spiel. Je persönlicher eine Zugangsweise ist, desto stärker geraten auch die Qualitäten und Entscheidungen der Person in den Vordergrund. […] Anhand des Gedichtes kann die Frage ›Was steht hier eigentlich?‹ mit einer anderen Vordringlichkeit neu eingeübt und wieder gestellt werden.«[78]

76 *Die Welt*, 01.10.2010 Georg Baselitz, 06.10.2011 Elsworth Kelly, 05.10.2012 Gerhard Richter.

77 Bibi Tegzess/Bernd Ulrich: Macht, Gedichte, in: *Die Zeit*, 10.03.2011, URL: www.zeit.de/2011/11/Gedich-te-ueber-Politik (22.10.2012).

78 Monika Rinck: Poetry, Mobilisation and Resistance, in: *Die Zeit*, 12.01.2012, S. 7.

Die Ergänzung des Informationsjournalismus durch symbiotische Verbindungen aus journalistischen und künstlerischen Techniken erinnert auch an den *New Journalism* der 1960er Jahre.[79] Informierend, kommentierend und unterhaltend bewegten sich seine Protagonisten zwischen den Genres und provozierten in den 1970er Jahren durch Grenzgänge zwischen Fakt und Fiktion. Während etablierte Medien neue Formen der Berichterstattung erproben, entstehen auch neue Medienformate wie das amerikanische Tablet-Magazin *Symbolia*, das sich ausschließlich auf visuelle Berichterstattung konzentriert und seinen Lesern illustrierte Reportagen verschiedener Comic-Journalisten wie Sarah Glidden, Matt Bors, Susie Cagle oder Dan Archer bietet.[80]

Die Authentizität der Retrofotografie

Große Diskussionen in der journalistischen Fachwelt rief im November 2010 eine Titelgeschichte in der *New York Times* hervor. Die Tageszeitung hatte eine Reportage veröffentlicht, dazu Fotografien aus dem Alltag amerikanischer Soldaten in Afghanistan (Abb. 12, Tafel 8). Diese waren vom Fotografen Damon Winter nicht mit einer Profi-Kamera aufgenommen worden, sondern mit einem iPhone und der Application *Hipstamatic*. Die technische Anwendung verändert automatisch Parameter wie die Belichtung so, dass die Bilder aussehen wie analoge Fotoabzüge.[81] In der Folge der Veröffentlichung und der Auszeichnung der Reportage mit einem Preis für journalistische Fotografie entwickelte sich eine Debatte darüber, ob eine solche Form der Fotografie im Journalismus zulässig sei.[82] Die Gegner argumentierten, die Manipulation der ursprünglichen Bilddaten durch die Applikation entferne die Darstellung unzulässig von der Realität. Warum aber erschienen diese Bilder der Redaktion der *NYT* und der Jury von »Pictures of the Year« als Preis für Pressefotografie dann trotzdem besonders geeignet, vom Alltag der Soldaten in Afghanistan zu berichten?

Die Fotoserie konnte überzeugen, so ließe sich vor dem Hintergrund der bisherigen Untersuchung behaupten, weil Winter hier Aspekte des journalistischen Bildes als Schnittstelle aufgriff. Wesentliche Effekte, die auch die Reportagezeichnungen

79 Bernhard Pörksen: Das Problem der Grenze. Die hintergründige Aktualität des New Journalism – eine Einführung, in: Joan Kristin Bleicher/Bernhard Pörksen (Hg.): *Grenzgänger. Formen des New Journalism*, Wiesbaden 2004, S. 15–28, hier S. 19.

80 Symbolia, URL: http://www.symboliamag.com/about (16.06.2013).

81 Stellvertretend für zahlreiche weitere Beispiele der Verwendung von Handykameras für die Bildberichterstattung sei hier auf die Fotografien in Polaroid-Optik von David Guttenfelder für die *Denver Post* verwiesen, die dort am 24.03.2010 erschienen, URL: http://blogs.denverpost.com/captured/2010/03/24/captured-guttenfelders-iphone-photos/ (26.07.2013).

82 Siehe etwa die Diskussion auf dem Pressefoto-Blog der *New York Times*, URL: www.lens.blogs.nytimes.com/2010/11/21/finding-the-right-tool-to-tell-a-war-story/ (23.10.2012).

Abb. 12   *The New York Times*, Fotografien Damon Winter, 22. November 2010

als Schnittstellen erscheinen lassen, finden sich in seinen Bildern wieder: *Das Foto als Zeuge*: Die App fügt den quadratischen Fotos einen Rahmen hinzu, so dass sie in der Reproduktion in der Zeitung wie Polaroid-Abzüge erscheinen. Die Fotos sind dadurch inszeniert, als seien sie als Sofortbilder Sachzeugen der Situation. *Die Präsenz des Autors*: Die Perspektive ist in vielen Fällen so gewählt, dass der Standpunkt des Fotografen nah bei den Soldaten leicht nachvollziehbar ist. Der Autor als Subjekt ist mit im Bild. Auf diese Weise wird die Nähe zum Dargestellten betont, die mit großer Ausrüstung kaum möglich gewesen wäre. Winter reflektierte diesen Aspekt: »Composing with the iPhone is more casual and less deliberate. […] And the Soldiers often take photos of each other with their phones, so they were more comfortable than if I had my regular camera.«[83] *Die Atmosphäre*: Am auffälligsten an den Fotografien ist wohl, – und das hat auch am meisten für Diskussion unter Fotojournalisten gesorgt –

83 Damon Winter, zit. nach James Estrin: Finding the Right Tool to Tell a War Story, *New York Times Blog Lens*, 21.11.2010, URL: http://www.lens.blogs.nytimes.com/2010/11/21/finding-the-right-tool-to-tell-a-war-story/ (23.10.2012).

dass die technische Veränderung der Belichtung, der Kontraste oder der Farbbalance zu einer bestimmten Ästhetik führte und zu einer bestimmten Stimmung der Bilder. Trotz ihrer Künstlichkeit vermag sie den Fotografien, vielleicht durch die Ästhetik eigener Kindheitserinnerungen, vielleicht durch Assoziationen an Bilder etwa aus dem Vietnamkrieg, Authentizität und Atmosphäre zu verleihen. Der Kritiker und Fotograf Matt Buchanan schrieb zu Winters Bildern aus Afghanistan:

> »Hipstamatic generates an atmosphere, an aesthetic that ostensibly doesn't exist in reality. [...] I can see how the photographer — the person who was there, documenting a moment in a time — can reasonably argue that his Hipstamatic print more accurately depicts the feeling of what it was like to be there than if he had simply taken a conventional, straightforward photograph.«[84]

Die Applikation habe Winter also ermöglicht, die Erscheinung der Fotografie seiner eigenen Erfahrung anzunähern. Sie vermöge seine Gefühle in der Situation besser zu vermitteln als eine einfache, sachliche Fotografie. Der technisch erzeugte, immer gleiche Bildmodus evoziert eine Gleichförmigkeit, die Winter so auf die Darstellung des als monoton empfundenen Soldatenalltags überträgt. Durch die Wahl eines künstlerischen, anachronistischen Effekts ist die Fotografie hier nicht als Fenster eingesetzt, sondern mit Anlagerungen versehen und teils opak geworden. Dieser Umgang mit dem Verfahren der Fotografie weist ebenso wie der zunehmende Einsatz der Zeichnung in journalistischen Medien auf ein verändertes Bildverständnis. Die Schnittstelle ist als Typus journalistischer Bildberichterstattung höchst aktuell.

---

84 Matt Buchanan: *Hipstamatic and the Death of Photojournalism*, URL: http://gizmodo.com/5756703/is-hipstamatic-killing-photojournalism (26.07.2013).

Literatur

Alberti, Leon Battista : De pictura / Die Malkunst, in: ders.: *Das Standbild. Die Malkunst. Grundlagen der Malerei*, Darmstadt 2000.

Amelunxen, Hubertus von/Stefan Iglhaut/Florian Rötzer (Hg.): *Fotografie nach der Fotografie*, München 1996.

Amrein, Ursula (Hg.): *Das Authentische. Referenzen und Repräsentationen*, Zürich 2009.

Ausst.-Kat. *Tauchfahrten. Zeichnung als Reportage*, Kunstverein Hannover 2004.

Bee, Andreas (Hg.): *Richter zeichnen. Alexander Roob zeichnet den Auszug des Stammheim-Zyklus von Gerhard Richter aus dem Museum für Moderne Kunst in Frankfurt am Main*, Köln 2001.

Berg, Stephan/Ulrike Groos: Vorwort, in: Ausst.-Kat. *Tauchfahrten. Zeichnung als Reportage*, Kunstverein Hannover 2004, S. 6–7.

Bleicher, Joan Kristin/Bernhard Pörksen (Hg.): *Grenzgänger. Formen des New Journalism*, Wiesbaden 2004.

Böhme, Gernot: *Atmosphäre. Essays zu einer neuen Ästhetik*, Frankfurt am Main 2007.

Brückle, Wolfgang: Die »Dimension der Zeugenschaft«. Zum Stellenwert der Fotografie auf der documenta X, in: *kritische berichte*, 25/4 (1997), S. 15–23.

Buchanan, Matt: *Hipstamatic and the Death of Photojournalism*, URL: http://gizmodo.com/5756703/is-hipstamatic-killing-photojournalism (26.07.2013).

Burgin, Victor: Das Bild in Teilen, in: Hubertus von Amelunxen/Stefan Iglhaut/Florian Rötzer (Hg.): *Fotografie nach der Fotografie*, München 1996, S. 26–35.

Charles, Alec/Gavin Steward (Hg.): *The End of Journalism. News in the Twenty-First Century*, Bern 2011.

Daston, Lorraine/Peter Galison: *Objektivität*, Frankfurt am Main 2007.

Estrin, James: Finding the Right Tool to Tell a War Story, *New York Times Blog Lens*, 21.11.2010, URL: http://lens.blogs.nytimes.com/2010/11/21/finding-the-right-tool-to-tell-a-war-story/ (23.10.2012).

Ginzburg, Carlo: *Die Wahrheit der Geschichte. Rhetorik und Beweis*, Berlin 2001.

Grittmann, Elke: *Das politische Bild. Fotojournalismus und Pressefotografie in Theorie und Empirie*, Köln 2007.

Gumbrecht, Hans Ulrich: *Diesseits der Hermeneutik. Die Produktion von Präsenz*, Frankfurt am Main 2004.

Gumbrecht, Hans Ulrich: *Stimmungen lesen. Über eine verdeckte Wirklichkeit der Literatur*, München 2011.

Hoffmann, Christoph: Festhalten, Bereitstellen. Verfahren der Aufzeichnung, in: Ders. (Hg.): *Daten sichern. Schreiben und Zeichnen als Verfahren der Aufzeichnung*, Zürich 2008, S. 7–20.

Keller, Ulrich: *Kriegsbilder, Bilderkriege. Die Erfindung der Bilderreportage im Krimkrieg*, Melton Prior Institut für Reportagezeichnung, 22.10.2007, URL: www.alteseite.meltonpriorinstitut.org/content/aktuell/Keller-dt.html (15.08.2011).

Krämer, Sybille: Vertrauenschenken. Über Ambivalenzen der Zeugenschaft, in: Sibylle Schmidt/ Sybille Krämer/Ramon Voges (Hg.): *Politik der Zeugenschaft. Zur Kritik einer Wissenspraxis*, Bielefeld 2010, S. 117–140.

Krümmel, Clemens: Es reicht zu zeichnen. Möglichkeiten der Reportagezeichnung, in: Ausst.-Kat. *Tauchfahrten. Zeichnung als Reportage*, Kunstverein Hannover 2004, S. 8–19.

Luginbühl, Martin: Vergegenwärtigen und verkünden. Zur Kulturalität von Authentizitätsinszenierungen in Fernsehnachrichten, in: Ursula Amrein (Hg.): *Das Authentische. Referenzen und Repräsentationen*, Zürich 2009, S. 67–88.

Lunenfeld, Peter: Die Kunst der Posthistorie. Digitale Fotografie und elektronische Semiotik, in: Hubertus von Amelunxen/Stefan Iglhaut/Florian Rötzer (Hg.): *Fotografie nach der Fotografie*, München 1996, S. 93–99.

Nagel, Florian: Anfänge der Bildreportage: Zeichner und Fotografen im Krimkrieg, in: Urte Krass (Hg.): *Was macht die Kunst? Aus der Werkstatt der Kunstgeschichte*, München 2009 (= Münchner Kontaktstudium Geschichte Bd. 12), S. 85–120.

Neef, Sonja: *Abdruck und Spur. Handschrift im Zeitalter ihrer technischen Reproduzierbarkeit*, Berlin 2008.

Pollmann, Jost: Comics & Journalism. *Whitnessing the world with pen and paper*, Melton Prior Institut für Reportagezeichnung, undat. [2008], URL: http://meltonpriorinstitut.org/pages/ textarchive.php5?view=text&ID=183&language=English (16.06.2013).

Pörksen, Bernhard: Das Problem der Grenze. Die hintergründige Aktualität des New Journalism – eine Einführung, in: Joan Kristin Bleicher/Ders. (Hg.): *Grenzgänger. Formen des New Journalism*, Wiesbaden 2004, S. 15–28.

Rinck, Monika: Poetry, Mobilisation and Resistance, in: *Die Zeit*, 12.01.2012, S. 7.

Roob, Alexander: Sonderzeichner. Ein kurzer Faden durch die Geschichte der Zeichnungsreportage, in: Ausst.-Kat. *Tauchfahrten. Zeichnung als Reportage*, Kunstverein Hannover 2004, S. 46–73.

Rötzer, Florian: Betrifft: Fotografie, in: Amelunxen, Hubertus von/Stefan Iglhaut/Ders. (Hg.): *Fotografie nach der Fotografie*, München 1996, S. 13–25.

Schmidt, Siegfried J.: Die Wirklichkeit des Beobachter, in: Klaus Merten/Siegfried J. Schmidt/ Siegfried Weischenberg: *Die Wirklichkeit der Medien. Eine Einführung in die Kommunikationswissenschaft*, Opladen 1994, S. 3–19.

Schwartz, Dona: To Tell the Truth. Codes of Objectivity in Photojournalism, in: *Communication* 13/2 (1992), S. 95–109.

Bo Soremsky: *Wiederkehr und Wandlung der Illustration. Gegenwärtige Herausforderungen für die illustrierte Bildreportage*, Masterarbeit, Fachhochschule Potsdam 2011, URL: http:// www.bosoremsky.de/Master_BSoremsky.pdf (16.04.2013).

Tegzess, Bibi/Bernd Ulrich: Macht, Gedichte, in: *Die Zeit*, 10.03.2011, URL: www.zeit.de/2011/11/ Gedichte-ueber-Politik (22.10.2012).

Ullrich, Wolfgang : *Die Geschichte der Unschärfe*, Berlin 2002.

Wittmann, Barbara (Hg.): *Spuren erzeugen. Zeichnen und Schreiben als Verfahren der Selbstaufzeichnung*, Zürich, Berlin 2009.

Abb. 1   Totenmaske des Heiligen Bernardino von Siena, 1444, San Bernardino, L'Aquila

Urte Krass
Black Box Heiligenkult.
Die Totenmaske als doppelte Schnittstelle

Bild und Tod

Der Tod eines nahestehenden Menschen ist ein einschneidendes Ereignis für die Hinterbliebenen. Jemandes Existenz wird zu Vergangenheit, jemand verschwindet aus der Gegenwart. Der Körper wird im Moment des Todes zu einem Bild: Er ähnelt dem Verstorbenen nur, entspricht aber nicht mehr dem Menschen, der er war, als er am Leben war.[1] Ein Leichnam erweist sich noch dazu als ein »unzuverlässiges Bild«. Es löst sich in kurzer Zeit auf und entzieht sich dadurch den Trauernden, sodass das Erscheinungsbild des Verstorbenen nur noch in der – ebenfalls unverlässlichen – Erinnerung der Überlebenden existieren kann.[2] Die Sehnsucht, wenigstens das Aussehen des Verstorbenen festzuhalten, die individuelle Landschaft seines Gesichts aufzuzeichnen und in die Zukunft zu transportieren, ist ein urmenschliches Bedürfnis. So hängt die Praxis des Bildermachens von Anfang an eng mit dem Tod und dem Verschwinden der toten Körper zusammen.

Seit den ersten schriftlich niedergelegten Reflexionen über Kunst und Bildproduktion wird der Ursprung der Bilder aus der Kompensation der Absenz eines Körpers erklärt. In Plinius' *Naturgeschichte* zeichnet die Tochter des korinthischen Töpfers Butades den Geliebten vor seiner Abreise. Sie hält die Spur seiner Präsenz fest, indem sie seinen Schattenriss nachzieht, den er, von hellem Licht angestrahlt, auf die Wand wirft. In den ersten kunsttheoretischen Traktaten der italienischen Renaissance, so bei Leon Battista Alberti, wird die Kraft der Kunst aus der Tatsache heraus erklärt, dass sie es vermöge, die Toten weiterleben zu lassen. Die Malkunst birgt demnach

> »eine geradezu göttliche Kraft in sich und leistet nicht nur – was man der Freundschaft nachsagt –, dass sie Abwesende vergegenwärtigt; vielmehr stellt sie auch Verstorbene erkennbar vor Augen, sogar noch denen, die viele Jahrhunderte später

---

1 Maurice Blanchot: Die zwei Fassungen des Bildlichen (1951), in: Thomas Macho/Kristin Marek (Hg.): *Die neue Sichtbarkeit des Todes*, München 2007, S. 25–36, hier S. 29.

2 Hans Belting: *Bild-Anthropologie. Entwürfe für eine Bildwissenschaft*, München ²2002, S. 145.

leben […]. So könnte man denn sagen, dass die Züge der Verstorbenen im Bilde irgendwie ein verlängertes Leben führen.«[3]

Das Bild fungiert als Surrogat des verschwundenen Körpers und als Medium, in welchem dieser gegenwärtig bleiben kann. Es trägt eine Referenz auf Abwesenheit in sich, obwohl es im Hier und Jetzt erfahren wird.[4]

Bereits lange bevor Plinius oder Alberti ihre Gedanken zum Bildermachen verschriftlichten, wurden Masken und Bilder angefertigt, die in engem Zusammenhang mit dem Totenkult standen. Sie wurden offenbar entwickelt, um einen Verlust zu kompensieren und um eine Lücke zu überbrücken, die durch den Tod in eine Gemeinschaft gerissen wurde.[5] Zu diesen Objekten zählen etwa die künstlerisch mit Kalk oder Lehm überarbeiteten Totenschädel aus Jericho, die ungefähr 7000 Jahre v. Chr. entstanden sind. Dem Bestattungskontext entstammen auch die mit dem Hammer in Form geschlagenen goldenen Sepulkralmasken aus Mykene aus dem 16. Jahrhundert v. Chr. sowie die mit in Wachs gebundenen Farbpigmenten auf Holztafeln aufgetragenen römisch-ägyptischen Mumienporträts, die zwischen dem ersten vorchristlichen und dem dritten nachchristlichen Jahrhundert datieren. Die letztgenannten zweidimensionalen Mumienporträts fand man vor das Gesicht der Toten gebunden, auch sie fungierten demnach als Surrogate der verlorenen Gesichtszüge des Leichnams.[6]

In all diesen Beispielen ist evident, dass hier Künstler gestalterisch tätig waren, und dass es sich bei diesen Bildern um »Ersatzgesichter« handelt ohne den Anspruch, eine exakte Verdoppelung bzw. eine veristische Nachahmung des Antlitzes des Toten zu sein. Während die Gestalter der plastisch überformten Schädel von Jericho und der goldenen Masken von Mykene bewusst keine Kongruenz mit den authentischen Zügen des Verstorbenen anstrebten, suggerieren die ägyptischen Mumienporträts zumindest eine Ähnlichkeit mit dem Verstorbenen. Jedoch ist die Zweidimensionalität dieser Kopfbilder ebenfalls ein Hinweis darauf, dass man sie dem echten Gesicht des Toten vielleicht doch nicht allzu sehr anähneln, sondern den mimetischen Effekt in Maßen halten wollte.

---

3 Leon Battista Alberti: *Das Standbild. Die Malkunst. Grundlagen der Malerei* (um 1435), hg. von Oskar Bätschmann/Christoph Schäublin, Darmstadt 2001, S. 234 f.

4 Vgl. Martin Schulz: Die Re-Präsenz des Körpers im Bild, in: Annette Keck/Nicolas Pethes (Hg.): *Mediale Anatomien. Menschenbilder als Medienprojektionen*, Bielefeld 2001, S. 33–51, hier S. 43.

5 Karl-Heinz Schreyl: Geschichte und Brauchtum der Totenmaske, in: *Das letzte Porträt. Totenmasken berühmter Persönlichkeiten aus Geschichte und Gegenwart*, Berlin 1967, S. 127–133; Caroline Welsh: Zur Kulturgeschichte der Totenmaske, in: Jonas Maatsch/Christoph Schmälzle (Hg.): *Schillers Schädel. Physiognomie einer fixen Idee*, Göttingen 2009, S. 68–72.

6 Belting (2002), S. 150–155 (zu den neolithischen Funden), S. 163 f. (zu den Mumienporträts), jeweils mit Literaturverweisen. Zu den Totenmasken aus Mykene siehe Georges Didi-Huberman: *Ähnlichkeit und Berührung. Archäologie, Anachronismus und Modernität des Abdrucks*, Köln 1999, S. 34–36; Marija Gimbutas: Gold Treasure at Varna, in: *Archaeology* 30 (1977), S. 44–51; Ivan S. Ivanov: Der kupferzeitliche Friedhof in Varna, in: Ausst.-Kat. *Das erste Gold der Menschheit. Die älteste Zivilisation in Europa*, Freiburg i. Br. 1985, S. 30–42.

Totenmasken

Anders verhält es sich mit den Totenmasken, die aus einem Abdruck in einem weichen Material entstanden sind. Das Wachs oder der Gips, der auf das Antlitz des Toten aufgetragen wird, vermag es, Pore für Pore, Linie für Linie exakt zu übertragen, sodass man bei diesen Objekten fast von einer Verdoppelung des toten Gesichts sprechen kann. Die Technik der Totenmaskenabnahme ist über die Jahrhunderte hinweg mehr oder weniger unverändert geblieben. Ein Fachmann des 20. Jahrhunderts war der Bildhauer Georg Kolbe, der das Procedere 1927 anschaulich beschrieb:

> »Was […] zu tun ist, sind einfachste, handwerkliche Griffe […]; die behaarten Stellen werden mit dünn aufgelöstem Modellierton überpinselt, oder auch mit Öl, damit der aufzugießende Gips nicht festhaftet. Die Haut enthält selbst genügend Fett, braucht nicht präpariert zu werden. Die Grenze der Maske, die Teile am Hals, hinter den Ohren usw. werden mit dünnstem nassen Papier umlegt. […] Eine große Schale Gips, suppendünn über das Antlitz gelöffelt, wenige Millimeter dick – dann ein Faden über die Stirnmitte, Nasenrücken, Mund und Kinn gelegt. Eine zweite Schale stärkeren Gips, wie ein Brei auf die erste Schicht aufgetragen (als haltende Kappe zu denken) und bevor diese bindet, wird der Faden gezogen, das Ganze in Hälften teilend. Nach dem Hartwerden der Kappe wird die zweigeteilte Form gesprengt und vorsichtig vom Kopf gelöst; das Schwierigste, denn luftdicht war der Körper mit der Form geschlossen. Die abgenommenen Hälften werden dann sofort wieder zusammengepasst und verklammert, das Negativ gereinigt und wieder mit Gips ausgegossen. Der Mantel, die Kappe sorgfältig mit Schlägel und Meißel abgeklopft und darstellt sich das Positiv, die fertige Maske.«[7]

Erste Gipsabgüsse sind bereits aus dem Mittleren Reich Ägyptens aus der Zeit um 2000 v. Chr., erhalten. Der Abdruck des toten Gesichts in Wachs oder Gips war dann später in der römischen Kultur eine bewährte Praxis. Vor allem ab dem vierten Jahrhundert v. Chr. diente die Abformtechnik dem Ahnenkult, indem man auf der Grundlage von Totenmasken Büsten bzw. ganze Scheinleiber anfertigte. Diese *imagines maiorum* wurden, so beschreibt es Plinius, im Atrium der Häuser der vornehmen Bürger aufbewahrt, um im Falle eines neuerlichen Todesfalls bei den Trauerfeierlichkeiten hergezeigt und in Prozessionen herumgefahren zu werden.[8] Dabei handelte es

---

7 Georg Kolbe: Das Abnehmen von Totenmasken, in: Ernst Benkard: *Das ewige Antlitz. Eine Sammlung von Totenmasken*, Berlin 1927, S. XLI–XLIII, S. XLII; siehe auch Hans Helmut Jansen/P. Leist: Procedure to Take Away Death-masks. Technik der Abnahme von Totenmasken, in: *Pathology* 161 (1977), S. 385–390, sowie Michael Hertl: Das Abnehmen von Totenmasken, in: Ders.: *Totenmasken. Was vom Leben und Sterben bleibt*, Stuttgart 2002, S. 60–63.

8 C. Plinius Secundus d. Ä.: *Naturkunde, Buch 35, Farbe, Malerei, Plastik*, hg. von Roderich König/Gerhard Winkler, München 1978, S. 108 f.

sich wohl um künstlerisch verlebendigte Wachsporträts, welche »die Präsenz des Ahnen in seiner möglichst lebensvollen Dynamik, nicht am Ende seiner Tage« suggerierten.[9] Der Einsatz der Ahnenbilder fügte im alten Rom Geschichte und Gegenwart
zu einem Kontinuum, einer Einheit zusammen.

Nach ihrer Blütezeit in der römischen Republik verschwanden die Gesichtsab-
drucke erst einmal für lange Zeit von der Bildfläche. Zwar steht zu vermuten, dass
auch im 12. und 13. Jahrhundert bei der Wachspräparation toter Herrscher gewissermaßen Totenmasken übrig blieben,[10] jedoch stammen die ersten erhaltenen nachanti-
ken Totenmasken aus dem 15. Jahrhundert. Bekannte Exemplare sind beispielsweise
diejenigen des Florentiner Baumeisters Filippo Brunelleschi (gest. 1446) oder des
Florentiner Stadtherrn Lorenzo de' Medici (1492).[11] Eine regelrechte Hochkonjunktur
erlebte die Totenmaske jedoch im Heiligenkult der italienischen Frührenaissance.[12]
Die Wachsmaske Bernardinos von Siena von 1444 ist die erste erhaltene Totenmaske
aus christlicher Zeit überhaupt (Abb. 1). Neben ihr existieren die Masken zahlreicher
weiterer Heiliger des 15. Jahrhunderts, so von Antonino Pierozzi, dem Erzbischof
von Florenz (1459), dem Franziskaner Giacomo della Marca (1476) oder von der
Dominikanerin Osanna Andreasi von Mantua (1505). Vermutlich war es sogar die
Integration der Totenmaske in den Heiligenkult, die überhaupt für ihr Wiederauftau-
chen in den ersten Jahrzehnten des 15. Jahrhunderts verantwortlich war. Jedenfalls
sind die erhaltenen Exemplare weltlichen Personals allesamt später zu datieren als
die ersten neuzeitlichen Totenmasken von Heiligen.[13]

Im Folgenden soll der Versuch unternommen werden, die Heiligentotenmaske im Kontext der Heiligenverehrung zu verorten und ihre Funktion als multiple
Schnittstelle herauszuarbeiten. Daher muss zuvor zumindest in groben Umrissen die
grundsätzliche Funktionsweise von Heiligen- und Reliquienkult skizziert werden.

9 Peter Blome: Die imagines maiorum. Ein Problemfall römischer und neuzeitlicher Ästhetik, in: Gottfried
Boehm (Hg.): *Homo pictor*, München 2001, S. 305–322; Egon Flaig: *Ritualisierte Politik. Zeichen, Gesten
und Herrschaft im Alten Rom*, Göttingen 2003, S. 49 f., S. 69 f.

10 Dominic Olariu: Körper, die sie hatten – Leiber, die sie waren. Totenmaske und mittelalterliche Grabskulp-
tur, in: Hans Belting (Hg.): *Quel corps? Eine Frage der Repräsentation*, München 2002, S. 85–104; Ders.:
Réflexions sur l'avènement du portrait avant la XVe siècle, in: ders. (Hg.): *Le portrait individuel*, Bern 2009,
S. 83–101.

11 Giovanni Poggi: La »maschera« di Filippo Brunelleschi nel Museo dell'Opera del Duomo, in: *Rivista d'arte*
12 (1930), S. 533–540; Maria Sframeli: *La maschera di Lorenzo il Magnifico. Vicende e iconografia*, Florenz 1993; Adrienne De Angelis: On the Ashmolean Bust of Lorenzo de' Medici, in: *Sculpture Journal* 13
(2005), S. 5–17.

12 Urte Krass: *Nah zum Leichnam. Bilder neuer Heiliger im Quattrocento*, Berlin, München 2012, S. 118–166.

13 Zur Beliebtheit des Gesichtsabdrucks in weltlichen Kreisen des späteren 15. Jahrhunderts siehe Jeanette
Kohl: Gesichter machen. Büste und Maske im Florentiner Quattrocento, in: *Marburger Jahrbuch für Kunstwissenschaft* 34 (2007), S. 77–99. Ein Problemfall bleibt die häufig sehr früh, nämlich auf 1430 datierte
sogenannte Büste des Niccolò da Uzzano. Zu diesem Werk jüngst Artur Rosenauer: Der sogenannte ›Niccolò da Uzzano‹. Donatello oder doch Desiderio?, in: Joseph Connors u. a. (Hg.): *Desiderio da Settignano*,
Venedig 2011, S. 21–30.

Die Heiligentotenmaske im Kontext

Christliche Heilige sind mit verschiedenen Charismata ausgezeichnete Gottes-
menschen, die von den Gläubigen vor allem wegen ihrer Stellung als Fürbitter und
Heilsmittler verehrt werden. Als Interzessor ist der Heilige jemand, der zwischen
Gott und den Menschen tritt. Man erhofft sich die Fürsprache des Heiligen sowohl
im Hier und Jetzt als auch am Ende aller Tage im Jüngsten Gericht. Die Heiligen sind
die Vermittler zu Christus, der selbst »so weit entrückt ist, daß man ihn nicht mehr
unmittelbar anzusprechen wagt«.[14]

Nach christlicher Überzeugung tränkt der Heilige bereits zu Lebzeiten alles, was
er berührt, mit seiner wunderwirkenden Kraft, der *virtus*, sodass nicht nur die Berührung des Gläubigen durch den *lebenden* Heiligen selbst, sondern auch durch von ihm
Berührtes heilende Effekte zeitigt. Davon geben die Berichte von durchreisenden oder
predigenden Heiligen, die (bisweilen unabsichtlich) Wunderheilungen vollbrachten
und im Anschluss daran Opfer regelrechter Kleiderfleddereien wurden, drastisches
Zeugnis.[15] Diese Praktiken setzen sich nach dem Tod des Heiligen nahtlos fort; nun
müssen die Leichname der verehrten Menschen vor allzu invasivem Zugriff regelrecht
geschützt werden.[16] Die Reliquien stellen nun die Schnittstelle zwischen Diesseits und
Jenseits dar, vor allem natürlich die Primärreliquien, also die sterblichen Überreste der
oder des Heiligen. Aber auch Sekundärreliquien – alles, was der Heilige zu Lebzeiten
bei sich getragen oder berührt hat – und Tertiärreliquien, also nachträglich durch Berührung mit dem Leichnam aufgeladene Objekte, ermöglichen es den Gläubigen, in
Kontakt mit der wunderwirkenden *virtus* des Heiligen zu treten.[17]

Der Unterschied zwischen dem lebendigen und dem toten Heiligenkörper wird
dadurch markiert, dass aus letzterem die Seele entwichen ist. Die *anima* eines Heiligen, so die Vorstellung, verlässt bei seinem Tod den Körper und entfernt sich dann in
große Distanz. Man wähnt sie bereits im Himmlischen Jerusalem, wo sie in die ewige und beseelende Gottesschau, die so genannte *visio beatifica*, versunken ist – ein
Privileg, in dessen Genuss Normalsterbliche, wenn sie denn ein gottgefälliges Leben
führen, erst am Ende aller Zeiten gelangen.

Während der lebende Heilige durch sein vorbildliches Leben mit der *virtus* be-
lohnt wird, ist es nach seinem Tod ein anderer Umstand, der den Fortbestand dieser heilbringenden Kraft für die Gläubigen auf Erden garantiert: Das Überfließen
der Gottesschau, derer die Seele teilhaftig wird, manifestiert sich nun als *virtus* im

---

14 Arnold Angenendt: *Heilige und Reliquien. Die Geschichte ihres Kultes vom frühen Christentum bis zur
   Gegenwart*, Hamburg ²2007, S. 82.
15 Krass (2012), S. 56 f.
16 Das gilt auch noch für den 1968 gestorbenen Padre Pio da Pietrelcina. Siehe Sergio Luzzatto: *Padre Pio.
   Miracoli e politica nell'Italia del Novecento*, Turin 2007, S. 212.
17 Zu dieser Klassifizierung der Reliquien siehe Nicole Herrmann-Mascard: *Les reliques des saints. Formation
   coutumière d'un droit*, Paris 1975, S. 45–48.

heiligen Leichnam.[18] Es existiert in der Vorstellung der Gläubigen sozusagen eine direkte Kopplung, eine Standleitung zwischen der sterblichen Hülle des Heiligen im Diesseits und seiner in die *visio beatifica* versunkenen Seele im Jenseits. Diese Doppelexistenz des Heiligen im Hier und Dort gewährleistet die beständige Wirksamkeit seiner Reliquien.[19]

Die konkrete Gegenwart des Heiligen, seine *praesentia*, und seine wunderwirkende Kraft, die *virtus*, »bilden die Beweggründe der gläubigen Verehrung, die überall dort zum Ausdruck gelangen, wo die irdischen Überreste des Heiligen sich befinden«.[20] Die Gläubigen halten mit Hilfe der sterblichen Hülle die Verbindung zum Heiligen und seiner *virtus* aufrecht. Auch wenn die *anima* den Körper verlassen hat, so sieht es das Glaubenskonzept vor, ist der Leichnam dennoch nicht leer, denn ihm wohnt immer noch die *virtus* inne. Bereits Gregor von Nazianz (gest. 390) führt aus, dass die Körper der Heiligen dieselbe Macht wie ihre heiligen Seelen haben. An dieser Macht könne der fromme Besucher des Leichnams teilhaben, wenn er ihn berühre oder verehre.[21] »Die im Himmel weilende Seele wähnte man verbunden mit ihrem Leib auf Erden, der sich in der Auferstehung erneuern sollte, und die himmlische *dynamis/virtus* (oft als mannaartige Kraft verstanden) strahlte auf ihn über.«[22]

Um von der Heiligen*virtus* zu profitieren, muss sich der fromme Verehrer mit ihr in Verbindung setzen. Und das gelingt am besten durch direkten physischen Kontakt. In den Heiligenviten des 15. Jahrhunderts (und auch in denen früherer und späterer Zeiten) wird geschildert, durch welche Tricks sich die Gläubigen diesen ersehnten Kontakt erstreiten. Sie drängen sich um den Leichnam, nehmen ihn in Beschlag, küssen Hände und Füße oder am besten das Gesicht. Die größten Genesungschancen haben (zumindest bis ins 15. Jahrhundert hinein) in der Logik des Reliquienkultes diejenigen, die sich in Gänze auf den Leichnam zu legen vermögen, eine Praxis, die *incubatio* genannt wird.[23]

---

18 Vgl. Caroline Walker Bynum: *Fragmentation and Redemption. Essays on Gender and the Human Body in Medieval Religion*, New York 1992, S. 229, S. 231: »The notions that the beatific vision could spill over into bodily manifestations, such as beauty or agility, probably encouraged the extravagant claims of Hagiographers, who described their holy subjects as rosy and beautiful despite flagellation and self-starvation, excruciating disease and death itself.«

19 Zum Konzept der Doppelexistenz siehe Angenendt (2007), S. 102–122.

20 Anton Legner: *Reliquien in Kunst und Kult zwischen Antike und Aufklärung*, Darmstadt 1995, S. 14; Walker Bynum (1992), S. 235, geht gar davon aus, dass auch die Seele noch als im Leichnam wirkend vorgestellt wurde: »The many tales of temporary resurrections of the dead, of corpses bleeding to accuse their murderers […], of cadavers growing or smelling sweet or even exuding food after death, point to a wide-spread cultural assumption that person is body as well as soul, body integrally bound with soul.« Zur Anwendung des aus der Eucharistielehre stammenden Begriffs der Realpräsenz siehe ausführlich Peter Dinzelbacher: Die »Realpräsenz« der Heiligen in ihren Reliquiaren und Gräbern nach mittelalterlichen Quellen, in: ders.: *Religiosität und Mentalität des Mittelalters*, Wien 2003, S. 124–183, hier S. 134 f.

21 Herrmann-Mascard (1975), S. 28.

22 Arnold Angenendt: Reliquien/Reliquienverehrung, II. Im Christentum, in: *Theologische Realenzyklopädie*, Bd. 29, Berlin 1998, S. 69–74, hier S. 70; Dinzelbacher (2003), S. 134 f.

23 Zu dieser Praxis siehe Nicola Turchi: Incubazione, in: *Enciclopedia Cattolica*, Bd. 6, Rom 1951, Sp. 1790.

Black Box Heiligen-Interzession

Wie lässt sich der Heiligen- und Reliquienkult, dessen Funktionsweise hier nur in gröbsten Ansätzen skizziert werden konnte und für den der Kontakt und die Interaktion mit dem Heiligenleib zentral sind, analytisch-theoretisch beschreiben? Ungeachtet seiner unterschiedlichen epochen-, kultur- und lokalspezifischen Ausformungen lässt sich das Phänomen Heiligenkult zunächst einmal als ein komplex strukturiertes Handlungsfeld begreifen, auf dem sich auf zwei Ebenen Sinnproduktion vollzieht: Auf der Mikroebene – also in der Alltagssphäre gläubiger Individuen – kommt dabei, wie dargestellt, dem physisch-haptischen Umgang mit dem Heiligenleichnam eine zentrale Bedeutung zu, während auf einer übergeordneten Ebene sowohl theologisch-spirituelle als auch ästhetische und sogar politische Werte verhandelt werden. Um die innere Mechanik dieses Beziehungs- und Handlungsgeflechts zu erfassen, erscheint es hilfreich, sich dem Phänomen Heiligenkult systemtheoretisch zu nähern. Es wird sich zeigen, dass sich das Medium Totenmaske dabei als Verdoppelung der zentralen Schnittstelle des Systems Himmel-Heiliger-Gläubiger lesen lässt.

Zunächst einmal erscheint es hilfreich, sich bei unserer Betrachtung das Konzept der *Black Box* zunutze zu machen. Das aus der Kybernetik und Systemtheorie stammende Konzept lässt sich durchaus – zumindest in Ansätzen – auf den christlichen Heiligen- und Reliquienkult übertragen. Eine *Black Box* ist etwas Unsichtbares, den Blicken Verschlossenes und stellt nach Niklas Luhmann ein komplexes System dar, »von dem […] nur das äußere Verhalten betrachtet werden kann, obwohl man davon ausgeht, dass das innere Funktionieren auf einer spezifischen, nachvollziehbaren Selbstorganisation beruht«. Von diesem System ist nur die Oberfläche sichtbar, und daher ist auch nur darüber eine Kommunikation möglich. Von einer Schnittstelle in systemtheoretischer Definition wird erwartet, dass sie an beiden Systemen teilnimmt und »eine gegenseitige Rückkopplung der im jeweiligen Inneren erzeugten Sinnkomplexe und damit ein zusätzliches Angebot verhandelbarer Sinnelemente in der Kommunikation« garantiert.[24]

Kurz gesagt stellt »jeder geschlossene Bereich, der nicht oder nur teilweise erforscht und analysiert werden kann«, im Grunde eine *Black Box* dar, der etwas »Geisterhaftes« anhaftet.[25] So gilt etwa im Hinblick auf die Funktionsweise von Computersystemen die Feststellung: »Zwischen Problemstellung (Input) und Lösung (Output) befindet sich die *Black Box*.«[26] In diesem Sinne lässt sich auch das ergebnisorientierte System Heiligenkult als *Black Box* begreifen – genauer gesagt: jener soziomechanische Systemkern, der nach christlicher Logik die Übertragung der

---

24 Niklas Luhmann: *Soziale Systeme. Grundriss einer allgemeinen Theorie*, Frankfurt am Main 1987, S. 156 f.

25 Thomas Zaunschirm: White box – Black cube, in: Ders.: *Kunstwissenschaft. Eine Art Lehrbuch*, Essen 2002, S. 103–121, hier S. 106 f.

26 Ebd.

wundersamen Heiligen*virtus* bewerkstelligt. Die Gläubigen nähern sich dem Heiligen mit einer konkreten Problemstellung, d. h. meistens mit der Bitte um Genesung von einer Krankheit oder um sonstigen praktischen Beistand. In den Erzählungen der Mirakelsammlungen und Heiligenviten wird ihr »Input« dann auch für gewöhnlich mit einem »Output«, also der Lösung der Problemstellung durch die Fürsprache des Heiligen an höchster Instanz gelöst.[27] Denn aller Einfluss, den die Heiligen besitzen, kommt in der Logik des Glaubenssystems von Gott und ist auf ihn zurückzuführen. Gott verleiht seine *virtus* nicht unverdient.[28]

Entscheidend für den gläubigen Menschen ist nun, in Kontakt mit der Trägermaterie der *virtus* zu gelangen. All die unterschiedlichen *virtus*-Träger und Transmitter, die als Reliquien verehrt werden, bilden – sowohl in ihrer aggregierten Gesamtheit als auch jeder für sich – die Schnittstelle, an welcher der Gläubige mit dem System kommunizieren kann.

Gleichwohl gibt es eine hierarchische Rangordnung der *virtus*-Träger, die sich aus der Tatsache erklären lässt, dass der primäre *virtus*-Empfänger – zu Lebzeiten wie posthum – der Heiligenkörper ist. Die Oberfläche des Heiligenleichnams, seine Haut, lässt sich als die erste Schnittstelle bezeichnen. Die Hautoberfläche des Heiligen ist ein äußerst ausdifferenziertes Grenzorgan, dessen Zugehörigkeit zum System oder zur Umwelt nicht eindeutig zu bestimmen ist. Demjenigen Gläubigen, welchem der so wirksame physische Kontakt mit dem heiligen Leichnam – und also die Kommunikation mit dem System durch seine wichtigste Schnittstelle – verwehrt wird, bleibt damals wie heute noch eine andere Möglichkeit, der wunderwirkenden *virtus* habhaft zu werden: Er wirft ein Tuch, einen Schal, einen Lappen oder was immer er gerade dabei hat, auf den Leichnam und stellt somit eine Tertiärreliquie her, die er – nachdem sie sich mit der *virtus* vollgesogen hat – mitnehmen kann.[29] Durch diese Praxis wird der einmalige physische Kontakt gewissermaßen konserviert und transportabel gemacht, sodass er in Zeit und Raum hinausgetragen werden kann. Viele neue Schnittstellen können durch dieses Verfahren produziert werden, welche die Gläubigen mit nach Hause nehmen und dort zur Kommunikation mit dem »System« nutzen können. In den italienischen Heiligenkulten des 15. Jahrhunderts lassen sich von manchen dieser Objekte regelrechte Itinerare erstellen, weil sie, wie es in den Viten beschrieben wird, von Haus zu Haus gereicht wurden.[30] Das System expandiert, und der Zugang zu ihm wird durch die Vervielfältigung von *virtus*-Trägern

27 »[B]ei einer echten Black Box [weiß man] nicht, was sich in ihrem Inneren abspielt. Jedenfalls ist das Aussehen, die äußere Erscheinung irrelevant. Entscheidend ist, dass man keinen Durchblick hat, also nicht hineinsieht und daher nicht weiß, was da im Inneren passiert«, ebd.

28 Angenendt (2007), S. 75.

29 Auch vom Heiligenkörper selbst posthum abgesonderte Flüssigkeiten bzw. das Wasser, mit welchem die Heiligenleichname gewaschen werden (*vinage*), vergrößern die Reliquienmenge, ohne dass die *integritas* des Körpers verletzt werden muss, vgl. Krass (2012), S. 59.

30 Ebd., S. 56.

ubiquitär möglich. Etwa seit 1300 wird die Fernwirkung der Heiligen wichtiger, und es lässt sich anhand der in dieser Zeit entstehenden Heiligenviten eine Zunahme von Wundern feststellen, die nicht direkt am Leichnam geschehen.[31] Die zunächst auf den Ort der »Realpräsenz« des Heiligen beschränkte Praxis des Berührens wird gedanklich und medial ausgeweitet und vom Sakralraum in die private Sphäre verlagert. Dies wird geleistet durch die Mediatisierung profaner Objekte, deren Multiplikator-Funktion theoretisch ins Unendliche potenziert werden kann. Die durch Berührung mit dem Heiligenkörper aufgeladenen Dinge delokalisieren und dezentralisieren den Heiligenkult.

Grenzorgan Haut: die Heilige Caterina Vigri von Bologna

Die begehrteste Schnittstelle bleibt bis heute aber – trotz der Vervielfältigungsmöglichkeiten durch die Produktion von Tertiärreliquien – die Hautoberfläche des Leichnams. Sie ist der Ort, wo eine Kontaktaufnahme zum Heiligen bzw. zu seiner im Himmlischen Jerusalem weilenden Seele unmittelbar möglich ist. Durch die Epidermis des Leichnams diffundiert die wunderwirkende Kraft des Heiligen hindurch in die Welt seiner frommen Verehrer. Es nimmt nicht Wunder, dass spätestens im 15. Jahrhundert vielerorts Maßnahmen getroffen wurden, um den Heiligenleichnam und vor allem seine Haut vor Verwesung zu schützen. So wird in den Viten der Heiligen der Frührenaissance die Verwendung von Essenzen zur Einbalsamierung offen zugegeben. Ein Paradebeispiel für den Erfolg solcher Praktiken ist der Leichnam der 1463 gestorbenen Heiligen Caterina Vigri, der bis heute in nahezu unverwestem Zustand in Bologna besichtigt werden kann (Tafel 9).[32]

Die Äbtissin des Bologneser Corpus Domini Klosters wurde zunächst ordnungsgemäß im Kreuzgang begraben, wegen diverser an der Begräbnisstätte beobachteter Lichtphänomene jedoch nach 18 Tagen exhumiert. In den frühen Viten wird nun eingehend beschrieben, dass die Haut des Leichnams so frisch und rosig sei wie nicht einmal zu Lebzeiten Caterina Vigris. Eingehend werden so genannte »Mutationen« auf der Körperoberfläche beschrieben, die auf ein Weiterfließen der Körpersäfte und die Vitalität dieses Leichnams verweisen und ihn damit in Kontrast zur Starre und Wächsernheit gewöhnlicher toter Körper setzen. Noch Jahrzehnte nach dem Tod der Heiligen wurde berichtet, dass sie weiterhin häufig schwitze, dass

---

31 Ebd.; André Vauchez: *Sainthood in the Later Middle Ages*, Cambridge 2005, S. 446–448; Christian Krötzl: Miracle au tombeau – miracles à distance. Approches typologiques, in: Denise Aigle (Hg.): *Miracle e karâma. Hagiographies médiévales comparées*, Bd. 2, Turnhout 2000, S. 557–576; Gabriela Signori: Die Wunderheilung. Vom heiligen Ort zur Imagination, in: Alexander C.T. Geppert/Till Kössler (Hg.): *Wunder. Poetik und Politik des Staunens im 20. Jahrhundert*, Berlin 2011, S. 71–94, hier S. 82 f.

32 Krass (2012), S. 67–86 (zu Caterina Vigri) sowie S. 44–47 (zur Praxis der Einbalsamierung von Heiligenleichnamen im 15. Jahrhundert).

sie mal erbleiche und mal erröte und dass Caterinas Körpertemperatur so hoch sei, dass sie die Hände derjenigen, die den Leichnam berührten, noch immer erwärme.[33] Der Vikar das Bologneser Bischofs, der 1463 zu Caterina geeilt war, konnte aus der großen posthumen Schönheit dieses Körpers schließen, dass die Seele der Klarissin nun eine der exzellentesten im Paradies sein müsse.[34]

Allerdings war der Verfall auch dieser so wundersam pulsierenden ›Schnittstelle‹ nicht aufzuhalten. Das Nachdunkeln und Eintrocknen des Leichnams ließ sich irgendwann nicht mehr verbergen. Es rühre daher, so Caterinas Hagiograf des frühen 17. Jahrhunderts, dass der Körper ein Jahr lang in einem eilig hergestellten und nicht vollständig ausgetrockneten Sarg gelegen habe. Als man die Verschlechterung seines Zustands bemerkte, habe man beschlossen, den Leichnam an einen trockeneren, »gesünderen« Ort zu verlegen, um das Fleisch zu erhalten und damit Gottes evidentem Wunsch, diesen Körper der Verwesung zu entreißen, nachzukommen.[35] Der nachlässige Umgang der Menschen mit der kostbaren und ausdrucksstarken Schnittstelle Haut, ja, die Tatsache, dass diese ungerechtfertigter Weise in einem Sarg den Blicken der Gläubigen entzogen wurde, wird also für den Verfall dieses kostbaren Grenzorgans verantwortlich gemacht. Das schien umso bedauerlicher zu sein, als die Schönheit des Leichnams, der gute, ja jugendliche Zustand seiner Haut als direkter Hinweis auf die hierarchisch hohe Stellung der Seele der Heiligen im Himmlischen Jerusalem interpretiert wurde.

Zwischen Zeiten und Räumen

Bei den eingangs erwähnten Sepulkral- oder Totenmasken und auch in den zweidimensionalen Mumienporträts ging es darum, dem Verstorbenen ein Ersatzgesicht zu verleihen. Die römischen *imagines maiorum* sollten die Erinnerung an die Züge der Ahnen bewahren und in die jeweilige Gegenwart hinüberretten – und politisch-strategisch herzeigen. Während es sich also bei den römisch-republikanischen Totenmasken allein um Schnittstellen zwischen unterschiedlichen Zeitebenen handelt, fungieren Totenmasken von Heiligen – wie nach den kurzen Ausführungen zum christlichen Heiligenkult deutlich geworden sein dürfte – noch in einer weiteren Hinsicht als Schnittstelle: Eine Totenmaske ist – genau wie jene Textilien, welche die Gläubigen auf den Leichnam legten und legen – eine Reliquie. Eine Tertiärreliquie,

---

33 Mariano da Firenze: *Libro delle degnità et excellentie del Ordine della Seraphica Madre delle Povere Donne Sancte Chiara da Assisi* (1519), hg. von Giovanni M. Boccali, Florenz 1986, S. 298 f.

34 Une vie italienne de Sainte Catherine de Bologne, hg. von François van Ortroy, in: *Analecta Bollandiana* 41 (1923), S. 386–416, hier S. 408. Zum größeren Kontext siehe auch Waltraud Pulz (Hg.): *Zwischen Himmel und Erde. Körperliche Zeichen der Heiligkeit*, Stuttgart 2012.

35 P. Giacomo Grassetti: *Vita della B. Caterina di Bologna composta dal P. Giacomo Grassetti della Compagnia di Giesu all'illustrissimo senato di Bologna*, Bologna 1620, S. 197.

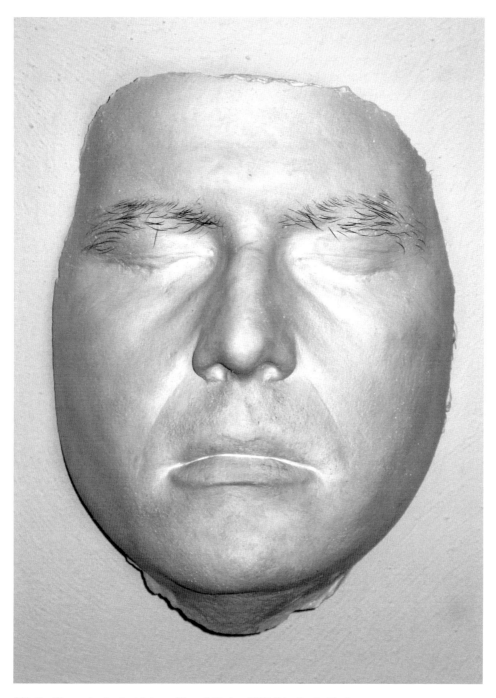

Abb. 2   Gipsmaske des Archäologen Manuel Flecker, 2012, Privatbesitz Flecker

die jedoch Primärreliquien inkorporieren kann – insofern nämlich, als noch Barthaare oder Hautpartikel in der wächsernen oder gipsernen Totenmaske vorhanden sein können. Ein jüngst durchgeführter Selbstversuch des Archäologen Manuel Flecker zeigt, wie der Gipsabdruck eines Gesichtes automatisch zum ›Reliquiar‹ wird, das organisches Material – in diesem Falle Augenbrauenhaare – aufnimmt (Abb. 2).[36]

Eine Heiligentotenmaske lässt sich als doppelte Schnittstelle auffassen. Zum einen hält sie indexikalisch die authentischen Züge des Verstorbenen fest und entreißt sie so dem Vergessen und Verschwinden. Diese Funktion, die man Erinnerungsfunktion nennen könnte, teilt sie mit den Ahnenmasken der vornehmen römischen Bürger, und in dieser Funktion ist sie als Schnittstelle zwischen der Vergangenheit, in welcher der Heilige starb, und der Gegenwart des jeweiligen Betrachters zu verstehen. Neben dieser Erinnerungsfunktion erfüllt die Heiligentotenmaske aber noch eine andere Aufgabe, da es sich bei ihr eben um eine Reliquie handelt, die es dem Gläubigen ermöglicht, Kontakt zu dem ewig im Jenseits existierenden Heiligen aufzunehmen: Die Heiligentotenmaske ist eine Schnittstelle zwischen Gegenwart und Vergangenheit und gleichzeitig eine Schnittstelle zwischen *dieser* Gegenwart und *jener anderen* Gegenwart, in der sich die Seele des Heiligen befindet. Die Ewigkeit, das Himmlische Jerusalem, ist dabei gleichzeitig auch Zukunft – daher könnte eine Reliquie (wie die Heiligentotenmaske) sogar als eine Schnittstelle zur Zukunft wahrgenommen worden sein. Sie konnte als Portal in jene Zeit nach dem Jüngsten Gericht erscheinen, die jedem frommen Christen als Ziel seines Lebens und Ende aller irdischen Aktivitäten galt. Sie verhieß die Auferstehung des Fleisches und also die Wiedervereinigung der Seelen mit den Leibern.

Die Abdruckbüste des Ambrogio Traversari

Eine mönchische Episode aus dem Italien des 15. Jahrhunderts belegt die Vermutung, dass eine Heiligentotenmaske als doppelte Schnittstelle wahrgenommen wurde. Ambrogio Traversari, Generalprior der observanten Kamaldulenser, starb 1439 in Florenz und wurde sogleich als Heiliger verehrt.[37] Durch Traversaris Nachfolger im Amt des Generals der Kamaldulenser, Pietro Delfino (1444–1525), wissen wir, dass es eine Totenmaske von Traversari gegeben hat, aus der mehrere Gipsbüsten gegossen wurden. Aus drei Briefen Delfinos lässt sich sowohl die Geschichte als auch der Verwendungskontext einer dieser Gipsbüsten rekonstruieren.[38]

---

36 Manuel Flecker: *Das Grab des Valerius Herma und die Frage nach dem Verhältnis von Porträt und Totenmaske*, unveröff. Vortrag auf dem Workshop »Individualität in Wort und Bild« an der Venice International University, 19. September 2012.

37 Alessandro Dini-Traversari: *Ambrogio Traversari e i suoi tempi. Albero genealogico ricostruito, Hodoeporicon*, Florenz 1912, S. 322; Salvatore Frigerio: *Ambrogio Traversari. Un monaco e un monastero nell'umanesimo fiorentino*, Siena 1988, S. 21.

38 Zum Folgenden ausführlich Krass (2012), S. 139–145; Abdruck der lateinischen Originalbriefe ebd., S. 281 f.

Im Jahr 1474 schreibt der noch junge Mönch Pietro den ersten Brief an den Abt des Florentiner Klosters San Felice und bringt seine übergroße Sehnsucht nach einem Bild des verehrten Verstorbenen Ambrogio Traversari zum Ausdruck. Pietro bittet den Abt, ihm behilflich zu sein, ein solches Bild zu beschaffen. Allerdings soll es nicht irgendein Bild sein, sondern es soll jener nach der Totenmaske des Verstorbenen gefertigten Büste ähneln, die im Stammkloster der Kamaldulenser in Camaldoli aufgestellt ist. Pietro hatte

> »in besonderer Weise den Wunsch, ein Bild [imago] unseres einstigen hochverehrten und hochheiligen Vaters Ambrosius bei mir zu haben – gleich jenem, das wir bei unserem Aufenthalt in Camaldoli gesehen haben. [Ich bin] überwältigt von der Sehnsucht nach eben diesem Abbild, das mir den so verehrungswürdigen Vater unseres Ordens so oft vor Augen führen wird [toties referre habet], wie ich es zu kontemplieren vorhabe [quoties illam contemplaturus sum].«[39]

Die Totenmaskenbüste soll der regelmäßigen Vergegenwärtigung des verstorbenen Vorbildes dienen; sie soll als Schnittstelle zwischen Pietros Gegenwart und der Vergangenheit, in welcher Ambrogio lebte, fungieren.

Aus dem nächsten Brief, den er 16 Jahre später, im Jahr 1490, schrieb, erfahren wir, dass Pietro tatsächlich eine solche Büste erhalten und dass er sie an erhöhtem Ort in seiner Zelle aufgestellt habe. Vielleicht handelte es sich sogar um das von ihm einst im Stammkloster gesehene Original, denn inzwischen hat Pietro den Posten des Generalpriors inne, er lebt also in Camaldoli. In seinem Schreiben reagiert er auf eine (nicht überlieferte) Anfrage des Priors der Florentiner Ordensniederlassung Santa Maria degli Angeli, die sein einstiges Gesuch spiegelt: Auch dieser Florentiner Kamaldulenser wünscht sich nichts sehnlicher als ein Abdruckbild des verehrten Vaters Ambrogio Traversari. Offenbar hatte er Pietro gebeten, ihm seine eigene Büste zu überlassen oder sie ihm zum Kopieren nach Florenz zu schicken. In seiner – abschlägigen – Antwort beschreibt Pietro seinen Umgang mit der Büste folgendermaßen:

> »Was das Abbild aus Gips [gypseam imaginem] unseres so bedeutenden Vorläufergenerals Ambrogio, das Du von mir erbeten hast, angeht, so haben sowohl ich als auch die ganze andere Hausgemeinschaft es immer so gehalten, dass es – in meiner Zelle an erhöhtem Ort aufgestellt – mir immer verehrungswürdig gewesen ist und von allen, die bei mir eintraten, nahezu wie ein göttlicher Gegenstand verehrt und geachtet worden ist [pro numine fere exculta & observata]. Ich habe es jeden Tag vor Augen, und so werde ich durch die ständige Betrachtung dieses Abbildes zur Nacheiferung und zur Nachahmung des so bedeutenden Ordensvaters angefeuert – mit dem Wunsch, mich in eben dieses Abbild zu verwandeln, das er – nun im Himmel

39 Ebd.

– schon zu Lebzeiten gezeigt hat [cuius ipse coelestis imaginem portavit vivens]. Deswegen wirst Du mir verzeihen, wenn ich Dich nun mit jenem Abbild keineswegs beschenke, wie Du es erbeten hast. [...] Es ist das einzige nach der Urform abgenommene Abbild [solum ex archetypo expressum simulacrum], das in unserem Orden verblieben ist, welches das Antlitz und den Gesichtsausdruck [os, vultumque] des hochheiligen und hochgelehrten Kamaldulenser-Generals den Betrachtern wiedergibt. [...] Mag es auch ein gipsernes Werk sein [fictile opus], so ist es mir dennoch viel wichtiger und begehrenswerter als [eines aus] Gold oder Edelstein.«[40]

Diese übergroße Wertschätzung der aus einfachem Material bestehenden Büste erklärt sich also, wie wir aus den Briefen Pietro Delfinos erfahren, aus der Tatsache, dass das Abdruckbild des Heiligen in zweifacher Weise als Schnittstelle fungiert: Es transportiert die authentischen Züge des Verstorbenen aus der Vergangenheit in die Gegenwart hinüber, und zwar sooft der Betrachter den Blick auf die Büste fallen lässt. Darüber hinaus wird diesem Abdruckbild aber auch eine göttliche Kraft, *numen*, zugeschrieben, welche die Betrachter zu einer Verehrung des Bildes animiert und welche Pietro im Besonderen dazu anspornt, sich dem verstorbenen Vorbild anzuähneln.[41] Dabei schreibt Pietro Delfino explizit, dass das Gesicht des verehrten Ambrogio, das er in der Büste vor Augen habe, den Zügen entspreche, die der Heilige nun auch im Himmel aufweise – ein klarer Hinweis darauf, dass in einer Heiligentotenmaske eben auch eine Schnittstelle zwischen dem Diesseits und dem Jenseits wahrgenommen wurde.

Ausblick: Heiligenfotografie

Abschließend möchte ich noch einen Blick ins 19. und 20. Jahrhundert werfen und auf den Umstand hinweisen, dass die Funktion der Totenmaske nun von einem neuen Medium übernommen wurde: der Fotografie. Denn nicht nur das Aussehen lebender Menschen konnte durch das Medium der Fotografie im Bild festgehalten werden, sondern es existierte auch von Anfang an der lukrative Berufszweig des Post-mortem-Fotografen.[42] Wie die Totenmaske konnte die Fotografie exakt und authentisch das letzte Gesicht eines Verstorbenen aufzeichnen, wenngleich in zweidimensionaler Form. Während die Praxis der Totenmaskenabnahme stagnierte und nie wieder in

---

40 Ebd.

41 Diese Übung fügt sich zum einen in neo-platonische Praktiken ein, zum anderen ist sie in Zusammenhang mit mystischen Versenkungs-Erfahrungen zu sehen, wie sie z. B. Heinrich Seuse beschreibt. Vgl. Cécile Caby: Culte monastique et fortune humaniste: Ambrogio Traversari, »vir illuster« de l'ordre camaldule, in: *Mélanges de l'École Française de Rome. Moyen Age, Temps modernes* 108 (1996), S. 321–354, sowie *Heinrich Seuses Deutsche Schriften* (14. Jh.), hg. und übers. von Walter Lehmann, Bd. 1, Jena 1922, S. 132.

42 Hierzu anregend Katharina Sykora: *Die Tode der Fotografie. Totenfotografie und ihr sozialer Gebrauch*, München 2009, S. 297–427, die jedoch in erster Linie das Phänomen abfotografierter Totenmasken in den Blick nimmt.

dem Maße zur Anwendung kam, wie es in bürgerlichen Kreisen bis weit ins 18. Jahrhundert der Fall gewesen war,[43] wurde das Fotografieren von Verstorbenen zur Haupteinnahmequelle vieler Fotografen im 19. Jahrhundert, sodass das Lichtbild als der »mediale Ersatzkörper« in der Moderne bezeichnet werden kann.[44]

Daneben hatte auch die bildmagische Nutzung von Fotografien im 19. Jahrhundert Konjunktur. So kam in okkultistischen Kreisen bald nach der Erfindung der Fotografie die Vorstellung auf, dass etwas von der »physischen Lebenskraft« des Abgebildeten von der sensiblen Platte des Fotoapparats aufgefangen würde. Mit Hilfe dieses »psychischen Belages«, den der Fotografierte auf der Platte hinterließ, wähnte man den Besitzer und Betrachter eines Fotos in der Lage, eine andauernde Verbindung mit dem Abgebildeten zu halten. In diesen Zusammenhang gehören auch die Experimente zur »Fernelektrisierung« von Personen, die der Chemiker Carl Büchner 1914 durchführte. Er leitete elektrische Ströme durch Fotografien, mit der Folge, dass die darauf abgebildete Person, auch wenn sie sich viele Kilometer entfernt aufhielt, angeblich das kribbelnde Gefühl hatte, selbst elektrisiert zu werden. Auch ein Nadelstich ins Foto soll sich als Bluterguss an derselben Körperstelle des abwesenden Fotografierten bemerkbar gemacht haben. Büchner war davon überzeugt, dass ihm der Beweis gelungen war, dass »lebendige Beziehungen« zwischen einem Menschen und seinem fotografischen Bild bestünden.[45]

Somit wurde die Fotografie im 19. Jahrhundert in einigen Kreisen nicht nur als eine Schnittstelle zwischen der vergangenen Zeit, in welcher eine Aufnahme entstand, und der Zeit, in welcher sie betrachtet wird, wahrgenommen, sondern eben auch als eine Schnittstelle zwischen dem Betrachter und dem – räumlich getrennten – Fotografierten. Die Parallele zu den Gesichtsabdrücken der Heiligen, die ebenfalls zwischen (ungleichzeitigen) Zeiten und (gleichzeitigen) Räumen vermitteln, ist evident.

So nimmt es nicht Wunder, dass die Fotografie auch und gerade im Heiligenkult reüssieren konnte: Auch das neue Medium ist – wie vorher die Heiligentotenmasken – als doppelte Schnittstelle wahrgenommen und eingesetzt worden. Konsequent zu Ende gedacht, bedeutet die Vorstellung von der auf der Fotoplatte festgehaltenen »physischen Lebenskraft«, dass Fotografien von Heiligen in gewisser Weise *virtus*-Träger sind – wie alle anderen Gegenstände, welche die Berührung des Heiligen in

---

43   Claudia Schmölders: Die Totenmaske. Zum Reliquiar der Physiognomik, in: Jan Assmann/Rolf Trauzettel (Hg.): *Tod, Jenseits und Identität. Perspektiven einer kulturwissenschaftlichen Thanatologie*, Freiburg 2002, S. 173–193.

44   Martin Schulz: Die Thanatologie des photographischen Bildes. Bemerkungen zur Photographie, in: Ebd. S. 740–763; Audrey Linkman: Taken From Life. Post-Mortem Portraiture in Britain 1860–1910, in: *History of Photography* 30 (2006), S. 309–347.

45   Andreas Fischer: Ein Nachtgebiet der Fotografie, in: Veit Loers (Hg.): *Okkultismus und Avantgarde. Von Munch bis Mondrian 1900–1915*, Ostfildern 1995, S. 503–545, hier S. 503 f.; Joseph Imorde: Bilder von Medien. Der wissenschaftliche Okkultismus und seine fotografischen Dokumente, in: Anja Zimmermann (Hg.): *Sichtbarkeit und Medium. Austausch, Verknüpfung und Differenz naturwissenschaftlicher und ästhetischer Bildstrategien*, Hamburg 2005, S. 73–114; Rolf H. Kraus: *Jenseits von Licht und Schatten. Die Rolle der Photographie bei bestimmten paranormalen Phänomenen. Ein historischer Abriß*, Marburg 1992, S. 42–46.

Abb. 3   Padre Pio präsentiert seine Wundmale, Fotografie vom 19. August 1919

sich aufgenommen und fixiert haben –, und dass ihnen also der Status einer Berührungsreliquie zukommt.

Besonders eindrücklich lässt sich das im Fall des beliebtesten und gleichzeitig umstrittensten italienischen Heiligen des 20. Jahrhunderts aufzeigen. Im Kult um den angeblich stigmatisierten Kapuzinermönch Padre Pio da Pietrelcina (1887–1968) spielten Fotografien sowohl des bärtigen Heiligen als auch seiner frommen Verehrer eine große Rolle. Auf einigen frühen Aufnahmen aus dem Jahr 1919 posiert Padre Pio und zeigt die Wundmale seiner Hände bereitwillig her (Abb. 3). Später sind es vor allem Fotografien, die den weißbärtigen Kapuziner beim Zelebrieren der Messe zeigen – die blutenden Hände in nächster Nähe zum Kelch mit dem Messwein – die unter den Gläubigen kursierten. Diese Fotos konnten als Vermittler bei Heilungswundern dienen: Gebete, von Gläubigen über Pio-Fotografien gesprochen, führten angeblich zur Heilung von Augenleiden und sogar vollständiger Blindheit, und die beteiligten Fotos verströmten danach langfristig einen süßlichen Geruch.[46] Selbst in populären Illustrierten abgedruckte Fotos des Padre konnten als Mittler zu Wunderheilungen führen.[47]

Sehr eindrücklich ist die Schilderung der Heilung des kleinen Paolo M. aus Mailand, den die Ärzte nach einem schweren Sturz aus dem Fenster bereits aufgegeben hatten. Paolos Mutter erhielt von der Bettnachbarin ihres ins Koma gefallenen Sohnes eine Fotografie von Padre Pio mit der Empfehlung, sie dem Jungen unter das Kopfkissen zu legen. Dem Bericht zufolge erfüllte sich der Raum in der Nacht mit Rosenduft, Paolo wurde plötzlich unruhig, zog, noch immer ohne Bewusstsein, das Foto unter dem Kissen hervor und hielt es fest in der geballten Faust, bis er dann am Morgen wieder erwachte und in der Folge genas.[48]

Ebenso ist überliefert, dass Padre Pio Wunderheilungen bewirkte, indem er selbst intensiv die Fotos derjenigen betrachtete, die ihn um Hilfe ersuchten. So soll es ihm gelungen sein, dem vollständig erblindeten faschistischen Schriftsteller Giovanni Papini wenigstens einen Teil seiner Sehkraft zurückzugeben, indem er ein Foto dieses Mannes fixierte.[49] Der Umstand, dass auch dieser umgekehrte Weg möglich war, weist die Fotografie im Heiligenkult des 20. Jahrhunderts als eine Membran von zweifacher Permeabilität bzw. als eine von zwei Seiten funktionierende Schnittstelle aus. Zwar hatten Gläubige in der Hoffnung auf Heilung immer schon ihr eigenes wächsernes oder gemaltes Konterfei am Grab eines Heiligen deponiert, um ganz individuell von seiner Fürbitte zu profitieren, aber die Fernheilung durch den lebenden Heiligen anhand eines Bildes des Bittenden ist etwas Neues im Heiligenkult.

In seiner zum Klassiker avancierten Sammlung von magischen Phänomenen aus Mythologie und Religion schreibt der Anthropologe James George Frazer die

---

46 Urte Krass: Kontrollierter Gesichtsverlust. Padre Pio und die Fotografie, in: *Zeitschrift für Ideengeschichte* IV/2 (2010), S. 71–96. Zur zweifelhaften Figur des apulischen Kapuzinerpaters siehe Luzzatto (2007).

47 Krass (2010), S. 82; Renzo Allegri: *Padre Pio. Il santo dei miracoli*, Mailand 2002, S. 47–49.

48 Roberto De Monticelli: I prodigi di Padre Pio, in: *Epoca*, 03.07.1955; Luzzatto (2007), S. 337 f.

49 Luzzatto (2007), S. 289, S. 338.

Potenz des Abdrucks eben dieser Umkehrbarkeit zu: Dinge, die einmal miteinander verbunden waren, bewahren diese sympathetische Beziehung, gleich, wie weit entfernt sie sich voneinander befinden. Was immer dem einen Teil geschieht, müsse sich ebenso auf den anderen auswirken.[50] So erklärt sich, dass auch die Fotografie als ein mit kontagiöser Magie ausgestattetes Abdruckbild wahrgenommen wird.

Dass Berührungsreliquien – und eben auch die Totenmaske und die Fotografie – als Schnittstellen zwischen Zeiten und Räumen funktionieren, beruht darauf, dass sie Abdrücke mit Verweischarakter sind: Indices. Charles Sanders Peirce beschreibt dies allgemeiner als Frazer, wenn er den Index als ein Zeichen definiert,

> »which refers to the Object that it denotes by virtue of being really affected by that Object. In so far as the Index is affected by the Object, it necessarily has some Quality in common with the Object, and it is in respect to these that it refers to the Object«.[51]

Anders als die beiden anderen Peirce'schen Kategorien der Ähnlichkeit – ikonische Ähnlichkeit und konventionelle Referentialität des Symbols – bedeutet der Index eine unmittelbare Verbindung zwischen Zeichen und Objekt.

Die Heiligentotenmaske ist genau wie die Heiligenfotografie als eine Reliquie anzusehen, welche die Berührung des verehrten Körpers in sich trägt. Beide sind jedoch ganz besondere Reliquien, insofern als in ihnen nicht nur durch den einmaligen Kontakt mit dem Heiligenleib haptische Ähnlichkeit (»Ähnlichkeit durch Berührung«) eingeschrieben ist, sondern sie zugleich auch mimetische Ähnlichkeit generieren: Sie übertragen nicht nur physisch, sondern auch optisch Ähnlichkeit, sind nicht nur Index, sondern auch Icon.[52] Diese Schnittstelle hat ein Gesicht – sie *ist* ein Gesicht, auch wenn es im Falle der Heiligentotenmasken meist geschlossene Augen aufweist und die Zugänglichkeit somit begrenzt wird. Klaus Krüger beschreibt das »Widerspiel von Transparenz und Opazität« des Schwellenbildes Totenmaske, das er – Karl Jaspers paraphrasierend – als eine »Membran« charakterisiert, »die offenbart und verbirgt, die enthüllt und doch zugleich verhüllt«.[53]

Das System Reliquienkult verfügt mit der Heiligentotenmaske und der Heiligenfotografie über einladende und Nähe suggerierende Kontaktstellen. Diese vom Heiligen gewissermaßen selbst hergestellten Interfaces versprechen die Möglichkeit einer Kommunikation mit der Ewigkeit. Die Grenze scheint überschreitbar.

50 James George Frazer: *The Golden Bough. A Study in Magic and Religion*, New York 1922, Kapitel 3, Sympathetic Magic, § 3, Contagious Magic.

51 Charles Sanders Peirce: *A Syllabus of Certain Topics of Logic* (1903), zit. nach: *The Essential Peirce. Selected Philosophical Writings*, Bd. 2, Bloomington 1998, S. 258–330, hier S. 291 f.

52 Didi-Huberman (1999), S. 31.

53 Klaus Krüger: Gesichter ohne Leib. Dispositive der gewesenen Präsenz, in: Nicola Suthor/Erika Fischer-Lichte (Hg.): *Verklärte Körper. Ästhetiken der Transfiguration*, München 2006, S. 183–222, S. 184.

Literatur

Alberti, Leon Battista: *Das Standbild. Die Malkunst. Grundlagen der Malerei* (um 1435), hg. von Oskar Bätschmann/Christoph Schäublin, Darmstadt 2001.

Allegri, Renzo: *Padre Pio. Il santo dei miracoli*, Mailand 2002.

De Angelis, Adrienne: On the Ashmolean Bust of Lorenzo de' Medici, in: *Sculpture Journal* 13 (2005), S. 5–17.

Angenendt, Arnoldt: Reliquien/Reliquienverehrung, II. Im Christentum, in: *Theologische Realenzyklopädie*, Bd. 29, Berlin 1998, S. 69–74.

Angenendt, Arnold: *Heilige und Reliquien. Die Geschichte ihres Kultes vom frühen Christentum bis zur Gegenwart*, Hamburg ²2007.

Belting, Hans: *Bild-Anthropologie. Entwürfe für eine Bildwissenschaft*, München ²2002.

Blanchot, Maurice: Die zwei Fassungen des Bildlichen (1951), in: Thomas Macho/Kristin Marek (Hg.): *Die neue Sichtbarkeit des Todes*, München 2007, S. 25–36.

Blome, Peter: Die imagines maiorum. Ein Problemfall römischer und neuzeitlicher Ästhetik, in: Gottfried Boehm (Hg.): *Homo pictor*, München 2001, S. 305–322.

Caby, Cécile: Culte monastique et fortune humaniste: Ambrogio Traversari, »vir illuster« de l'ordre camaldule, in: *Mélanges de l'École Française de Rome. Moyen Age, Temps modernes* 108 (1996), S. 321–354.

Didi-Huberman, Georges: *Ähnlichkeit und Berührung. Archäologie, Anachronismus und Modernität des Abdrucks*, Köln 1999, S. 34–36.

Dini-Traversari, Alessandro: *Ambrogio Traversari e i suoi tempi. Albero genealogico ricostruito, Hodoeporicon*, Florenz 1912.

Dinzelbacher, Peter: Die »Realpräsenz« der Heiligen in ihren Reliquiaren und Gräbern nach mittelalterlichen Quellen, in: Ders.: *Religiosität und Mentalität des Mittelalters*, Wien 2003, S. 124–183.

Fischer, Andreas: Ein Nachtgebiet der Fotografie, in: Veit Loers (Hg.): *Okkultismus und Avantgarde. Von Munch bis Mondrian 1900–1915*, Ostfildern 1995, S. 503–545.

Flaig, Egon: *Ritualisierte Politik. Zeichen, Gesten und Herrschaft im Alten Rom*, Göttingen 2003.

Frazer, James George: *The Golden Bough. A Study in Magic and Religion*, New York 1922.

Frigerio, Salvatore: *Ambrogio Traversari. Un monaco e un monastero nell'umanesimo fiorentino*, Siena 1988.

Gimbutas, Marija: Gold Treasure at Varna, in: *Archaeology* 30 (1977), S. 44–51.

Grassetti, P. Giacomo: *Vita della B. Caterina di Bologna composta dal P. Giacomo Grassetti della Compagnia di Giesu all'illustrissimo senato di Bologna*, Bologna 1620.

Herrmann-Mascard, Nicole: *Les reliques des saints. Formation coutumière d'un droit*, Paris 1975.

Hertl, Michael: Das Abnehmen von Totenmasken, in: Ders.: *Totenmasken. Was vom Leben und Sterben bleibt*, Stuttgart 2002, S. 60–63.

Imorde Joseph: Bilder von Medien. Der wissenschaftliche Okkultismus und seine fotografischen Dokumente, in: Anja Zimmermann (Hg.): *Sichtbarkeit und Medium. Austausch, Verknüpfung und Differenz naturwissenschaftlicher und ästhetischer Bildstrategien*, Hamburg 2005, S. 73–114.

Ivanov, Ivan S.: Der kupferzeitliche Friedhof in Varna, in: Ausst.-Kat. *Das erste Gold der Mensch-heit. Die älteste Zivilisation in Europa*, Freiburg i. Br. 1985, S. 30–42.

Jansen, Hans Helmut/P. Leist: Procedure to Take Away Death-masks. Technik der Abnahme von Totenmasken, in: *Pathology* 161 (1977), S. 385–390.

Kohl, Jeanette: Gesichter machen. Büste und Maske im Florentiner Quattrocento, in: *Marburger Jahrbuch für Kunstwissenschaft* 34 (2007), S. 77–99.

Kolbe, Georg: Das Abnehmen von Totenmasken, in: Ernst Benkard: *Das ewige Antlitz. Eine Samm-lung von Totenmasken*, Berlin 1927, S. XLI–XLIII.

Krass, Urte: Kontrollierter Gesichtsverlust. Padre Pio und die Fotografie, in: *Zeitschrift für Ideen-geschichte* IV.2 (2010), S. 71–96.

Krass, Urte: *Nah zum Leichnam. Bilder neuer Heiliger im Quattrocento*, Berlin/München 2012.

Kraus, Rolf H.: *Jenseits von Licht und Schatten. Die Rolle der Photographie bei bestimmten para-normalen Phänomenen. Ein historischer Abriß*, Marburg 1992.

Krötzl, Christian: Miracle au tombeau – miracles à distance. Approches typologiques, in: Denise Aigle (Hg.): *Miracle e karâma. Hagiographies médiévales comparées*, Bd. 2, Turnhout 2000, S. 557–576.

Krüger, Klaus: Gesichter ohne Leib. Dispositive der gewesenen Präsenz, in: Nicola Suthor/Eri-ka Fischer-Lichte (Hg.): *Verklärte Körper. Ästhetiken der Transfiguration*, München 2006, S. 183–222.

Legner, Anton: *Reliquien in Kunst und Kult zwischen Antike und Aufklärung*, Darmstadt 1995.

Linkman, Audrey: Taken From Life. Post-Mortem Portraiture in Britain 1860–1910, in: *History of Photography* 30 (2006), S. 309–347.

Luhmann, Niklas: *Soziale Systeme. Grundriss einer allgemeinen Theorie*, Frankfurt am Main 1987.

Luzzatto, Sergio: *Padre Pio. Miracoli e politica nell'Italia del Novecento*, Turin 2007.

Mariano da Firenze: *Libro delle degnità et excellentie del Ordine della Seraphica Madre delle Povere Donne Sancte Chiara da Assisi* (1519), hg. von Giovanni M. Boccali, Florenz 1986.

De Monticelli, Roberto: I prodigi di Padre Pio, in: *Epoca*, 03.07.1955; Luzzatto (2007), S. 337 f.

Olariu, Dominic: Körper, die sie hatten – Leiber, die sie waren. Totenmaske und mittelalterliche Grabskulptur, in: Hans Belting (Hg.): *Quel corps? Eine Frage der Repräsentation*, München 2002, S. 85–104.

Olariu, Dominic: Réflexions sur l'avènement du portrait avant la XVe siècle, in: ders. (Hg.): *Le portrait individuel*, Bern 2009, S. 83–101.

Peirce, Charles Sanders: *A Syllabus of Certain Topics of Logic* (1903), in: *The Essential Peirce. Selected Philosophical Writings*, Bd. 2, Bloomington 1998, S. 258–330.

Plinius Secundus d.Ä., C.: *Naturkunde, Buch 35, Farbe, Malerei, Plastik*, hg. von Roderich König/ Gerhard Winkler, München 1978.

Poggi, Giovanni: La »maschera« di Filippo Brunelleschi nel Museo dell'Opera del Duomo, in: *Rivista d'arte* 12 (1930), S. 533–540.

Pulz, Waltraud (Hg.): *Zwischen Himmel und Erde. Körperliche Zeichen der Heiligkeit*, Stuttgart 2012.

Rosenauer, Artur: Der sogenannte ›Niccolò da Uzzano‹. Donatello oder doch Desiderio?, in: Joseph Connors u. a. (Hg.): *Desiderio da Settignano*, Venedig 2011, S. 21–30.

Schmölders, Claudia: Die Totenmaske. Zum Reliquiar der Physiognomik, in: Jan Assmann/Rolf Trauzettel (Hg.): Tod, Jenseits und Identität. Perspektiven einer kulturwissenschaftlichen Thanatologie, Freiburg 2002, S. 173–193.

Schreyl, Karl-Heinz: Geschichte und Brauchtum der Totenmaske, in: *Das letzte Porträt. Totenmasken berühmter Persönlichkeiten aus Geschichte und Gegenwart*, Berlin 1967, S. 127–133.

Schulz, Martin: Die Re-Präsenz des Körpers im Bild, in: Annette Keck/Nicolas Pethes (Hg.): *Mediale Anatomien. Menschenbilder als Medienprojektionen*, Bielefeld 2001, S. 33–51.

Schulz, Martin: Die Thanatologie des photographischen Bildes. Bemerkungen zur Photographie, in: Jan Assmann/Rolf Trauzettel (Hg.): *Tod, Jenseits und Identität. Perspektiven einer kulturwissenschaftlichen Thanatologie*, Freiburg 2002, S. 740–763.

Seuse, Heinrich: *Heinrich Seuses Deutsche Schriften* (14. Jahrhundert), hg. und übers. von Walter Lehmann, Bd. 1, Jena 1922.

Sframeli, Maria: *La maschera di Lorenzo il Magnifico. Vicende e iconografia*, Florenz 1993.

Signori, Gabriela: Die Wunderheilung. Vom heiligen Ort zur Imagination, in: Alexander C.T. Geppert/Till Kössler (Hg.): *Wunder. Poetik und Politik des Staunens im 20. Jahrhundert*, Berlin 2011, S. 71–94.

Sykora, Katharina: *Die Tode der Fotografie. Totenfotografie und ihr sozialer Gebrauch*, München 2009.

Turchi, Nicola: Incubazione, in: *Enciclopedia Cattolica*, Bd. 6, Rom 1951, Sp. 1790.

Une vie italienne de Sainte Catherine de Bologne, hg. von François van Ortroy, in: *Analecta Bollandiana* 41 (1923), S. 386–416.

Vauchez, André: *Sainthood in the Later Middle Ages*, Cambridge 2005, S. 446–448.

Walker Bynum, Caroline: *Fragmentation and Redemption. Essays on Gender and the Human Body in Medieval Religion*, New York 1992.

Welsh, Caroline: Zur Kulturgeschichte der Totenmaske, in: Jonas Maatsch/Christoph Schmälzle (Hg.): *Schillers Schädel. Physiognomie einer fixen Idee*, Göttingen 2009, S. 68–72.

Zaunschirm, Thomas: White box – Black cube, in: Ders.: *Kunstwissenschaft. Eine Art Lehrbuch*, Essen 2002, S. 103–121.

Abb. 1   Zitat des Hacı Bektaş am Grab des Hüseyin Gazi in Ankara, Türkei 2009

Janina Karolewski

Manuskripte, gesungene Dichtung und Langhalslaute als Aufbewahrungsorte: Vermittlung und Vergegenwärtigung von Wissen im anatolischen Alevitentum

>>İlimden gidilmeyen yolun sonu karanlıktır.<<
(Am Ende des Weges, der fernab der Wissenschaft verläuft, herrscht Dunkelheit.)

Dieser Ausspruch wird dem Sufi Hacı Bektaş zugeschrieben, der laut Überlieferung im Anatolien des 13. Jahrhunderts wirkte.[1] Heute findet man diese oder eine andere Version des Ausspruchs in vielen alevitischen Gemeindehäusern, sei es als Bild gerahmt oder als Schriftzug direkt auf die Wand gemalt (Abb. 1).

Aleviten[2] zählen sich einer religiösen Tradition zugehörig, die bis in die Mitte des 20. Jahrhunderts vor allem in den ländlichen Gebieten Anatoliens verbreitet war.[3] Trotz zahlreicher Parallelen zum schiitischen Islam fühlen sich viele Aleviten diesem ebenso wenig nah wie dem in der Türkei dominierenden sunnitischen Islam.[4] Fast allen Aleviten ist eigen, dass sie das islamische Recht in seiner strengen Auslegung ablehnen und die Geschichte ihrer Tradition als eine Abfolge wiederholter Unterdrückung durch dominante Richtungen des Islam wahrnehmen. Große, auch historisch belegte Nähe der alevitischen Tradition besteht zu bestimmten Strömungen des Sufismus, insbesondere zum Bektaschi-Orden, als dessen Gründer besagter Hacı Bektaş gilt.

In Gesprächen mit der Autorin[5] äußerten Aleviten häufig, die erwähnten Zeilen seien ein Plädoyer für Bildung, thematisierten aber nur selten, um welche Art des

1 Vgl. u. a. Irène Mélikoff: *Hadji Bektach. Un Mythe et ses avatars. Genèse et évolution du soufisme populaire en Turquie*, Leiden, New York, Köln 1998 (= Islamic History and Civilization Bd. 20).

2 Die Bezeichnungen >>Alevit<< oder >>alevitisch<<, von türkisch >>Alevi<<, gehen auf Ali, den Cousin und Schwiegersohn des Propheten Mohammed zurück; beiden wird im Alevitentum besondere Verehrung zuteil.

3 Einführend zum Alevitentum siehe Markus Dreßler: Alevīs, in: Marc Gaboriau/Gudrun Krämer/Roger Allen (Hg.): *Encyclopaedia of Islam III*, Bd. 2008.1, Leiden u. a. 2008, S. 93–121.

4 Viele Aleviten sehen sich als Muslime, aber für einige ist das Alevitentum eine eigenständige, nicht dem Islam zugehörige Tradition. Vgl. u. a. Hege Irene Markussen: Alevi Theology From Shamanism to Humanism, in: Dies. (Hg.): *Alevis and Alevism: Transformed Identities*, Istanbul 2005, S. 65–90.

5 Diese Gespräche führte die Autorin in der Türkei als auch in Deutschland während ihrer Tätigkeit im SFB 619 >>Ritualdynamik<<, Teilprojekt C7 >>Ritualtransfer bei marginalisierten religiösen Gruppen in mehrheitlich muslimischen Gesellschaften des Vorderen Orients und in der Diaspora<< an der Ruprecht-Karls-Universität Heidelberg.

Wissens es sich hierbei handelt. Bei Nachfragen wurde deutlich, dass dabei meist an eine Allgemeinbildung im heutigen Sinne gedacht wird, deren Erwerb einem jeden möglich sein sollte. Doch ist diese Auslegung zeitgenössisch und fern dessen, womit der Ausspruch noch vor einigen Jahrzehnten vorwiegend in Verbindung gebracht wurde. Im Sufiorden der Bektaschis sowie im anatolischen Alevitentum besitzen die Wörter »Wissenschaft« und »Weg« eine übertragene Bedeutung für den religiösen Bereich.[6] Es liegt daher nahe, den besagten Ausspruch als Mahnung zu verstehen, dass der von Gott vorgegebene Weg nur dann zum Ziel führt, wenn man das hierfür notwendige Wissen erwirbt. Diese religiöse Lehre stand jedoch nicht jedem offen, sondern wurde nur innerhalb der jeweiligen Gemeinschaften weitergegeben.

Hier offenbart sich, wie unterschiedlich Texte ausgelegt und verstanden werden – ob von alevitischen Interviewpartnern oder einer zum Alevitentum arbeitenden Forscherin. Bestimmte Texte werden folglich als Aufbewahrungsorte (an)erkannt, die meist zum Einsatz kommen, um Wissen aufrechtzuerhalten oder Inhalte weiterzugeben. Sie fungieren als Schnittstellen zwischen der Vergangenheit und Gegenwart, zwischen religiösen Persönlichkeiten und deren Anhängern oder zwischen schriftlich niedergelegten Anweisungen und konkret gelebter Praxis. Die Kontrolle darüber, wie diese Texte zu deuten sind, kann strikt oder lose gehandhabt werden, doch in allen Fällen sind Veränderungen im Verständnis der Texte möglich, die durch bewusste Entscheidung, aber auch durch die zeitliche oder örtliche Distanz zum Entstehungskontext verursacht sind. Omid Safi beschrieb das Phänomen der Weiterverwendung von Aufbewahrungsorten kürzlich am Beispiel des ebenfalls im 13. Jahrhundert in Anatolien wirkenden Sufis Celaleddin Rumi. Mittlerweile tauchen die ihm zugesprochenen Worte vermehrt in sozialen Online-Netzwerken wie *Facebook* auf, wo ihnen – auch aufgrund laxer sprachlicher Übertragungen – völlig andere Aussagen zuteilwerden. Ohne Bezug zum spirituellen Konzept hinter Rumis Texten sei dies »a sign of contemporary individualistic, feel-good consumerism«.[7] Safi hebt hier einen Aspekt hervor, der für religiöse Traditionen oftmals entscheidend ist: Die individuelle Auslegung zentraler Texte darf den gemeinschaftlichen Konsens über die als richtig erachteten und vermittelten Aussagen nicht beliebig abändern.

Der vorliegende Beitrag zeigt, wie Texte und andere Aufbewahrungsorte im anatolischen Alevitentum zur Wissensvermittlung eingesetzt und ausgelegt werden. Um deren Ausformungen zu verstehen, wird auch auf die gesellschaftliche Situation

---

6   Zu deren Verwendung in Texten, die in beiden Traditionen verbreitet sind siehe beispielsweise die bisher zehn Publikationen umfassende Serie *Alevi-Bektaşi Klasikleri*, herausgegeben von Türkiye Diyanet Vakfı (Ankara 2007–2009). Siehe auch Esat Korkmaz: »İlim« und »Yol«, in: *Ansiklopedik Alevilik Bektaşilik Terimleri Sözlüğü*, Istanbul 1993.

7   Omid Safi: Facebook Rumi. How a Mystic Muslim Became a Popular Meme, *Religion News Service*, URL: http://omidsafi.religionnews.com/2013/03/02/facebook-rumi-how-a-muslim-mystic-became-a-popular-meme/(22.04.2013).

alevitischer Gemeinschaften und ihre Sozialstruktur eingegangen. Diese Darstellung fasst zusammen, was für einige alevitische Dorfgemeinschaften in der Zeit vom ausgehenden 19. bis in die Mitte des 20. Jahrhunderts anhand von schriftlichen Zeugnissen, vor allem aber durch mündliche Tradierung rekonstruiert werden kann.[8] Den Abschluss bildet ein Blick auf die Entwicklungen der darauffolgenden Jahrzehnte bis in die Gegenwart und auf die momentan vor allem im städtischen Kontext gängigen Aufbewahrungsorte.

Aufbewahrungsort und Erinnerungsfigur

Der Begriff »Aufbewahrungsort«, wie hier verwendet, fasst materielle und immaterielle, geschaffene und natürliche, flüchtige und auf Fortdauer angelegte Formen, mit denen innerhalb einer Gemeinschaft Inhalte verbunden werden, um diese zu vermitteln, zu erinnern oder zu vergegenwärtigen. Als Aufbewahrungsorte dienen unter anderem schriftlich oder mündlich tradierte Texte, bildliche oder plastische Darstellungen, aber auch performative Ausdrucksformen wie Tanz und Musik oder natürliche Objekte bis hin zum menschlichen Körper. All diesen Formen ist gemein, dass sie nur dann als Aufbewahrungsorte fungieren können, wenn die fragliche Gemeinschaft sie als solche (an)erkennt und kommuniziert, was sie beinhalten. Hinzu kommt, dass sowohl ihre Ausformung als auch der Umgang mit ihnen im Verhältnis zum sozialen Umfeld stehen.

Hinter dem Konzept »Aufbewahrungsort« steckt prinzipiell, was Jan Assmann in seinen Arbeiten zum kollektiven Gedächtnis als »Erinnerungsfigur« einführt. Sein Schwerpunkt liegt vor allem darauf, wie die Erinnerung an »schicksalhafte Ereignisse der Vergangenheit […] durch kulturelle Formung (Texte, Riten, Denkmäler) und institutionalisierte Kommunikation (Rezitation, Begehung, Betrachtung)« wachgehalten wird.[9] Doch an Aufbewahrungsorten kann Wissen jeglicher Art abgelegt werden, so beispielsweise gruppeninterne Regeln und Normen, aber auch Verhaltensweisen und Handlungsformen, etwa für den rituellen Kontext.

---

8 Siehe u. a. die auf zahlreichen Interviews beruhende folgende Publikation: Ali Yaman: *Alevilik'te Dedelik ve Ocaklar. Dedelik Kurumu Ekseninde Değişim Sürecinde Alevilik*, Cemal Şener (Hg.), Istanbul 2004 (= Karacaahmet Sultan Derneği Yayınları Bd. 13). Zudem auch siehe die folgenden Fallstudien, in denen beide Methoden der Datenerhebung genutzt wurden: David Shankland: *The Alevis in Turkey. The Emergence of a Secular Islamic Tradition*, London, New York 2001 (= Islamic Studies Series); Krisztina Kehl-Bodrogi: *Die Kızılbaş/Aleviten. Untersuchungen über eine esoterische Glaubensgemeinschaft in Anatolien*, Berlin 1988 (= Islamkundliche Untersuchungen Bd. 126); Caroline Tee: *Mysticism and Identity Amongst the Alevis in Turkey: A Study of Flexibility and Adaptation in the* aşık *Poetry of an Eastern Alevi* ocak, unpubl. Diss., Bristol, Univ., 2012.

9 Jan Assmann: Kollektives Gedächtnis und kulturelle Identität, in: Ders./Tonio Hölscher (Hg.): *Kultur und Gedächtnis*, Frankfurt am Main 1988 (= Suhrkamp-Taschenbuch Wissenschaft Bd. 724), S. 9–19, hier S. 12.

Die von Assmann für Erinnerungsfiguren hervorgehobenen Merkmale »Rekonstruktivität«, »Identitätskonkretheit« sowie »Orts-« und »Zeitkonkretheit« treffen auch auf Aufbewahrungsorte zu.[10] Demnach erhalten Aufbewahrungsorte die Vergangenheit nicht »als solche«, sondern rekonstruieren sie in Bezug auf den jeweiligen Kontext, dessen Möglichkeiten und Anforderungen,[11] wobei die Identitätskonstruktionen einer bestimmten Gruppe ebenfalls auf ihre Formung einwirkt. Zudem beziehen sich Aufbewahrungsorte auf einen zurückliegenden, für die Erinnerungsgemeinschaft bedeutenden Zeitpunkt (oder eine Zeitspanne) und auf einen ebenso gearteten Raum, Ort oder Ähnliches.[12]

Häufig etablieren sich Aufbewahrungsorte, an denen zeitgleich oder aufeinanderfolgend unterschiedliche Inhalte abgelegt und fortan kommuniziert werden. Ein Beispiel hierfür ist die Auslegung von Texten, wenn etwa die Mehrdeutigkeit oder der Bedeutungswandel eines Wortes oder stark verkürzte Ausformulierungen eines Sachverhalts dazu führen, dass mehrere Auslegungen infrage kommen. In Anlehnung an Roland Barthes' »Der Tod des Autors«[13] könnte man in diesem Falle so weit gehen, das Bewahrte als die Interpretation eines jeden Einzelnen anzusehen.

Es steht tatsächlich außer Frage, dass der zur Bewahrung abgelegte Inhalt nicht von allen gleichermaßen erfasst wird und im Moment der Auslegung verändert werden kann. Vor allem in Gruppen wird jedoch versucht, diesem Phänomen Herr zu werden, indem eine bindende Auslegung kommuniziert wird.[14] Gruppen, deren Mitglieder einen Text auf dieselbe Art und Weise verstehen, beschrieb Stanley E. Fish als »interpretive communities« und erklärte dies anhand der ihnen eigenen »interpretive strategies«, die für eine gleichbleibende Auslegung erlernt werden.[15] Dieses Konzept trifft nicht nur auf Texte, sondern auf alle Formen der Aufbewahrungsorte zu.

Nach Fish können sich diese Gruppen verkleinern und auflösen, oder sie bestehen fort, während aber ihre Strategien »vergessen, ersetzt, vermischt oder aufgegeben werden«[16]. Letzteres kann sich wiederum auf die entsprechenden Aufbewahrungsorte, etwa Texte auswirken, wie auch am Beispiel der Aussprüche des Hacı

---

10 Vgl. Jan Assmann: *Das kulturelle Gedächtnis. Schrift, Erinnerung und politische Identität in den frühen Hochkulturen*, München ³2000 (= Beck'sche Reihe Bd. 1307), S. 38–42.

11 Assmann (1988), S. 13; vgl. Assmann (³2000), S. 40–42.

12 Assmann (³2000), S. 38 f. Außerdem besteht ein zeitlicher und örtlicher Rahmen, wie etwa ein bestimmter Kalender, der sichert, dass Aufbewahrungsorte regelmäßig ›verwendet‹ werden, oder sie sind etwa an eine bestimmte Örtlichkeit samt der dazugehörenden »Dingwelt« gebunden, die real existieren kann oder in Anlehnung an den erinnerten Raum nachempfunden wird.

13 Roland Barthes: The Death of the Author, in: *Aspen* 5–6 (1967), ohne Seitenzahlen, URL: http://www.ubu.com/aspen/aspen5and6/threeEssays.html#barthes (10.02.2011).

14 Siehe u. a. Assmann (³2000), S. 65 über das frühe Christentum.

15 Stanley E. Fish: Interpreting ›the Variorum‹, in: *Critical Inquiry* 2/3 (1976), S. 465–485; vgl. auch Ders.: *Is There a Text in This Class? The Authority of Interpretive Communities*, Cambridge, London 1980.

16 Fish (1976), S. 483 ff.

Bektaş zu verfolgen: Vermutlich gehen deren leicht abgeänderten Versionen darauf zurück, dass einige Aleviten in den Aussagen des Hacı Bektaş allgemeingültige, nichtreligiöse Wahrheiten lesen. So findet sich für »Wissenschaft« häufig das in der Bedeutung allgemeinere, türkische Wort »bilim« anstelle von »ilim«, dem Lehnwort aus dem Arabischen, das heute noch besonders im religiösen Bereich verwendet wird.

Aufbewahrungsorte in der alevitischen Tradition

Im Folgenden wird danach gefragt, wie Aufbewahrungsorte in alevitischen Dorfgemeinschaften zum Einsatz kamen, um Wissen aufrechtzuerhalten (Erinnerung) und um Inhalte weiterzugeben (Vermittlung) oder in bestimmten Situationen abzufragen, damit beispielsweise Vergangenes wachgerufen oder Außeralltägliches erlebt werden kann (Vergegenwärtigung). Die Rolle von Aufbewahrungsorten im ländlichen Alevitentum kann momentan nur anhand der wenigen überlieferten und bisher Außenstehenden zugänglichen Zeugnisse ermittelt werden, die stets für eine bestimmte Zeit, Region und soziale Gemeinschaft stehen. So können vorläufig nur vorsichtige Annahmen formuliert werden, um Funktion, Entstehungskontext und Verwendung von Aufbewahrungsorten in alevitischen Gemeinschaften im Allgemeinen zusammenzufassen.

Häufig präsentieren sowohl Aleviten als auch nichtalevitische Forscher das Alevitentum als eine weitgehend orale Tradition. Bis vor Kurzem seien religiöse Inhalte in Form von Texten fast ausschließlich mündlich weitergegeben worden.[17] Aus einigen alevitischen Familien liegen aber schriftliche Zeugnisse vor, und Aleviten berichten über Familienangehörige oder andere Mitglieder der Dorfgemeinschaft, die Bücher besessen hätten oder nach wie vor besitzen.[18] In Hinblick auf den illiteraten Dorfkontext vieler alevitischer Gemeinschaften erscheint es dennoch einleuchtend, dass größtenteils Musik, gesungene Dichtung und mündliche Unterweisung bei der Wissensvermittlung eingesetzt wurden; gleiches gilt für die Repräsentation durch Objekte oder die Verkörperung in Menschen.

Die Herausbildung all dieser Aufbewahrungsorte ist eng verwoben mit der sozialen Situation alevitischer Gemeinschaften im ländlichen Anatolien. Béatrice

---

17 Siehe beispielsweise Hüseyin Dedekargınoğlu: *Dede Garkın Süreğinde Cem. Alevilik Öğretisi*, Ankara 2010 (= Yurt Kitap-Yayın Bd. 231, Alevilik Bd. 10), S. 9; Mannheim AKM Dedeler Kurulu (Hg.): *Buyruk: Alevî İnanç, İbadet ve Ahlâk İlkeleri*, bearbeitet von Mehmet Yaman, Istanbul, Mannheim 2000 (= Mannheim Alevî Kültür Merkezi Dedeler Kurulu Yayınları Bd. 1), S. xi.

18 Die Feldforschung der Autorin in der Provinz Malatya in den Jahren 2008–2011 ergab beispielsweise, dass für die erste Hälfte des 20. Jahrhunderts in fast allen besuchten alevitischen Dorfgemeinschaften Schriften vorhanden waren. Vgl. auch Ayfer Karakaya-Stump: Documents and *Buyruk* Manuscripts in the Private Archives of Alevi *Dede* Families. An Overview, in: *British Journal of Middle Eastern Studies* 37/3 (2010), S. 273–286.

Hendrich, die bereits hervorragende Vorarbeiten zu diesem Thema geleistet hat,[19] beleuchtet in einem ihrer Beiträge die schwach ausgeprägte materielle Erinnerungskultur im Alevitentum aus einer sozio-historischen Perspektive.[20] Bedeutend ist hier das endende 15. und beginnende 16. Jahrhundert; ein Zeitraum, in dem bereits existierende, religiös heterogene Gruppierungen in Zentral- und Südostanatolien unter den Einfluss des Sufiordens der Safawiyya, der späteren safawidischen Dynastie in Persien, gerieten. Das damals Teile Anatoliens kontrollierende Osmanische Reich versuchte seine Machtinteressen gegenüber Persien zu verteidigen und verfolgte dessen auf osmanischem Einflussgebiet lebenden Anhänger als politische und religiöse Opponenten. Aus diesen Gruppen gingen vermutlich einige der in ländlichen Gegenden Anatoliens siedelnden Gemeinschaften hervor, die heute als Aleviten bezeichnet werden.[21] Infolge der Repressionen begannen sie ihre religiöse Praxis im Verborgenen auszuüben, passten sich teilweise der sunnitischen Umgebung an oder gaben dies zumindest vor. Ständig der Gefahr ausgesetzt, entdeckt, denunziert und bestraft zu werden, fanden Aleviten eine dieser Situation angemessene Form, ihre Tradition zu leben und weiterzugeben.

Als Aufbewahrungsorte von Inhalten fanden sich daher häufig natürliche Objekte, zum Beispiel Bäume, Felsformationen oder Quellen; Text wurde vorzugsweise in nicht-materieller, also mündlicher Form gespeichert. Existierten Manuskripte, so wurden sie versteckt aufbewahrt, sprachen sie doch deutlicher als jedes andere Objekt für die Zugehörigkeit zur alevitischen Tradition.[22] Hendrich fasst dies wie folgt zusammen: »Marginalised communities are restricted to movement and expression within ›minority media‹ which do not interfere with the media of the majority.«[23] Da es ihr um »commemorative media« geht, die sie unter anderem als »storage boxes« beschreibt, lässt sich ihre Aussage auch auf

---

19   Siehe u. a. Béatrice Hendrich: Alevitische Geschichte erinnern – in Deutschland, in: Martin Sökefeld (Hg.): *Aleviten in Deutschland. Identitätsprozesse einer Religionsgemeinschaft in der Diaspora*, Hamburg 2008, S. 37–64; oder Dies.: »Im Monat Muharrem weint meine Laute!«. Die Erinnerungsdimensionen der anatolischen Langhalslaute im Alevitentum, in: Astrid Erll/Ansgar Nünning (Hg.): *Medien des kollektiven Gedächtnisses. Konstruktivität, Historizität, Kulturspezifität*, Berlin 2004, S. 159–176.

20   Besonders eindrücklich wird diese Darstellung durch den Vergleich mit der weitaus elaborierteren Erinnerungskultur des Bektaschi-Ordens. Béatrice Hendrich: Location(s) of Memory and Commemoration in Alevi Culture. Incorporation and Storage, in: Janina Karolewski/Robert Langer/Michael Ursinus (Hg.): *Reception Processes of Alevi Ritual Practice Between Innovation and Reconstruction*, Frankfurt am Main (= Heidelberger Studien zur Geschichte und Kultur des Vorderen Orients), im Druck.

21   Zu Genese und Entwicklung des heutigen Alevitentums siehe z. B. Markus Dreßler: *Die alevitische Religion. Traditionslinien und Neubestimmungen*, Würzburg 2002 (= Abhandlungen zur Kunde des Morgenlandes Bd. 53.4).

22   Ähnliche Begründungen finden sich bei alevitischen Autoren, beispielsweise Dedekargınoğlu (2010), S. 9; und Mannheim AKM Dedeler Kurulu (Hg.) (2000), S. vi f. Hinzu kommt, dass die niedergeschriebenen Texte vor Nichteingeweihten geheim gehalten wurden (vgl. ebd., S. x f.).

23   Hendrich (im Druck).

Aufbewahrungsorte übertragen.[24] Die Medien bzw. Aufbewahrungsorte der Mehrheitsgesellschaft wären in unserem Falle beispielsweise Bauwerke wie Moscheen oder religiöse Schulen, offen zur Schau gestellte Objekte, die unter anderem auf die Zugehörigkeit zum sunnitischen Islam verweisen sowie schriftlich festgehaltene Texte.

Nach der Gründung der Republik Türkei 1923, den folgenden staatlichen Reformen und sozialen Entwicklungen, veränderte sich das Leben in vielen Dörfern. Eine große Veränderung brachte die Landflucht in urbane Zentren, später auch ins Ausland, beispielsweise nach Deutschland.[25] Die ehemals nach außen geschlossenen Gemeinschaften brachen auf und begannen sich in den Städten neu zu organisieren und öffentlich aktiv zu werden. Mittlerweile bedienen sich Aleviten nicht mehr (ausschließlich) der Aufbewahrungsorte einer Minderheit, wie etwa am Beispiel ihrer zahlreichen Gemeindehäuser in der Türkei zu sehen ist. Dort finden regelmäßig Rituale oder andere religiöse und soziale Veranstaltungen statt, und häufig gibt es einen kleinen Laden, in dem Publikationen über die alevitische Tradition, Geschichte und Religion erhältlich sind und wo bildliche Darstellungen von als heilig anerkannten Personen, Kettenanhänger mit eindeutig alevitisch konnotierten Motiven oder Tonträger mit alevitischer Musik verkauft werden.[26]

Aufbewahrungsort »Mensch«: Der sprechende Koran (*konuşan Kuran*)

Die Bedeutung von Mündlichkeit bei der Weitergabe alevitischer Glaubensinhalte wird durch eine fest im Sprachgebrauch verankerte Metapher deutlich: Der Mensch im Allgemeinen oder spezielle Personen werden als sprechender Koran (*konuşan Kuran*) bezeichnet. Dies hebt einerseits das Schrift gewordene Wort Gottes – versinnbildlicht durch den Koran – hervor,[27] spielt aber andererseits direkt darauf an,

---

24 Ebd.

25 Die alevitische Bevölkerung in Deutschland wird auf ca. 400.000 bis 600.000 geschätzt, vgl. Martin Sökefeld: Einleitung. Aleviten in Deutschland – von *takiye* zur alevitischen Bewegung, in: Ders. (Hg.): *Aleviten in Deutschland. Identitätsprozesse einer Religionsgemeinschaft in der Diaspora*, Bielefeld 2008 (= Kultur und soziale Praxis), S. 7–36, hier S. 32, Fn. 25.

26 Vgl. u. a. Robert Langer: Alevitische Rituale, in: Martin Sökefeld (Hg.): *Aleviten in Deutschland. Identitätsprozesse einer Religionsgemeinschaft in der Diaspora*, Bielefeld 2008 (= Kultur und soziale Praxis), S. 65–108, hier S. 91 f.

27 Entsprechend der unterschiedlichen Auffassungen über die Zugehörigkeit der alevitischen Tradition zum Islam (siehe Fn. 4) verstehen Aleviten dieses Sinnbild unterschiedlich. Einige sehen darin einen direkten Bezug zur heiligen Schrift des Islam, andere deuten »Koran« als Sinnbild für den zentralen Text einer jeden religiösen Tradition. Vgl. u. a. Hüseyin Ağuiçenoğlu: Wie verändern sich Glaubensvorstellungen unter Migrationsbedingungen? Aspekte der Religiosität bei alevitischen Geistlichen (*Dedes*) und Vereinsfunktionären, in: Robert Langer/Ders./Janina Karolewski/Raoul Motika (Hg.): *Ocak und Dedelik. Institutionen religiösen Spezialistentums bei den Aleviten*, Frankfurt am Main u. a. 2013 (= Heidelberger Studien zur Geschichte und Kultur des modernen Vorderen Orients Bd. 36), S. 267–301, hier S. 280 f.

dass Menschen religiöses Wissen speichern und mündlich weitergeben können. Hierfür sind insbesondere die heiligen Familien, die *ocaklar*, verantwortlich, stehen sie doch innerhalb der alevitischen Gemeinschaft über den Laien, den *talipler*. Laut Überlieferung stammen die heiligen Familien vom Propheten Mohammed ab, erfuhren über dessen Cousin und Schwiegersohn Ali den spirituellen Weg und besitzen Segen bringende Kräfte. Dies gilt vor allem für männliche Familienmitglieder, die als religiöse Spezialisten, *dedeler*, tätig sind.[28] Die *dedeler* und heiligen Familien galten als Wächter des Wissens, das vor Außenstehenden und bis zu einem gewissen Grad auch vor Laien geheim gehalten werden sollte. Es bot sich daher an, besonders vertrauliche Inhalte nur mündlich weiterzugeben, wie es unter anderem für Initiationsrituale bekannt ist.

In dem von Mündlichkeit geprägten Umfeld der illiteraten Laien benutzten die *dedeler* ihre Schriften offenbar selten, etwa indem sie die Bücher als Objekte präsentierten oder sie als Vorlage beim Rezitieren von religiöser Dichtung oder Gebeten verwendeten. Wenn *dedeler* lange Textpassagen auswendig rezitieren konnten oder in der Lage waren, über bestimmte Sachverhalte frei zu referieren, sprach dies für ihre besondere Eignung für das Amt des religiösen Spezialisten.[29] Außerordentlich große Anerkennung genossen vor allem analphabetische oder blinde *dedeler*, standen sie doch für das Ideal, sich nicht vom Menschen abgesondert dem Studium von Schriften zu widmen, sondern sich – wenn auch gezwungenermaßen – den Menschen zuzuwenden, um von ihnen, den »sprechenden Koranen«, zu lernen.[30]

Aufbewahrungsort »Langhalslaute *Saz*«: Der Koran mit Saiten (*telli Kuran*)

Eine andere Metapher adressiert die Darbietung von Texten, meist Dichtung, und Musik: Die Langhalslaute *Saz*, auf welcher der Vortrag von gesungener Dichtung begleitet wird, sei ein Koran mit Saiten (*telli Kuran*). Die *Saz* wird häufig einem sakralen Objekt gleich in Stoff eingewickelt an einer geschützten Stelle aufbewahrt oder erhält für alle sichtbar einen erhöhten Platz im Raum (etwa an der Wand). Der

---

28 Für eine einführende Übersicht zu den *ocaklar* und *dedeler* vgl. Ali Yaman: *Alevilikte Dedeler Ocaklar*, Istanbul 1998 (= Alevi İnanç ve Kültürü Cep Kitapları Dizisi Bd. 2) und Hüseyin Ağuiçenoğlu: Das alevitische *Dede*-Amt, in: Robert Langer/Raoul Motika/Michael Ursinus (Hg.): *Migration und Ritualtransfer. Religiöse Praxis der Aleviten, Jesiden und Nusairier zwischen Vorderem Orient und Westeuropa*, Frankfurt am Main, Berlin u. a. 2005 (= Heidelberger Studien zur Geschichte und Kultur des modernen Vorderen Orients Bd. 33), S. 132–145.

29 Während der Feldforschung der Autorin in den Jahren 2010 und 2011 erwähnten einige *dedeler*, dass sie die selbst niedergeschriebenen Texte nie im Ritual verwendeten, sondern diese so weit wie möglich auswendig lernten. Auch Laien bestätigten, dass ihnen bekannte *dedeler* nie ablasen.

30 Siehe beispielsweise Tee (2012), S. 108.

Abb. 2   Langhalslaute *Saz*, Türkei 2009

Körper der *Saz* fungiert als Aufbewahrungsort bestimmter Wissensinhalte, die – wurden sie zuvor vermittelt – abgerufen werden können, ohne explizit kommuniziert zu werden.[31] Je nach persönlicher als auch gruppenspezifischer Auslegung werden die Inhalte an anderen Stellen des Aufbewahrungsortes verortet. So symbolisieren die Saiten beispielsweise als heilig anerkannte Personen und der Steg steht für Allah oder für Ali.[32] Der Verweis auf Ali kann aber auch im Resonanzkörper der *Saz* liegen, oder der Steg verweist auf Zülfikar, das Schwert Alis.[33] Offensichtlich ist es hinfällig, nach der einen richtigen Zuordnung zu fragen, solange der Aufbewahrungsort samt wichtiger Inhalte anerkannt ist und in Verwendung bleibt.

31 Hendrich (2004), S. 175 f.

32 Martin Greve: Der elektrisch verstärkte Koran mit Saiten. Die Modernisierung Alevitischer Musik im 20. Jahrhundert, in: Föderation der Aleviten Gemeinden in Europa e. V. (Hg.): *Wie der Phönix aus der Asche. Renaissance des Alevismus. Glaubenslehre, Organisationsformen, Musik, Moderne*, Köln 1998, S. 52–81, hier S. 55.

33 Ebd.; Hendrich (2004), S. 168 f.

Vor allem für den rituellen Kontext ist das Spiel auf der *Saz* grundlegend, denn in ihrer performativen Funktion dient sie dazu, eine bestimmte Atmosphäre zu schaffen, die je nach Anforderung von kontemplativ-ruhig über ekstatisch bis zu traurig reicht. Beim Erklingen der *Saz* werden bei einigen Aleviten Erinnerungen an die eigene Vergangenheit, etwa an Erlebnisse in Ritualen, wachgerufen, aber es werden auch alevitische Narrative erinnert, deren Rezitation von der *Saz* begleitet wird. Hendrich bezeichnet die *Saz* daher als »Performanzmedium«, deren materielle Gegenwart und deren Klang eine außeralltägliche, meist rituelle und vorübergehende Situation markieren.[34]

Sichere Aufbewahrungsorte: Flüchtig und inkognito

Wird gesungene Dichtung und Musik dargeboten, so offenbart sich in diesem flüchtigen Moment ihr Potenzial, Aufbewahrungsort zu sein. Ähnliches trifft zu, wenn Menschen, die Wissen in sich tragen, in dieser Funktion Außenstehenden gegenüber inkognito bleiben und ihre Kenntnis nur im Kontakt mit Eingeweihten preisgeben. In alevitischen Gemeinschaften wurden Erinnerungen und Wissen folglich vorübergehend vergegenwärtigt und zudem überwiegend an Orten gespeichert, die für Fremde unerkannt blieben. Auch hier greift Hendrichs Feststellung über die Medienwahl marginalisierter Gruppen, denn diese Aufbewahrungsorte entsprachen den begrenzten Möglichkeiten der meisten alevitischen Dorfgemeinschaften, waren aber auch notwendig, um die Sicherheit der eigenen Tradition zu garantieren. Dies soll anhand einiger Beispiele veranschaulicht werden.

Eine Felsformation in der Nähe eines alevitischen Dorfes ist nach einem Sohn Alis als Imam Hasan benannt.[35] Das Wissens um diese Person, wie es zuvor innerhalb der Dorfgemeinschaft kommuniziert wurde, wird vergegenwärtigt, wenn Dorfbewohner dort zu Festtagen oder anderen Anlässen Lebensmittel, meist Süßigkeiten, oder Münzen ablegen sowie beim Passieren kurze Gebete sprechen oder Verehrungsgesten ausführen. Für Außenstehende ist diese Felsformation aber nicht als Aufbewahrungsort einer alevitischen Gemeinschaft erkennbar, unterscheidet sie sich doch nicht von all den anderen, sie umgebenden Felsen. Lediglich beim näheren Hinsehen fallen auch einem Nichteingeweihten die abgelegten Gegenstände auf, doch bleibt ihm verschlossen, womit dieser Ort in Verbindung gebracht wird. Ähnliches gilt für den sehr häufig anzutreffenden Aufbewahrungsort »Baum«, der durch die kleinen, an seinen Ästen befestigten Stoffstückchen zu erkennen ist.[36]

---

34 Hendrich (2004), S. 170–173.

35 Beispiel aus einem Dorf in der Provinz Malatya, Türkei (Feldforschung der Autorin, 2010).

36 Häufig trifft man auf ähnliche Inhalte, was mitunter darauf zurückgeht, dass viele Heiligenvitae narrative Muster gemein haben, die von Wundertaten der Heiligen berichten und im Zusammenhang mit der Natur

Eine andere Form sind flüchtige oder temporäre Aufbewahrungsorte. Hierzu gehören Gegenstände des Alltags, wie beispielsweise ein Feger aus Reißig, ein Kerzenleuchter oder ein Fell, die im Ritual zur Anwendung kommen, davor und danach aber ihrer ›eigentlichen‹ Bestimmung nach gebraucht werden. Um als Aufbewahrungsort im Ritual zu fungieren, werden diese Gegenstände geweiht, erhalten teilweise andere Namen und sind über Narrative mit bestimmten Heiligen oder Glaubensinhalten verbunden. So können die drei Lichter der Kerzen für Allah-Mohammed-Ali stehen und der Feger das Konzept »Sterben vor dem Sterben« (*ölmeden önce ölmek*) symbolisieren, unter welchem das im Ritual praktizierte (Ein)Gestehen von Sünden verstanden wird.

Offensichtlich existierte in alevitischen Dörfern auch der Ritualraum selten als separate, hierfür angelegte Räumlichkeit,[37] sondern wurde für den Zeitraum des Rituals in einer geeigneten Lokalität, meist einem großen Privathaus, eingerichtet. Zahlreiche Faktoren transformierten den profanen in einen rituellen Raum: die Anwesenheit der Teilnehmer, der *dedeler* und anderer religiöser Persönlichkeiten, das Spiel der *Saz*, das Bestücken des Raumes mit den oben erwähnten Gegenständen und vieles mehr. Zudem übernahmen bauliche Elemente die Funktion von Aufbewahrungsorten, so etwa die mit Ali in Verbindung stehende Tür, auf deren Schwelle man nicht trat oder deren Rahmen man vor Betreten des Raumes küsste. Die Vergegenwärtigung all dieser Inhalte, die vor allem das rituelle Geschehen betreffen, unterstützte, dass die Teilnehmer für diesen Zeitraum eine innere, für das Ritual notwendige Haltung einnahmen.

Schriftlichkeit und Manuskripte

In alevitischen Dörfern war der Zugang zu Schriftlichkeit vermutlich ebenso eingeschränkt wie in vielen sunnitischen Dörfern, nur mit der Ausnahme, dass sunnitische Geistliche an islamischen Schulen in Lesen, Schreiben und Religion ausgebildet wurden. Wie Aleviten, insbesondere *dedeler*, Schriftlichkeit erwerben konnten, obgleich sie sozial ausgegrenzt gewesen sind, ist bisher nur in Einzelfällen für die erste Hälfte des 20. Jahrhunderts rekonstruiert.[38] Im Jahre 1928 wurde in der kurz zuvor gegrün-

---

stehen. So finden sich als Zeichen der übernatürlichen Stärke eines Heiligen beispielsweise Fußabdrücke in Felsen oder vom Sultanspalast stammende Spolien, die an abgelegene Orte gebracht wurden.

37 Einer dieser Ritualräume, der immer wieder in der Literatur genannt wird, befindet sich in Onar Köyü, Provinz Malatya, und wurde so angelegt, dass er von außen nicht erkennbar ist. Siehe Ali Yaman: Ritual Transfer within the Anatolian Alevis. A Comparative Approach to the *Cem* Ritual, in: Axel Michaels u. a. (Hg.): *Ritual Dynamics*. Bd. 5: *Transfer and Spaces*, Wiesbaden 2010, S. 269–276, hier S. 271.

38 Siehe z. B. Janina Karolewski: Ritual, Text and Music in Turkish Alevism. Dimensions of Transmission and Bearers of Knowledge, in: Henrik Schulze (Hg.): *Musical Text as Ritual Object*, Turnhout (im Druck), für einige Dörfer in der Provinz Malatya.

deten Republik Türkei ein auf lateinischen Buchstaben basierendes Alphabet eingeführt und löste das im Osmanischen Reich verwendete Schriftsystem ab, welches
größtenteils auf arabischen Buchstaben beruhte. In den darauffolgenden Jahrzehnten verringerte sich die bereits zuvor begrenzte Anzahl derer, die inhaltlich Zugang
zu den Texten in ›arabischer Schrift‹ hatten, immer weiter. Heutzutage findet sich
noch eine Handvoll Aleviten, die meist außerhalb der Familie, nämlich in staatlichen
Bildungseinrichtungen, Kenntnisse der »alten Schrift« (*eski yazı*) erlangten und ihre
alevitische Herkunft hierfür mitunter verheimlichten.[39]

In den meisten Familien der religiösen Spezialisten soll es bis in die Mitte des
20. Jahrhunderts Schriften gegeben haben, doch kann dies heutzutage nicht mehr im
Detail nachvollzogen werden, da viele Bücher verloren gingen, an Dritte abgegeben
wurden oder einem anderen Schicksal anheimfielen. Während der Feldforschungs-
aufenthalte der Autorin in der Türkei wurde nur selten von umfangreichen Sammlungen berichtet; auch die noch in Familienbesitz befindlichen und von der Autorin
eingesehenen Sammlungen umfassen meist einige wenige Manuskripte und Drucke.
Offensichtlich waren viele Sammlungen individualisiert und wurden nach dem Tod
des Besitzers unter Familienangehörigen aufgeteilt. Zudem zirkulierten Teile der
Sammlungen auch zu Lebzeiten der Besitzer inner- und außerhalb der Familien, um
etwa Abschriften anzufertigen. Zu den bisher bekannten Manuskripten gehören solche mit narrativen Texten und Dichtung,[40] aber auch Dokumente, etwa beglaubigte
Stammbäume oder religiöse Diplome.[41]

Aufbewahrungsort »Manuskript«: Das Gebot (*Buyruk*)

Textsammlungen zu alevitischen Glaubensgrundlagen und Regeln sind häufig in einem einzigen Buch untergebracht, das Aleviten als »Das Gebot«, *Buyruk*, bezeichnen.[42] In den der Autorin bisher zugänglichen Manuskripten taucht »Buyruk« aber
nicht als Titel auf und hat sich aus einem nicht bekannten Grund als Bezeichnung

---

39 Bekanntestes Beispiel ist der 1940 geborene Mehmet Yaman Dede, der das »Yüksek İslam Enstitüsü« in
   Istanbul besuchte, eine theologische Lehranstalt, die auch islamische Religionslehrer ausbildete. Yaman
   gelangte in der Türkei und im Ausland zu großer Bekanntheit, da er zahlreiche Publikationen, hierunter
   auch Manuskripteditionen, veröffentlichte. Vgl. Ayhan Aydın: Mehmet Yaman (Dede (Hıdır Abdal Ocağı),
   İlahiyatçı, Yazar), URL: http://aleviyol.com/de/index.php/content/view/2294/237/ (24.12.2004).
40 Siehe z. B. Harun Yıldız: Anadolu Alevîliğinin Yazılı Kaynaklarına Bakış, in: *Hacı Bektaş Veli Araştırma
   Dergisi* 30 (2004), S. 323–359.
41 Siehe z. B. Karakaya-Stump (2010).
42 Seit 2011 widmet sich die Autorin diesen Textsammlungen im Teilprojekt C04 »*Buyruk*-Manuskripte im
   Alevitentum: Sammelhandschriften als Träger und Vermittler religiösen Wissens zwischen Schriftlichkeit
   und Oralität« im SFB 950 »Manuskriptkulturen in Asien, Afrika und Europa« an der Universität Hamburg.
   Forschungsschwerpunkt ist die Frage nach der Organisation von religiösem Wissen in Manuskripten, die in
   einem von Mündlichkeit dominierten Kontext zum Einsatz kommen.

innerhalb des Alevitentums durchgesetzt. Da der Grad an Ähnlichkeit der *Buyruk*-Manuskripte weit auseinandergeht, kann davon ausgegangen werden, dass entweder keine weitreichende Standardisierung in der Überlieferung bestand oder diese zumindest einen entscheidenden Zeitraum lang aussetzte. Entgegen dem verbreiteten Gebrauch von »der *Buyruk*« im Sinne eines textlich einheitlichen Werkes[43] schlägt die Autorin vor, die einzelnen Manuskripte als Vertreter eines Genres anzusehen, das sie *Buyruk* nennt. Die in *Buyruk*-Manuskripten enthaltenen Texte wurden im Osmanischen Reich nicht gedruckt, sondern kursierten, wie fast alle Texte mit speziell alevitischem Inhalt, nur handschriftlich. Der erste *Buyruk*-Druck wurde im Jahre 1958 von Sefer Aytekin in Ankara veröffentlicht.[44]

Die Texte der *Buyruk*-Manuskripte zeichnen sich durch einen Stil aus, der dem mündlichen Vortrag ähnelt, und mitunter sind sie als Dialog verfasst. Aufgrund der knappen Art, zu formulieren, bleibt das dahinterliegende Wissen teilweise verborgen. Mit dem bloßen Kopieren dieser Texte würde ein religiöser Spezialist, ein *dede*, erst am Anfang der Wissensvermittlung stehen, bedarf es doch einer Auslegung entsprechend den Strategien seiner *interpretive community*. Vermutlich setzen sich *Buyruk*-Manuskripte aus Texten zusammen, die auf zweierlei Art Eingang in sie fanden. Einerseits ist die Abschrift mit vorheriger und/oder nachfolgender, eventuell aber auch keiner Auslegung durch einen Kundigen denkbar. Andererseits ist die eigene Niederschrift von Texten, die zuvor erlernt oder gar selbst verfasst wurden, möglich. Somit wären die verschiedenen Textzusammenstellungen ein Abbild dessen, was ein religiöser Spezialist als bedeutsam erachtete und der Zweckmäßigkeit halber in einem Buch festhielt.

In Anlehnung an Assmanns Konzept der Erinnerungsfigur sind *Buyruk*-Manuskripte identitätskonkrete Aufbewahrungsorte, deren Inhalte je nach Gemeinschaft oder Familie voneinander abweichen können.[45] Aber auch die Auslegung der Texte kann innerhalb der *interpretive community* Veränderungen erfahren. Der Aufbewahrungsort »Text« kann hier äußerlich dem Modus eines Archivs folgen, da die Inhalte rein formal fast wortwörtlich erhalten bleiben. Bei der Auslegung wird jedoch der Modus »Aktualität« gewählt und die Aussage je nach aktueller Perspektive rekonstruiert bzw. in seiner Bedeutung rekontextualisiert.[46]

Buyruk-Manuskripte fungieren aber nicht nur aufgrund des in ihnen abgelegten Textes als Aufbewahrungsorte. Auch ihre bloße Materialität bietet die Möglichkeit,

---

43 Auch im kürzlich publizierten *Gott und Mensch in der Lehre der anatolischen Aleviten* gibt der Autor trotz detaillierter Gegenüberstellung zweier gedruckter und voneinander abweichender *Buyruk*-Ausgaben die Idee von einem Werk nicht auf (vermutlich auch, da ›heilige Schrift‹ oft mit größtenteils standardisierten Werken wie *Koran* oder *Bibel* assoziiert wird). Timo Güzelmansur: *Gott und Mensch in der Lehre der anatolischen Aleviten. Eine systematisch-theologische Reflexion aus christlicher Sicht*, Regensburg 2012 (= CIBEDO-Schriftenreihe), S. 41–52.

44 Sefer Aytekin (Hg.): *Buyruk*, Ankara 1958.

45 Assmann (³2000), S. 39 f.

46 Assmann (1988), S. 13.

Abb. 3   Schriften (Manuskripte und Drucke) einer alevitischen Familie aus der Provinz Malatya, Türkei 2008

Inhalte zu binden. So dienen diese Manuskripte vielen Aleviten als objektiviertes Sinnbild ihrer heiligen Schrift. Dies kann mitunter Rechtfertigungscharakter gegenüber dem sunnitischen Umfeld besitzen, in welchem die Einstufung einer anderen Tradition als Religion häufig vom Besitz einer (offenbarten) Schrift, siehe Koran, abhängig ist. Zudem wird »der« *Buyruk* als Verdinglichung dessen angesehen, worauf alevitische Gemeinschaften ihre Eigenheit zurückführen: Sie sind von Gott auserwählt und über Ali in den Besitz der Erkenntnis gelangt, welcher Weg der gottgewollte ist; im *Buyruk* findet sich dieses Vermächtnis. So sprechen einige Aleviten hochachtungsvoll von diesen Manuskripten,[47] versehen sie beispielsweise mit einer Verehrungsgeste (meist Kuss) oder bewahren sie auf, obgleich sich ihnen weder Schrift noch Text erschließt.

47 Vgl. beispielsweise Mehmet Yaman, der von »heiligen« Büchern spricht, Mannheim AKM Dedeler Kurulu (Hg.) (2000), S. x.

Auffällig ist, dass *Buyruk*-Manuskripte meist wenige bis keine Randnotizen, Glossen oder Veränderungen besitzen. Offensichtlich handelt es sich um Manuskripte, in denen eine mögliche Arbeit am und mit dem Text keinen Niederschlag fand. Wozu waren die *Buyruk*-Manuskripte also bestimmt? Dienten sie als *Aide-Mémoire*, als Gedächtnisstütze, oder stellten sie eine selten konsultierte Niederschrift dessen dar, was ohnehin bekannt war, teilweise auswendig beherrscht werden musste? Letztere Auffassung vertritt David Shankland in Bezug auf die von ihm untersuchten Dorfgemeinschaften, in denen die mündliche und gelebte Überlieferung deutlichen Vorrang vor gedruckten *Buyruk*-Büchern besaß. So traf Shankland etwa auf Narrative, Normen oder Praktiken, die vom geschriebenen Text abwichen, doch keinesfalls in einen Legitimationskonflikt zu diesem gerieten.[48] Dies deckt sich auch mit dem Befund der Autorin, dass *Buyruk*-Manuskripte Texte beinhalten können, die nicht zwangsläufig der Dorf- oder Familientradition des Besitzers oder Schreibers entsprechen, aber aus deren Sicht eine stimmige Kompilation darstellen dürften. Für Außenstehende ist es daher mühsam, dem Aufbewahrungsort die an ihm abgelegten Inhalte wieder abzuringen, wenn der mündlich tradierte Kommentar wegfällt, vor allem aber das dahinterstehende Konzept nicht bekannt ist.

In den letzten Jahrzehnten erschienen immer wieder gedruckte *Buyruk*-Ausgaben, für die aus unterschiedlichen Manuskripten stammender Text in lateinische Buchstaben übertragen wurde. Teilweise nahmen die Herausgeber auch sprachliche Änderungen vor oder stellten Textpassagen um, ohne dies kenntlich zu machen oder zu begründen. Zudem versuchten sie, dem Dilemma der fehlenden Auslegung beizukommen, indem sie etwa kurze Worterklärungen geben oder Verweise zu Koranstellen liefern.[49] Trotz dieser Versuche, die Texte an eine breite alevitische Leserschaft zu vermitteln, bleiben sie doch identitätskonkrete Aufbewahrungsorte, d. h. ihre Inhalte und die dafür notwendige Auslegung sind an eine bestimmte Gemeinschaft gebunden. Der Hauptteil des von Sefer Aytekin herausgegebenen *Buyruk* stammt beispielsweise aus der alevitischen Untergruppierung der Tahtacı, die von vielen alevitischen Gemeinschaften nicht geteilte Eigenheiten aufweist. Einige Aleviten vermuten hinter dieser Publikation jedoch die ihrer Tradition eigene Schrift, obgleich es sich nur um ein Manuskript dieses Genres handelt.

---

48 David Shankland: The Buyruk in Alevi Village Life. Thoughts from the Field on Rival Sources of Religious Inspiration, in: Gilles Veinstein (Hg.): *Syncrétismes et hérésies dans l'Orient seldjoukide et ottoman (XIVe–XVIIIe siècle) (Actes du Colloque du Collège de France, octobre 2001)*, Leuven, Paris 2005 (= Collection Turcica Bd. 9), S. 310–323.

49 Für *Buyruk*-Editionen siehe u. a. Sefer Aytekin (Hg.) (1958); Fuat Bozkurt (Hg.): *Buyruk*, Istanbul 1982; Mannheim AKM Dedeler Kurulu (Hg.) (2000); Adil Ali Atalay (Hg.): *İmam Cafer-i Sadık Buyruğu*, Istanbul ⁹1999 (= Can Yayınları Bd. 26). Leider gilt für einige Editionen, dass sie zahlreiche Fehler bei der Übertragung aufweisen.

Aufbewahrungsorte im Wandel: Dauerhaft und öffentlich

Aufbewahrungsorte sind keine nach innen und außen stabilen Konstrukte, sondern werden mit unterschiedlichen Inhalten belegt und können Abänderungen in ihrer Form erfahren. Es ist aber auch denkbar, dass Inhalte an andere Aufbewahrungsorte verbracht werden, um den Zugang zu ihnen weiterhin oder wieder zu garantieren. Dies passierte im Fall der alevitischen Kultur seit der Mitte des 20. Jahrhunderts, als sich die Republik Türkei rapide verändert hatte: Urbanisierung, Industrialisierung, Säkularisierung oder Bildungsreformen trugen dazu bei, dass die alevitischen Dorfgemeinschaften auseinanderfielen, die jüngere Generation in die Städte oder ins Ausland migrierte und das Erlernen der eigenen Tradition erschwert wurde. Insbesondere in den frühen 1990er Jahren formierte sich im Ausland und in türkischen Großstädten mit nennenswertem alevitischem Bevölkerungsanteil eine Bewegung, die später als »Alevi Revival« bezeichnet wurde. Neben dem Einfordern sozialer und rechtlicher Anerkennung nach Jahrhunderten der Ausgrenzung sahen ihre Aktivisten auch Handlungsbedarf bei der Bewahrung ihrer Tradition. Ein erster Schritt in diese Richtung war eine wahre Publikationswelle, die Themenbereiche von alevitischer Geschichte, Religion, Literatur bis zu Ritualen abdeckte.[50]

Ein Großteil der zuvor durch mündliche Unterweisung vermittelten Inhalte wie etwa zentrale Narrative, Dichtung und Ritualtexte finden sich in gedruckten oder im Internet publizierten Textsammlungen wieder. Dies führt unter anderem dazu, dass Memorieren und Repetition bei Zusammenkünften in der Gemeinschaft seltener werden, mitunter an Stellenwert verlieren. Ähnlich verhält es sich mit dem Erlernen von rituellen und ritualisierten Handlungen durch Teilnahme bei entsprechenden Anlässen und deren direkter Nachahmung. Mittlerweile werden aber auch Videoplattformen im Internet zur Publikation genutzt. So finden sich unter dem online gestellten Videomaterial etwa Vorträge von *dedeler* und sogar ganze Rituale. Auch wenn dies ein passives, um einige Sinneseindrücke reduziertes Erleben (oder gar Erlernen) in einem anderen Umfeld ist, werden Text, Musik und Gesang doch hörbar und Handlungen sichtbar.

Diese Formen der Aufbewahrungsorte sind nicht mehr so angelegt, dass sie für Nichtaleviten unerkannt bleiben oder nur im Moment der Performanz bestehen. Die hierfür Verantwortlichen wählten ganz bewusst Aufbewahrungsorte, die auch von der Mehrheit verstanden werden, und unterstreichen somit einen Wandel ihres Selbstbildes von einer ausgegrenzten hin zu einer öffentlich sichtbaren Gemeinschaft. Andere

---

50 Karin Vorhoff: Academic and Journalistic Publications on the Alevi and Bektashi of Turkey, in: Tord Olsson/ Elisabeth Özdalga/Catherina Raudvere (Hg.): *Alevi Identity. Cultural, Religious and Social Perspectives. Papers Read at a Conference Held at the Swedish Research Institute in Istanbul, November 25–27, 1996,* Istanbul 1998 (= Transactions: Svenska Forskningsinstitutet Istanbul / Swedish Research Institute in Istanbul Bd. 8), S. 23–50.

Abb. 4   Alevitisches Gemeindehaus am Grab des Hüseyin Gazi in Ankara, Türkei 2009

Beispiele sind der Bau von Räumlichkeiten zur Ausübung der alevitischen Ritual-praxis, die Ausstattung dieser Gemeindehäuser mit ikonografischen Objekten,[51] das Errichten von Denkmälern oder die Durchführung von Festivals und anderen Veran-staltungen.[52]

51 Für Anschauungsmaterial zu bildlichen Darstellungen siehe Özgür, Bingöl: *Das Bild als kulturelles Medi-um. Die alevitischen Heiligenbilder in ihrer sozio-kulturellen Bedeutung. Ein kunstethnologischer Beitrag zur* iconic-turn-*Debatte*, Berlin 2007. Diese inhaltlich leider nicht überzeugende Arbeit bietet dennoch eini-ge kurze Ausschnitte aus Interviews, die mit Aleviten in Deutschland zu deren Verständnis von verschiede-nen Bildmotiven geführt wurden.

52 Hendrich (im Druck); Dies.: Erfundene Feste, falsche Rituale? Die Gedenkfeier von Hacıbektaş, in: Robert Langer/Raoul Motika/Michael Ursinus (Hg.): *Migration und Ritualtransfer. Religiöse Praxis der Aleviten, Jesiden und Nusairier zwischen Vorderem Orient und Westeuropa*, Frankfurt am Main u. a. 2005 (= Heidel-berger Studien zur Geschichte und Kultur des modernen Vorderen Orients Bd. 33), S. 227–246.

Schlussbemerkung

Auf dem Buchdeckel einer bekannten, im Jahre 2002 vom alevitischen *dede* Derviş Tur[53] veröffentlichten Publikation zur Geschichte des Alevitentums und seinen Ritualen finden sich die am Anfang dieses Beitrags zitierten Worte des Hacı Bektaş in einer leicht abgeänderten Version wieder: »İlim ile gidilmeyen yolun sonu karanlıktır.«[54] Nach dem Inhalt des Buches zu urteilen, welches einem Lehr- oder Handbuch ähnelt, verwendet der Verfasser die Worte des Hacı Bektaş, um an die Wichtigkeit des religiösen Wissens (»ilim«) für den spirituellen Weg (»yol«) zu erinnern. Für sein Anliegen, den alevitischen Glauben an jüngere Aleviten weiterzugeben, wählt Tur mit ›dem‹ Buch einen Aufbewahrungsort, der sich im neuen sozialen Umfeld vieler Aleviten bewährt hat.[55]

Alevitische Autoren – *dedeler* oder *talipler* – eröffnen durch ihre Publikationen jedoch auch Außenstehenden die Möglichkeit, zuvor andernorts aufbewahrtes Wissen durch Lektüre zu erwerben. Dies ist vor allem für die Erforschung des Alevitentums eine große Chance, denn Aleviten zeichnen nun mitunter auf, was oftmals mündlich vermittelt oder per Nachahmung erlernt wurde. Leider erwähnen sie eher selten, welche Aufbewahrungsorte in der Vergangenheit anstatt »niedergelegtem Text« zum Einsatz kamen, wie sie verwendet und in welchem Kontext sie eingesetzt wurden. Um diese Fragen zu beantworten, müssten vor allem sozialwissenschaftliche Methoden der Datenerhebung hinzugezogen werden, wie etwa teilnehmende Beobachtung oder (halb)strukturierte Befragung. Selbiges gilt aber auch für den Aufbewahrungsort »Manuskript/Buch«, denn, wie im Beitrag erläutert, sind viele Texte ohne einen Kommentar nicht verständlich oder müssen im Verhältnis zur gelebten Tradition gesehen werden. Was nach einem ambitionierten Vorhaben klingt, verspricht interessante Einsichten in die soziale und religiöse Praxis alevitischer Gemeinschaften, denn Aufbewahrungsorte sind als Schnittstellen unabdingbar, um Wissen in einer Form zu erinnern, zu vermitteln und zu vergegenwärtigen, die dem Benutzer, seiner Situation und seinem Umfeld angepasst ist.

---

53 Tur, seit 1966 als Arbeitsmigrant in Deutschland, widmet sich seit den 1990er Jahren der alevitischen Selbstorganisation in Vereinen, gibt Seminare zum Alevitentum und bezeichnet seine Publikation als Ergebnis seiner »Forschungen« zur eigenen Tradition. Vgl. Derviş Tur: Kitabın Oluşumu, URL: http://www.kemter-dervis.com/kitap.html (22.04.2013).

54 Derviş Tur: *Erkânname. Aleviliğin İslam'da Yeri ve Alevi Erkânları*, Istanbul ²2002 (= Can Yayınları Bd. 153).

55 Zu dieser neuen Form der Wissensvermittlung siehe Refika Sarıönder: Transformationsprozesse des alevitischen *Cem*. Die Öffentlichkeit ritueller Praktiken und Ritualhandbücher, in: Robert Langer/Raoul Motika/Michael Ursinus (Hg.): *Migration und Ritualtransfer. Religiöse Praxis der Aleviten, Jesiden und Nusairier zwischen Vorderem Orient und Westeuropa*, Frankfurt am Main u. a. 2005 (= Heidelberger Studien zur Geschichte und Kultur des modernen Vorderen Orients Bd. 33), S. 163–173.

Literatur

Ağuiçenoğlu, Hüseyin: Das alevitische Dede-Amt, in: Robert Langer/Raoul Motika/Michael Ursinus (Hg.): *Migration und Ritualtransfer. Religiöse Praxis der Aleviten, Jesiden und Nusairier zwischen Vorderem Orient und Westeuropa*, Frankfurt am Main u. a. 2005 (= Heidelberger Studien zur Geschichte und Kultur des modernen Vorderen Orients Bd. 33), S. 132–145.

Ağuiçenoğlu, Hüseyin: Wie verändern sich Glaubensvorstellungen unter Migrationsbedingungen? Aspekte der Religiosität bei alevitischen Geistlichen (*Dedes*) und Vereinsfunktionären, in: Robert Langer/ders./Janina Karolewski/Raoul Motika (Hg.): Ocak *und* Dedelik. *Institutionen religiösen Spezialistentums bei den Aleviten*, Frankfurt am Main u. a. 2013 (= Heidelberger Studien zur Geschichte und Kultur des modernen Vorderen Orients Bd. 36), S. 267–301.

Assmann, Jan: Kollektives Gedächtnis und kulturelle Identität, in: Ders./Tonio Hölscher (Hg.): *Kultur und Gedächtnis*, Frankfurt a. M. 1988 (= Suhrkamp-Taschenbuch Wissenschaft Bd. 724), S. 9–19.

Assmann, Jan: *Das kulturelle Gedächtnis. Schrift, Erinnerung und politische Identität in den frühen Hochkulturen*, München [3]2000 (= Beck'sche Reihe Bd. 1307).

Atalay, Adil Ali (Hg.): *İmam Cafer-i Sadık Buyruğu*, Istanbul [9]1999 (= Can Yayınları Bd. 26).

Aydın, Ayhan: Mehmet Yaman (Dede (Hıdır Abdal Ocağı), İlahiyatçı, Yazar), URL: http://aleviyol.com/de/index.php/content/view/2294/237/ (24.12.2004).

Aytekin, Sefer (Hg.): *Buyruk*, Ankara 1958.

Barthes, Roland: The Death of the Author, in: *Aspen* 5–6 (1967), ohne Seitenzahlen, URL: http://www.ubu.com/aspen/aspen5and6/threeEssays.html#barthes (10.02.2011).

Bozkurt, Fuat (Hg.): *Buyruk*, Istanbul 1982.

Dreßler, Markus: Alevīs, in: Marc Gaboriau/Gudrun Krämer/Roger Allen (Hg.): *Encyclopaedia of Islam III*, Bd. 2008.1, Leiden u. a. 2008, S. 93–121.

Dreßler, Markus: *Die alevitische Religion. Traditionslinien und Neubestimmungen*, Würzburg 2002 (= Abhandlungen zur Kunde des Morgenlandes Bd. 53.4).

Fish, Stanley E.: Interpreting ›the Variorum‹, in: *Critical Inquiry* 2/3 (1976), S. 465–485.

Fish, Stanley E.: *Is There a Text in This Class? The Authority of Interpretive Communities*, Cambridge, London 1980.

Greve, Martin: Der elektrisch verstärkte Koran mit Saiten. Die Modernisierung Alevitischer Musik im 20. Jahrhundert, in: Föderation der Aleviten Gemeinden in Europa e. V. (Hg.): *Wie der Phönix aus der Asche. Renaissance des Alevismus. Glaubenslehre, Organisationsformen, Musik, Moderne*, Köln 1998, S. 52–81.

Güzelmansur, Timo: *Gott und Mensch in der Lehre der anatolischen Aleviten. Eine systematisch-theologische Reflexion aus christlicher Sicht*, Regensburg 2012 (= CIBEDO-Schriftenreihe).

Hendrich, Béatrice: Alevitische Geschichte erinnern – in Deutschland, in: Martin Sökefeld (Hg.): *Aleviten in Deutschland. Identitätsprozesse einer Religionsgemeinschaft in der Diaspora*, Hamburg 2008, S. 37–64.

Hendrich, Béatrice: Erfundene Feste, falsche Rituale? Die Gedenkfeier von Hacıbektaş, in: Robert Langer/Raoul Motika/Michael Ursinus (Hg.): *Migration und Ritualtransfer. Religiöse Praxis der Aleviten, Jesiden und Nusairier zwischen Vorderem Orient und Westeuropa*, Frankfurt am Main u. a. 2005 (= Heidelberger Studien zur Geschichte und Kultur des modernen Vorderen Orients Bd. 33), S. 227–246.

Hendrich, Béatrice: »Im Monat Muharrem weint meine Laute!«. Die Erinnerungsdimensionen der anatolischen Langhalslaute im Alevitentum, in: Astrid Erll/Ansgar Nünning (Hg.): *Medien des kollektiven Gedächtnisses. Konstruktivität, Historizität, Kulturspezifität*, Berlin 2004, S. 159–176.

Hendrich, Béatrice: Location(s) of Memory and Commemoration in Alevi Culture. Incorporation and Storage, in: Janina Karolewski/Robert Langer/Michael Ursinus (Hg.): *Reception Processes of Alevi Ritual Practice Between Innovation and Reconstruction*, Frankfurt am Main u. a. (im Druck) (= Heidelberger Studien zur Geschichte und Kultur des Vorderen Orients).

Karakaya-Stump, Ayfer: Documents and Buyruk Manuscripts in the Private Archives of Alevi Dede Families. An Overview, in: *British Journal of Middle Eastern Studies* 37/3 (2010), S. 273–286.

Karolewski, Janina: Ritual, Text and Music in Turkish Alevism. Dimensions of Transmission and Bearers of Knowledge, in: Henrik Schulze (Hg.): *Musical Text as Ritual Object*, Turnhout (im Druck).

Kehl-Bodrogi, Krisztina: *Die Kızılbaş/Aleviten. Untersuchungen über eine esoterische Glaubensgemeinschaft in Anatolien*, Berlin 1988 (= Islamkundliche Untersuchungen Bd. 126).

Korkmaz, Esat: *Ansiklopedik Alevilik Bektaşilik Terimleri Sözlüğü*, Istanbul 1993.

Langer, Robert: Alevitische Rituale, in: Martin Sökefeld (Hg.): *Aleviten in Deutschland. Identitätsprozesse einer Religionsgemeinschaft in der Diaspora*, Bielefeld 2008 (= Kultur und soziale Praxis), S. 65–108.

Langer, Robert/Hüseyin Ağuiçenoğlu/Janina Karolewski/Raoul Motika (Hg.): Ocak *und* Dedelik. *Institutionen religiösen Spezialistentums bei den Aleviten*, Frankfurt am Main u. a. 2013 (= Heidelberger Studien zur Geschichte und Kultur des modernen Vorderen Orients Bd. 36).

Mannheim AKM Dedeler Kurulu (Hg.): *Buyruk: Alevî İnanç, İbadet ve Ahlâk İlkeleri*, bearbeitet von Mehmet Yaman, Istanbul, Mannheim 2000 (= Mannheim Alevî Kültür Merkezi Dedeler Kurulu Yayınları Bd. 1).

Markussen, Hege Irene: Alevi Theology From Shamanism to Humanism, in: Dies. (Hg.): *Alevis and Alevism: Transformed Identities*, Istanbul 2005, S. 65–90.

Mélikoff, Irène: *Hadji Bektach. Un Mythe et ses avatars. Genèse et évolution du soufisme populaire en Turquie*, Leiden, New York, Köln 1998 (= Islamic History and Civilization Bd. 20).

Safi, Omid: Facebook Rumi. How a Mystic Muslim Became a Popular Meme, *Religion News Service*, URL: http://omidsafi.religionnews.com/2013/03/02/facebook-rumi-how-a-muslim-mystic-became-a-popular-meme/ (22.04.2013).

Sarıönder, Refika: Transformationsprozesse des alevitischen *Cem*. Die Öffentlichkeit ritueller Praktiken und Ritualhandbücher, in: Robert Langer/Raoul Motika/Michael Ursinus (Hg.): *Migration und Ritualtransfer. Religiöse Praxis der Aleviten, Jesiden und Nusairier zwischen*

Vorderem Orient und Westeuropa, Frankfurt am Main u. a. 2005 (= Heidelberger Studien zur Geschichte und Kultur des modernen Vorderen Orients Bd. 33), S. 163–173.

Shankland, David: *The Alevis in Turkey. The Emergence of a Secular Islamic Tradition*, London, New York 2001 (= Islamic Studies Series).

Shankland, David: The Buyruk in Alevi Village Life. Thoughts from the Field on Rival Sources of Religious Inspiration, in: Gilles Veinstein (Hg.): *Syncrétismes et hérésies dans l'Orient sel-djoukide et ottoman (XIVe–XVIIIe siècle) (Actes du Colloque du Collège de France, octobre 2001)*, Leuven, Paris 2005 (= Collection Turcica Bd. 9), S. 310–323.

Sökefeld, Martin: Einleitung. Aleviten in Deutschland – von *takiye* zur alevitischen Bewegung, in: Ders. (Hg.): *Aleviten in Deutschland. Identitätsprozesse einer Religionsgemeinschaft in der Diaspora*, Bielefeld 2008 (= Kultur und soziale Praxis), S. 7–36.

Tee, Caroline: *Mysticism and Identity Amongst the Alevis in Turkey: A Study of Flexibility and Adaptation in the* aşık *Poetry of an Eastern Alevi ocak*, unpubl. Diss., Bristol, Univ., 2012.

Tur, Derviş: *Erkânname. Aleviliğin İslam'da Yeri ve Alevi Erkânları*, Istanbul ²2002 (= Can Yayınları Bd. 153).

Tur, Derviş: Kitabın Oluşumu, URL: http://www.kemter-dervis.com/kitap.html (22.04.2013).

Türkiye Diyanet Vakfı (Hg.): *Türkiye Diyanet Vakfı Yayınları Bd. 366–375. Anadolu Halk Klasikle-ri Serisi/Alevî-Bektâşî Klasikleri* [Schriftenreihe], Ankara 2007–2009.

Vorhoff, Karin: Academic and Journalistic Publications on the Alevi and Bektashi of Turkey, in: Tord Olsson/Elisabeth Özdalga/Catherina Raudvere (Hg.): *Alevi Identity. Cultural, Religious and Social Perspectives. Papers Read at a Conference Held at the Swedish Research Institute in Istanbul, November 25–27, 1996, Istanbul 1998* (= Transactions: Svenska Forskningsinsti-tutet Istanbul / Swedish Research Institute in Istanbul Bd. 8), S. 23–50.

Yaman, Ali: Ritual Transfer within the Anatolian Alevis. A Comparative Approach to the *Cem* Ritual, in: Axel Michaels u. a. (Hg.): *Ritual Dynamics* Bd. 5: *Transfer and Spaces*, Wiesbaden 2010, S. 269–276.

Yaman, Ali: *Alevilikte Dedeler Ocaklar*, Istanbul 1998 (= Alevi İnanç ve Kültürü Cep Kitapları Dizisi Bd. 2).

Yaman, Ali: *Alevilik'te Dedelik ve Ocaklar. Dedelik Kurumu Ekseninde Değişim Sürecinde Alevilik*, Cemal Şener (Hg.), Istanbul 2004 (= Karacaahmet Sultan Derneği Yayınları Bd. 13).

Yıldız, Harun: Anadolu Alevîliğinin Yazılı Kaynaklarına Bakış, in: *Hacı Bektaş Veli Araştırma Dergisi* 30 (2004), S. 323–359.

Johannes Müske

Klangchiffren.
Klänge und Medienarchivalien als Bedeutungsträger und
Quellen für die kulturwissenschaftliche Untersuchung der
Klangwelt

Wer am 9. Oktober 1989 in die Leipziger Nicolaikirche ging, um an den Montags-demonstrationen teilzunehmen, konnte noch nicht wissen, dass der in den Straßen erklingende Ruf *Wir sind das Volk!* zu einem der machtvollsten deutschsprachigen Ausrufe werden sollte. Das tausendfache *Wir sind das Volk!* war die Reaktion der Bürgerinnen und Bürger auf die Staatsführung, die die Demonstrierenden zuvor als »Rowdys« bezeichnet hatte. Heute, über 20 Jahre später, ist der Ausruf geradezu zu einer Klangchiffre[1] geworden. Interessant an der Erzählung des Historikers Hartmut Zwahr über die Geschichte der Montagsdemonstrationen[2] ist die besondere Betonung der klanglich-sinnlichen Aspekte der Ereignisse:

> »Aus dem Zorn der Gerechten, wie aus einem Funken, der zündet, formte sich der Sprechchor, laut und bestimmt in der Wiederholung und zur Welle anschwellend, bis das *Wir sind das Volk!* den Kirchenvorplatz füllte, von den Mauern widerhallte und die Angst wich […] [D]ie Bekenntnisformel [wurde] dann spontan von der Zu-rückweisungsformel *Wir sind keine Rowdys!* abgetrennt. […] [D]iese Umformung gab dem bekennenden *Wir sind das Volk!*, nachdem es aus dem Entstehungskontext herausgelöst war, sein Eigengewicht und seine politische Durchschlagskraft. Erst in diesem Gestaltwandel wurde es Postulat der Volkssouveränität, legitimierte es gegen Partei- und Staatsmacht gerichtetes Machthandeln, erhoben sich die, die es in Anspruch nahmen, in den Rang des politischen Volkes: *Wir sind das Volk!* im Sprechchor-Stakkato der Menge wiederholt und in die Bezirke hinausgetragen, füll-te es sich immer aufs neue mit der volkssouveränen Radikalität seines Wortsinns auf.«[3]

1   Uta Rosenfeld und Thomas Hengartner, Forschungskolleg Kulturwissenschaftliche Technikforschung (ehem. Hamburg, jetzt Zürich), Themenschwerpunkt Technizität der Klangwelt, sei an dieser Stelle herzlich für ihre Anmerkungen zu diesem Beitrag gedankt.
2   Hartmut Zwahr: »Wir sind das Volk!«, in: Etienne François/Hagen Schulze (Hg.): *Deutsche Erinnerungsorte*, München 2001, S. 253–265.
3   Zwahr (2001), S. 253 f., Hervorhebung im Original.

Der Eintrag *Wir sind das Volk!* in den *Deutschen Erinnerungsorten*[4] bildet den Ausgangspunkt für die Überlegungen zu akustischen Chiffren, weil hier eine Reihe von Fragen im Hinblick auf die kulturwissenschaftliche Erforschung der sinnlichen Wahrnehmung eröffnet werden: Welches Wissen findet sich in Klängen – wie werden Klänge gesellschaftlich verhandelt und wie sind Wahrnehmung und Erinnerungen mit gesellschaftlichen Diskursen verwoben? Können sich die Bedeutungen wandeln? Wie könnten solche Fragestellungen methodisch angegangen werden?

Der Ausruf *Wir sind das Volk!* ist ein Beispiel dafür, wie in einer »technischen Welt«[5] Klänge und ihre Bedeutungen, ihre mediale Verbreitung sowie Erinnerungspolitiken und Historiografie ineinander verschränkt sind. Im Folgenden soll es um die kulturelle Codierung von Klängen gehen, wobei unterschiedliche disziplinäre Perspektiven einbezogen werden und insbesondere auf die Rolle von Speichermedien für die Generierung von Klangbedeutungen eingegangen wird: Klänge sind an sich flüchtig und bedürfen, anders als materielle Objekte, der technischen Speicherung, um überliefert und mit ihren Erzählungen erinnert zu werden. Klangarchivalien bilden auf mehreren Ebenen die »Schnittstellen«, mit denen unterschiedliche Akteurinnen und Akteure in unterschiedlichen Alltagskontexten die eigentlich abwesenden Klänge vergegenwärtigen und in ihrer Bedeutung neu kontextualisieren. »Klangchiffren« als *terminus technicus* ermöglicht dabei die begriffliche Integration verschiedener disziplinärer Perspektiven mit je eigenen Terminologien, in denen Fragen der Klangbedeutungen untersucht werden.

Zunächst steht das Themenfeld *Acoustic Ecology* im Fokus, in dem erstmals dokumentarische und künstlerische Forschungsperspektiven auf Alltagsklänge und mit Klängen entwickelt wurden. In *Soundscape*-Kompositionen[6] wurden Klänge und die Veränderungen der Klangwelt mit ethnografisch-empirischen Methoden adressiert, hörbar gemacht und auf die Bedrohung der klingenden Umwelt hingewiesen. Paradoxerweise wurde dabei die mediale und technisierte Alltagskultur trotz des hochtechnischen Forschungssettings der Klangökologie nicht reflektiert: *Soundscapes* bilden hier die Schnittstelle zwischen Klangumwelt und -künstlerinnen, sie ermöglichen einen Diskurs über Klänge und Bedeutungen erst. Das zweite Beispiel zeichnet in historischer Perspektive den Weg des Demonstrationsrufes *Wir sind das Volk!* vom Ereignis zum medialen Gegenstand bis hin zu einem Erinnerungsort nach. Der klingende Erinnerungsort als Klangchiffre ist dabei die Schnittstelle, an der sich historisches Ereignis und Geschichtserzählung gleichermaßen festmachen lassen. Drittens wird aus diesen beiden Klangforschungszugängen eine spezifisch kulturwissenschaftliche Perspektive entwickelt, die nach dem Sinngehalt von Klängen fragt

---

4   Etienne François/Hagen Schulze (Hg.): *Deutsche Erinnerungsorte*, München 2001 ff.; Pierre Nora (Hg.): *Les lieux de mémoire*, Paris 1984 ff.; zum Konzept der Erinnerungsorte s. u.

5   Hermann Bausinger: *Volkskultur in der technischen Welt*, Stuttgart 1961.

6   Zum Konzept der *Soundscape* s. u.

und sowohl klangdokumentarisch-ethnografische und historisch-klangarchäologische Momente umfasst. Am Beispiel der Klangwelt der Automobilität wird dargestellt, wie alltagskulturelle Sinngehalte von Klängen methodisch untersucht werden können und welches Potenzial die Nutzung von archivierten Klängen als Quellen für eine empirisch-kulturwissenschaftliche Klangforschung hat. Rundfunkarchivalien werden hier als Schnittstelle genutzt, um nachzuvollziehen, wie sich gesellschaftliche Verhandlungen akustisch kodiert niedergeschlagen haben. Schließlich wird gefragt, was Klangarchivalien innerhalb einer »sinnlichen Ethnografie« auch für die Darstellung (Repräsentation) von Klangforschung leisten können.

Soundmarks als Klangchiffren: ethnografische Zugänge zur klingenden Umwelt

Das kulturwissenschaftliche Potenzial des Begriffs »Klang« liegt darin, das Hören von Schallwellen aufzugreifen und gleichzeitig bestimmte soziale und alltäglich-wertende Konnotationen von Klang wie »Musik« oder »Lärm« zu vermeiden. Den Begriff »Klang«, der auf die kulturelle Dimension des physikalischen Phänomens »Schall« verweist, definiert der Schweizer Kulturgeograf Justin Winkler wie folgt:

> »Das Wort *Klang* vertritt […] den Oberbegriff für das akustisch Vernehmbare, sowohl das in der Wahrnehmung des hörenden Subjekts Erscheinende als auch das im physikalischen Draussen Klingende. Ihm sind begrifflich untergeordnet die musikalischen ›Töne‹, die sprachlichen ›Laute‹ sowie die ›Geräusche‹.«[7]

Für die geistes-, geschichts- und kulturwissenschaftliche Forschung zu Klängen bzw. den Sinnen generell ist der phänomenologisch hinterlegte Begriff der Wahrnehmung (*perception*)[8] zentral: »Klangchiffren« meint nicht nur das Ereignis der Übertragung von Schallwellen, sondern auch die Vermittlung sozial geteilter Bedeutungen und Werte, die in Klangereignisse eingeschrieben sind. Erst Schall, der auch gehört wird, kann überhaupt kulturell kodiert sein.[9]

---

7 Justin Winkler: *Klanglandschaften. Untersuchung zur Konstitution der klanglichen Umwelt in der Wahrnehmungskultur ländlicher Orte in der Schweiz* (1995), Basel 2006, S. 10, Hervorhebung im Original.

8 Grundlegend eingeführt und entwickelt durch Maurice Merleau-Ponty: *Phänomenologie der Wahrnehmung* (1945), Berlin 1966.

9 Die Prämisse, dass die Wahrnehmung sowohl eine physisch-physiologische wie auch eine kulturell-deutende Tätigkeit ist, ist der Ausgangspunkt der kulturwissenschaftlichen Forschung zur Sinneswahrnehmung, wie Constance Classen schreibt: »The fundamental premise underlying the concept of an ›anthropology of the senses‹ is that sensory perception is a cultural, as well as a physical, act. That is, sight, hearing, touch, taste and smell are not only means of apprehending physical phenomena, but also avenues for the transmission of cultural values.«, Constance Classen: Foundations for an Anthropology of the Senses, in: *ISSJ (UNESCO)* 49/153 (1997), S. 401–412, hier S. 401.

Die Sinne und ihre kulturelle und geschichtliche Dimension werden heute in den Kulturwissenschaften zunehmend thematisiert, nachdem sinnliches Vokabular und damit auch Bezüge zur sinnlichen Wahrnehmung aus den ethnografischen Disziplinen seit ihrer Institutionalisierungs- und Verwissenschaftlichungsphase verschwunden waren.[10] Ein Wegbereiter des Interesses an der nicht-visuellen Wahrnehmung ist das *World Soundscape Project* (WSP). Hier entstand seit den späten 1960er Jahren im Umfeld von Wissenschaftlerinnen und Wissenschaftlern um den Komponisten und Musikwissenschaftler Raymond Murray Schafer ein breiteres phänomenologisch-dokumentarisches Forschungsfeld, das die klingende Umwelt und die Bedeutung von alltäglichen Klängen für Gruppen thematisierte, die *Acoustic Ecology*.[11] Ihr Interesse insbesondere an der klingenden Umwelt entstand aus dem Unbehagen am schnellen Wandel der *Soundscape* (Klanglandschaft) und dem Verlust vertrauter Klänge heraus. Wichtige Elemente der Soundscape sind *Soundmarks*.[12] In der Definition des WSP ist der Begriff *Soundmark* abgeleitet vom Begriff

> »landmark and refers to a community sound which is unique or possesses qualities which make it specially regarded or noticed by the people in that community. Once a soundmark has been identified, it deserves to be protected, for soundmarks make the acoustic life of the community unique.«[13]

Beispiele für solche »einzigartigen« und mit Bedeutung aufgeladenen Klangmarken wären etwa ein spezielles Glockenspiel einer Stadt oder andere leicht wiederzuerkennende Klänge wie Hafensignale, wie sie das WSP z. B. auf der LP *Vancouver Soundscape*[14] veröffentlicht hat:

---

10 Vgl. dazu stellvertretend für die Breite der Literatur z. B.: Regina Bendix: Was über das Auge hinausgeht. Zur Rolle der Sinne in der ethnografischen Forschung, in: *Schweizerisches Archiv für Volkskunde* 102/1 (2006), S. 71–84; Trevor Pinch/Karin Bijsterveld: New Keys to the World of Sound, in: Dies. (Hg.): *The Oxford Handbook of Sound Studies*, Oxford u. a. 2012, S. 3–35; Constance Classen (1997); David Howes (Hg.): *Empire of the Senses: the Sensual Culture Reader,* Oxford 2005; Utz Jeggle: *Der Kopf des Körpers. Eine volkskundliche Anatomie*, Weinheim, Berlin 1986; Sarah Pink: *Doing Sensory Ethnography*, Los Angeles 2009.

11 Ein ausführlicher Forschungsstand, der die Forschungen bis in die 1990er Jahre zusammenfasst, findet sich bei Winkler (2006).

12 Weitere Elemente der Soundscape sind auch *Key sounds*, die etwa analog zu Notenschlüsseln eine Grundtonart herstellen sowie *Signals*, vgl. R. Murray Schafer: *The Soundscape. Our Sonic Environment and the Tuning of the World* (1977), Rochester 1994, S. 9 f.

13 Schafer (1994), S. 10.

14 World Soundscape Project: *The Vancouver Soundscape*, LP, Vancouver 1973 (= URL: http://www.sfu. ca/~truax/vanscape.html; 12.07.2013); Raymond Murray Schafer (Hg.): *Five Village Soundscapes* (= Music of the Environment Series Bd. 4), Vancouver 1977. Mit dem Begriff *soundscape* werden in der *Acoustic Ecology* sowohl die klingende Umwelt als auch Klangkompositionen aus Alltagsklängen bezeichnet.

◄)))   Klangbeispiel 1: *Vancouver Soundmarks*, World Soundscape Project, 1977
(3'49).[15]

Weil sie für die Lebenswelt der jeweiligen Gruppe wichtige akustische Landmarken
bilden, sollen bestimmte Klänge geschützt und die Gesellschaft für die Klanglandschaft sensibilisiert werden. In den Klanglandschaftskompositionen werden Klänge
als Argumente eingesetzt, um bestimmte Positionen zu stützen, etwa den Schutz
bestimmter *Soundmarks*, die zu Klangchiffren einer schützens- und lebenswerten
Klanglandschaft werden. Mit den Kompositionen aus diesen sog. Feldaufnahmen
(*Field recordings*) versuchten die Klangforschenden, die vorgefundene Klanglandschaft zu dokumentieren, bedrohte Alltagsklänge durch die Aufzeichnung auf Ton-
trägern zu überliefern und auf ihre Bedrohung durch eine zunehmende akustische
Umweltverschmutzung aufmerksam zu machen.[16]

Bei ihren Feldaufnahmen gingen die Klangforschenden durchaus ethnografisch
vor, indem sie u. a. mehrere europäische Länder bereisten und hier – eine gewisse
Parallele zur Technikferne der frühen Volkskunde – in möglichst schwach industrialisierten Dörfern Tonaufnahmen anfertigten und die Bewohnerinnen und Bewohner
nach bestimmten Klangmarken fragten.[17] Den Hintergrund der Argumentation Schafers bildet ein ökologischer Diskurs, der den Schutz der klingenden Umwelt (*sonic environment*) fordert, die durch die Industrialisierung und den Massenverkehr
bedroht sei.[18] Durch Lärmschutzmaßnahmen sowie ästhetisches und intelligentes
Sound-Design soll der Entstehung von *Lo-Fi-Soundscapes* und der zunehmenden
Verschmutzung der *Hi-Fi-Soundscapes*[19] entgegengewirkt werden.

Von verschiedener Seite wurden die Begrifflichkeiten und impliziten Wert-
setzungen der *Acoustic Ecology* einer kritischen Revision unterzogen, indem etwa auf

---

15 Nachweise der Klangbeispiele siehe Verzeichnis der Klangquellen am Ende des Texts.

16 In einem frühen Aufsatz über die *soundscape* skizziert Schafer das Projekt als Grundlagenforschung und
umreißt Begriff und Projektziele: »We have derived it [the term soundscape, J.M.] from landscape but its
properties are different. Consider the number of people who have helped to define the meaning of landscape
for us: geologists have studied its structures, geographers its surface formations, painters and poets have
described it, gardeners and engineers have shaped it, architects and planners have embellished it. As for the
soundscape, who has studied that? It is a discipline we must now learn, or rather relearn. It is to this end
that, a few years ago, we set up the World Soundscape Project« (R. Murray Schafer: Exploring the New
Soundscape: Pioneer Research into the Global Acoustic Environment, in: *UNESCO Courier* 29 (Nov. 1976),
S. 4–8, hier S. 5.

17 Zur Arbeitsweise des Projekts, mit zahlreichen Fotografien, vgl. URL: http://www.sfu.ca/~truax/FVS/fvs.
html (12.07.2013).

18 Ein Überblick über die Anti-Lärm-Vereine und gesellschaftliche Diskurse über Lärm findet sich insb. bei
Karin Bijsterveld: *Mechanical Sound. Technology, Culture and Public Problems of Noise in the Twentieth
Century*, Cambridge 2008.

19 R. Murray Schafer (1994 [1977]), insb. S. 43–52, S. 71–87; Ders.: Soundscape – Design für Ästhetik und
Umwelt, in: Arnica-Verena Langenmaier (Hg.): *Der Klang der Dinge. Akustik – eine Aufgabe des Design*,
München 1993, S. 10–27.

latent technikfeindliche Nuancierungen hingewiesen wurde, die sich in Konzepten wie dem pathologisch gefärbten Begriff »Schizophonie« (die technische Trennung von Klangquelle und Klang), *Hi-Fi* (eine gute, natürliche und transparente Klangumgebung) oder *Lo-Fi* (eine schlechte, städtisch-industrielle und undurchsichtige »Kakophonie« von Verkehrs- und Techniklärm) zeigten.[20]

Insbesondere die französischen Klangforscherinnen und -forscher um den Phänomenologen und Stadtplaner François Augoyard in Grenoble[21] führten Schafers Überlegungen weiter. Sie lösten die Vorstellung von Klangmarken von ihrem Bezug zur klingenden Landschaft[22] und berücksichtigen gerade die Technisiertheit der alltäglichen Klangwelt in ihren Forschungen.[23] Augoyard u. a. fragen, welche verallgemeinerbaren Klangeffekte[24] beschreibbar sind, auf deren Grundlage bestimmte Klänge zu sinnhaften »Klangmarken«, »Klangsignaturen« oder »kulturellen Klang-Codes«[25] von Gruppen werden. Wichtig hierfür sei vor allem die Wiederholung von Klängen, nicht nur von Musik, sondern vor allem von Signalklängen oder von sonstigen akustischen Ereignissen eines Ortes, die auf dem Klangeffekt der *Repetition*[26] beruhen:

> »The whole domain of electrophonic recording is based on industrialization of the repetition effect: through compact discs, cassettes, or vinyl discs, an original can circulate in millions of copies and be heard at the same time on thousands of different media, in thousands of different ways.«[27]

Kulturwissenschaftlich gewendet, sind *Soundmarks* und der Repetitionseffekt Hinweise auf erfahrungsgeschichtliche Prozesse der Gewöhnung und der Bedeutungsaufladung.[28] Der routinierte Umgang mit Signaltönen, etwa der »Diktatur der Te-

---

20 Vgl. Jean-Francois Augoyard: Introduction. An Instrumentation of the Sonic Environment, in: Ders./Henry Torgue (Hg.): *Sonic Experience. A Guide to Everyday Sounds* (1995), Montreal u. a. 2005, S. 3–18, hier S. 6 f.

21 CRESSON: Centre de recherche sur l'espace sonore et l'environnement urbain, Grenoble.

22 Ihre Forschungsarbeiten liegen kondensiert im Handbuch *Sonic Experience* (Augoyard/Torgue, 2005) vor, in dem sie, gegliedert nach Klangeffekten, die alltägliche Klangerfahrung phänomenologisch beschreiben.

23 Unter den verschiedenen erforschten Eigenschaften der beschriebenen Klangeffekte findet sich daher auch immer eine Dimension, die mit »Textual and media expressions« überschrieben ist, vgl. Augoyard/Torgue (2005: passim).

24 *Sonic effects*, vgl. Augoyard/Torgue (2005), S. 9 und passim.

25 Übersetzt nach der engl. Ausgabe von Augoyard/Torgue (2005), S. 12: »sonic marks« (ebd., S. 3), »sound signature« (ebd., S. 4), »cultural sound codes«.

26 Augoyard/Torgue (2005), S. 90–98.

27 Ebd., S. 97.

28 Ebd., S. 93: »At very different scales, the repetition effect is one of the tools for locating periodicities of the world. From a ticking clock to a factory siren, an angelus bell, a train whistling at regular hours, or bird songs heard every morning and evening – an indefinite variety of sounds constantly define time. Many soundmarks assume a synchronization role for action: by presenting a sequence composed of a regular repetition, a soundmark proposes (or imposes) a formal framework to activity. [...] [D]iverse ringing sounds (door, telephone, alarm) that induce an answer, and many other situations proceed with the same regularization of the social ›chronophony‹ and ›synchrophony‹ that accompany all activities of human beings.«

lefonklingel«[29] mit ihrem (auch ignorierbaren) Aufforderungscharakter, stellt eine Gewöhnung an Zeit- und Handlungsregimes dar, der vielfältige Verhandlungen zwischen sozialen Akteuren und vielfältige Wandlungsprozesse vorausgegangen sind.[30] Entsprechend ist in einer »technischen Welt«[31], wie sie in der empirischen Kulturwissenschaft/Volkskunde beschrieben wurde, die Anwesenheit von und der Umgang mit technisch erzeugten und übertragenen Klängen für Alltagsakteurinnen und -akteure längst zu einer gewohnheitsmäßigen »Tat-Sache«[32] geworden, die jedoch als Selbstverständlichkeit nicht wahrgenommen wird. Durch die »eigentümliche Spurlosigkeit des Fortschritts« sind Technisierungsprozesse wie auch frühere Bedeutungen jeglicher kultureller Phänomene schwierig zu rekonstruieren.[33] Doch wie lassen sich die sozial-kulturellen Bedeutungsaufladungen von Klängen historisch nachvollziehen, wenn Klänge eigentlich spurlos sind?

Klingende *Lieux de mémoire*: *Wir sind das Volk!* als Klangchiffre

Einen Schwerpunkt der Klangforschung bilden (kultur-)historische Untersuchungen zu vergangenen Sinnesordnungen, die auf schriftlichen Quellen beruhen, da die Tonaufzeichnungstechnik erst seit dem Ende des 19. Jahrhundert verfügbar war. Berühmt geworden ist etwa eine Studie des französischen Kulturhistorikers Alain Corbin, der die symbolische und emotionale Dimension von Glockenklängen nach der Säkularisation im ländlichen Frankreich und damit verbundene gesellschaftliche Auseinandersetzungen im 19. Jahrhundert untersucht hat.[34]

---

29 Thomas Hengartner: Das Telephon wird alltäglich, in: Ders./Kurt Stadelmann: *Ganz Ohr. Telefonische Kommunikation*. Bern 1994, S. 43–95, hier S. 76; die Erfahrungsgeschichte des Telefons etwa verlief keineswegs ohne Hindernisse, erst durch die institutionalisierte Einübung neuartiger Praxen, etwa im Schulunterricht, wurden das Telefon und seine Klänge selbstverständlich.

30 Edward P. Thompson beschreibt z. B. den Wandel von ländlichen Zeitauffassungen hin zu industrialisierten Zeittakten, neuen Zeitregimes und ihre Durchsetzung durch Disziplinierung der arbeitenden Bevölkerungsklassen, wobei maßgeblich Fabrikuhren/-glocken involviert waren, E. P. Thompson: Time, Work-Discipline, and Industrial Capitalism, in: *Past & Present* 38 (1967), S. 56–97.

31 Bausinger (1961).

32 Manfred Faßler, zit. n. Stefan Beck: *Umgang mit Technik. Kulturelle Praxen und kulturwissenschaftliche Forschungskonzepte*, Berlin 1997, hier S. 170.

33 Vgl. Martin Scharfe: Utopie und Physik. Zum Lebensstil der Moderne, in: Michael Dauskardt/Helge Gerndt (Hg.): *Der industrialisierte Mensch*, Münster 1993, S. 73–90; Scharfe wandelt hier eine Formulierung von Jürgen Habermas ab, vgl. ebd., S. 80.

34 Alain Corbin: *Die Sprache der Glocken. Ländliche Gefühlskultur und und symbolische Ordnung im Frankreich des 19. Jahrhunderts*, Frankfurt am Main 1995; einen ähnlichen Ansatz verfolgt das NFS-Projekt *Mediengeschichte des Klangs* von Bernd Roeck und Jan-Friedrich Missfelder, Universität Zürich, URL: http://www.mediality.ch/projekt.php?id=2-B.5. (31.08.2013). Vgl. einführend zur geschichtswissenschaftlichen Klangforschung auch Daniel Morat: Zur Geschichte des Hörens: Ein Forschungsbericht, in: *Archiv für Sozialgeschichte* 51 (2011), S. 695–716; zum Begriff des Lärms und seiner sozialen Dimension vgl. Monika Dommann: Antiphon. Zur Resonanz des Lärms in der Geschichte, in: *Historische Anthropologie* 14/1 (2006), S. 133–146; zu sozialen Auseinandersetzungen um und mit Lärm vgl. Mischa Gallati: *Gedämpfter*

Wie Klänge einen politischen Sinn enthalten, indem sie in Erinnerungsprozesse einfließen und zu regelrechten Chiffren historischer Ereignisse werden können, soll im Folgenden mit dem Konzept der *Lieux de mémoire* erörtert werden. Das Projekt der »Erinnerungsorte« bzw. »Gedächtnisorte«[35] des französischen Historikers Pierre Nora will ein »Inventar des ›Hauses Frankreich‹«[36] von materiellen und immateriellen geschichtlichen Gegenständen im Kollektivgedächtnis anlegen. Erinnerungsorte sind Dinge oder Ereignisse, »an denen sich das kollektive Gedächtnis festmacht«[37], ein gemeinsamer Wissensbestand von Gruppen, in dem bestimmte Erfahrungen »sedimentiert«[38] vorliegen. Die *Lieux de mémoire* haben das Ziel, in den Erinnerungsorten die Bedeutungslagen um ein historisches Geschehnis zu rekonstruieren und für eine lebendige Erinnerungskultur nutzbar zu machen.[39]

In einer medialisierten Alltagswelt sind Rundfunk, Fernsehen und Presse durch ihre Medientexte[40] bei der Entstehung von als bedeutsam memorierten Ereignissen

---

Lärm. Die Schweizerische Liga gegen den Lärm 1956–1966, o.O. [Zürich]; Carola Lipp/Wolfgang Kaschuba: *1848, Provinz und Revolution. Kultureller Wandel und soziale Bewegung im Königreich Württemberg* (= Untersuchungen des Ludwig-Uhland-Instituts, Bd. 49), Tübingen 1979, S. 189 ff.

35 Hier verwendet wird die Rezeption des Begriffs bei Etienne François und Hagen Schulze in ihrem Projekt der »Deutschen Erinnerungsorte« (2001 ff.); oft wird der Begriff auch mit »Gedächtnisorte« ins Deutsche übersetzt, etwa bei Pierre Nora: *Zwischen Geschichte und Gedächtnis*, Berlin 1990; in der Folge von Noras *Lieux de mémoire* erschienen mehrere analog angelegte Projekte, z. B. Etienne François/Hagen Schulze (Hg.): *Deutsche Erinnerungsorte* (3 Bände), München 2001; Georg Kreis: *Schweizer Erinnerungsorte*, Zürich 2010. Immer wieder gibt es auch Einzelstudien zu Erinnerungsorten, etwa jüngst für die Beschreibung klingender Überlieferungen wie das Schweizerische Volkslied *Luaged, vo Bergen u Thal*, vgl. Regula Schmid: Luaged, vo Bergen u Thal: das Lied als Erinnerungsort, in: *Schweizerische Zeitschrift für Geschichte* 61/3 (2011), S. 269–289.

36 Nora (1990), S. 7.

37 Pierre Nora: Das Abenteuer der Lieux de mémoire, in: Etienne François/Hannes Siegrist/Jakob Vogel (Hg.): *Nation und Emotion: Deutschland und Frankreich im Vergleich 19. und 20. Jahrhundert*, Göttingen 1995, S. 83–92, hier S. 83.

38 Ein phänomenologischer Begriff, der die Erstarrung von Erfahrung zur Erinnerung beschreibt, die auch als kollektive Erfahrung in einen gesellschaftlichen Wissensbestand von Gruppen eingehen kann (»intersubjektive Erfahrungsablagerungen«), »wenn ihre Objektivation mit Hilfe eines Zeichensystems vollzogen worden ist, das heißt, wenn die Möglichkeit vorhanden ist, die Objektivation gemeinsamer Erfahrung zu wiederholen.«, Peter L. Berger/Thomas Luckmann: *Die gesellschaftliche Konstruktion der Wirklichkeit. Eine Theorie der Wissenssoziologie*, Frankfurt am Main 1970, hier S. 72.

39 Vgl. Etienne François: Pierre Nora und die »Lieux de mémoire«, in: Pierre Nora (Hg.): *Erinnerungsorte Frankreichs*, München 2005, S. 7–14. Die Notwendigkeit eines nationalen Gedächtnisinventars sieht Nora darin, dass es kein Gedächtnis mehr gebe: »Nur deshalb spricht man so viel vom Gedächtnis, weil es keines mehr gibt. Es gibt *lieux de mémoire*, weil es keine *milieux de mémoire* mehr gibt. Man denke nur an jene unwiderrufliche Verstümmelung des Gedächtnisses, die der Untergang der bäuerlichen Welt darstellt, jener Gedächtnisgemeinschaft par excellence […]«, Nora (1990), S. 11; unter anderem auf Noras Überlegungen aufbauend entwickeln Aleida und Jan Assmann ihre Theorie des »kulturellen Gedächtnisses«, das zwischen zwei Modi des Erinnerns unterscheidet, dem »bewohnten« Funktionsgedächtnis und dem inventarisierten und »unbewohnten« Speichergedächtnis, in dem sich die Geschichte in Archiven, Bibliotheken, Museen und anderen Erinnerungsinstitutionen sammelt, vgl. Aleida Assmann: *Erinnerungsräume. Formen und Wandlungen des kulturellen Gedächtnisses*, München 1999, insb. S. 133 ff.

40 Hier breit verstanden als die über die sogenannten Massenmedien wie Presse, Fernsehen, aber auch Internet verbreiteten Inhalte und Formate, vgl. Christoph Köck: Kulturanalyse popularer Medientexte, in: Silke

involiert. Die Montagsdemonstrationen haben sich nicht nur in den Gedächtnissen der damaligen Teilnehmenden niedergeschlagen, sondern auch in zahlreichen Medienberichten, die wiederum Eingang in die Archive auch von Rundfunkanstalten gefunden haben. Gerade bei Ereignissen der Zeitgeschichte können die Historiografen und Historiografinnen der Erinnerungsorte ein breites Vorwissen voraussetzen, das auch kollektive Klang-Wissensbestände umfasst. Mit den *Lieux de mémoire* ordnen sie dieses Wissen neu und schreiben es fort.

Obwohl Zwahr in seinem Erinnerungsorte-Essay den Begriff »Klang« nicht explizit erwähnt, geht er ausführlich auf die Verschränkung zwischen Klang- und Bedeutungsdimension der Montagsdemonstrationen ein und betont damit die Wichtigkeit des Klanglichen für gesellschaftliche Prozesse. Er deutet die tausendfach skandierte Losung als Ausdruck einer »Massenhegemonie«[41]. Den Ausruf interpretiert er als Mut machenden »Funken«, zuerst gerufen von einem einzelnen Unbekannten und dann über die mediale Berichterstattung in »Wellen« in »die Bezirke hinausgetragen«, der durch sein Erklingen im »Sprechchor-Stakkato« aus ungezählten Kehlen die »Durchschlagskraft« erhielt, die später zur Auflösung der DDR führte. Im Protestruf wird das Volk zum Souverän, indem es sich artikuliert und dadurch nicht nur die Straße, sondern auch den klingenden Raum dominiert, wie im folgenden Tagesschaubeitrag zu hören ist:

◄))   Klangbeispiel 2: »*Hoffnungen auf Dialog*«, Tagesschau, 10.10.1989 (Bericht, 2'51).

Im Tagesschau-Bericht werden die Begriffe »*Wir*« und »*Volk*« rhythmisch betont und durch »*sind das*« verbunden, sodass der Ausruf der (wie hier geschätzt wird: 70.000) Demonstrierenden nicht nur inhaltlich kurz und prägnant ist, sondern auch die Anforderungen eines eingängigen Slogans erfüllt. Regierung, Polizei und andere Staatsorgane sind in dem »Wir« nicht enthalten, sondern werden zum überwachenden und beobachtenden »Ihr« am Rande des Ereignisses. Zwahr setzt diese klingende Beschaffenheit von *Wir sind das Volk!* als so selbstverständlich voraus, dass er sie nicht detailliert thematisiert.

Wir sind das Volk! ist ein Erinnerungsort, in dem sich individuelle Erinnerungen im Zusammenspiel mit kollektiven Erinnerungserzählungen, wie sie etwa in Medienberichten und Archivalien dokumentiert vorliegen, aber auch die Historiografie rund um die friedliche Revolution 1989, verdichten. Online-Geschichtsportale, wie etwa die Seite *Gedächtnis der Nation*[42], stellen ältere und neuere Materialien be-

---

Göttsch/Albrecht Lehmann (Hg.): *Methoden der Volkskunde. Positionen, Quellen, Arbeitsweisen der Europäischen Ethnologie*, Berlin 2001, S. 301–320.

41 Zwahr (2001), S. 263.

42 URL: http://www.gedaechtnis-der-nation.de/ (10.07.2013).

reit, die, ähnlich einem Geschichtsbuch, verschiedene historische Ereignisse nacher-
zählen. Dabei nutzen sie Medienarchivalien und Ausschnitte aus Fernsehinterviews
mit berühmten Persönlichkeiten der Zeitgeschichte und Interviews mit sogenannten
Zeitzeugen. Die Materialien stammen aus den Medienarchiven des ZDF und stehen
in einem eigenen Youtube-Kanal zur Verfügung.[43] Im Fall von *Wir sind das Volk!*
werden die archivierten Ton- und Videoaufnahmen der Montagsdemonstrationen in
Radio- und Fernsehdokumentationen wiederverwendet und neu erzählt:

◄)) Klangbeispiel 3: *»Wir sind das Volk!« – Leipzig im Oktober*, Gedächtnis
der Nation/ZDF Momente der Geschichte, undat. (3'44).

Begriffe wie »Tag der Entscheidung«, »Kampfgruppen«, die möglicherweise »Gewalt« einsetzen würden, Verweise auch auf das Massaker auf dem Platz des Himmlischen Friedens kurz zuvor und eine dramatische Musik evozieren im Beitrag die
Spannung der damaligen Ereignisse. Die Dramatik des direkten »Live«-Erlebnisses,
die durch den Wechsel ins »Fern«-Sehen verblasst, wird mit Hilfe einer Dramaturgie
aus Oral-History-Zitaten, Musik und einem Kommentar der Superlative (die Zahl
der Demonstranten wird mit »die größte Montagsdemonstration die es bis dahin in
Leipzig gegeben hat« angegeben) verstärkt.

    Wir sind das Volk! wird durch die wiederholte Sendung, Verwertung und eine
sukzessive historische und mediale Bedeutungsaufladung, die auch heute nicht ab-
geschlossen ist, zu einer Chiffre des Mauerfalls und der Wiedervereinigung. Durch
immer neue geschichtspolitische und mediale Aktualisierungen des Ereignisses und
durch die Neu-Kontextualisierung individueller Akteure[44] etabliert sich ein neues und stabiles Gedächtnisnarrativ, das u. a. die Elemente Freiheit, Dramatik und
Selbstbestimmung enthält.[45] Der Begriff der Erinnerungsorte betont die zunehmende Zeichen-Werdung (Semiotisierung) eines Ereignisses und seine Rezeptionsge-
schichte. Ebenso wie jedes Inventar sind auch die *Lieux de mémoire* nie abgeschlos-
sen und tragen die allgegenwärtige Möglichkeit ihrer Erweiterung und Anpassung
des Inventars in sich.[46] Die Historisierung, d. h. Geschichtsschreibung zu einem

---

43 Das Projekt *Gedächtnis der Nation*, das Medienarchivalien älterer ZDF-Produktionen mit im Rahmen des
    Projekts entstandenen Oral-History-Dokumentem verbindet, wurde laut Eigenauskunft auf der Webseite ini-
    tiiert von Guido Knopp und Hans-Ulrich Jörges; Kooperationspartner sind u. a. das ZDF und die Daimler AG.

44 Es wäre eine eigene Oral-History-Forschung wert zu untersuchen, inwiefern die Erinnerungen an *Wir sind das*
    Volk! von Zeitzeug/innen der damaligen Ereignisse, Teilnehmer/innen und Nicht-Teilnehmer/innen, heute über
    20 Jahre später genauer sind (weil sie sinnvoll memoriert werden), als sie es damals waren, oder besser: sein
    konnten, vgl. Harald Welzer: Die Medialität des menschlichen Gedächtnisses, in: *BIOS* 21/1 (2008), S. 15–27.

45 Die Aktualisierungen geschehen bevorzugt zu Jahrestagen, vgl. z. B. Hubert Spiegel: Mauerfall: Wir waren
    das Volk (publ. 01.09.2009), in: *FAZ online*, http://www.faz.net/themenarchiv/2.1278/mauerfall-wir-waren-
    das-volk-1800080.html (04.04.2012); Vanessa Fischer: Deutsche Rufe (2): »Wir sind ein Volk!«, *Deutschland-*
    radio Kultur, 17.09.2009, URL: http://www.dradio.de/kultur/sendungen/laenderreport/1031727/ (09.12.2012).

46 Vgl. dazu auch den Beitrag von Tobias Scheidegger in diesem Band.

historischen Datum, seiner Erinnerungspraktiken und -politiken und seine Konzeption als Erinnerungsort ist schließlich selbst ein Konstrukt und bildet einen Teil der unterschiedlichen sedimentierten Bedeutungsschichten, die das Klangereignis anreichern.[47]

Das historiografische Projekt der *Lieux de mémoire* ist ein Beispiel *par excellence* für die Selbstthematisierung von Geschichte und Tradition in (spät-)modernen Gesellschaften, die als »invention of tradition«[48] bezeichnet werden kann. Die Fallstudien-Dossiers schaffen neue machtvolle identitätspolitische Markierungen, indem sie Kanonisierungen von geschichtlichen Ereignissen vornehmen und diese interpretieren. In ihnen sind historische Ereignisse, kollektive Erinnerungspolitiken, individuelle Erinnerungen sowie mediale und wissenschaftlich hergestellte (Neu-) Kontextualisierungen miteinander verwoben. Erinnerungsorte sind eine historiografische Imagination,[49] da sie nur als Idee existieren, was für klingende *Lieux de mémoire* einmal mehr gilt, da die Klänge anders als materielle Erinnerungsorte nur medial vorhanden sind. Sie werden durch ihre Inventarisierung und die in ihnen eingeschriebene Erinnerung an ihre eigene Diskursgeschichte zunehmend wirklich: *Lieux de mémoire* sind gleichzeitig rekonstruierende und konstruierende Verdichtungen. Doch treten im klingenden Erinnerungsort *Wir sind das Volk!* die akustischen hinter den symbolischen Informationen zurück und erscheinen allenfalls als klingende Referenz, die als bekanntes mediales Echo vorausgesetzt wird und auf die analog einer Fußnote verwiesen wird.

Klangchiffren des Alltags – das Beispiel Automobilität: Medienarchivalien als Quellen für die kulturwissenschaftliche Erforschung der Klangwelt

Aus Sicht einer am Unscheinbar-Alltäglichen orientieren Kulturwissenschaft stellt sich die Frage, ob sich abseits der Geschichtserzählungen um außerordentliche und symbolisch aufgeladene Klänge[50] auch Klangchiffren des Unscheinbaren beschreiben lassen, und wie diese Klangwelt des Alltäglichen erforscht werden könnte. Die Bedeutungsdimension von Klängen zu erforschen ist methodisch schwierig, da es sich beim Wissen über Klänge oft um nichtdiskursives Erfahrungswissen handelt und die

---

47 Auch Nora geht es darum, die Erinnerungsorte »zu konstituieren: das heißt, über ihre historische Realität hinaus ihre symbolische Wahrheit herauszuarbeiten, um die Erinnerung, deren Träger sie waren, zu rekonstruieren«, Nora (1995), S. 84.

48 Eric J. Hobsbawm/Terence Ranger (Hg.): *The Invention of Tradition*, Cambridge u. a. 1983.

49 Vom »Imaginären der Erinnerung« spricht im Zusammenhang mit Noras *Lieux de mémoire* der Medientheoretiker Wolfgang Ernst: Das Archiv als Gedächtnisort, in: Knut Ebeling/Stephan Günzel (Hg.): *Archivologie: Theorien des Archivs in Philosophie, Medien und Künsten*, Berlin 2009, S. 177–200, hier S. 183.

50 Zwahr spricht z. B. in Bezug auf die Montagsdemonstrationen und die »Wende« von einem »grundstürzende[n], die Strukturen brechende[n] Ereignis«, Zwahr (2001), S. 253.

mit der akustischen Wahrnehmung zusammenhängenden Erfahrungen daher sprachlich schwer zu übersetzen sind.[51] Der amerikanische Kulturanthropologe Steven Feld spricht gar von »*Acoustemology*«, um akustisches Erfahrungswissen begrifflich zu fassen und seine Eigenständigkeit zu betonen.[52] Die Zürcher Filmwissenschaftlerin Barbara Flückiger weist in diesem Zusammenhang darauf hin, dass es nur ein kleines Vokabular für das Auditive gebe, was auch ein Grund dafür sei, dass Klänge in der Forschung bisher kaum eine Rolle spielten.[53]

Vor dem Hintergrund dieser »Sprachlosigkeit« in Bezug auf diejenigen Alltagsklänge, die offenbar kaum Erinnerungserzählungen evozieren, stellt sich die Frage nach Quellen einer kulturwissenschaftlichen Klangforschung. Durch die mit den neuen Medien zunehmenden Möglichkeiten, Klänge zugänglich zu machen, sind mittlerweile zahlreiche Online-Projekte entstanden, in denen Klänge dokumentierend und musealisierend zu Chiffren der alltäglichen Klangwelt ernannt werden, wie z. B. im Museum der bedrohten Klänge.[54] Dennoch bleibt die Frage nach der Methodik bestehen, wenn eine längere zeitliche Spanne untersucht werden soll als mit online zugänglichen Quellen der Alltagskultur erfasst werden kann.[55] Anders gefragt: Wie kann eine »Erstellung einer Chronik unserer Wünsche und ihrer Erfüllungen, Anamnese unserer eigenen Schlaraffengeschichte«[56] gelingen, welche mit dem Volkskundler Martin Scharfe die eigentliche Aufgabe einer kulturwissenschaftlichen Technikforschung bzw. historisch ausgerichteten Alltagskulturforschung ist?

Im Folgenden wird vorgeschlagen, die sinnliche Wahrnehmung der Umwelt, genauer die alltägliche Perzeption der Lebenswelt durch den Hörsinn, auf der Quellen-

---

51 Das Alltägliche generell scheint für empirische Feldforschungsmethoden wie das Interview und z. T. auch die teilnehmende Beobachtung, die auf der Verbalisierbarkeit von Erfahrungswissen basieren, schwer zugänglich. In einem Forschungsprojekt zu Technisierungsprozessen im Arbeitsalltag von Lagerarbeiterinnen konnte d. A. eine ähnliche »Sprachlosigkeit« in Bezug auf alltägliche Arbeitsverrichtungen feststellen, demgegenüber unvorhergesehene und »merk-würdige« Begebenheiten viel ausführlicher und detaillierter geschildert wurden, vgl. Johannes Müske: *Arbeitsalltag und technischer Wandel. Arbeiterinnen in einem Hamburger Versandhandelsunternehmen und ihre Arbeitswelt (1969–2005)*, Münster u. a. 2010, hier S. 58–64; vgl. auch Brigitta Schmidt-Lauber: Grenzen der Narratologie: Alltagskultur(forschung) jenseits des Erzählens, in: Thomas Hengartner/Dies. (Hg.): *Leben – Erzählen. Beiträge zur Erzähl- und Biographieforschung*, Berlin 2005, S. 145–162.

52 Steven Feld: Waterfalls of Song. An Acoustemology of Place Resounding in Bosavi, Papua New Guinea, in: Keith Basso/Ders. (Hg.): *Senses of Place*, Santa Fe 1996, S. 91–135.

53 Barbara Flückiger: *Sound Design. Die virtuelle Klangwelt des Films*, Marburg 2001, hier S. 100–102.

54 Vgl. Museum of Endangered Sounds, URL: http://savethesounds.info/ (13.07.2013).

55 Bisher fehlt es allerdings an einer systematischen Methodik zur Benutzung und Auswertung von Audiomaterialien, auch wenn einige disziplinär interessengeleitete Ansätze bereits vorhanden sind, vgl. Gerrit Herlyn: Tonträger, in: *Enzyklopädie des Märchens* (Bd. 13., Lieferung 2, Theophilus – Trunkenheit), Berlin 2009, Sp. 754–759; Rainer Hubert: Historische Tondokumentation – ihr Aufgabenbereich und ihre Realisierung, in: *Das Schallarchiv* 12 (Dez. 1982), Wien; Christoph Köck (2001); Daniel Morat (2011) sowie Edzard Schade: Audio- und Videodokumente als Quellen für die Kommunikations- und Medienforschung. Implikationen für die Archivierung, in: *Gehört – Gesehen. Das audiovisuelle Erbe und die Wissenschaft*, Baden, Lugano 2007, S. 49–63.

56 Scharfe (1993), S. 81.

basis von Rundfunkarchivalien zu untersuchen. Klangarchivalien sind die Spuren – Schnittstellen –, die zu den eigentlich abwesenden und verstummten klingenden Lebenswelten hinführen. Sie geben einen Hinweis auf das »Allerweltswissen«[57] der Akteurinnen und Akteure in der Vergangenheit.

Audio- (aber auch Video-)Dokumente aus Rundfunkarchiven bieten ein bisher wenig genutztes Potenzial für die Analyse vergangener und gegenwärtiger Klangwelten, denn sie sind meist gut dokumentiert[58] und lassen sich sowohl inhaltlich wie auch im Hinblick auf ihren geschichtlichen Kontext auswerten.[59] In den institutionellen Schall- und später Medienarchiven der Rundfunkanstalten werden Dokumente jeglicher Couleur aufbewahrt, die heute als Quellen der alltäglichen Klangwelt neu befragt werden können. Die Ton-Dokumente dokumentieren und repräsentieren nicht eine alltagsklangliche Wirklichkeit, vielmehr steht eine Klangarchivalie für das, was in einer Zeit für die Zukunft als dokumentationswürdig gehalten wurde.[60] Aber: Da in Radioproduktionen ausschließlich akustisches Material verarbeitet ist, bieten Rundfunk-Tondokumente gerade im Hintergrund vielschichtige Ton-Spuren, denen zu folgen es sich lohnt. Geräusche, Sounds oder sogenannte »Atmos«[61] etwa werden weitaus weniger geformt und inszeniert als Bilder. Und auch wenn »O-Töne«[62] selbstverständlich immer arrangiert und fokussiert aufgezeichnet werden, beinhalten Übertragungen von Ereignissen (die nicht nur zum Zwecke der Radiosendung stattfinden) immerhin Original-Stimmen, welche über die reine (schriftliche) Wiedergabe hinaus auch später noch die Tonalität und Intonation von Gesprochenem vernehmen lassen, die für eine genaue Analyse

---

57 Berger/Luckmann (1970), S. 16 und passim.

58 In den Metadaten, vgl. unten.

59 Vgl. dazu genauer Schade (2007).

60 Der Rundfunk wurde in Deutschland ab 1923 eingeführt; eine breitere dokumentarische Tätigkeit begann ab den 1950er Jahren mit der flächendeckenden Einführung des Magnetbands im Radio. In diesem Zusammenhang sei auf die Besonderheit von Schall- bzw. Medienarchiven verwiesen, deren Sammlungen nicht passiv entstanden sind, also durch das Hineingelangen etwa von Nachlässen oder Akten, wie das in den meisten Schriftgutarchiven der Fall ist, sondern durch aktive Sammlungspolitik; vgl. Hubert (1982) zur Archivierungsmethodik historischer Tondokumente: So werden z. B. in Rundfunkarchiven zum großen Teil Eigenproduktionen gesammelt, die nicht unter Heritage-Gesichtspunkten, sondern in der Logik des Programms entstanden sind und damit andere Überlieferungsschwerpunkte setzen. Auch gehört die Überlieferung von »Kulturgut« nur zur Aufgabe sehr weniger spezialisierter Archive, nicht aber zur Aufgabe der meisten Rundfunkarchive, die jedoch den Großteil der klingenden Überlieferung (vor allem der hochwertig dokumentierten und erschlossenen Überlieferung) aufbewahren. Eine Ausnahme ist das Deutsche Rundfunkarchiv, eine gemeinsam von ARD und ZDF betriebene Einrichtung; in der Schweiz und in Österreich gibt es ähnliche spezialisierte Einrichtungen. Als spannendes Untersuchungsfeld erscheinen zudem die aktuellen Entwicklungen im Internet, wo zunehmend online zugängliche Klangarchive entstehen; vgl. auch Thomas Hengartner/Johannes Müske: Klangspeicher und die Aneignung von Kultur: Medienarchive und die (Nicht-)Konstituierung von Cultural Property, in: *Info 7 Medien, Archive, Information* 27/1 (2012), S. 3–8.

61 Sogenannte »Atmosphären«, bestehend aus wenig bearbeiteten Aufnahmen von Umgebungsklängen, z. B. Stadtklänge.

62 Sogenannte »Originaltöne«, aufgezeichnete Ereignisse, aber auch Zitate in Rundfunksendungen.

unverzichtbar sind.[63] Da in der redaktionellen Auswahl von O-Tönen die Suche nach besonders prominenten Sprechern oder nach Superlativen dominiert (»der erste Zeitzeuge der ersten Stunde vom ersten usw. …«), gilt die besondere Aufmerksamkeit einer kulturwissenschaftlichen Klangforschung ganz wesentlich auch Beiträgen, in denen die Thematik in ganz anderen Zusammenhängen zur Sprache kommt – so können sich etwa interessante Aussagen zur Auto-Mobilität in einem Feature zum Alltag von Bahnpendlerinnen und -pendlern finden.[64] Die verwendeten Audio-Dokumente sind insofern nicht nur Datenträger, sondern vor allem Bedeutungsträger verklungener Klangwelten: Die Unmittelbarkeit im Klang-Erleben sowie die Vertrautheit akustischer Atmosphären – so hier die These – bieten einen besonderen Zugang zur Frage, wie Bedeutungen verhandelt, verwandelt und (klanglich) ausgedrückt werden.

Oft sind es also nicht nur die einzelnen Aussagen selbst, sondern ist es das gesamte Tondokument, das »für sich spricht«. Unverzichtbar für die Auswertung sind dabei die zum Teil sehr ausführlichen, sogenannten »Metadaten« der Archivalien, d. h. Kontextinformationen, die in den Archiven dokumentiert wurden. Sie sind umso unverzichtbarer, als bei Audioquellen eine zeitliche und allgemeine kontextuelle Einordnung noch einmal schwerer ist als bei Bildquellen. Gleichzeitig sind aber auch diese Dokumentationen wiederum Quelle für die Bewertungskriterien und Bedeutungshervorhebungen der jeweiligen Erhebungszeit.[65]

Der Begriff der »Klangwelt« findet sich erstmals bei Utz Jeggle, der in seiner kulturhistorischen Forschung zur Sinneswahrnehmung die Klangwelt als Welt der »akustischen Sicherheit« kennzeichnet, in der die alltäglichen Klänge »dem Tag, der Zeit, dem Leben eine vertraute Rhythmik [geben]«.[66] Im Folgenden soll am Beispiel der Klangwelt des Automobils erprobt werden, Bedeutungskonnotationen von Klängen mit Hilfe von Klangarchivalien zu erschließen. Das Auto eignet sich besonders zur Analyse der Klangwelt, da es eine sehr geräusch- und klangreiche Technik ist und entsprechend markante Auto-Sounds in Radio-Sendungen (wie auch in der populären Musik, die hier nicht behandelt werden kann) eingebaut und verarbeitet werden. Gerade das Automobil, als technisches »Leitfossil«[67] für viele Menschen ein

---

63 Christine Oldörp: Mediale Modulationen: Verfestigung, Verselbstständigung, Verdauerung, Verschriftlichung, Vertextung und Versprachlichung. Mündliches Sprechen im Spannungsfeld von Mündlichkeit und Schriftlichkeit, in: Iris Höger/Dies./Hanna Wimmer (Hg.): *Mediale Wechselwirkungen. Adaptionen, Transformationen, Reinterpretationen*, Berlin 2013 (= Schriftenreihe der Isa Lohmann-Siems-Stiftung Bd. 6), S. 73–118.

64 Recherchiert wurde über eine Cross-Recherche in allen Schallarchiven der öffentlich-rechtlichen (ARD-) Rundfunkanstalten über einen Gesamtbestand von ca. 10.000 Sendenachweisen zum Schlagwort »Auto«; Basis für den Schwerpunkt Auto-Mobilität im Klangwelt-Projekt bilden ca. 200 Wortsendungen.

65 Zur induktiven Vorgehensweise und Kategorienbildung (»Grounded Theory«) bei der inhaltlichen Erschließung von empirischen Materialien vgl. genauer: Barney G. Glaser/Anselm L. Strauss: *The Discovery of Grounded Theory. Strategies of Qualitative Research*, Chicago 1967.

66 Jeggle (1986), S. 114 f.

67 Eduard Strübin: Volkskundliches zum Automobil, in: *Schweizer Volkskunde* 63/1 (1973), S. 1–13, hier S. 13.

wichtiger Bestandteil der Biografie und Technik-Erfahrung, ist dabei aber auch ein Gegenstand, an dem viele andere gesellschaftliche Themen wie individuelle Freiheit, Genuss, Wohlstand oder Umweltfragen (und weitere) verhandelt werden.[68]

Zu hören ist zunächst ein Auszug einer Radiosendung von 1955:

◀))   Klangbeispiel 4: *Parkplatznot in Rheinland-Pfalz*, Wortbeitrag, 1955 (Feature, Ausschnitt, 0'42).[69]

Zu hören ist zunächst die Atmosphäre einer Straßensituation, in der, wie der Sprecher sagt, »die Stimmen der Fußgänger […] im Lärm der Motoren« fast untergehen. Freilich war dieser Klang zur Zeit der Ausstrahlung des Radiobeitrags bekannt, aber offenbar doch noch so neu, dass er kommentarwürdig erschien. Doch während der Zuhörende überlegt, ob nun eine Beschwerde über den Lärm beginnt, fährt der Sprecher fort, dass bald vielleicht noch mehr Verkehrsteilnehmer auf das Automobil umstiegen und davonbrausten – dem steigenden Wohlstand sei Dank. Die Verkehrsgeräusche in den Städten sind in diesem Beitrag Chiffre für die einsetzende Massenmotorisierung als Ausdruck des »Wirtschaftwunders« und seiner Hoffnungen auf mehr Wohlstand. Diese wurden höchstens durch die einsetzende »Parkplatznot« in den Städten gebremst – auch davon handelt die Radiosendung. Zu dem Fortschrittsglauben gesellen sich auch nachdenklichere Töne, wenn Verkehrsexperten in einer Talk-Sendung von 1954 versuchen, die neu eingeführten Verkehrsregeln zu vermitteln:

◀))   Klangbeispiel 5: *SOS Verkehr*, Wortbeitrag, 1954 (Feature, Ausschnitt, 0'36).[70]

Ab 1953 bedurfte es nach der Einführung der Straßenverkehrsordnung eines umfassenden Wandels vorhandener Gewohnheiten und der Etablierung von neuem Alltags- und Orientierungswissen im Straßenverkehr, um das Miteinander von spielenden

---

68   Uta Rosenfeld: »Auto, Leben und mehr …«. Alltäglichkeit und Genuss von Automobilität, in: Thomas Hengartner/Johanna Rolshoven (Hg.): *Technik – Kultur. Formen der Veralltäglichung von Technik – Technisches als Alltag*, Zürich 1998, S. 143–181.

69   »[Stadtgeräusche, Sprecher:] Das sind die Geräusche im Zentrum einer mittleren Stadt von heute. Autos, Lastwagen, Omnibusse und Motorräder. Die Schritte und die Stimmen der Fußgänger gehen fast unter im Lärm der Motoren. Und bedenken wir: Wer heute noch als Fußgänger über die Gehwege schlendert, braust vielleicht schon morgen mit seinem Auto durch die Straßen. ›Wo sind die Parkplätze für unsere Autos?!‹, rufen die Kraftfahrer. [Überblendung, J.M.] … die Autos werden sich unaufhaltsam weitervermehren. Diese Entwicklung ist wohl nicht aufzuhalten. Warum sollte man das auch? Das wäre ja Rückschritt.«

70   »[Sprecher:] Diese Viertelstunde geht alle an, die sich auf den Straßen bewegen – ob als Fußgänger, als Radfahrer, als Motorisierte, oder in der immer seltener gewordenen Rolle des mit natürlichen Pferdekräften arbeitenden Zeitgenossen. Jedermann ist Mitspieler im Getriebe unseres Verkehrs! SOS Verkehr! Jeder ruft es – dem anderen zu, der schuld sein soll. Oh, es gibt viele Sünder auf unseren Straßen mit ihren über vier Millionen Kraftfahrzeugen. Nebenbei bemerkt, doppelt so viele wie 1938/39.«

Kindern, Autos, Fußgängern und Fußgängerinnen usw. zu gewährleisten. Das Radio, das in jener Zeit gerade in seiner Blütezeit stand, war das Leitmedium, in dem solche gesellschaftlichen Themenstellungen verhandelt wurden. Denn, wie die Quellen verraten, bedeutete das Vorhandensein von Verkehrsregeln nicht automatisch, dass diese auch eingehalten wurden, allein schon weil die Zahl der Autos, die meist von Mitmenschen gesteuert wurden, die soeben noch zu Fuß gegangen waren, 1954 sprunghaft auf über 4 Millionen gestiegen war.

Gut zwei Jahrzehnte später kommt in einem Hörspiel mit dem Titel »Überfahren« ein düsteres Bild des Autos zur Sprache. Dass die Sendung mit O-Tönen, etwa Notfallmeldungen, Martinshorn, Verkehrsnachrichten und Interviews, gestaltet ist, unterstreicht die Dramatik. Zu hören sind z. B. Interviewausschnitte von einem Gespräch mit einem Mitarbeiter der Notfallleitstelle, die so montiert sind, dass sie wie Notfallanweisungen klingen, inklusive der Order, Staatsanwaltschaft und Leichentransport zu verständigen:

◄))   Klangbeispiel 6: *Überfahren – Ein todernstes Spiel um das Automobil*, Wortbeitrag, 1978 (Hörspiel, Ausschnitt, 1'26).[71]

Die Autos sind in diesem Hörspiel, das wie ein Feature gestaltet ist, nun keine sich gemütlich durch die Stadt wälzenden Gefährte mehr, sondern tödliche Geschosse, wie die Montage mit O-Tönen vom Rande einer Autobahn verdeutlichen soll. Der Autobahnklang erscheint im Kontext der Sendung als Chiffre für die Unbeherrschbarkeit der Technik, die durch die Verkehrsnachrichten – eine weitere Klangchiffre, diesmal für das Unvorhersehbare – in die scheinbare Sicherheit der Fahrgastzelle hereinbricht. Die Klänge der Autos selbst sind so selbstverständlich geworden, dass sie gar nicht mehr explizit kommentiert werden, sondern »von selbst« ihre dunkle Stimmung entfalten.

Umgekehrt sind ungewohnte Klänge, die im Radio auftauchen, erläuterungsbedürftig, wie das Beispiel eines Berichts von 1992 über ein Solar-Elektro-Mobil zeigt, dessen leises Surren genauer erklärt werden muss, und das als Klangchiffre für die »saubere« und zukunftsorientierte individuelle Mobilität inszeniert wird:

---

71 »[Autobahngeräusche, Sprecher 1:] Das Verkehrsproblem des Menschen liegt biologisch gesehen darin, dass sein Reaktionsvermögen auf Fußgängertempo abgestimmt ist. [Hupe, Martinshorn, Funkspruch Sprecher 2:] Beta 3078 für 602 bitte kommen. [Notfallzentrale, Sprecher 3:] Hier Beta 30602, 78 bitte sprechen. [Sprecher 3:] Hier ist 3078 mit Lagebericht. Es handelt sich hier um einen Auffahrunfall, beteiligt sind drei PKWs und ein Lastzug. Wir haben jetzt zwei Verletzte und einen Toten hier an der Unfallstelle. [Sprecher 3:] Ja, folgendes: von hier aus wird Krankenwagen verständigt, ebenso Leichentransport, Staatsanwaltschaft und unter Umständen auch gleich ein sachverständiger Gutachter. [Sprecher 2:] Ja, verstanden. Danke. [Sprecher 3:] Danke, Ende. [Autoinnenraum mit Musik, Verkehrsnachrichten beginnen].«

◀) Klangbeispiel 7: *Bericht über ein Solarmobil*, Wortbeitrag, 1992 (Feature, Ausschnitt, 1'23).[72]

Zu hören ist die alltägliche Situation beim Einsteigen ins Auto, Schlüssel klappern, Türen werden geschlossen, der Anlasser wird betätigt. Plötzlich jedoch erklingt kein brummender Verbrennungsmotor, sondern ein Elektromotor beginnt zu surren. Hier wird die Elektromobilität als »sauber« inszeniert, indem sie klanglich als leiser Gegenpol der Lautstärke normaler Autos entgegengestellt wird.

Bis heute hat sich die Ausdrucksweise des Radios stark gewandelt, Geräusche aller Art werden nicht nur illustrativ, sondern auch dramaturgisch eingesetzt. Seit den 1950er Jahren werden, mit dem Anwachsen der Sammlungen in den Schallarchiven der Radiostudios, auch Archivalien aus älteren Radiosendungen in neue Sendungen eingebaut, wodurch eine – im buchstäblichen Sinn – vielschichtige Klangmontage aus älteren und neueren Tonspuren aus O-Tönen, Atmos usw. entsteht. Bei vielen Tondokumenten handelt es sich zum Teil also um Collagen bzw. Zusammenschnitte von mehreren Fragmenten von Tonaufzeichnungen, sodass die Datenmenge jede kognitive Erfassbarkeit übersteigt. Als Beispiel dafür, wie verdichtet die klanglich-sinnliche und gesprochene Information zu Gehör gebracht wird, sei ein Beitrag aus dem Jahr 2001 angeführt, der den *ersten tödlichen Autounfall* behandelt:

◀) Klangbeispiel 8: *17.08.1896 – Der erste tödliche Autounfall*, Wortbeitrag, 2001 (»Kalenderblatt«/Feature, Ausschnitt, 0'30).[73]

Klanglich ist das Auto im Jahr 2001 so selbstverständlich (und undramatisch, weil allgegenwärtig) geworden, dass stattdessen Musik verwendet wird, um die Gefahr

---

72 »[Geräusche, Sprecherin:] Michael Schröter und sein Solarmobil. Seit zwei Jahren sind sie unzertrennlich. Als Zweitwagen für die Stadt gekauft, ist das Elektroauto inzwischen sein Hauptfortbewegungsmittel. Zwar fährt es nur langsam, und eine Batterieladung reicht auch nur je nach Fahrzeugtyp für 50 bis 70 Kilometer. Doch auch andere Fahrzeuge können inzwischen in der Stadt nur noch durchschnittlich 18 Kilometer in der Stunde zurücklegen. Und so scheuen die schnurrenden Elektrovehikel nicht den Vergleich mit ihren Benzinerverwandten, zumal sie ihnen auch immer ähnlicher sehen – außen und innen. [im Auto, Geräusche, Sprecherin:] So, und wie ist das jetzt, Sie haben jetzt richtig so eine Gangschaltung wie im Auto? [Sprecher:] Ja, das ist ja, weil der E-Motor auch einen effektiven Drehmoment hat, den man dann stromsparenderweise besser mit einer Schaltung herausfährt. [Sprecherin:] Der Wagen, ein L-Jet, sieht aus wie ein zweisitziger Fiat Panda ... [Überblendung, J.M.] ... diese Autos produzieren keine Abgase, haben kaum Verschleiß und sind sehr leise. Und der Fahrer – er erspart sich den Gestank an den Tankstellen. [Geräusche, Sprecherin:] Michael Schröter tankt. Der L-Jet und sein kleinerer Verwandter benötigen sechs bis acht Stunden, um sich wieder richtig vollzutanken.«

73 »[Musik, Sprecher 1:] SOS Verkehr! Jeder ruft es dem anderen zu, der schuld sein soll. Oh es gibt viele Sünder auf unseren Straßen ... [Sprecher 2:] Nein, es war nicht das Wort zum Sonntag, es war die erste Folge einer Autofahrersendung, mit der der WDR seinen motorisierten Hörern 1954 einige Neuerungen der Verkehrsordnung nahebringen wollte. [Überblendung, J.M.] Fußgänger und Autofahrer – zwei Welten prallen aufeinander [...].«

des heranrollenden Automobils hörbar zu machen, dessen Fahrer den Unfall verursacht: Zunächst erklingt spannungssteigernde Musik; diese wird von gesprochenem Wort überlagert, wofür eine ältere Quelle als O-Ton verwendet wird. Ein neu darübergelegter Sprechertext erinnert an die ersten Anfänge des Automobils, als noch das Recht des Stärkeren galt. Dadurch bekommt der O-Ton in seiner Antiquiertheit plötzlich eine ironische Note, die in der Originalquelle so nicht vorgesehen war. Mit zunehmender Veralltäglichung des Autos verstummen jedoch solche Quellen zunehmend, ohne dass allerdings das Erlebens- und Erfahrungsmoment an Bedeutung verloren hätte.

Das Medium Radio ist auf das Ohr zugeschnitten und arbeitet mit dramatischen Klanginszenierungen, um Aussagen herzustellen. Doch bleibt die alltägliche Klangwelt mit ihren zahlreichen Informationen unscheinbar: Die Klangarchivalien machen sich das kulturell vorhandene Erfahrungswissen über Klänge und die assoziative Kraft von Klängen zunutze. Die Klänge müssen nicht extra erklärt werden, es reicht, sie zu inszenieren und hörbar zu machen. Hier zeigt sich sehr deutlich, wie sich die Veralltäglichung des Autos als »Enttechnisierungsprozess« gestaltet, der in den Rundfunkquellen als Unhörbarwerdung (nicht) erscheint.

An den Klangbeispielen wird die Entwicklung des Radios selbst hörbar. In den Radioreportagen aus den 1950er Jahren wird kaum mit Klängen gearbeitet; anders als in den späteren Klangbeispielen, in denen das Klingende in den Vordergrund gestellt wurde, dominieren noch der belehrende Ton und die gesprochenen Worte. Das Hörspiel *Überfahren*, aus dem ein Ausschnitt zitiert wurde, ist nur ein Beispiel für den Wandel der Ausdrucksweise des Radios. Die Entwicklung der Klangkunst, für die das Radio ein wichtiges Verbreitungsmedium war und deren Entwicklung mit der Entwicklung der *Acoustic Ecology* parallel verlief, begünstigte den Trend im Radio, Geräusche aller Art nicht nur illustrativ, sondern auch dramaturgisch einzusetzen.[74] Begünstigt wurde dieser Wandel durch die Ablösung des Radios durch das Fernsehen als neues Leitmedium ab den 1960er Jahren, wodurch im Radio Platz für experimentellere Formate entstand.[75]

Klangarchivalien können methodisch für erfahrungsgeschichtliche Fragestellungen zur Alltagswelt genutzt werden. Sie enthalten, bei aller Unauffälligkeit der klingenden Dimension des Alltags, Informationen über gesellschaftliche Selbstdeutungen und Zukunftsentwürfe. Klingende Quellen geben Auskunft darüber, was zu den jeweiligen Zeiten als Selbstverständlichkeit angesehen wurde und was noch nicht; in den Verhandlungen werden sich herausbildende kulturelle Konventionen und Deutungsmuster lebendig. Für die Klangforschungspraxis bedeutet dies, dass

74 Vgl. allgemein zur Geschichte des Radios in Deutschland, Konrad Dussel: *Deutsche Rundfunkgeschichte*, Konstanz 2004; einen Überblick über die Entwicklung von Hörspiel und *Ars Acustica* aus Sicht eines Radiomachers gibt Andreas Hagelüken: Eine originäre Kunst für das Radio, in: Holger Schulze (Hg.): *Sound Studies: Traditionen – Methoden – Desiderate. Eine Einführung*, Bielefeld 2008, S. 29–55.

75 Vgl. Hagelüken (2008).

Klänge interessante Quellen sind, um nicht-diskursives Erfahrungs- und Alltagswissen in seinem historischen und gesellschaftlichen Kontext erforschen zu können. Gerade Rundfunkarchivalien eignen sich in besonderer Weise für Fragestellungen zur Alltagskultur, da sie aus populären Medien stammen, überdies gut dokumentiert sind und auf Grund der hohen Metadatenqualität leicht mit weiteren Quellen in Beziehung gesetzt werden können.[76]

Ausblick: Die Klangwelt ethnografieren: zur Repräsentation von Klangforschung

Gerade vor dem Hintergrund der Medialisierung der Alltagswelt sind aufbewahrte Klänge als Schnittstellen zu subkutan vorhandenen kulturellen Sinnordnungen interessant, die in den akustischen Inszenierungen von gesellschaftlichen Verhandlungen hörbar werden. Weitergehend muss sich die empirisch und historisch forschende Kulturforschung auch systematisch mit den methodischen Grundlagen, der Einbeziehung, Nutzung und Auswertung von akustischen Quellen beschäftigen.[77]

   Eine weitere Herausforderung ergibt sich für die ethnografische Darstellung von Forschungen zur sinnlichen Lebenswelt: Wie sollen die geschichtliche Gewordenheit und Technisierung der Klangwelt dargestellt werden, wenn Klangforschung lediglich in schriftlichen Ethnografien geschieht? Wie kann das alltägliche Erfahrungswissen über Klänge, das sich der Verbalisierung entzieht, methodisch aus der individuellen Erfahrung gelöst und in intersubjektiven[78] und damit wissenschaftlich nachvollziehbaren Formaten darstellbar und fassbar gemacht werden?[79]

   Fragen der Repräsentation ethnografischer Forschung und Forderungen nach der Erweiterung ihrer Darstellungsmöglichkeiten werden in der Kulturanthropologie breit diskutiert, selten jedoch umgesetzt.[80] Die Kulturanthropologen Steven Feld und Donald Brenneis fragen rhetorisch nach einer angemessenen Repräsentationsform ethnografischer Klangforschung: »What about ethnography as tape editing?« – sie

---

76 Über die Produktions- und Sendedaten lassen sich weitere Quellen aus der jeweiligen Zeit finden, z. B. Nachrichten in Print-Medien; ebenso geben die Metadaten Aufschluss, ob O-Töne beispielsweise von Persönlichkeiten der Zeitgeschichte wie Politikern usw. stammen und damit als offizielle Meinungen bestimmter gesellschaftlicher Gruppen besonders zu gewichten sind.

77 Nicht angesprochen werden können hier rechtliche Fragen der Zitation von Rundfunkquellen, die sich bei klingenden Publikationen ergeben können; hingewiesen sei hier lediglich auf das Zitierrecht, das im wissenschaftlichen Kontext Urheberrechte begrenzt und bestimmte Publikationsweisen ermöglicht.

78 Vgl. zur Problematik intersubjektiver Erfahrungen z. B. Berger/Luckmann (1970), siehe Anm. 38.

79 Vgl. als Überblick Sarah Pink: *Doing Sensory Ethnography*, Los Angeles u. a. 2009, insb. Kap. 8: Between Experience and Scholarship: Representing Sensory Ethnography, S. 132 ff., in dem Pink verschiedene Ansätze von Visual Anthropology, Performance Studies, Acoustic Ecology (hier z. B. Soundscape-Komposition, Soundwalking) usw. diskutiert.

80 Anders als in künstlerischen Themenfeldern wie der *Acoustic Ecology* (siehe oben), wo mit nicht-schriftlichen Formaten experimentiert wird; vgl. z. B. für Zürich die Klangarbeiten von Andres Bosshard, die oft von schriftlichen Beiträgen begleitet werden und *vice versa*.

fordern, dass auch bearbeitete Tonaufnahmen als Ethnografie gelten können.[81] Für Feld sind Klangkompositionen eine passende ethnografische Darstellungsform für seine Forschungsarbeiten, wie er über seine Arbeiten zur Poesie und Klangwelt der Kaluli im Regenwald Papua-Neuguineas berichtet:

>»And when you hear the way birds overlap in the forest and you hear the way voices overlap in the forest, all of a sudden you can grasp something at a sensuous level that is considerably more abstract and difficult to convey in a written ethnography.«[82]

Über die schriftliche Monografie hinaus hat Feld seine Forschungsarbeiten konsequenterweise auch als *Soundscapes* veröffentlicht und nutzt akustische Speicher- und Wiedergabetechnik für die Vermittlung seiner Forschungsergebnisse. Ethnografie erhält auf diese Weise eine zusätzliche Deutungsebene, die es den Rezipierenden ermöglicht, fremde »Akustemologien« zu hören und in Beziehung zu ihrem eigenen akustischen Erfahrungswissen zu setzen. Die Klang-Geschichten sind dabei nicht rein dokumentarische Mitschnitte der Alltagswelt, sondern – ähnlich der Soundscape-Forschung, auf die er sich bezieht – vielfach bearbeitet, montiert und verdichtet (layered).[83] Wie in einer schriftlichen Ethnografie können durch die Montage und Verdichtung von mehreren Klangdokumenten in einem neuen Dokument (wie im Beispiel des Autounfalls) dem Sinngehalt einer Klangquelle weitere Bedeutungsschichten hinzugefügt werden.

Mit Hilfe von archivierten Klangdokumenten aus Rundfunk-, aber auch wissenschaftlichen Spezialarchiven können die alltäglich wirkmächtigen Bilderwelten, die schon das Thema volkskundlich-kulturwissenschaftlicher Forschungen sind, um das Klangliche ergänzt werden. Klangarchivalien sind in dieser Perspektive nicht nur Schnittstellen zu den abwesenden und vergangenen Klängen, sie können auch als Schnittstellen zwischen subjektiven und intersubjektiven Erfahrungsablagerungen vermitteln. Klangarchivalien machen flüchtige Erfahrungswelten zugänglich und wissenschaftlich (mit)teilbar. Die Berücksichtigung der Klangwelt in der ethnografischen Forschung kann dabei nur ein weiterer Schritt in Richtung der Erforschung der sinnlichen Lebenswelt sein, die im Sinne einer *Sensory Anthropology* das gesamte sinnliche Repertoire, seine Codes und kulturellen Rahmungen untersucht. Ein *Othering* von Klängen muss vermieden werden, um die durch die *Sensory Anthropology* kritisierte Verengung des Blicks nicht in Bezug auf einen anderen Sinn fortzuschreiben. Neuartige Medieninhalte wie im *World Wide Web* und neue Speicher- und

---

81 Steven Feld/Donald Brenneis: Doing Anthropology in Sound, in: *American Ethnologist*, 31/4 (2004), S. 461–474, hier S. 464.

82 Steven Feld in Feld/Brenneis (2004), S. 465.

83 Feld erklärt im Gespräch seine Technik, Klänge übereinanderzulegen und anzuordnen; Feld nutzt dafür den Begriff *layer/layering* auch metaphorisch für die Analyse von Bedeutungsschichten oder die Konstruktion von Ethnografien, vgl. ebd.

Übertragungsmethoden sowie die zunehmende Digitalisierung und Zugänglichmachung von analogen Medientexten tragen zu einem vereinfachten Zugang zu Materialien bei, deren Quellenwert für die Alltagskulturforschung große Potenziale birgt.

◄)) Klangbeispiel 9: *Herausbildung des Autoverkehrssystems*, Klangwelt der Technik, unveröfftl. (Ausschnitt, 2'54).[84]

---

84 »[Musik, Sprecher 1:] Fußgänger und Autofahrer – zwei Welten prallen aufeinander, in wechselseitigem Unverständnis, mit oft tödlichen Folgen. [Sprecher 2:] Aus heutiger Sicht betrachtet, waren die 20er Jahre unseres Jahrhunderts so etwas wie die Ausläufer der Steinzeit des Kraftfahrzeugverkehrs. Keine Ampeln oder andere Verkehrszeichen, so alle drei bis vier Minuten tauchte irgendwo ein Auto auf [Geräusch] und verschwand wieder. [Musik, Sprecher 1:] Zwei Welten, zwei Klassen. Der Konflikt zwischen Fahrern und Fußgängern hat nicht nur technische sondern auch soziale Ursachen: Die ersten Autos waren so teuer, dass sie sich nur die Allerreichsten leisten konnten – und die waren schon hoch zu Ross oder in der Kutsche gewohnt, das niedere Fußvolk auf der Straße einfach wegzuscheuchen. [Geräusch, Musik, Sprecher 3:] Ein Käfer. Baujahr 1956. [Musik, historische Radiowerbung, Sprecher 4:] Man müsste … motorisiert sein, um mit dem Tempo unserer Zeit Schritt halten zu können [Überblendung, J.M.; Sprecher 3:] Die Deutschen träumen in den 50er Jahren wieder vom Auto. [Sprecherin:] Es fand Erfüllung dieser Traum [Sprecher 4:] Erfüllung in der BMW Isetta. [Sprecher 5:] Das Auto ist ein Gegenstand des modernen Massenverbrauchs geworden. Kraftfahrzeuge kommen in großer Anzahl auf den Markt, und hinterher erst müssen sich die Verkehrstechniker überlegen, wie sie dieses Vehikel mit den Verkehrsbedürfnissen sinnvoll in Einklang bringen. [Geräusch, Sprecher 6:] Diese Viertelstunde geht alle an, die sich auf den Straßen bewegen – ob als Fußgänger, als Radfahrer, als Motorisierte, oder in der immer seltener gewordenen Rolle des mit natürlichen Pferdekräften arbeitenden Zeitgenossen. [Sprecher 1:] Es war die erste Folge einer Autofahrersendung, mit der der WDR seinen motorisierten Hörern 1954 einige Neuerungen der Verkehrsordnung nahebringen wollte. [Musik, Sprecher 7:] Klare ordnungsrechtliche Vorgaben, das ist mir bewusst geworden, dürfen nicht immer als Bevormundung und Repression begriffen werden!«

Verzeichnis der Klangquellen:

Die zitierten Klangbeispiele sind online abrufbar unter den angegebenen URLs.
Bitte wenden Sie sich zum Abhören der mit einem * gekennzeichneten Klangbeispiele
an den Autor (*johannes.mueske@uzh.ch*).

Klangbeispiel 1: World Soundscape Project: *The Vancouver Soundscape*, 1977, URL: http://www.
   sfu.ca/~truax/vanscape.html (12.07.2013).

Klangbeispiel 2: Tagesschau, Beitrag *Hoffnungen auf Dialog* 10.10.1989, URL: http://www.youtube.
   com/watch?v=HSnzHzebkLs (12.07.2013).

Klangbeispiel 3: Gedächtnis der Nation, Feature *»Wir sind das Volk« – Leipzig im Oktober*, undat. (publ. 26.08.2011), URL: http://www.youtube.com/user/gedaechtnisdernation/custom
   (11.07.2013).

Klangbeispiel 4*: *Parkplatznot in Rheinland-Pfalz*, 1955, Wortbeitrag, SWR-Archiv.

Klangbeispiel 5*: *SOS Verkehr – Erste Sendung einer WDR-Hörfolge, die sich mit Verkehrsfragen
   und Verkehrsproblemen beschäftigt*, 1954, Wortbeitrag, WDR-Archiv.

Klangbeispiel 6*: *Überfahren – Ein todernstes Spiel um das Automobil*, 1978, Wortbeitrag, NDR-
   Archiv.

Klangbeispiel 7*: *Bericht über ein Solarmobil*, 1992, Wortbeitrag, NDR-Archiv.

Klangbeispiel 8*: *17.08.1896 – Der erste tödliche Autounfall*, 2001, Wortbeitrag, NDR-Archiv.

Klangbeispiel 9*: Klangwelt der Automobilität, *Herausbildung des Autoverkehrssystems*, unveröfftl. (Ausschnitt, 2'54; in der Reihenfolge ihres Erklingens):

— *Die Großstadt-Infanterie*, 1929, Kurt Gerron (Ges.), Friedrich Hollaender (Komp.), Dt. Rundfunkarchiv.

— *17.08.1896 – Der erste tödliche Autounfall*, 2001, Wortbeitrag, NDR-Archiv.

— *Aus den Erinnerungen eines alten Kraftfahrers*, 1966, Wortbeitrag, SWR-Archiv.

— *Benz-Patent-Motorwagen* (1886), undat., Geräusch, BR-Archiv.

— *Käfer – Beetle*, 1998, Wortbeitrag, WDR-Archiv.

— *Das Jahrhundert der Mobilität*, 1999, Wortbeitrag, NDR-Archiv.

— *Langsamer als 1905*, 1960, Wortbeitrag, HR-Archiv.

— *Auto, BMW, Ankommen und heftiges Bremsen mit quietschenden Reifen*, 2000, Geräusch, NDR-
   Archiv.

— *SOS Verkehr – Erste Sendung einer WDR-Hörfolge, die sich mit Verkehrsfragen und Verkehrsproblemen beschäftigt*, 1954, Wortbeitrag, WDR-Archiv.

— *Liechtample*, 1983, Werner Niklaus (Chlöisu) Friedli (Komp. und Ges.), Album Wohäre geisch?

— *Mehr Mobilität, weniger Opfer*, 1994, Wortbeitrag, HR-Archiv.

Literatur

Assmann, Aleida: *Erinnerungsräume. Formen und Wandlungen des kulturellen Gedächtnisses*, München 1999.

Augoyard, Jean-Francois: Introduction. An Instrumentation of the Sonic Environment, in: Ders./Henry Torgue (Hg.): *Sonic Experience. A Guide to Everyday Sounds* (1995), Montreal u. a. 2005, S. 3–18.

Augoyard, Jean-Francois/Henry Torgue (Hg.): *Sonic Experience. A Guide to Everyday Sounds* (1995), Montreal u. a. 2005.

Bausinger, Hermann: *Volkskultur in der technischen Welt*, Stuttgart 1961.

Beck, Stefan: *Umgang mit Technik. Kulturelle Praxen und kulturwissenschaftliche Forschungskonzepte*, Berlin 1997.

Bendix, Regina: Was über das Auge hinausgeht. Zur Rolle der Sinne in der ethnografischen Forschung, in: *Schweizerisches Archiv für Volkskunde* 102/1 (2006), S. 71–84.

Berger, Peter L./Thomas Luckmann: *Die gesellschaftliche Konstruktion der Wirklichkeit. Eine Theorie der Wissenssoziologie*, Frankfurt am Main 1970.

Bijsterveld, Karin: *Mechanical Sound. Technology, Culture and Public Problems of Noise in the Twentieth Century*, Cambridge 2008.

Classen, Constance: Foundations for an Anthropology of the Senses, in: *ISSJ (UNESCO)* 49/153 (1997), S. 401–412.

Corbin, Alain: *Die Sprache der Glocken. Ländliche Gefühlskultur und symbolische Ordnung im Frankreich des 19. Jahrhunderts*, Frankfurt am Main 1995.

Dommann, Monika: Antiphon. Zur Resonanz des Lärms in der Geschichte, in: *Historische Anthropologie* 14/1 (2006), S. 133–146.

Dussel, Konrad: *Deutsche Rundfunkgeschichte*, Konstanz 2004.

Ernst, Wolfgang: Das Archiv als Gedächtnisort, in: Knut Ebeling/Stephan Günzel (Hg.): *Archivologie. Theorien des Archivs in Philosophie, Medien und Künsten*, Berlin 2009, S. 177–200.

Feld, Steven: Waterfalls of Song. An Acoustemology of Place Resounding in Bosavi, Papua New Guinea, in: Keith Basso/Ders. (Hg.): *Senses of Place*, Santa Fe 1996, S. 91–135.

Feld, Steven/Donald Brenneis: Doing Anthropology in Sound, in: *American Ethnologist* 31/4 (2004), S. 461–474.

Fischer, Vanessa: Vanessa Fischer: Deutsche Rufe (2): »Wir sind ein Volk!«, *Deutschlandradio Kultur*, 17.09.2009, URL: http://www.dradio.de/kultur/sendungen/laenderreport/1031727/ (09.12.2012).

Flückiger, Barbara: *Sound Design. Die virtuelle Klangwelt des Films*, Marburg 2001.

François, Etienne: Pierre Nora und die »Lieux de mémoire«, in: Pierre Nora (Hg.): *Erinnerungsorte Frankreichs*, München 2005, S. 7–14.

François, Etienne/Hagen Schulze (Hg.): *Deutsche Erinnerungsorte*, 3 Bde., München 2001 ff.

Gallati, Mischa: *Gedämpfter Lärm. Die Schweizerische Liga gegen den Lärm 1956–1966*, o.O. [Zürich] 2004.

Glaser, Barney G./Anselm L. Strauss: *The Discovery of Grounded Theory. Strategies of Qualitative Research*, Chicago 1967.

Hagelüken, Andreas: Eine originäre Kunst für das Radio, in: Holger Schulze (Hg.): *Sound Studies: Traditionen – Methoden – Desiderate. Eine Einführung*, Bielefeld 2008, S. 29–55.

Hengartner, Thomas: Das Telephon wird alltäglich, in: Ders./Kurt Stadelmann: *Ganz Ohr. Telefonische Kommunikation*, Bern, PTT Museum 1994, S. 43–95.

Hengartner, Thomas/Johannes Müske: Klangspeicher und die Aneignung von Kultur: Medienarchive und die (Nicht-)Konstituierung von Cultural Property, in: *Info 7 Medien, Archive, Information* 27/1 (2012), S. 3–8.

Herlyn, Gerrit: Tonträger, in: *Enzyklopädie des Märchens*, Bd. 13., Lieferung 2: Theophilus – Trunkenheit. Berlin 2009, Sp. 754–759.

Hobsbawm, Eric J./Terence Ranger (Hg.): *The Invention of Tradition*, Cambridge u. a. 1983.

Howes, David (Hg.): *Empire of the Senses. The Sensual Culture Reader*, Oxford 2005.

Hubert, Rainer: Historische Tondokumentation – ihr Aufgabenbereich und ihre Realisierung, in: *Das Schallarchiv* 12 (Dez. 1982), Wien (= URL: http://medienarchive.at/cms/images/AV_ Archiv/nr.12%20historische%20tondokumentation%20-%20aufgabenbereich%20u.%20 realisierung.pdf; 14.07.2013).

Jeggle, Utz: *Der Kopf des Körpers. Eine volkskundliche Anatomie*, Weinheim, Berlin 1986.

Köck, Christoph: Kulturanalyse popularer Medientexte, in: Silke Göttsch/Albrecht Lehmann (Hg.): *Methoden der Volkskunde. Positionen, Quellen, Arbeitsweisen der Europäischen Ethnologie*, Berlin 2001, S. 301–320.

Kreis, Georg: *Schweizer Erinnerungsorte*, Zürich 2010.

Lipp, Carola/Wolfgang Kaschuba: *1848, Provinz und Revolution. Kultureller Wandel und soziale Bewegung im Königreich Württemberg*, Tübingen 1979 (= Untersuchungen des Ludwig-Uhland-Instituts Bd. 49).

Merleau-Ponty, Maurice: *Phänomenologie der Wahrnehmung* (1945), Übers. und Vorrede von Rudolf Boehm, Berlin 1966.

Morat, Daniel: Zur Geschichte des Hörens. Ein Forschungsbericht, in: *Archiv für Sozialgeschichte* 51 (2011), S. 695–716.

Müske, Johannes: *Arbeitsalltag und technischer Wandel. Arbeiterinnen in einem Hamburger Versandhandelsunternehmen und ihre Arbeitswelt (1969–2005)*, Münster u. a. 2010 (= Studien zur Alltagskulturforschung Bd. 7).

Nora, Pierre (Hg.): *Les lieux de mémoire*, 3 Bde., Paris 1984 ff.

Nora, Pierre: *Zwischen Geschichte und Gedächtnis*, Berlin 1990.

Nora, Pierre: Das Abenteuer der Lieux de mémoire, in: Etienne François/Hannes Siegrist/Jakob Vogel (Hg.): *Nation und Emotion: Deutschland und Frankreich im Vergleich 19. und 20. Jahrhundert*, Göttingen 1995, S. 83–92.

Oldörp, Christine: Mediale Modulationen: Verfestigung, Verselbstständigung, Verdauerung, Verschriftlichung, Vertextung und Versprachlichung. Mündliches Sprechen im Spannungsfeld von Mündlichkeit und Schriftlichkeit, in: Iris Höger/Dies./Hanna Wimmer (Hg.): *Mediale Wechselwirkungen. Adaptionen, Transformationen, Reinterpretationen*, Berlin 2013 (= Schriftenreihe der Isa Lohmann-Siems Stiftung Bd. 6), S. 73–118.

Pinch, Trevor/Karin Bijsterveld: New Keys to the World of Sound, in: Dies. (Hg.): *The Oxford Handbook of Sound Studies*, Oxford u. a. 2012, S. 3–35.

Pink, Sarah: *Doing Sensory Ethnography*, Los Angeles u. a. 2009.

Rosenfeld, Uta: *Klangwelt der Technik*, Projekt-Webseite, undat., URL: http://www.kultur.uni-hamburg.de/klangwelt/ (25.02.2013).

Rosenfeld, Uta: »Auto, Leben und mehr …«. Alltäglichkeit und Genuss von Automobilität, in: Thomas Hengartner/Johanna Rolshoven (Hg.): *Technik – Kultur. Formen der Veralltäglichung von Technik – Technisches als Alltag*, Zürich 1998, S. 143–181.

Schade, Edzard: Audio- und Videodokumente als Quellen für die Kommunikations- und Medienforschung. Implikationen für die Archivierung, in: *Gehört – Gesehen. Das audiovisuelle Erbe und die Wissenschaft*, Baden, Lugano 2007, S. 49–63.

Schafer, R. Murray: Exploring the new soundscape: pioneer research into the global acoustic environment, in: *UNESCO Courier* Jg. 29 (Nov. 1976), S. 4–8 (= URL: http://unesdoc.unesco.org/images/0007/000748/074828eo.pdf; 13.07.2013).

Schafer, Raymond Murray: *Five Village Soundscapes*, LP (= Music of the Environment Series, 4), Vancouver 1977 (= Reprint & CDs in: Helmi Järviluoma u. a. (Hg.): *Acoustic Environments in Change*, Tampere 2009).

Schafer, R. Murray: Soundscape – Design für Ästhetik und Umwelt, in: Arnica-Verena Langenmaier (Hg.): *Der Klang der Dinge. Akustik – eine Aufgabe des Design*, München 1993, S. 10–27.

Schafer, R. Murray: *The Soundscape. Our sonic environment and the tuning of the world*, Rochester 1994 (= *The Tuning of the World*, New York 1977).

Scharfe, Martin: Utopie und Physik. Zum Lebensstil der Moderne, in: Michael Dauskardt/Helge Gerndt (Hg.): *Der industrialisierte Mensch*. Vorträge des 28. Dt. Volkskunde-Kongresses in Hagen vom 7.–11. Oktober 1991, Münster 1993, S. 73–90.

Schmid, Regula: Luaged, vo Bergen u Thal: das Lied als Erinnerungsort, in: *Schweizerische Zeitschrift für Geschichte* 61/3 (2011), S. 269–289.

Schmidt-Lauber, Brigitta: Grenzen der Narratologie: Alltagskultur(forschung) jenseits des Erzählens, in: Thomas Hengartner/Dies. (Hg.): *Leben – Erzählen. Beiträge zur Erzähl- und Biographieforschung* (FS Albrecht Lehmann), Berlin 2005, S. 145–162.

Spiegel, Hubert: Mauerfall: Wir waren das Volk (publ. 01.09.2009), in: *FAZ online*, http://www.faz.net/themenarchiv/2.1278/mauerfall-wir-waren-das-volk-1800080.html (04.04.2012).

Strübin, Eduard: Volkskundliches zum Automobil, in: *Schweizer Volkskunde* 63/1 (1973), S. 1–13.

Thompson, Edward P.: Time, Work-discipline, and Industrial Capitalism, in: *Past & Present* 38 (1967), S. 56–97.

Welzer, Harald: Die Medialität des menschlichen Gedächtnisses, in: *BIOS* 21/1 (2008), S. 15–27.

Winkler, Justin: *Klanglandschaften. Untersuchung zur Konstitution der klanglichen Umwelt in der Wahrnehmungskultur ländlicher Orte in der Schweiz* (1995), Basel 2006, URL: http://www.iacsa.eu/jw/winkler_klanglandschaften_1995.pdf (11.07.2013).

World Soundscape Project: *The Vancouver Soundscape*, LP, Vancouver 1973, URL: http://www.sfu.ca/~truax/vanscape.html (12.07.2013).

Zwahr, Hartmut: »Wir sind das Volk!«, in: Etienne François/Hagen Schulze (Hg.): *Deutsche Erinnerungsorte*, Bd. 2, München 2001, S. 253–265.

Abb. 1   National Aeronautics and Space Administration (NASA), USA: *Whole Earth*, 1972

Nils Zurawski
Die Vergegenwärtigung des Unbekannten:
Von Karten, dem *Cognitive Mapping* und Weltbildern

Karten sind ein guter und eindringlicher Weg, um über die Erde nachzudenken. Diese Aussage stellen die Geografen John Krygier und Denis Wood ihrem Handbuch zur Gestaltung von Karten mit Geoinformationssystemen voran.[1] Das könnte auch der Leitgedanke für die folgenden Ausführungen sein: mit Karten über unsere Erde, unsere Welt und unser Verhältnis zu ihr nachzudenken. Dieses Nachdenken soll erkunden, inwiefern Karten das Unbekannte, das Abwesende immer wieder in unsere Erfahrungswelt bringen. Dabei versuche ich eine Meta-Perspektive einzunehmen und darüber das Verhältnis zur Welt zu analysieren, wie es über Karten vermittelt wird.

Diese Dynamik wird von der Schriftstellerin Judith Schalansky auf den Punkt gebracht. Sie ist Autorin des *Atlas der unbekannten Inseln* – Inseln, auf denen sie selbst, wie sie im Untertitel sagt, nie war und auf denen sie nie sein wird:

> »Ich bin mit dem Atlas groß geworden. Und als Atlaskind war ich natürlich nie im Ausland. Dass ein Mädchen aus meiner Klasse tatsächlich – wie es in ihrem Kinderausweis stand – in Helsinki geboren sein sollte, war mir unvorstellbar. Helsinki – diese acht Buchstaben wurden für mich zum Schlüssel zu einer anderen Welt. Und es ist noch heute so, dass ich Deutschen, die zum Beispiel in Nairobi oder Los Angeles geboren sind, mit unverhohlener Verwunderung begegne und sie nicht selten für bloße Aufschneider halte. Genauso gut können sie behaupten, aus Atlantis, Thule oder aus dem El Dorado zu kommen. Eigentlich weiß ich natürlich, dass es Nairobi und Los Angeles wirklich gibt. Diese Städte sind ja auf den Karten verzeichnet. Aber dass man dort tatsächlich gewesen oder sogar auf die Welt gekommen sein kann, bleibt mir nach wie vor unbegreiflich.«[2]

Der Atlas vergegenwärtigt das Unbekannte oder das, was in der Erfahrung unbekannt bleiben muss. Er schürt Sehnsüchte nach Orten, deren Namen allein

---

1 Vgl. John Krygier/Denis Wood: *Making Maps. A Visual Guide to Map Design for GIS*, New York 2005.

2 Judith Schalansky: *Der Atlas der abgelegenen Inseln. Fünfzig Inseln, auf denen ich nie war und niemals sein werde*, Hamburg 2011, hier S. 7.

Bilder aufkommen lassen, die nur in der Vorstellung ein Leben gewinnen. Diese Sehnsucht war zum Beispiel als Reisemotiv ein Ausdruck davon, das Unbekannte erfahren und erleben zu wollen – und etwas finden zu wollen, das das Hier und Jetzt nicht bieten konnte. Es war die Sehnsucht nach dem Paradies, dem unbekannten Ort, auf den alle Projektionen gerichtet waren.[3] Karten von dort konnten die Orte wirklich erscheinen lassen, denn Karten waren immer auch ein Verweis auf die Existenz des Dargestellten. Diese Reise, die vor dem Atlas sitzend unternommen wird, symbolisiert für Schalansky die Sehnsucht nach dem Mehr *par excellence*:

> »Das Konsultieren von Karten kann zwar das Fernweh, das es verursacht, mildern, sogar das Reisen ersetzen, ist aber zugleich weit mehr als eine ästhetische Ersatzbefriedigung. Wer den Atlas aufschlägt, begnügt sich nicht mit dem Aufsuchen einzelner exotischer Orte, sondern will maßlos alles auf einmal – die ganze Welt. Die Sehnsucht wird immer groß sein, größer als die Befriedigung durch das Erreichen des Ersehnten. Ich würde einen Atlas heute noch jedem Reiseführer vorziehen.«[4]

Die ganze Welt. Die Autorin deutet damit auf etwas, das für die Betrachtung von Welt sowie für meine Erkundungen in die Welt der Karten und der menschlichen Vorstellungen von Welt von entscheidender Bedeutung ist: das menschliche Dilemma, zu wissen, dass es die eine ganze Erde gibt – wir aber gleichzeitig wissen, dass wir nur einen ganz kleinen Ausschnitt davon aus eigener Erfahrung kennen. Zu dieser Welt gehören auch die scheinbar unendlichen Weiten des Alls, die sich fast gänzlich unserer konkreten Vorstellung entziehen, zu denen die Menschen aber immer versucht haben ein Verhältnis zu entwickeln. Wir wissen, was eine Galaxie ist. Wahrnehmen können wir sie nur in ihrer Totalität, im Detail muss sie stets unbekannt bleiben.

Unsere Lebenswelt, die Erde, befindet sich mitten in einer solchen Galaxie, die wir deshalb auch (noch) nicht von außen betrachten können. Was wir jedoch auch aus eigener Erfahrung kennen, ist die Erde selbst. Vor allem eine Fotografie der Erde gibt uns seit den 1960er Jahren eine Idee davon, was es heißt auf einer Kugel zu leben (Abb. 1).[5] Mit diesem Bild konnten die Menschen zum ersten Mal die Totalität der Erde, ihrer Lebenswelt real wahrnehmen und waren nicht länger auf erdachte und berechnete Darstellungen angewiesen. Bis dahin beruhten die

---

3   Vgl. Michael Maurer: Sehnsucht. Zur Archäologie eines Reisemotivs, in: Hermann Arnold (Hg.): *Orte der Sehnsucht. Mit Künstlern auf Reisen*, Regensburg 2008, S. 19–23, hier S. 20.

4   Schalansky (2011), S. 23.

5   Cosgrove bezieht sich hier auf Fotos der Apollo-Mission, vgl. Denis Cosgrove: Contested Global Visions. One-World, Whole-Earth, and the Apollo Space Photographs, in: Nigel Thrift/Sarah Whatmore (Hg.): *Mapping Culture*, London u. a. 2004, S. 193–228.

Bilder vor allem auf Vorstellungen und schiefen, ideologisch manchmal zweifelhaften Modellen, die immer auch die Sehnsüchte ihrer Urheber und Gestalter mit transportierten. Der »blaue Planet« wurde zur Referenz der eigenen Verortung. Zum ersten Mal gab es ein »authentisch-objektives« Bild der Erde, das weder Projektion noch Modell war. Das Bild der ganzen Erde, ermöglicht durch einige wenige Aufnahmen aus den Apollo-Missionen zum Mond, hatte einen Einfluss auf die kulturellen Narrative der »einen« oder »ganzen« Welt. Das Verbindende, die Zusammenhänge konnten erkannt und narrativ und kulturell verarbeitet werden.[6] Dass sich heute, mehr als 40 Jahre danach, die Vision der »einen Welt« (in der wir gemeinsam verantwortlich für unser Überleben sind) nicht erfüllt hat, kann ein nur zum Teil ernüchterndes Fazit sein.[7] Was nicht zu leugnen ist, wäre das von da an nicht mehr hintergehbare Narrativ einer globalen Totalität, an dem sich jede Rhetorik der Abgrenzung unter Berufung auf das Fremde und Gefährliche messen lassen muss.

Gleichzeitig offenbart das Bild einen Widerspruch, denn aus eigener Erfahrung kennt niemand diese Welt zur Gänze, obwohl die Abbildung des blauen Planeten dies glauben machen könnte. Nach wie vor gibt es viele unbekannte Orte, die Fragen nach unserer Identität und der jeweils eigenen Position herausfordern: Wo bin ich? Wer bin ich? Wo sind die anderen? Und wer sind »Die Anderen« auf dieser Welt und in welchem Verhältnis stehe ich möglicherweise zu ihnen? Diese Fragen bestimmen das Schicksal des Einzelnen und verdeutlichen die Herausforderung, sich zu dem bekannten »Unbekannten« zu verhalten und trotz des eklatanten Nichtwissens eine Beziehung zu etablieren. Die Grundfrage der menschlichen Existenz in Bezug zu anderen und zur Welt als solcher lautet daher: Wie ist es möglich, den eigenen eingeschränkten Horizont mit der Welt in Einklang zu bringen? Die jeweiligen Antworten zeigen Strategien auf, wie Menschen sich ihrer eigenen Position im Verhältnis zu einer globalen Totalität versichern und wie sie sich Welt aneignen, Herrschaft ausüben und diese gegebenenfalls auch begründen.

Verortungen und Weltbilder

Es ist anzunehmen, dass die Diskrepanzen, die zwischen den selbst gemachten Erfahrungen und den nur durch sekundäre Medien oder Erzählungen gesammelten Erfahrungen bestehen, sich schon lange durch die Menschheitsgeschichte ziehen. Und daher scheint auch der Wunsch, sich selbst in der Welt zu verorten, universell zu sein.

---

6   Vgl. ebd. Das Orginalfoto trägt die Nr. NASA AS17-148-22727; Infos zur Nasa Mission nasa-tn-d-6972, von der das Foto stammt, findet man auch hier: http://www.spacebanter.com/showthread.php?t=60657.

7   Vgl. Arno Widmann: Che und der Mond, in: *Frankfurter Rundschau*, 20.07.2009, S. 11.

Die Fragen nach der eigenen Position innerhalb von Gesellschaft und Welt lassen sich als Ausdruck einer gesellschaftlichen Dynamik in vielen Karten wiederfinden. Karten waren schon immer ein Mittel der Selbstvergewisserung, der gesellschaftlichen Orientierung. Das zeigt die Geschichte der Kartografie, an der sich sehr gut ablesen lässt, wie sich die Fähigkeiten, die Erde vereinfacht darzustellen, und das Verständnis von (geografischem) Raum gegenseitig bedingen.[8] Inwiefern Raumerfahrung, Vorstellung und die Produktion von Weltbildern zusammenhängen, kann mit der mittelalterlichen Ebstorfer Weltkarte an einem sehr elaborierten Beispiel deutlich gemacht werden. Kartografie war hier gleichermaßen das Ergebnis und die Vorwegnahme von Weltvorstellungen.[9]

Die um 1300 entstandene Karte aus dem Kloster Ebstorf bei Lüneburg stellt keine exakte geografische Verortung dar, wie wir sie heute kennen, sondern repräsentiert eine Ordnung zwischen religiösen Kategorien und weltlicher Orientierung (Tafel 10). Sie weist, wie fast alle europäischen Karten seit der Römerzeit, das typische TO-Muster[10] mit Jerusalem in der Mitte auf.[11] Die Erde ist als Scheibe dargestellt, was aber weniger von Bedeutung ist als die Darstellungen der einzelnen Orte, Länder, Regionen und der darin lebenden Menschen. Die Karte zeigt Verbindungen, Wege und Grenzen an. Sie erzählt darüber hinaus Geschichten und spiegelt die Vorstellungen der Welt in jener Zeit. Die christlichen Symbole und die Figur Christi, die mit Kopf, Händen und Füßen die Welt gleichsam als seinen Leib umspannt, verweisen deutlich auf das ordnende Kategoriensystem der Kirche und des Glaubens. Die Interpretationen der einzelnen Symbole und Bilder auf der Karte sind vielfältig,[12] deutlich wird aber, dass die Karte auch versucht, über die Grenzen des Erfahrbaren hinaus zu schauen. Die wilden, oft feuerspeienden Tiere wird es auch damals so nicht gegeben haben, ganz sicher aber mögliche Gefahren und eine unbekannte Welt, zu der sich die Menschen ins Verhältnis setzten. Die Karte ist auf diese Weise ein Ausdruck des zu der Zeit in Europa vorherrschenden Weltbildes. Dazu kommen einzelne Elemente von Welt, die man nicht kannte, aber von denen man wusste, dass sie da waren. Das Abwesende ist ebenso Teil der Karte wie das Gegenwärtige, das Erfahrbare ebenso wie das Vorgestellte.

---

8 Vgl. John Rennie Short: *The World Through Maps. A History of Cartography*, Oxford. 2003; Peter Barber (Hg.): *Das Buch der Karten. Meilensteine der Kartographie aus drei Jahrtausenden*, Darmstadt 2006; Ute Schneider: *Die Macht der Karten. Eine Geschichte der Kartographie vom Mittelalter bis heute*, Darmstadt 2006; Nils Zurawski: *Raum – Weltbild – Kontrolle. Die Bedeutung räumlicher Diskurse für Überwachung, Kontrolle und gesellschaftliche Ordnung*, unveröffentlichte Habilitationsschrift, Hamburg, Darmstadt 2012.

9 Vgl. Schneider (2006), S. 25.

10 Das TO-Muster ergibt sich aus der runden Form der Karten, die die Form der Erde beschreibt, und der Dreiteilung der Kontinente – Asien in der oberen Hälfte (wodurch die Karten nach Osten ausgerichtet waren), Europa links unten, Afrika rechts unten. Die drei Teile waren geteilt durch Wasser, die ein T ergeben.

11 Vgl. Barber (2006), S. 32.

12 Vgl. Schneider (2006), S. 28 f.

Die Karte ist eine Schnittstelle zwischen den Erfahrungshorizonten der Welt; sie stellt gleichzeitig eine Ordnung her und macht diese visuell erfahrbar. Die durch ein christliches Weltbild geprägten Radkarten verschwanden im Verlauf des 15. und 16. Jahrhunderts zugunsten von Weltkarten, die gen Norden ausgerichtet waren – wobei auch das eine Konvention und keine kartografische Notwendigkeit war. Es wurde eine Welt sichtbar, die aus Kontinenten bestand und eine Welt erkennen ließ, die unsere Vorstellung der Beschaffenheit von Raum bis heute prägt.

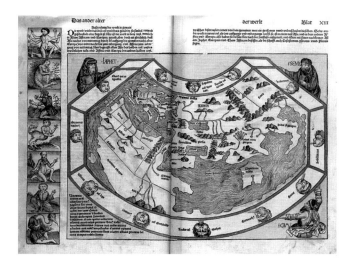

Abb. 2   Hartmann Schedel:
Liber chronicarum, 1493

Diese Karte aus der Schedel'schen Weltchronik vom Ende des 15. Jahrhunderts zeigt, dass mittlerweile mehr von der Erde bekannt war – dass auch und vor allem über Europa hinaus eine Vorstellung der Welt existierte (Abb. 2). Dabei versuchten die Produzenten der Karte Elemente zu integrieren, die auf bloßen Vorstellungen beruhten, aber deren Existenz man auf dieser Welt vermutete. Mehr und mehr wurde inzwischen deutlich, dass die Welt größer ist als die eigene Erfahrung, und so dienten Karten auch zur Aneignung von Welt bzw. ganz konkret von Territorien, von Land oder Eigentum. Die Erschließung der Welt braucht Karten, um eine Positionsbestimmung vorzunehmen. Noch bestehende Grenzen werden immer weiter zurückgedrängt, um dem Unbekannten näher zu kommen, es sichtbar zu machen. Aber kann man das Unbekannte überhaupt kartografieren? Und welche Konsequenzen haben solche permanenten Grenzverschiebungen für die Wahrnehmung von Welt und für die Konzeptualisierungen des Unbekannten?

Kartografie des Unbekannten

Die Geschichte der Kartografie ist auch die Geschichte der Erschließung unbekannter Territorien. Karten sind auch immer der Versuch das sichtbar zu machen, was sich der alltäglichen Wahrnehmung entzieht. Nur durch den Blick von oben bzw. eine Verkleinerung der Welt ist diese in ihrer Totalität zu visualisieren. Dann wird auch klar, dass das Unbekannte ein notwendiger Teil solcher Darstellungen sein muss, allein schon, weil die eigene Erfahrung kleiner als das Dargestellte ist. Auf den Bibliotheksseiten der Universität Trier gibt es eine Sammlung zum Thema der »Kartographie des Unbekannten«.[13] Diese zeigt das ganze Spektrum der scheinbar widersprüchlichen Strategie etwas zu visualisieren, das unbekannt oder tatsächlich gar nicht vorhanden ist bzw. es jemals war. So zeigt die folgende Karte Inseln, die es nie gegeben hat (Abb. 3).

Abb. 3   Sebastian Münster:
*Karte der unbekannten
Inseln*, 1628

---

13 Siehe Universität Trier, *Kartographie des Unbekannten* (Online-Ausstellung, undat.), URL: http://www.uni-trier.de/index.php?id=36218 (31.05.2013).

Zu der Karte heißt es als Beschreibung auf der Webseite der Universität Trier:

> »Nicht nur weiße Flecken kannte die Kartographie, sondern auch deren Gegenteil. Nordatlantik-Inseln wie Friesland oder Ikaria, im 14. Jahrhundert von den Gebrüdern Xeno bereist, oder Sankt Brandein oder Brasil waren jahrhundertelang bis in alle geographischen Details hinein bekannt. Erst dann wurde nach und nach klar, dass sie gar nicht existierten.«[14]

Auch wenn bei vielen dieser Karten aus heutiger Sicht Mythen zugrunde lagen, so präsentierten sie dennoch eine Wirklichkeit und machten das Unbekannte erfahrbar, lokalisierbar und halfen den Menschen (zuerst den Kartenmachern und ihren adligen oder kirchlichen Auftraggebern selbst) sich zu verorten. Dieses Beispiel belegt erneut, inwiefern es die Vorstellungen von Raum und Welt sind, die Karten prägen und so wiederum durch eine Visualisierung in Karten ihrerseits wirkmächtig werden. Karten sind eine Erzählung von der Welt, die diese mit Realität versorgt und Realitäten schafft. Dies wird auch im Kontext der (zumeist) europäischen Kolonialgeschichte evident.

Europäische Karten des (vor-)kolonialen Afrika haben in ihrer Darstellung Vorstellungen von einem Raum präsentiert, zugleich aber auch eine Art Raumplanung, die mithilfe der Karten umgesetzt werden sollte. Weiße Flecken auf den Landkarten haben den unbekannten (vermeintlichen leeren) Raum mitgedacht. Die Fakten, die von den Kolonialisten geschaffen wurden, wirken sich bis heute auf die politische Landschaft des Kontinents aus und zeigen sich in heutigen Karten in den politischen Grenzen. Ein weißer Fleck war eine Einladung zur Erkundung und Eroberung des Landes. Waren Besitzansprüche nicht visuell markiert, gehörte das Land scheinbar niemandem. Die von den Kolonialisten hergestellten Karten präsentierten, ja produzierten geradezu die neue Ordnung des Kontinents – die dort lebenden Völker müssen sich bis heute mit Grenzen auseinandersetzen, die jenseits eigener Vorstellungen und gelebter Tatsachen erstellt worden sind. Aus heutiger Sicht erscheint die Annahme, dort sei nichts, absurd. Denn auch wenn es sich aus europäischer Sicht um eine *terra incognita* handelte, so fanden die Entdecker dort Menschen und Völker mit eigenen Kulturen und Rechtssystemen vor. Die Annahme, dass sie keine Ansprüche auf ihr Land hatten, da sie nicht über aussagekräftige Karten oder Schrift verfügten, war für diese Menschen schicksalhaft.

Aus dem unbekannten und vermeintlich leeren Land voller »köstlicher Geheimnisse«, wurde ein »Ort der Finsternis«, wie es Joseph Conrad 1899 in seinem Roman

---

14 Die dargestellte Karte stammt aus: Münster, Sebastian: *Cosmographia* Bd. 1. Faksimile der Ausgabe Basel: Bey den Henricpetrinischen, 1628, Lindau 1978; zu finden unter: http://www.uni-trier.de/index.php?id=36218). Das Zitat erklärt die Karte und den Kontext.

Herz der Finsternis ausdrückte.[15] Die Reise des Romanhelden den Kongo entlang ins Innere des Unbekannten, wird zu einer Reise in das koloniale, dunkle Herz Afrikas und in das Innere seines Helden. Die Fahrt in diese *terra incognita* wird zu einer Fahrt in die Hölle; auch die eigene Hölle der Seele und des Unbewussten, wie sich am Ende des Romans herausstellt.

Koloniale Karten bargen das Versprechen auf ein neues Land in sich, auf eine Erweiterung des bisher bekannten Territoriums, mithin auf eine Verschiebung von Grenzen. Nicht überraschenderweise haben sich dabei auch die Erkenntnisse über die Welt und die Vorstellung von dem Anderen und Unbekannten stetig gewandelt. Erwin Frank zeigt, dass es für den Kannibalismus eine immerwährende Jenseits-der-Grenze-Position gab. War man davon überzeugt, es gäbe auf der Welt, im stets unbekannten, unvermessenen Teil, Völker, die Menschen essen würden, so verschwanden diese, sobald sich dort die Zivilisation in Form von Kolonialisten oder von in ihrem Gefolge reisenden Forschern ausbreitete.[16] Der Verweis auf die eigene, höhere Zivilisationsstufe ist dabei vergleichbar mit einer Selbst-Positionierung gegenüber dem Unbekannten. Die *terra incognita*, die mit Karten vermessen und auf ihnen festgehalten wurde, wurde mit solchen Geschichten ausgeschmückt. Darin lag auch die Berechtigung, dorthin zu gehen, sich Land anzueignen. Maßgeblich dabei war die Perspektive des eigenen Weltbildes, das als Folie für den Umgang mit dem Unbekannten genutzt wurde. Dem Unbekannten wurde sich über Karten angenähert und so die eigene Position bestätigt – hier die Zivilisation, dort das Wilde. Es sichtbar zu machen hieß kolonisieren zu können. Mit Karten ließen sich auf diese Weise das Innen und Außen der eigenen Identität konstruieren und Grenzen darstellen.

Das Eigene konnte wichtiger und größer erscheinen als der Rest der Welt, wie es auf einer Karte zu sehen ist (Abb. 4), die die beiden politischen Blöcke des Kalten Krieges vorweggenommen hat. Die Karte des ungarischen Kartografen Sándor Radó sieht aus, als würde sie die Kräfteverteilung des Kalten Krieges nachzeichnen, ist aber tatsächlich bereits 1930 entstanden und zeigt durch die Projektion verzerrte Größenverhältnisse.[17]

Was nach Radós eigenen Auskünften ursprünglich einer falschen Erinnerung geschuldet war, wurde später zur Methode, indem die Sowjet-Kartografen unter ihm ab 1960 gezielt mit Verzerrungen arbeiteten, die die Sowjetunion größer aussehen ließen als sie tatsächlich war.[18] Die Aufteilung der Welt, wie sie politisch seit

---

15 Vgl. Barber (2006), S. 294; Joseph Conrad: *Das Herz der Finsternis*, (engl. Orig. 1899), Zürich 1977.

16 Erwin Frank: »Sie fressen Menschen, wie ihr scheußliches Aussehen beweist...«. Kritische Überlegungen zu Zeugen und Quellen der Menschenfresserei, in: Hans Peter Dürr: *Authentizität und Betrug in der Ethnologie*, Frankfurt am Main 1987, S. 199–224, hier S. 200 ff.

17 Zu Sándor Radó gibt es unter http://www.zeithistorische-forschungen.de/site/40208585/default.aspx (12.07.2013) eine ausführliche Abhandlung mit weiteren Karten.

18 Vgl. Schneider (2006), S. 118 f.

Abb. 4   Sándor Radó: *Die zweite Aufteilung der Welt 1919–29*, 1930

dem Zweiten Weltkrieg die ganze Welt prägte, war hier in einer Karte manifestiert.
Die grundsätzliche Ansicht änderte sich auch nach den kolonialen Befreiungen der
1960er Jahre nicht, es blieb bei der hier formulierten Zweiteilung der Welt, welche
mit solchen und entsprechend ähnlichen Karten fest gefügt und zum Leitbild eines
halben Jahrhunderts wurde. Karten sind also nie nur harmlose Repräsentationen der
Welt, keine bloß verkleinerten Abbilder von Realität, sondern immer auch Vorschläge, wie die Welt aussehen könnte, wie wir sie uns vorstellen sollten.[19]

Solche Karten und die in ihnen transportierten Vorstellungen sind enorm wirk-
mächtig im Hinblick darauf, wie Welt erzählt und geordnet wird. Kartografische
Fakten sichern diese ordnenden Narrative ab – z. B. das der zwei Blöcke, oder des
Reiches des Bösen. Man konnte sich verorten und hatte damit eine *mental map* der
Welt – aufgeteilt in zwei Blöcke, geteilt durch eine reale Mauer, die sich quer durch
Europa zog und damit das bereits Bekannte im Zuge des Kalten Krieges wieder zum
unbekannten Anderen, zur Gefahr machte und ein neues Problem schuf. Nun muss-
te man nämlich wieder in Erfahrung bringen, was hinter der Grenze vor sich ging.

---

19 Vgl. Rob Kitchin, Rob/Chris Perkins/Martin Dodge (Hg.): *Rethinking Maps. New Frontiers in Cartographic
    Theory*, London u. a. 2009.

Das Unbekannte musste nun überwacht werden, um es zu kontrollieren und die eigenen Grenzen zu schützen. Und obwohl sich seit dem Fall der Mauer und der Auflösung der binären Weltordnung nach 1989 die Welt immer offener präsentiert, ist im Gegenzug der Drang, das Andere und Unbekannte zu kontrollieren und zu überwachen, stetig gestiegen. Seit dem Fall der Mauer wurde von Regierungen, Politikern und anderen interessierten Akteuren mit Nachdruck daran gearbeitet, neue *mental maps* zu etablieren, die nach ähnlichem Muster eine *terra incognita* konstruieren, um deren Überwachung und Kontrolle rechtfertigen zu können – nach innen und außen. Heute erscheint die islamische Welt als dieser blinde Fleck auf der Weltkarte der Politik, in den Vorstellungen von Welt und den *mental maps* von Individuen – nicht zuletzt unterstützt durch die scheinbare Faktizität kartografischer Mittel.

Abb. 5   Statistisches Landesamt für Hamburg und Schleswig Holstein: *Gewaltkriminalität in Hamburg*, 2007

Karten und Vorstellungen

Kartografische Abenteuer stehen immer vor dem Problem, dass »die Sehnsucht immer groß sein [wird], größer als die Befriedigung durch das Erreichen des Ersehnten«[20]. Die Entdeckung neuer Gebiete beseitigt nie das Unbekannte als Konzept, sondern drängt nur die Grenze des Unbekannten weiter zurück, wie das Beispiel der immer im Unbekannten vermuteten Kannibalen zeigt.[21] Die unausweichlich beschränkte Welterfahrung bleibt auch trotz der Möglichkeit globaler Mobilität und trotz der Möglichkeiten totaler Sichtbarkeit bestehen. Das Unbekannte existiert weiterhin und wird über Karten weiter vergegenwärtigt und visualisiert. Dabei spielt es keine Rolle, ob es sich um ein konstruiertes oder tatsächlich unbekanntes Phänomen, um ein Land, eine Kultur o. ä. handelt. Die beschränkte Erfahrung und das Wissen darum provozieren ein Streben nach Überwachung und Kontrolle des Unbekannten. Überwachung ist der Versuch hinter den Berg zu schauen, gewissermaßen den Kannibalen beim Essen zuzusehen, bevor die Zivilisation die »Wilden« befriedet.

Moderne Technik hilft heute dabei »hinter den Berg« zu schauen – etwa in Form von Satelliten, welche die Erde umrunden. Diese machen die Gebiete kontrollierbar, die der Mensch nicht einfach einsehen kann und dienen z. B. der Überwachung von Agrar-Produktion im Kampf gegen Drogenanbau oder im Kampf gegen illegale Migration. Über dem Mittelmeer und an den (süd-)östlichen EU-Grenzen werden so die Flüchtlinge überwacht, die versuchen in die EU zu gelangen (von Afrika auf die kanarischen Inseln, von Nordafrika nach Italien oder Spanien). Ohne eine Konstruktion des Unbekannten ist eine Überwachung schwer zu rechtfertigen, sodass diese Formen der Kontrolle und Voraussichten auch bedeuten, dass man sich das Unbekannte vergegenwärtigt und sich in eine Position *vis-a-vis* begibt. Man kann diese Annahme auch durchaus geografisch, auf ein konkretes Territorium bezogen, sehen: Der Mensch braucht eine Verlängerung seiner Sinne,[22] um von dort, wo er steht aber nicht alles sehen kann, auch darüber hinaus zu schauen. Karten, die diese (Flüchtlings-)Bewegungen visualisieren, die zeigen wollen, wer sich auf Europa zubewegt, stellen diese Bewegungen häufig als Gefahr dar, sodass eine Überwachung des mutmaßlich Unbekannten scheinbar zwingend ist. Die jeweils eigene Erfahrung (oder eben der Mangel daran) kann so die Gefahr besser vergegenwärtigen.

---

20 Schalansky (2011), S. 23.

21 Vgl. Frank (1987).

22 Vgl. Elias Canetti: *Masse und Macht* (1980), Frankfurt am Main 2006, hier S. 126 f. »Die Schwäche des Menschen war seine geringe Zahl« – daraus folgert Canetti, dass der Mensch vor allem als Meute auftritt, die er Vermehrungsmeute nennt (S. 112), der Drang größer zu werden findet sich auch in der Verwendung von Technik wieder – die Kamera verlängert das Auge, die Lanze die Hand usw. Zur Nutzung von technischen Medien zur Visualisierung nicht direkt zugänglicher Objekte, etwa bei der Beobachtung der Erdoberfläche, siehe den Beitrag von Ralph Buchenhorst im vorliegenden Band, v. a. S. 99–102.

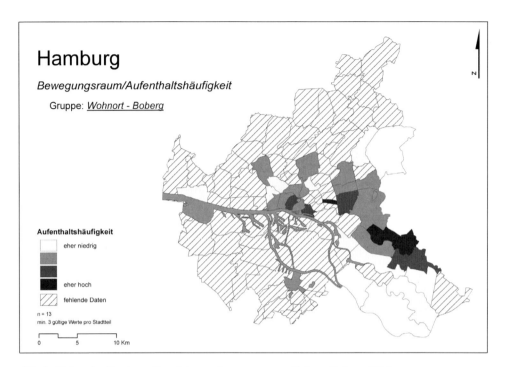

Abb. 6   Universität Hamburg: *Visualisierung Bewegungsraum*, Befragte Boberg, 2006

   Dass diese Konstruktionsmechanismen auch im kleineren, regionalen Maßstab zu beobachten sind, kann mit einer Karte der Gewaltkriminalität in Hamburg verdeutlicht werden (Abb. 5).
   Problematisch ist vor allem die Verwendung der Karte in der Presse, wo solche Darstellungen regelmäßig Verwendung finden. Die ihr zugrunde liegenden Statistiken werden in einer Weise auf den physisch-geografischen Raum projiziert, die für eine Analyse nur bedingt seriöse Ergebnisse liefern kann.[23] Die Karte schafft, ganz gleich ob sie die gesamte Kriminalität oder nur die Jugendgewalt räumlich abbildet, ein Bild von Hamburg, das die Stadt und ihre Räume auf einen Faktor, nämlich die Kriminalität, reduziert. Die großen Unterschiede der Stadtteile hinsichtlich ihrer Größe und lokalen Situation werden nicht berücksichtigt. Es ist aber anzunehmen, dass sich in großen Stadtteilen die Kriminalität nicht gleichmäßig verteilt, sondern an besonderen Punkten und nach unterschiedlichen Deliktarten konzentriert oder aufteilt.

23 Vgl. Bernd Belina: Zur Kritik von Kriminalgeographie und Kriminalitätskartierung … und warum deren heutige Bemühungen noch hinter Quetelet zurückfallen, in: Sabine Tzschaschel/Holger Wild/Sebastian Lentz (Hg.): *Visualisierung des Raumes. Karten machen – die Macht der Karten*, Leipzig 2007, S. 241–255.

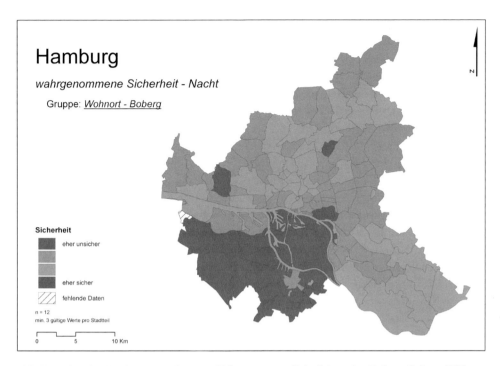

Abb. 7   Universität Hamburg: *Visualisierung Wahrgenommene Sicherheit nachts*, Befragte Boberg, 2006

Die jeweilige Farbe auf der Karte, die einen Stadtteil als leicht oder schwer kriminell belastet kennzeichnet, macht eine pauschale Aussage, ohne diese als solche zu kennzeichnen. Grundlage für die Kriminalitätsrate (Anzahl pro 1.000 Einwohner) ist die Einwohnerzahl des betreffenden Gebietes – eine statistisch zweifelhafte Größe, weil sie annimmt, dass nur die Einwohner Opfer und Täter der Straftaten sind, aber nicht sieht, dass ein Stadtteil eine unterschiedliche Bevölkerung am Tage und während der Nacht haben kann.

Im Stadtteil St. Pauli etwa leben ca. 27.000 Menschen, doch bis zu 25.000.000 Menschen halten sich jährlich in dem Amüsierviertel rund um die Reeperbahn auf.[24] Eine Karte, die St. Pauli als besonders belastet kennzeichnet, skizziert schlicht ein falsches, im besten Falle ein unvollständiges Bild. Was auf einer allgemeinen

---

24 25.000.000 ist eine immer wieder in Presseartikeln genannte Zahl, bei der unklar ist, ob sie sich nicht nur durch wiederholte Nennung verstetigt hat. Andere Schätzungen gehen von bis zu 50.000 pro Nacht aus – was bei abgerundeten 350 Nächten »nur« 17.500.000 Besucher ergibt. Es gibt andere Zahlen, die von vier Millionen Besuchern sprechen, wobei unklar ist, ob es sich ausschließlich um auswärtige Touristen handelt oder ob auch die Hamburger Besucher mitgezählt werden. Die Zahl liegt auf jeden Fall um ein vielfaches höher als die nur 27.000 Bewohner des Viertels selbst.

Kriminalitätskarte zudem nicht zu sehen ist, sind die Deliktarten, denn es macht auch in der Wahrnehmung einen Unterschied, ob es sich, wie in den Hafenstadtteilen, vornehmlich um Zollvergehen handelt oder um Gewalttaten gegen Personen, um Hauseinbrüche oder andere Straftaten. Ohne eine solche Differenzierung ist anzunehmen, dass sich jeder Betrachter seine eigenen Gedanken zur Art der Straftaten macht, entsprechend seinen eigenen Ängsten und Vorstellungen. Die Kriminalitätskarte Hamburgs wird so zu einer Projektionsfläche für Vorstellungen (darunter auch Ängste), die von der Darstellung bestärkt, ausgelöst oder geändert werden können. So steuert – ob beabsichtigt oder nicht – eine solche Karte die sozial-räumlichen Vorstellungen ihrer Betrachter und prägt ihr Bild von Hamburg. Die in die Karte übertragende statistische Verzerrung erzeugt ein wirkmächtiges Bild, das u. a. dazu genutzt werden kann, ein Mehr an Überwachungsmitteln, z. B. Kameras, zu fordern, um die dargestellten Gefahren zu bannen. Wie solche auch über Karten erzeugte Bilder möglicherweise wirken, kann mit zwei *mental maps* illustriert werden, die im Rahmen einer Untersuchung zur Raumwahrnehmung in Hamburg entstanden sind (Abb. 6, Abb. 7).

Die Untersuchung fand in zwei Hamburger Stadtteilen bzw. Quartieren statt, St. Georg in der Innenstadt und dem Boberger Dorfanger am östlichen Stadtrand. Zwölf Anwohner haben wir in Boberg einer aufwendigen Befragung unterzogen und die Ergebnisse in Karten visualisiert.[25] Die erste Karte zeigt den Bewegungsraum dieser Menschen, woraus hervorgeht, dass sie sich vor allem in ihrem oder ein paar angrenzenden Stadtteilen aufhalten und große Teile der Stadt gar nicht aus eigener Erfahrung kennen. Dennoch hatten die Befragten in den Interviews über viele dieser Stadtteile etwas zu sagen. Unter anderem wussten sie, wo sie sich nachts unsicher fühlen – vielfach und fast hauptsächlich in Gegenden, die sie nicht kennen. Die Antworten auf die Frage nach mehr Videoüberwachung: (»Wo würden Sie welche installieren?«, »Würden Sie dann da hingehen?«) verliefen analog: Obwohl sie sich selten bis nie in St. Georg aufhielten, waren sie für eine verstärkte Videoüberwachung in dem Viertel, denn da fühlten sie sich unsicher. Allerdings würde eine Kamera an dem Gefühl nichts ändern und sie ihren Bewegungsraum dorthin auch nicht ausdehnen lassen. Aber das war auch nicht der Effekt, den die befragten Personen sich von den Kameras erhofften. Vielmehr scheint es, als sollten die Videokameras die mutmaßlich gefährlichen, auf jeden Fall aber unbekannten Gruppen dort kontrollieren, wie es sich aus einigen Aussagen herauslesen lässt.[26] Eine Kamera, so ein Ergebnis der Studie, verweist auf Unsicherheit, nicht auf eine

---

25 Weitere neun Anwohner in St. Georg, dort zusätzlich noch acht Polizisten sowie 12 dort ansässige Geschäftsleute. DFG-Projekt Videoüberwachung, http://www1.uni-hamburg.de/surveillance/index.html (31.05.2013).

26 Vgl. Nils Zurawski: Video Surveillance and Everyday Life. Assessments of CCTV and the Cartography of Socio-spatial Imaginations, in: *International Criminal Justice Review* 17 (2007) 4, S. 269–288.

Strategie, den überwachten Raum sicherer zu machen.[27] Die Vorstellungen der Befragten decken sich dabei zum Teil mit der diskutierten Kriminalitätskarte. Mehr als alles andere lassen sich in den in der Studie erstellten Karten die Weltbilder der Personen ablesen und damit die Strategien, wie die eigene Position ins Verhältnis zu dem vermeintlich Unbekannten gesetzt wird. Die Karten legen diese sozial-räumlichen Imaginationen offen und sind gleichzeitig Schnittstellen, die einen Einblick in das Verhältnis zwischen eigenen Erfahrungen und Vorstellungen von »der Welt da draußen« erlauben.

Cognitive maps und Weltbilder

Individuelle *cognitive maps* erlauben als Forschungsmethode einen Einblick in die diesen Vorstellungen zugrunde liegenden Weltbilder. Diese Karten sind der Versuch, Weltbilder oder das, was besser mit dem Begriff der sozial-räumlichen Imaginationen umschrieben werden kann, zu erforschen. Karten repräsentieren immer mehr als nur die physischen, geografischen Gegebenheiten von Welt, das beweisen etwa die vielen Verzerrungen, Auslassungen, Fälschungen oder kartografischen Tricks.[28] *Cognitive maps* machen die Vorstellungen, die sich in Karten unweigerlich artikulieren, zum Hauptgegenstand der Visualisierung. Während aus heutiger Sicht die religiös inspirierten Verzerrungen in den Radkarten des Mittelalters offensichtlich sind, sind die Produktionsbedingungen späterer Karten weniger augenscheinlich. Sozialräumliche Imaginationen können, wie das angeführte Hamburger Beispiel zeigt, nur sukzessive erforscht werden, z. B. in Bezug zu Bewegungsraum und Sicherheitsgefühl. Es lassen sich daraus dennoch Rückschlüsse ziehen, über die es möglich ist, Stück für Stück das dahinter liegende Weltbild zusammenzusetzen. *Cognitive maps* sind der Versuch, die sozial-räumlichen Vorstellungen der Menschen zu visualisieren. Sie verweisen auf ein jeweils individuelles Verhältnis zur Umwelt, wie man sich in ihr sieht und mit ihr umgeht.

Visualisierungen räumlicher Vorstellungen von Menschen können vielseitig sein. Die folgenden zwei Karten zeigen Versuche, sozial-räumliche Imaginationen sichtbar zu machen. Die erste Karte basiert auf den *mental maps* von 18 Studierenden eines Seminars in Darmstadt. Die Größe der Schrift gibt die Häufigkeit der Nennungen bestimmter Orte, Plätze, Straßen oder Räume wieder, die auf ihren *mental maps* der Stadt vorzufinden waren (Abb. 8). Die zweite Karte ist eine Stadtteilkarte von Hamburg, die entsprechend der Häufigkeit der Nennungen verzerrt wurde. Je öfter ein Stadtteil oder eine Örtlichkeit in Hamburg im Rahmen der

---

27 Vgl. Zurawski (2007).

28 Vgl. Mark Monmonier: *Spying with Maps. Surveillance Technologies and the Future of Privacy*, Chicago 2002; Barber (2006); Schneider (2006).

Abb. 8   Nils Zurawski: *Kumulierte mental maps von Darmstadt*, 2008

Mapping-Aufgaben bei den Interviews genannt wurde, desto größer die Darstellung in der Karte (Abb. 9).

In der Karte von Darmstadt wird die Bedeutung einzelner Orte offensichtlich. Die Karte gibt eine Ordnung von Raum wieder, die den Vorstellungen der Studierenden des Seminars entspricht und nicht einem Stadtplan. Da viele der Teilnehmer des Seminars nicht in Darmstadt wohnten, ist es nicht überraschend, den Bahnhof, den Luisenplatz (Haltestelle der Straßenbahn zur Uni) sowie das Schloss (Institut für Soziologie) als herausragende Merkmale auf der Karte zu finden. In der Hamburger Karte wird das Hamburg-Bild der befragten Personen wiedergegeben und damit ihre Ordnung von wichtig und unwichtig. Dadurch sind einige Teile grafisch deutlich überrepräsentiert, andere verschwinden hingegen völlig, wie u. a. auch Teile der Elbe, die durch Hamburg hindurch fließt. Der Süden der Stadt, der flächenmäßig fast die Hälfte ausmacht, ist auf dieser Karte deutlich zusammengeschrumpft. Beide Karten verabschieden sich so von einer mathematisch maßstabsgerechten Darstellung geografischer Räume. Räume sind in Vorstellungen nie so abgebildet, wie sie sich auf einer vermessungstechnisch korrekten Karte (z. B. einem Stadtplan) dar-

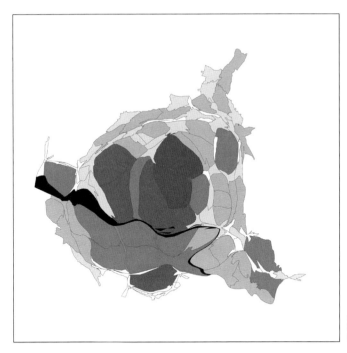

Hamburg
Mental-Mapping

Größenänderung der
Gebietseinheiten basierend
auf der Gesamtzahl der Nennungen.

Abb. 9   Nils Zurawski: *Verzerrte Darstellungen durch Stadtteilnennungen in Hamburg*, 2006

stellen, sondern sind Teil von Imaginationen, die mehr als nur Wege und Kreuzungen sind. Als Ordnungs- und Verortungssysteme kontextualisieren sie Räume und räumliche Anordnungen und schaffen als Schnittstellen zur Welt die Möglichkeit der eigenen Positionierung.

Interfaces oder die Karte macht das Land

Es wurde bereits mehrfach von Schnittstellen gesprochen. Die *cognitive maps*, die auf den Landschaftsarchitekten Kevin Lynch sowie später den Theoretiker Fredric Jameson zurückgehen, können als solche betrachtet werden. Bereits in den 1990er Jahren hat sich der Autor Steven Johnson Gedanken zu einer »Interface Culture« – einer Kultur der Schnittstellen – gemacht. Während es bei ihm vorrangig um Mensch-Computer-Schnittstellen geht, lassen sich seine Überlegungen durchaus auf Karten sozial-räumlicher Imaginationen anwenden: »As our machines are increasingly jacked into global networks of information, it becomes more and more difficult to imagine the data spaces at our fingertips.«[29] Um auch diesseits des Cyberspace die Komplexität zu begreifen und nicht darin unterzugehen oder daran zu verzweifeln, schlägt er in Anlehnung an Kevin Lynch vor, »to ›cognitively map‹ their real world environments«[30].

Die Welt trotz ihrer Komplexität zu begreifen, zu verarbeiten und sich selbst darin zurecht zu finden, ist nicht ohne Schnittstellen denkbar. In diesem Sinne sind auch Weltbilder Schnittstellen. Dabei wird immer deutlicher, dass auch die Frage nach dem Ursprung von Karten nicht ohne weiteres zu beantworten ist. Man muss vielmehr fragen, inwiefern sich das geografisch Gegebene, die Vorstellung und die Karte gegenseitig bedingen und hervorbringen. Kann man also fragen, was zuerst da war – das Land oder die Karte? Die Frage ist insofern bedeutsam, als sich daraus Konsequenzen für die Analyse von Vorstellungen ergeben, wenn es darum geht, zu beurteilen, ob eine Karte nur ein Abbild des Erfahrenen ist oder umgekehrt die Vorstellung den Raum überhaupt erst produziert und formt, mit Bedeutungen belegt und es erlaubt, entscheidend und verändernd auf diesen zuzugreifen. Jean Baudrillard spricht von der Karte, die das Territorium vorwegnimmt: »the map [...] precedes the territory – precession of simulacra«.[31] So wie die Karte aussieht, die man sich von der Welt macht, so soll auch das Land selbst gestaltet werden. So ist das unbekannte vorkoloniale Afrika nach den Vorstellungen der Kolonisatoren geformt und aufgeteilt worden.

Um Besitzansprüche an Territorien zu untermauern, werden nicht selten auch heute, jüngst etwa im Streit zwischen Vietnam und China um die Spratly-Inseln im südchinesischen Meer, Karten bemüht, die das einlösen sollen, was diese selbst vorweggenommen haben – nämlich die Einheit eines Territoriums begründet aus historischer Perspektive.[32]

Selbstverständlich kann man Kontinente nicht neu formen, Gebirge versetzen oder neue Inseln im Pazifik platzieren. Es geht auch weniger um geografische Formen und tektonische Formationen, sondern um das, was wir darin sehen wollen, um Vorstellungen, Ideen und sozial-räumliche Imaginationen.

---

29 Stephen Johnson: *Interface Culture. How New Technology Transforms the Way We Create and Communicate*, New York 1997, S. 18.

30 Ebd.

31 Jean Baudrillard: *Simulacra and Simulation*, Michigan 1994, S. 1, Hervorhebung d. A.

32 Zum Konflikt um die Spratly-Inseln vgl. Steffen Richter: Südchinesisches Meer: China demonstriert seine Macht mit einem Fischerdorf, in: *Die Zeit online* (24.07.2012), URL: http://www.zeit.de/politik/ausland/2012-07/china-paracel-spratly (31.05.2013); Andreas Seifert: Konfliktzone im Südchinesischen Meer. Über die Bedeutung des Konflikts um die Spratly- und Paracel-Inseln, *Informationsstelle Militarisierung e. V.* (2012), IMI-Studie 2012/09, URL: http://www.imi-online.de/2012/05/14/konfliktzone-im-sudchinesischen-meer/ (03.05.2013); VOVworld: Alte Landkarte: Spratly- und Paracel-Inselgruppen gehören nicht zu China, *VOV World Auslandsradio Vietnam* (24.07.2012), URL: http://vovworld.vn/de-DE/Nachrichten/Alte-Landkarte-Spratly-und-ParacelInselgruppen-gehören-nicht-zu-China/97612.vov (31.05.2013); für weitere Karten siehe: Cathrin Karras: Paracel und Spratly – Die Geschichte eines Konfliktes (2012), *Cathrinka Blog: Zwischen Tradition und Moderne. Mein Leben in Vietnam und drumherum*, URL: http://cathrinka.blog.de/2012/07/03/paracel-spratly-geschichte-konfliktes-14036223/ (31.05.2013).

Wie sich die reale Welt in den Vorstellungen widerspiegelt, ist hier die eigentlich spannende Frage. Für die Forschung und den analytischen Umgang mit den sozial-räumlichen Imaginationen und Karten sind folgende Überlegungen und Fragen von weiterführender Bedeutung:

—   Welche und wessen so geformte und in Karten manifestierte Realität zählt letztendlich? Wie wird sich Welt angeeignet?
—   Wie finden diese Vorstellungen ihren Niederschlag?
—   Welche Art von Schnittstellen und Weltbildern haben verschiedene Menschen?
—   Was wird für wen in der Welt da draußen wichtig?

Interfaces oder Schnittstellen, wie sie Kartierungen der Welt darstellen, sind also Möglichkeiten der eigenen Verortung in der Welt – letztlich ist die Welt nur über *Interfaces* zu verstehen und in ihrer Komplexität zu bewältigen. Das ist nicht abhängig von den Möglichkeiten, sich ein bestimmtes Wissen anzueignen, sondern gilt gleichermaßen für den mittelalterlichen Menschen mit einem sehr engen Bewegungs- und Erfahrungsraum, der die Welt im Kontext eines göttlichen Schicksals begreift, wie auch für den modernen Menschen, der sich die Welt am Computerkeyboard zu eigen macht. Denn letztlich stehen auch wir heute mit den so scheinbar weitreichenden Möglichkeiten vor dem Problem, die Weiten des Internet zu überschauen und für uns begreifbar zu machen. Das scheinbar nicht Vorhandene, das Abwesende, das Unbekannte muss auch hier und heute mitgedacht werden. Seit in den 1980er Jahren der Begriff des »Cyberspace« aufkam, wurde immer wieder versucht zu visualisieren, um was für eine Art Raum es sich dabei handeln könnte. So erscheint die Publikation des *Atlas of Cyberspace* auch nur folgerichtig.[33] Darin finden sich Hunderte von Karten, die mal mehr, mal überhaupt nicht angelehnt an traditionelle Kartenwerke und Bilder von Welt versuchen, dem Informationsraum Internet oder Cyberspace Form und Gesicht zu geben.

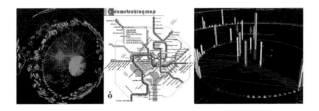

Abb. 10   Martin Dodge/Rob Kitchin:
Atlas of Cyberspace, verschiedene
Vorschläge, das Internet kartografisch
zu erfassen, 2001

33 Martin Dodge/Rob Kitchin: *The Atlas of Cyberspace*, Harlow u. a. 2001, URL: http://www.kitchin.org/atlas
    (31.05.2013).

Diese Karten stellen Versuche kartografischer Darstellungen von Informationen und Vernetzungen im Internet dar. Denn auch beim Surfen im Netz stellt sich die Frage, wie man sich darin zurecht finden kann, wo man sich positioniert und letztlich, wie man sich gegenüber dem Anderen darin verhalten kann. Wichtig in den Karten sind die Verbindungen, die Zentren, die Wege der Kommunikation, die räumlichen Anordnungen, die zusammenschließen oder trennen.[34]

In die Zukunft: auf zu neuen Grenzen

Die äußeren unbekannten Territorien schrumpfen, ohne dass sie verschwinden. Die äußere Welt scheint vollständig vermessen zu sein, das Weltall kommt Stück um Stück dazu, ebenso wie das Innere des Menschen als eines der letzten unbekannten Territorien. So verzeichnet etwa ein Atlas des Gehirns (Abb. 11) verschiedene Regionen unseres Denkorgans – der Traum, Gedanken zu lesen,[35] zu vermessen und zu visualisieren, liegt aber trotz der wissenschaftlichen Erforschung des Gehirns noch in weiter Ferne und bleibt eine Sehnsucht. Dass das bildgebende Verfahren der funktionalen Magnet-Resonanz-Tomografie (fMRT) erlaubt, etwas zu »sehen«, ist unbestritten, die Frage ist nur, was visualisiert wird und wie es gedeutet wird.

Ausgehend von den Karten der mittelalterlichen Welt, den *cognitive maps* der Hamburger Studie oder den Visualisierungen des *Cyberspace*, findet man hier Anlehnungen an die Kartografie, um den Überblick über die Verbindungen zwischen den Regionen und Territorien zu schaffen. Und das ist mehr als nur ein visueller Zufall. Trotz aller Forschung bleibt das Gehirn ein unbekannter Ort. So geschieht es ebensowenig zufällig, dass man versucht, die funktionale Magnet-Resonanz-Tomografie (fMRT) einzusetzen, um damit Gedanken zu lesen. Im Zusammenhang mit Terrorabwehr und der Bekämpfung des Bösen auf der Welt sind Versuche, Attentäter oder Terroristen an ihren Gedanken zu erkennen, keine Science-Fiction, sondern träumerische Realität. Gibt es eine kriminelle Prädisposition von Menschen und kann man diese erkennen?[36]

---

34 Angesichts einer globalen Welt, in der scheinbar alles bekannt und bereits vermessen ist, scheint der Versuch einer solchen Kartografie überholt. Letztlich sind auch solche Karten aber nicht überraschend, wenn man davon ausgeht, dass die Grenzen nur verschoben, nie aber aufgehoben werden und die globale Totalität nur neue Unübersichtlichkeiten und Komplexitäten erzeugt hat.

35 Vgl. Steven Rose: We Are Moving Ever Closer to the Era of Mind Control. The Military Interest in New Brain-scanning Technology is Beginning to Show a Sinister Side, in: *The Guardian* (05.02.2006), URL: http://observer.guardian.co.uk/comment/story/0,,1702525,00.html (31.05.2013); vgl. auch zu einer kritischen Auseinandersetzung mit dem Thema: Olivier Oullier: Neurowissenschaften im Dienst des Antiterrorkampfs, in: *Le Monde Diplomatique* (13.01.2006), S. 5, URL: http://www.monde-diplomatique.de/pm/2006/01/13.mondeText.artikel,a0087.idx,6 (31.05.2013).

36 Der irrige Glaube von der Physiognomie eines Menschen auf sein Inneres schließen zu können, war eine Idee, die sich in der Philosophie, vor allem aber in der Anthropologie noch bis ins frühe 20. Jahrhundert hielt und im »Dritten Reich« zu perverser Blüte fand.

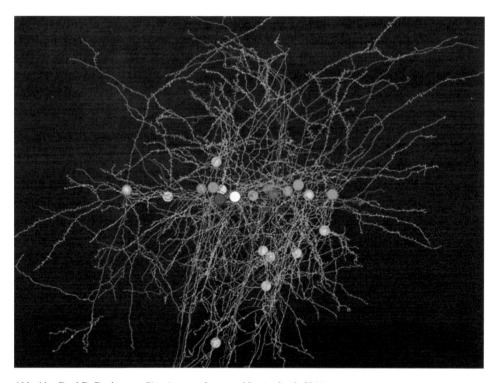

Abb. 11   Davi D. Bock u. a.: *Circuit map of mammal brain chunk*, 2011

Der Impetus, auch diese Grenze, hinter der sich scheinbar das letzte Unbekannte verborgen hält, zu überwinden, beschäftigt heute mehr denn je die Wissenschaft und
viele Menschen, angesichts ihres Dilemmas, dass sie mit jeder Verschiebung von
Grenzen nur wieder neue vorfinden. Beim Beispiel des Gehirns wird Baudrillards
Satz von der »Karte, die das Territorium vorwegnimmt«[37] umso wichtiger, da niemand genau weiß, wie Gedanken denn eigentlich aussehen. Und so sind auch diese
Visualisierungen nur Vorschläge, aber niemals gesicherte Realitäten. Da darauf aber
die Interpretationen und Erkundungen aufbauen, bleiben auch diese Karten unseres
Innersten nicht ohne Wirkung und Konsequenzen, denn Darstellungen und Karten
formen unser Denken.

37 Vgl. Anm. 31.

»Machen« Karten also unsere Vorstellungen und damit auch die Ergebnisse der Forschung? Diese Unklarheiten wirken einerseits bedrohlich, andererseits kann man sie aber auch methodisch nutzen. Der Ansatz für eine solche Forschung liegt in den Beziehungen zwischen Karten und Vorstellungen von Raum und Welt. Indem man die sozial-räumlichen Vorstellungen sichtbar macht und zeigt, wie die Schnittstellen in das vermeintlich oder tatsächlich Unbekannte beschaffen sind, bietet sich für eine soziologische oder anthropologische Forschung ein reiches Material. Der Schlüssel zu dieser Vorgehensweise liegt darin zu vermuten, dass die Welt eine Verschwörung ist, mit komplexen Beziehungen, verborgenen Verbindungen und falschen Informationen. Diese Verschwörung resultiert aus dem Dilemma, über die eigenen Beschränkungen bezüglich der Beschaffenheit der Welt in Kenntnis zu sein. Indem eine kultur- oder sozialwissenschaftliche Forschung daran geht, die Verbindungen aus Sicht der Menschen selbst nachzuzeichnen, ihre Version der Verbindungen aufzuzeigen und zu visualisieren, werden die Schnittstellen offengelegt. Die Beweggründe für Ängste, soziale Exklusion, der Umgang mit dem Unbekannten und Fremden oder Diskriminierung werden sichtbar. Die Weltbilder von Individuen und Gruppen verweisen auf die *modi operandi* der Identitätsbildung und sozialen Verortung. Von der Galaxie hinein in unsere Gedanken bleibt das Dilemma bestehen, einer Welt gegenüber zu stehen, die nur zu einem sehr kleinen Teil erfahrbar wird und in der das meiste verschlossen bleiben muss. Das Unbekannte zu vergegenwärtigen, es einzuhegen, zu erschließen, ins Verhältnis zur eigenen Existenz zu setzen, ist daher überlebenswichtig. Dabei bietet das *cognitive mapping* als Methode auch die Möglichkeit zu zeigen, dass das Unbekannte ein elementarer Teil menschlicher Existenz ist, aber nicht immer zwingend bedrohlich. Eine Sicherheitslogik deutet das Unbekannte als Gefahr. Indem man es als Bereicherung des eigenen Lebens betrachtet und eben keine Mauern errichtet, sondern Verbindungen schafft, kann das Unbekannte ohne Gefahr anwesend sein. Schnittstellen, die diese Möglichkeiten zulassen – Weltbilder, die inklusiv statt exklusiv beschaffen sind – mögen wie eine Utopie anmuten. Sie sind jedoch auf einer Welt, deren Endlichkeit und globale Einheit grundlegend sind – sinnbildlich verdeutlicht im Bild des blauen Planeten Erde –, des einzig denkbaren Weltbildes für ein friedliches Miteinander und unser gemeinsames Überleben.

Literatur

Barber, Peter (Hg.): *Das Buch der Karten. Meilensteine der Kartographie aus drei Jahrtausenden*, Darmstadt 2006.

Baudrillard, Jean: *Simulacra and Simulation*, Michigan 1994.

Belina, Bernd: Zur Kritik von Kriminalgeographie und Kriminalitätskartierung … und warum deren heutige Bemühungen noch hinter Quetelet zurückfallen, in: Sabine Tzschaschel/Holger Wild/Sebastian Lentz (Hg.): *Visualisierung des Raumes. Karten machen – die Macht der Karten* (= Forum IfL 6), Leipzig 2007, S. 241–255.

Canetti, Elias: *Masse und Macht* (1980), Frankfurt am Main [30]2006.

Conrad, Joseph: *Das Herz der Finsternis* (engl. orig. 1911), Zürich 1977.

Cosgrove, Denis: Contested Global Visions. One-World, Whole-Earth, and the Apollo Space Photographs (zuerst 1994), in: Nigel Thrift/Sarah Whatmore (Hg.): *Mapping Culture*, London u. a. 2004, S. 193–228 (= Cultural Geography: Critical Concepts in the Social Sciences, Vol. 1).

Dodge, Martin/Rob Kitchin: *The Atlas of Cyberspace*, Harlow u. a. 2001, URL: http://www.kitchin.org/atlas (31.05.2013).

Frank, Erwin: »Sie fressen Menschen, wie ihr scheußliches Aussehen beweist…«. Kritische Überlegungen zu Zeugen und Quellen der Menschenfresserei, in: Hans Peter Dürr (Hg.): *Authentizität und Betrug in der Ethnologie*, Frankfurt am Main 1987, S. 199–224.

Jameson, Fredric: *The Geopolitical Aesthetic. Cinema and Space in the World System*, London u. a. 1995.

Johnson, Stephen: *Interface Culture. How New Technology Transforms the Way We Create and Communicate*, New York 1997.

Karras, Cathrin: *Paracel und Spratly – Die Geschichte eines Konfliktes* (2012), *Cathrinka Blog: Zwischen Tradition und Moderne. Mein Leben in Vietnam und drumherum*, URL: http://cathrinka.blog.de/2012/07/03/paracel-spratly-geschichte-konfliktes-14036223/ (31.05.2013).

Kitchin, Rob/Chris Perkins/Martin Dodge (Hg.): *Rethinking Maps. New Frontiers in Cartographic Theory*, London u. a. 2009.

Krygier, John/Denis Wood: *Making Maps. A Visual Guide to Map Design for GIS*, New York u. a. 2005.

Lynch, Kevin: *Das Bild der Stadt*, Berlin u. a. 1965.

Maurer, Michael: Sehnsucht. Zur Archäologie eines Reisemotivs, in: Ausst.-Kat. *Orte der Sehnsucht. Mit Künstlern auf Reisen*, hg. v. Hermann Arnhold, LWL Landesmuseum Münster, Regensburg 2008, S. 19–23.

Monmonier, Mark: *Spying with Maps. Surveillance Technologies and the Future of Privacy*, Chicago 2002.

Oullier, Olivier: Neurowissenschaften im Dienst des Antiterrorkampfs, in: *Le Monde Diplomatique* (13.01.2006), S. 5, URL: http://www.monde-diplomatique.de/pm/2006/01/13.monde-Text.artikel,a0087.idx,6 (31.05.2013).

Richter, Steffen: Südchinesisches Meer: China demonstriert seine Macht mit einem Fischerdorf, in: *Die Zeit online* (24.07.2012), URL:http://www.zeit.de/politik/ausland/2012-07/china-paracel-spratly (31.05.2013).

Rose, Steven: We Are Moving Ever Closer to the Era of Mind Control. The Military Interest in New Brain-scanning Technology is Beginning to Show a Sinister Side, in: *The Guardian* (05.02.2006), URL: http://observer.guardian.co.uk/comment/story/0,,1702525,00.html (31.05.2013).

Schalansky, Judith: *Der Atlas der abgelegenen Inseln. Fünfzig Inseln, auf denen ich nie war und niemals sein werde*, Hamburg 2011.

Schneider, Ute: *Die Macht der Karten. Eine Geschichte der Kartographie vom Mittelalter bis heute*, Darmstadt 2006.

Seifert, Andreas: Konfliktzone im Südchinesischen Meer. Über die Bedeutung des Konflikts um die Spratly- und Paracel Inseln, *Informationsstelle Militarisierung e. V.* (2012), IMI-Studie 2012/09, URL: http://www.imi-online.de/2012/05/14/konfliktzone-im-sudchinesischen-meer/ (03.05.2013).

Short, John Rennie: *The World Through Maps. A History of Cartography*, Oxford 2003.

Universität Trier: *Kartographie des Unbekannten* (Online-Ausstellungsarchiv), URL: http://www.uni-trier.de/index.php?id=36218 (31.05.2013).

VOVworld: Alte Landkarte: Spratly- und Paracel-Inselgruppen gehören nicht zu China, *VOV World Auslandsradio Vietnam* (24.07.2012), URL: http://vovworld.vn/de-DE/Nachrichten/Alte-Landkarte-Spratly-und-ParacelInselgruppen-gehören-nicht-zu-China/97612.vov (31.05.2013).

Widmann, Arno: Che und der Mond, in: *Frankfurter Rundschau*, 20.07.2009, S. 11.

Zurawski, Nils: Video Surveillance and Everyday Life. Assessments of CCTV and the Cartography of Socio-spatial Imaginations, in: *International Criminal Justice Review* 17/4 (2007), S. 269–288.

Zurawski, Nils: *Raum – Weltbild – Kontrolle. Die Bedeutung räumlicher Diskurse für Überwachung, Kontrolle und gesellschaftliche Ordnung*, unveröffentlichte Habilitationsschrift, Hamburg, Darmstadt 2012.

Tobias Scheidegger

Geschichtete Listen: naturkundliche Lokalkataloge um 1900 als Schnittstellen von Natur, Genealogie und Systematik

Einleitung

Spürbare Erleichterung ist dem Vorwort des 1891 erschienenen *Guide du botaniste dans le canton du fribourg* zu entnehmen. Eine beschämende Lücke in der Wissenslandschaft schweizerischer Botanik, so der Autor Michel Cottet, habe mit besagter Publikation endlich geschlossen werden können: »Souvent, en effet, nous avons entendu dire: tous les cantons de la Suisse romande ont leur Flore: Neuchâtel a sa Flore du Jura, Genève son Catalogue des plantes vasculaires croissant dans ses environs, Vaud a son Guide du botaniste, Valais sa Flore générale et plusieurs Flores locales; pourquoi Fribourg n'aurait-il pas la sienne?«[1] Mit dem Erscheinen der Freiburger Flora gab ihr Autor den Stab gleichsam an die letzten Kantone weiter, deren Territorien noch einen weißen Fleck auf dem vermessenen Globus eidgenössischer Floristik darstellten. Nicht zufällig wies auch ihr Untertitel besagte kantonale Publikation explizit als »contribution à l'étude de la flore suisse« aus. Die Vollendung einer weiteren kantonalen Bestandserfassung war für die verbliebenen, »unerforschten« Entitäten Ansporn und Zugzwang zugleich. Als Begleichung einer ungeschriebenen Schuld wird denn auch sieben Jahre darauf die Drucklegung der solothurnischen Bestandserfassung durch ihren Autor Hermann Lüscher dargestellt: »Zu den wenigen Schweizerkantonen, die noch kein eigenes Florenverzeichnis besitzen, gehörte bis heute der unsrige, und da nun auch Freiburg seit 1891 in die Linie gerückt ist, darf Solothurn nicht zurückbleiben.«[2] Die selbstauferlegte Verpflichtung, die mit der Veröffentlichung dieser Werke nach und nach eingelöst wurde, bestand in der Absicht, die Vorkommen, Bestände und Verbreitung aller hiesiger Tier- und Pflanzenarten auf lokaler, kantonaler oder nationaler Ebene zu erforschen und zu dokumentieren.

---

1   Michel Cottet: *Guide du botaniste dans le canton du fribourg. Contribution à l'étude de la flore suisse*, Fribourg 1891, S. VIII–IX [»Wirklich oft wurde an uns herangetragen: alle Schweizer Kantone haben ihre Florenwerke: Neuchâtel hat seine Flora des Juras, Genf seinen Katalog der lokalen Gefäßpflanzen, die Waadt hat ihren Führer für den Botaniker, das Wallis hat ein kantonales sowie mehrere lokale Florenwerke; wieso hat der Kanton Freiburg noch keinen eigenen Katalog?«; Übers. T. S.].

2   Hermann Lüscher: *Flora des Kantons Solothurn. Herausgegeben unter der Mitwirkung der Solothurnischen Naturforschenden Gesellschaft*, Solothurn 1898, S. III.

Obwohl in den Statuten der einschlägigen Naturvereine verschiedentlich als Zweck-
setzung explizit festgehalten, folgte die Realisierung dieser Absicht in den Jahrzehnten um 1900 bis auf Ausnahmen keinem festen Plan. Im Gegensatz beispielsweise
zu den USA, wo ab den 1880er Jahren flächendeckende biologische Bestandserfassungen von staatlicher Seite systematisch und mit beachtlichen Mitteln gefördert
wurden,[3] waren die diesbezüglichen Anstrengungen in der Schweiz von keiner vergleichbaren Leitstelle koordiniert oder alimentiert. Vielmehr entsprangen solche der
privaten Initiative Einzelner und richteten sich dementsprechend nach deren Vorlieben und Kapazitäten. Unbesehen dieser fehlenden Institutionalisierung erschien in
jenen Jahrzehnten eine Vielzahl solcher Bestandserfassungen, im zeitgenössischen
Fachjargon als »Catalog« oder »Verzeichnis« bezeichnet. Das Medienprodukt »Lokalverzeichnis«, so soll in den folgenden Ausführungen aufgezeigt werden, ist eine
Repräsentation, die verschiedenfach Abwesendes gegenwärtig macht. Das Verzeichnis ist also Schnittstelle in mehrfacher Hinsicht: zwischen Naturobjekten und pa-
pierner Verdinglichung, zwischen dynamischen Ordnungssystemen und gedruckter
Auflistung sowie zwischen Forschern aus Vergangenheit und Gegenwart.

Der »Katalog« als Format lokaler Wissensproduktion

Die Unterfangen der katalogisierenden Bestandserfassung standen nicht ohne historische Vorgänger da; die ältesten naturkundlichen Lokalkatalogisierungen in ver-
gleichbarem Sinne datieren aus dem frühen 17. Jahrhundert, so beispielsweise für
die Nordwestschweiz Caspar Bauhins *Catalogus plantarum circa Basileam sponte
nascentium* (1622).[4] Im Verlauf der nächsten anderthalb Jahrhunderte folgen ähnliche
Werke in konstanter, aber eher geringer Zahl, um dann schließlich in der ersten Hälfte des 19. Jahrhunderts bereits einen deutlichen Anstieg in der Erscheinungskadenz
zu verzeichnen. In dieser Zeit wurden für etliche Regionen der Schweiz eigentliche
Katalog-»Klassiker« publiziert, zu welchen die späteren Lokalforscher in gleichem
Maße hochblickten wie sie sich auch daran rieben. Den eigentlichen Zenit erreichten
die einschlägigen Publikationen während eines Zeitfensters, das sich von ungefähr
1870 bis 1920, über rund ein halbes Jahrhundert, erstreckte. Für diese Jahrzehnte ist
eine merkliche Häufung diesbezüglicher Veröffentlichungen festzustellen.

Wie hat man sich ein solches Lokalverzeichnis vorzustellen? Grob lassen sich
zwei Arten von Lokalkatalogen unterscheiden. Einerseits gibt es Verzeichnisse, wel-

---

3   Vgl. Robert E. Kohler: *All Creatures. Naturalists, Collectors, and Biodiversity, 1850–1950*, Princeton, Ox-
     ford 2006.

4   Caspar Bauhin: *Catalogus Plantarum circa Basileam sponte Nascentium cum earundem Synonymiis &
     locis in quibus reperiuntur*, Basel 1622 (= URL: http://www.biodiversitylibrary.org/item/30649#page/1/
     mode/1up; 27.04.2013).

che sich darauf beschränken, alle jene Arten einer bestimmten Tier- oder Pflanzengruppe aufzuzählen, die sich im umrissenen Territorium auffinden lassen. Etwas elaboriertere Vertreter dieses Genres sind andererseits die Listen, welche versuchen, zusätzlich für jede Art möglichst detaillierte Standortangaben innerhalb des gewählten Landstrichs zu liefern. Die Königsdisziplin stellen jedoch jene Floren dar, welche in die Anordnung der nachgewiesenen Spezies eigene taxonomische Konzeptualisierungen einfließen lassen und diese Auflistung mit einem eigens erstellten Bestimmungsschlüssel versehen. Derartige Werke beschränken sich also nicht mehr darauf, die lokalen Verhältnisse bloß zu verzeichnen. Vielmehr sollen sie – wie beispielsweise die emblematische Gattungsbezeichnung der »Exkursionsflora« anzeigt – dem sammelnden Naturkundler draußen im Feld ermöglichen, ein aufgefundenes Objekt der heimischen Flora oder Fauna zuverlässig zu bestimmen.

Die Arbeit der biologischen Inventarisierung trieben vornehmlich Einzelpersonen voran. Dies lässt sich auch deutlich an ihrer mehrfachen Begrenztheit ablesen: Wenn auch einzelne Verzeichnisse das ganze nationalstaatliche Territorium ins Auge fassten, so waren die üblichen Kataloge – wie beispielsweise ein *Verzeichnis der Bombyciden von Liestal und Umgebung*[5] – in ihrer Fokussierung sowohl auf kleinere geografische Einheiten als auch (etwas seltener) auf bestimmte taxonomische Gruppen Ausdruck eines eigenständigen Modus naturkundlicher Wissensproduktion in den Jahrzehnten um die Jahrhundertwende. Diese spezifische Form der Wissensproduktion lässt sich mit einer den Quellen entnommenen Selbstbezeichnung trefflich als *petite science*[6] charakterisieren: ein ländlich-kleinstädtisches Wissensmilieu, welches sich zwischen kantonalen naturforschenden Vereinen, naturhistorischen Regionalmuseen, Mittelschulen und weiteren Knotenpunkten aufspannte und sich der naturkundlichen Lokalforschung verschrieb. Als Netzwerk individueller Freizeitforscher mit oder ohne universitäre naturwissenschaftliche Ausbildung zeichnete sich diese Wissenschaftspraxis aus durch seine Kleinheit und Begrenztheit von Ressourcen und Wissensbeständen, Erkenntniszielen und räumlichen Forschungshorizonten. Wenn auch von den Entwicklungen der zeitgenössischen universitären Biologie hin zu einer experimentellen Laborwissenschaft relativ unberührt, so war dieser auf den ersten Blick veraltet anmutende Modus einer vornehmlich sammelnden und katalogisierenden (Lokal-)Wissenschaft keineswegs abgeschnitten von den damaligen Zentren akademischer Naturkunde in der Schweiz. Die Interessen der *petite science* fanden ihre Entsprechung in den Forschungen namhafter Universitätsprofessoren der Botanik oder Entomologie (wie beispielsweise für die damalige Zürcher Hochschullandschaft Hans Schinz, Carl Schröter oder Max Standfuss), in welchen die

---

5 Jakob Seiler: Verzeichnis der Bombyciden von Liestal und Umgebung, in: *Tätigkeitsbericht der Naturforschenden Gesellschaft Baselland* 1 (1902), S. 54–67.

6 Brief von Auguste Charpié an Rudolf Probst, 31.8.1912. Naturmuseum Solothurn: Nachlass Dr. Rud. Probst, Korrespondenzen, Doppelband 710/711.

biologische Systematik ebenfalls noch immer eine bedeutende Stellung einzunehmen vermochte.

Als Repräsentation kleinräumigen Wissens – bis hin zur jahrzehntelangen Bestandserfassung im sprichwörtlichen eigenen Garten – war der Lokalkatalog eines der gängigsten Wissensformate der *petite science*. Dies zeigt sich auch an deren Publikationsweise. Meist erschienen Verzeichnisse lokaler Bestände in den Jahresberichten von naturforschenden Vereinen oder Mittelschulen, aufgrund ihrer großen Seitenzahl oft als Serie über mehrere Jahrgänge selbiger aufgeteilt und zusätzlich als Sonderdruck unter die Leute gebracht. Floren- und Faunenkataloge, welche ein kantonales oder gar das nationale Gebiet abzudecken versuchten, wurden hingegen eher als Monografien veröffentlicht (Abb. 1, Tafel 11).

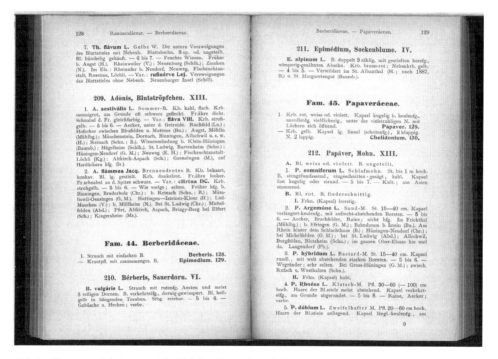

Abb. 1   Florenverzeichnisse als vielschichtige Listen: Ausschnitt aus August Binz' *Flora von Basel*, 1905

Naturdinge auf Papierseiten

Ein lokaler Florenkatalog, so sein augenscheinlicher Anspruch, möchte die Gesamtheit an vorkommenden Arten eines klar umrissenen Gebietes vollumfänglich wiedergeben. In welcher Weise ist nun das stabil fixierte Papier-Zeichen-Konglomerat
»Verzeichnis« mit der wuchernden und vergänglichen Pflanzenwelt einer bestimmten
Lokalität verbunden? Oder, salopper gefragt: Wie kommen die Blumen ins Buch?
Um den Schnittstellencharakter des Lokalverzeichnisses zwischen lebendiger Natur,
präparierten Objekten und gedrucktem Text zu fassen, können zwei prominente Begrifflichkeiten Bruno Latours fruchtbar gemacht werden. In seinem wissenschafts-
ethnografischen Porträt eines geobotanischen Forschungsprojekts im nördlichen
Brasilien charakterisierte Latour die Verbindung von Naturrealität eines bestimmten Flecken Urwaldes und den wissenschaftlichen Daten über diesen Naturausschnitt
als sogenannte »zirkulierende Referenz«.[7] Er skizziert den Realitätsbezug der Na-
turwissenschaft als Kette, deren aneinanderhängende Glieder jeweils einen Schritt
in der Verwandlung von Materie in Form verkörpern. Diese aneinander gekettete
Umwandlung von Dinglichem in Zeichenhaftes materialisiert sich in einer Kaskade sogenannter Inskriptionen. Inskriptionen, von Latour auch als »unveränderliche
mobile Elemente«[8] charakterisiert, zeichnen sich dadurch aus, dass sie widerspens-
tige Dinge des Realen verflachen: Dreidimensionale Gegenstände werden zu zweidimensionalen Einschreibungen, Zeichen, Bildern. Die anfänglich sperrige Vielheit
der Realität wird in diesem dimensionsreduzierten Zustand für die Wissenschaftler
effizienter handhabbar – Inskriptionen sind rekombinierbar, beweglich, dauerhaft,
reproduzierbar. In Form eines materialisierten Zeichens, eines lateinischen Namens
auf einer Papierliste, kann ein Lokalforscher die Pflanzenwelt seiner Region als »syn-
optisches Tableau«[9] auf seinem Schreibtisch arrangieren, ohne dass das Studierzimmer überquellen würde von Tonnen von Grünzeug, ohne dass seine Arbeit durch
Verwesungsgerüche und herumkriechende Würmer und Käfer beeinträchtigt würde.
Geradezu lehrbuchmäßig verkörpert der ideale Arbeitsprozess der katalogisierenden
Bestandserfassung die Latoursche Kaskade eingeflachter Einschreibungen. Einige
wenige Pflanzen einer Art werden vom »Floristen« ihrem Standort in freier Wild-
bahn entnommen und mit Sammelmappe oder der sinnbildlichen Botanisierbüchse
ins heimische Studierzimmer geschafft. Referenz, so erinnert Latour, komme vom
lateinischen »referre«, dem »Herbeischaffen«. Die auserwählten Pflanzen werden
anschließend gepresst, getrocknet und auf einem Herbarbogen fixiert. Die Spezies

---

7   Vgl. Bruno Latour: Zirkulierende Referenz. Bodenstichproben aus dem Amazonas, in: Ders.: *Die Hoffnung*
    der Pandora. Untersuchungen zur Wirklichkeit der Wissenschaft, Frankfurt am Main 2000, S. 37–94.

8   Vgl. Ders.: Drawing Things Together: Die Macht der unveränderlich mobilen Elemente, in: Andréa Belliger/
    David J. Krieger (Hg.): *ANThology. Ein einführendes Handbuch zur Akteur-Netzwerk-Theorie*, Bielefeld
    2006, S. 259–307.

9   Latour (2000), S. 50.

wird zum Spezimen, zum Musterexemplar. Der Herbarpflanze wird ein Etikett beigefügt, welches auf Artbezeichnung, Fundort und -zeit sowie Finder referiert. Der
Sammler erstellt in regelmäßigem Turnus ein handschriftliches Verzeichnis aller in
seiner Sammlung enthaltenen Exemplare. Dieses Sammlungsverzeichnis nimmt die
Informationen aller Etiketten auf und dient wiederum als Ausgangsbasis für die Veröffentlichung eines schlussendlich zu publizierenden Lokalkataloges. Zirkulierend
sei nun die Referenz, da sie stets auch die rückgängige Bewegung erlaube: Von der
Liste zum Spezimen, über Etikett und Standortangabe wieder raus an den Standort
der wildwachsenden Pflanze. In den Worten Latours: »Ein Text spricht von Pflanzen.
Pflanzen dienen einem Text als Fußnoten. Ein Text ruht auf einem Blumenbett …«.[10]

In den veröffentlichten Repräsentationen, den publizierten Verzeichnissen, ist
dieser materielle Herstellungsprozess nur noch zwischen Zeilen zu erahnen, er bleibt
vorwiegend stumm. In den einschlägigen zeitgenössischen Quellen jedoch ist dieses
Verkettungshandwerk von Verdinglichungen allgegenwärtig[11] und zeugt davon, dass
die Referenz nicht immer reibungslos zu zirkulieren vermochte. In den Nachlässen
der Katalog-Autoren stößt man auf Spuren einer eindrücklichen Materialschlacht.
Es stapelten sich »Leichen«,[12] vor allem aber türmte sich viel Papier. Der Weg zur
finalen Bändigung der lebendigen Natur im sauber gedruckten Katalog führte durch
einen Wald an Zetteln; Exzerpten, Etiketten, Kompilationen, Bilanzen gebündelt in
Mappen oder Kartonkistchen.

Dem gedruckten Verzeichnis kommt die Rolle zu, als Schnittstelle zwischen
Naturraum, entnommenen Objekten und einer Vielzahl von inskribierten Zwischen-
stufen zu vermitteln. Es muss, oft über den Tod der Forscher hinaus, den Anspruch
nachzuverfolgender Referenzbeziehungen garantieren und als Ordnungsgefüge diese
ausufernden und heterogenen Dingwelten zusammenhalten. Gelingt dies nicht und
sind gewisse Verknüpfungen lückenhaft oder rissig, fällt dies, so soll später gezeigt
werden, auf die Glaubwürdigkeit des ganzen Katalogisierungsunterfangens zurück.

Heterogene Listen

Bei obiger Betrachtung der Referenzketten von Einschreibungen und Verdinglichungen der Natur wurde bereits verschiedentlich die Liste erwähnt: Diese zieht sich

---

10 Ebd., S. 47.

11 Vgl. Tobias Scheidegger: Handhaben und Teilhaben. Dingpraktiken in der naturhistorischen Amateurwis-
    senschaft 1870–1930, in: Karl C. Berger, Ingo Schneider und Margot Schindler (Hg.): *Stofflichkeit in der
    Kultur. Referate der 26. Österreichischen Volkskundetagung 2010*, Wien 2012 (im Druck).

12 Die Rede von »Leichen« und dem Herbar als »Schlachtfeld« oder »Friedhof« war ein gängiger Topos, in
    welchem meist die Erlebnisqualität der Blumenpracht in freier Natur dem nötigen, aber nüchternen Studium
    der herbarisierten, toten Pflanzen gegenübergestellt wurde. So beispielsweise bei Charles Fauconnet: *Excur-
    sions botaniques dans le Bas-Valais*, Genf u. a. 1872, S. 32.

einem roten Faden gleich durch alle Stufen des Forschungsprozesses der Bestandserfassung. Eigene Spezimen und Desiderata, Fundorte, Literaturangaben sowie die schlussendlich publizierten Artvorkommen – alles wird in Form der Liste organisiert; diese ist somit das zentrale »Wissensformat«[13] der katalogisierenden Lokalforschung und lohnt eingehendere Betrachtung. Besagte Begrifflichkeit des Wissensformats zeichnet sich dadurch aus, dass sie die Medialität einer Wissensordnung in ihrer Gänze ins Auge zu fassen hilft – über Herstellung, Anordnung bis zur Weitergabe von Wissen. Wie Délphine Gardey aufzeigt, waren die (listenförmige) Registratur und das Buch die grundlegenden medialen Organisationsweisen von neuzeitlicher Verwaltung und Wissenschaft – zumindest bis zur Ablösung des »ancien régime des gestes du classement«[14] durch Karteikarte und Akte um die Wende zum 20. Jahrhundert. Diese Wichtigkeit der Liste, die auch in ihrer mitunter erschlagenden Präsenz in unterschiedlichsten archivalischen Beständen einen unübersehbaren Niederschlag gefunden hat, scheint sich nicht gänzlich in deren wissenschaftlicher Würdigung zu spiegeln. Einschlägige Untersuchungen gibt es noch immer verhältnismäßig wenige. Unter den klassischen Untersuchungen dieser Textgattung zählen die Ausführungen des Anthropologen Jack Goody, der in *The Domestication of the Savage Mind* das Erstellen von Listen im frühzeitlichen Vorderasien als grundlegende zivilisatorische Leistung porträtierte, noch immer zu den anregendsten. »What's in a list?«, so fragt Goody im einschlägigen Kapitel und umreißt in Folge einige Wesensmerkmale der listenförmigen Darstellung: Die Liste vermöge es, Dinge aus narrativen Zusammenhängen zu lösen und in dieser separierten Nacktheit einer klaren räumlichen Position zuzuweisen. Aufgelistete Objekte sind so dem ordnenden und quantifizierenden Zugriff der Listenersteller verfügbar – die Anordnung innerhalb der Liste, die Möglichkeit der Hierarchisierung und der Quantifizierung wie auch die binäre Grenzziehung hinsichtlich des Weglassens oder der Aufnahme in die Liste stelle eine elementare Form der Klassifikation dar, welche die Grundlage zentraler Modi rationaler Weltbeherrschung bilde: Verwaltung, Wissenschaft oder Geschichtsschreibung.[15]

In eine ähnliche Richtung, jedoch für die Neuzeit, zielen Michel Foucaults Überlegungen zum »Tableau«, die er in seiner *Ordnung der Dinge* ausbreitet. In seinen Ausführungen zur Denkfigur der Taxonomie charakterisiert er deren »klare[n]

---

13 Vgl. zum Begriff »Wissensformat« die Ausführungen des DFG-Forschungsverbundes *Volkskundliches Wissen*: Jenni Boie/Antonia Davidovic-Walther/Carsten Drieschner u. a.: Volkskundliches Wissen und gesellschaftlicher Wissenstransfer: zur Produktion kultureller Wissensformate im 20. Jahrhundert, in: Michael Simon/Thomas Hengartner/Timo Heimerdinger u. a. (Hg.): *Bilder. Bücher. Bites. Zur Medialität des Alltags. 36. Kongress der Deutschen Gesellschaft für Volkskunde in Mainz vom 23. bis 26. September 2007*, Münster u. a. 2009, S. 183–199, hier S. 189.

14 Delphine Gardey: *Ecrire, calculer, classer. Comment une révolution de papier a transformé les sociétés contemporaines (1800–1940)*, Paris 2008, S. 151.

15 Vgl. Jack Goody: *The Domestication of the Savage Mind*, Cambridge u. a. 1977, S. 81–88 und S. 103.

Räume« als grundlegende epistemische Topografie des klassischen Zeitalters. Er umschreibt die neue Räumlichkeit der im 17. Jahrhundert aufkommenden Herbarien und Naturalienkabinette als »zeitloses Rechteck, in dem die Wesen, jeden Kommentars und jeder sie umgebenden Sprache bar, sich nebeneinander mit ihren sichtbaren Oberflächen darstellen, gemäß ihren gemeinsamen Zügen aneinandergerückt, und dadurch bereits virtuell analysiert und Träger allein ihres Namens«.[16] Für eine ideengeschichtliche Typologisierung des naturhistorischen Denkens ist diese Figur zutreffend; im Zuge der vermehrten wissenschaftsgeschichtlichen Zuwendung zu den materialen und praktischen Aspekten der Wissensgenerierung jedoch wurde Foucaults Konzeption der Taxonomie als rein idealer Zeichenraum, der sich in schwebender Klarheit über die Dinge zu legen scheint, verschiedentlich hinterfragt.[17]

Auch ein Blick auf Lokalkataloge des späten 19. Jahrhunderts legt eine solche Relativierung nahe. Man muss dabei keineswegs auf Spezialfälle wie beispielsweise Johann Georg Amsteins Verzeichnis der Bündner Mollusken oder auf Ernst Baumbergers ökologisches Porträt der Heideflora am Bielersee verweisen,[18] die ihre listenförmigen Artenverzeichnisse mit längeren anekdotischen und tagebuchähnlichen Beifügungen durchsetzten oder mit lieblichen Naturschilderungen sich fast gänzlich Prosaformaten angenähert haben, um zum berechtigen Schluss zu kommen, dass diese Verzeichnisse keineswegs bloße Räume der Klarheit offenbaren.[19] Vielmehr zeigen sich diese aufgrund ihres Schnittstellencharakters zwischen verschiedensten Ebenen – von Menschen, Dingen, Zeiten und Räumen – als vielstimmige Dokumente: Als »geschichtete« Listen sind Lokalverzeichnisse eigentümliche Palimpseste lokaler naturkundlicher Wissensproduktion. Wir haben es mit einer Textgattung zu tun, die man mit Jacqueline Pigeots in anderem Zusammenhang entwickelter Begrifflichkeit der »heterogenen Liste« zu umschreiben versucht ist.[20]

Um diese Heterogenität – zumindest heuristisch – zu fassen, bietet sich ein Rückgriff auf Denkmodelle an, die sich einer »symmetrischen« Sichtweise auf Mensch-Ding-Verhältnisse verschrieben haben. In den Unterfangen der lokalen Bestandserfassungen wurde mehr und anderes geordnet als bloße Spezimen und Arten. Zwischen den archivalisch überlieferten Katalogen, Listen, Tauschverzeichnissen verdichtet sich der anfänglich vage Eindruck, dem grundsätzlichen Ordnen eines

---

16 Michel Foucault: *Die Ordnung der Dinge. Eine Archäologie der Humanwissenschaften* (frz. Orig. 1966) Frankfurt am Main 1990, S. 172.

17 Vgl. z. B. Ursula Klein (Hg.): *Spaces of Classification*, Berlin 2003 (= Preprint Nr. 240).

18 J. G. Amstein: *Die Mollusken Graubündens. Verzeichniss der bisher bekannt gewordenen Arten unter Berücksichtigung ihrer geographischen Verbreitung im Kanton*, Chur 1885; Ernst Baumberger: *Die Felsenheide am Bielersee. Mit 4 Profilen und 2 Landschaftsbildern*, Basel 1904 (= Wissenschaftliche Beilage zum Bericht der Töchterschule in Basel pro 1903/04).

19 Zur Mehrdeutigkeit der wissenschaftlichen Textgattung lokaler ökologischer Porträts vgl. Robert E. Kohler: *Landscapes and labscapes. Exploring the lab-field border in biology*, Chicago, London 2002, S. 81–82.

20 Jacqueline Pigeot: Die explodierte Liste: die Tradition der heterogenen Liste in der alten japanischen Literatur, in: François Jullien (Hg.): *Die Kunst, Listen zu erstellen*, Berlin 2004, S. 73–121.

kleinen Ausschnitts Welt beizuwohnen. Theoretische Anregungen einer solchen Interpretation finden sich in informations- und netzwerksoziologischen Arbeiten von John Law einerseits und Susan Leigh Star und Geoffrey C. Bowker andererseits.[21] Was ersterer unter dem Begriff der »modes of ordering« und letztere beiden unter dem Begriff der »classification« zu fassen versuchen, sind grundsätzliche Weisen der Organisation der modernen Gesellschaft. Unter Ordnen oder Klassifizieren verstehen sie spezifische Bündelungen von Dingen, Praktiken, Menschen und räumlichen Anordnungen. Diese stets zeitlich limitierten und räumlich beschränkten Netzwerke schaffen unter großem Aufwand von Arbeit und Infrastruktur illusorische und vergängliche Gefäße der Ordnung im Chaos der Welt und ermöglichen auf dieser Basis die Kooperation zwischen den vielfältigen Fraktionen sozialer Realität. Sowohl Law als auch Star und Bowker konzipieren die soziale Welt – die sowohl menschliche als auch materielle Akteure umfasst – als Zusammenspiel verschiedener solcher Inseln des Ordnens: Kategorisierung sei ein ubiquitäres Phänomen, jeder Modus des Ordnens berühre andere Regionen, in welchen mit vergleichbaren Zielen Realität bearbeitet werde. Um zwischen diesen verschiedenen weltordnenden Kontexten zu vermitteln, brauchen die einzelnen Modi je dazu befähigte Repräsentationen. Law beschreibt, wie solche zustande kommen: Objekte innerhalb eines Ordnungszusammenhangs würden möglichst auf ihre beständigen und dauerhaften Qualitäten reduziert, welche fortan als handhabbare Repräsentation die sehr wohl auch aus Vergänglichem und Unfassbarem bestehende Ganzheit eines Phänomens darstellen sollen. Diese herausdestillierten durablen Materialeigenschaften Laws sind Latours Inskriptionen vergleichbar.

Es wurde oben skizziert, dass der Repräsentationsform »Bestandsverzeichnis« eine heterogene Liste zugrunde liegt. Solche Heterogenität ist keine Besonderheit dieser einen Quellengattung, sondern, um nochmals eine Anleihe bei Bowker und Star zu machen, vielmehr konstitutiv für jede Repräsentation, sofern diese als Vermittler zwischen Dingen und Menschen gedacht wird, die gleichzeitig je unterschiedlichen Ordnungskontexten angehören – was beim Unterfangen der Katalogisierung von Naturdingen durch eine vielfältige Gemeinschaft von Sammlern klar der Fall ist.

Vor dem Hintergrund einer solchen Konzeption von Repräsentation ist die Liste zu verstehen als eine Art von »pathway that includes everything populating those contexts. This includes people, things-objects, previous representations, and information about its own structure«.[22] All diesen genannten Elementen begegnen wir in den Lokalkatalogen. In welcher Weise die »things-objects« in diesen Pfad der Repräsentation einverleibt werden, wurde im ersten Abschnitt bereits umrissen. Im Folgenden werden die weiteren Elemente dargestellt, die sich in einer solchen schnittstellenartig

---

21 John Law: *Organizing Modernity*, Oxford, Cambridge 1994 und Geoffrey C. Bowker/Susan Leigh Star: *Sorting Things Out. Classification and its Consequences*, Cambridge, London 1999.

22 Bowker/Star (1999), S. 293.

gedachten Repräsentation stets überlagern: menschliche Akteure, vorgängige Repräsentationen sowie Informationen über die eigene Struktur. Die heterogene Natur der Listen resultiert aus dem Zwang, all diese divergierenden Verweise in den einzelnen Lokalkatalogen festhalten zu müssen.

Vorgängige Repräsentationen und forschende Vorgänger

Als Schnittstellen lokalwissenschaftlicher Vergangenheit und Gegenwart schenken die Bestandskataloge historischen Vorläuferprojekten stets große Aufmerksamkeit. Eine mitunter deutlich lokalpatriotisch angehauchte Rhetorik der historisierenden Selbstverortung prägt die Vorworte vieler Publikationen. In dieser betont lokalen Optik auferlegten sich Katalogautoren eine beinahe enzyklopädische Verpflichtung zur Vollständigkeit, wie dies beispielsweise 1878 der Churer Stadtarzt Eduard Killias in der Vorrede seines Insektenverzeichnisses Graubündens zum Ausdruck bringt: »Die Pflege entomologischer Studien ist in Bünden nicht neu, und da in diesen ›Beiträgen‹ überhaupt Alles berücksichtigt werden soll, so halten wir es für angezeigt, einiges Biographische und Personelle hier Eingangs zu berühren.«[23] Die ausgesprochene Affinität für Collectiana, Bio- und Bibliografie lässt sich in zweifacher Hinsicht auf die Grundstruktur der Liste zurückführen. Für Jack Goody ist die (wohlgemerkt frühzeitlich-babylonische) Liste eigentliches Gründungsmoment historischen Bewusstseins. Es ist somit naheliegend, dass Listenschreiber vorgängigen Listenschreibern Referenz erweisen; und zwar in Gestalt biografischer Listen. Dass fast keine Liste ohne Erwähnung der Namen großer Vorgänger auskommt – ohne die Gessners, Bauhins, von Muralts, Scheuchzers und so fort – lässt sich zudem plausibel mit dem verbreiteten zeitgenössischen Faible für Lokalhistorie erklären. Nicht zuletzt durch solche wissenschaftsgeschichtlichen Verortungen wurde die Anschlussfähigkeit der Repräsentation »Katalog« an andere lokale Wissensformate wie beispielsweise Heimatkunde sichergestellt, was für die naturkundliche *petite science* in Hinblick auf Ressourcengenerierung und Öffentlichkeitsproduktion nicht zu unterschätzen war.

Mehr aber noch als dem zeitgeistigen lokalgeschichtlichen Interesse für große Männer vergangener Tage ist diese minutiöse Versessenheit auf Lebensspuren älterer Forscher und Überlieferungswege historischer Herbarien und Sammlungen der spezifischen Epistemik der Lokalkatalogisierung geschuldet. Im genuin »sammelnden Wissen«[24] der Bestandserfassung bildeten Genealogie und Sammlungsgeschichte

---

23 Eduard Killias: *Beiträge zu einem Verzeichnisse der Insectenfauna Graubündens. I. Hemiptera heteroptera* (= Separatabdruck aus dem Jahres-Bericht der Naturf. Gesellsch. Graubündens, Jahrg. XXII, Vereinsjahr 1877–78), Chur 1878, S. 6.

24 Vgl. Anke te Heesen/Emma C. Spary (Hg.): *Sammeln als Wissen. Das Sammeln und seine wissenschaftsgeschichtliche Bedeutung*, Göttingen 2001.

gleichsam das Medium, welches die Referenzbeziehungen älterer Inskriptionen zu neueren Forschungen absichern und so letztlich deren Wahrheit garantieren sollte.

Der historisierende Zugang war jedoch nicht bloß Ausdruck der epistemischen Verpflichtung, die verschiedenen Sachdimensionen vorgängigen Forschens (wie Sammlungen und dazugehörige Notizen, Tagebücher oder Etiketten) in geordneter Weise zusammenzuhalten, sondern bezog sich in gleichem Maße auch auf die letzte Inskriptionsstufe: die publizierten Kataloge. Jack Goody führt die Potenz der Liste auf ihre Rekombinations- und Kompilationsfähigkeit zurück.[25] Dieses Prinzip kam in den Bestandserfassungen in extensiver Weise zur Anwendung: Oft bestanden neue Kataloge zu beachtlichen Teilen aus Daten, die aus älteren Katalogen mehr oder weniger unbesehen übernommen wurden. Durch diese Anschlussoperation gewann man, wie oben beschrieben, einen lokal-identitären Mehrwert, zugleich aber wurde die wissenschaftliche Glaubwürdigkeit des Projekts prekär. Nicht selten wurde der wissenschaftliche Wert solche Werke, die einen hohen Anteil älterer Daten aufwiesen, in Frage gestellt und durch deren explizite Benennung als »Compilationen« von Kritikern unverhohlen abgewertet. So verfahrende Autoren waren sich dieser Schwachstelle durchaus bewusst und versuchten oftmals, sich durch antizipierende methodische Selbstreflexion abzusichern. Ein Beispiel einer solchen Abwägung liefert Berufsoffizier Karl Vorbrodt 1911 in seinem *Schmetterlinge der Schweiz*:

> »Eine Hauptschwierigkeit bei einem derartigen Unternehmen, das auf die Benutzung so vieler fremder Beobachtungen angewiesen ist, besteht in deren zweifelhafter Zuverlässigkeit. […] Manche Quellen sind daher nur mit Vorsicht zu benutzen. Das Studium zahlreicher Sammlungen, eine unendliche Korrespondenz, sowie viele Vergleichssendungen trugen zur Lösung der strittigen Fragen bei.«[26]

Im Bemühen, die Glaubwürdigkeit der publizierten Kataloge zu stützen, wurden üblicherweise im Eingangsteil die verschiedenen Datenlieferanten aus Vergangenheit und Gegenwart namentlich aufgeführt und deren bürgerliche Personae – als Garanten wissenschaftlicher Reliabilität – durch Nennung von Wohnort, Beruf und akademischem Grad stark gemacht. Innerhalb des Verzeichnisses wurden zudem die einzelnen Artnachweise mit auf die betreffenden Finder verweisenden Kürzeln versehen und so stabilisiert.

Letztinstanzlich beglaubigt werden konnten die Daten und Dinge, deren Referenzbeziehungen der Katalog zu organisieren hatte, jedoch nur durch den eigenen Blick des Autors. Der herausragende Stellenwert von eigenhändig bzw. eigenäugig gewonnenen Angaben zu Artvorkommen und Standorten fand sich im häufig verwendeten Finderkürzel »!« symbolisiert, das selbst gemachte Beobachtungen deut-

---

25 Goody (1977), S. 89–90.
26 Karl Vorbrodt/J. Müller-Rutz: *Die Schmetterlinge der Schweiz*, Bern 1911, S. XIII.

lich von jenen der Zuträger abhob. »Autopsie« galt als herausragende epistemische Tugend und wurde von ihren Verfechtern entschieden gegen die bloßen »Compilationen« in Stellung gebracht. Im Zusammenfallen von eigenem, prüfendem Blick mit spezifischer Ding-Örtlichkeit wurden jeweils temporäre »truth spots« (Thomas F. Gieryn)[27] geschaffen, an welchen über die Reliabilität eines Verzeichnisses entschieden wurde: Ließ sich ein Naturding beim Aufsuchen des publizierten Standorts nicht auffinden oder war ein Lokalforscher auf Nachfrage nicht in der Lage, bestimmte Angaben mit Spezimen seiner Sammlung zu belegen, so ergab sich ein akutes Glaubwürdigkeitsproblem.

In den aufgezeigten Strategien lokalhistorischer Verortung und Beglaubigung älterer Daten lässt sich keine trennscharfe Abgrenzung zu Kooperationspraktiken der Lokalforscher mit lebenden Zeitgenossen ausmachen. Die Übergänge zwischen der Datenkompilation aus historischen Quellen und der Zusammenstellung rezenter Angaben war fließend – gemeinsam aber war beiden Modi der ausgeprägt kollektive Charakter des Unternehmens der Katalogisierung. Bevor nun diese gemeinschaftliche Praxis des Listenerstellens nachgezeichnet wird, soll zuerst noch ein weiterer genuin epistemischer Aspekt katalogisierender Wissensproduktion interessieren: die sich im Verzeichnis überschneidenden Ordnungssysteme. Das Lokalverzeichnis als Schnittstelle mehrerer Systematiken bedingte, dass besagter Repräsentation stets Informationen über ihre eigene Struktur mitgeliefert werden mussten.

Wuchernde Taxonomien und epistemische Genealogien

Ihre Versessenheit auf Geschichtlichkeit und Genealogisches teilten Lokalforscher in grundsätzlicher Weise mit der Wissenschaft biologischer Taxonomie, unbesehen spezifischer Modalitäten wie Lokalstolz und Verortungsbedürfnis. Wie in der Biologiegeschichte verschiedentlich aufgezeigt, ist die Taxonomie ihrem eigentlichen Wesen nach dazu verurteilt, alle je gemachten Systematisierungen und Nomenklaturen gleichsam im Hinterkopf zu behalten und »mitzuschleppen«, will sie ihrem Forschungsziel gerecht werden, nämlich der Einordnung und klaren Benennung aller Dinge der Natur zum Zwecke ihrer Unterscheidbarkeit und Unverwechselbarkeit. Nur durch sorgfältige historische Dokumentation kann sichergestellt werden, dass das gleiche Naturding quer durch Raum und Zeit stets identisch bestimmt und bezeichnet wird. Die Geschichte von Systematik, Taxonomie und Nomenklatur ist geprägt von einer Vielzahl an Versuchen, diese drohenden Verdoppelungen oder Überschreibungen bereits bezeichneter Naturdinge durch zentrale Dokumentation und weltweit verbindliche Standardisierung institutionell zu regeln. Diese Aufgabe

---

27 Thomas F. Gieryn: City as Truth-Spot: Laboratories and Field-Sites in Urban Studies, in: *Social Studies of Science* 36/1 (2006), S. 5–38.

stellte nicht unbedingt die Hauptsorge der *petite science* dar; die Bändigung des taxonomischen Wirrwarrs wurde vornehmlich unter der Federführung damaliger Eliteinstitutionen wie dem British Museum, den Kew Gardens sowie den Internationalen Botanischen Kongressen in Angriff genommen. Die Autoren, welche in ihrer Freizeit Lokalkataloge verfassten, legten ihren Auflistungen denn auch meist bereits bestehende Systematiken als Referenzordnung zugrunde, welche am Anfang der Liste stets benannt wurden.

Dies bedeutete aber nicht, dass man taxonomische Grundlagenforschung gänzlich etablierten Institutionen und Fachvertretern überlassen hätte. Auch Exponenten der *petite science* nahmen für sich in Anspruch, an den entsprechenden Ordnungsgebäuden mitzuarbeiten, wenn auch – quasi als Pendant zur territorialen Eingrenzung – meist in »lokaler« Fokussierung auf eine bestimmte Familie oder Gattung der jeweiligen *objets de désir*. Aus dieser Spezialisierung ergaben sich feste Netzwerke, die sich über Jahre um besagte Taxa herum aufspannten und mit wachsender Bekanntheit zu eigentlichen Gravitationsfeldern wurden, die immer mehr Material und Menschen in ihren Bann zu ziehen vermochten. Dabei ist eine eigentümliche Verwicklung dieser spezialisierten Taxonomen und entsprechenden Taxa zu beobachten; es schrieben sich die Forscher in die Ordnung der Dinge ein, ihre Namen legten sich in Form von Autorenkürzeln oder durch dem Forscherkollegen zugeeignete Namensgebungen über die Objekte und deren Systematik. Ein systematisch geordneter Lokalkatalog zeichnet sich so durch eine Narrativität aus, die über bloße regelhafte Nomenklatur der natürlichen Welt hinausreicht. Unter den Bedingungen kleinräumiger naturkundlicher Wissensproduktion überschneidet sich im »Lokalkatalog« die biologische Taxonomie als wissenschaftliches, international verhandeltes Ordnungsgefüge stets mit Referenzen an idiosynkratische Sinngebilde biografischer oder lokaler Ausprägung. Über beide Strukturierungsmodi müssen in den Vorworten der Kataloge gleichermaßen Informationen geliefert und Rechenschaft abgelegt werden, um die Funktionsfähigkeit dieser Repräsentation – das heißt ihre Anschlussfähigkeit in verschiedene Richtungen – zu gewährleisten: Die Explizierung der zugrunde gelegten systematischen Referenzwerke belegt ihre wissenschaftliche Adäquatheit und Ausrichtung am taxonomischen *state of the art*, die angehängten Informationen über mitwirkende Spezialisten und Helfer (samt erwiesenen Ehrerbietungen in Form spezifischer Nomenklatur) beglaubigen und verankern das Werk in einer regionalen Wissenslandschaft.

Gemeinsam forschen

Es wurde schon verschiedentlich angeschnitten, dass das Erstellen eines Kataloges eine ausgesprochen kollektive Tätigkeit darstellte. Das Gemeinschaftliche dieser Praxis zeichnete sich sowohl durch eine vertikale Dimension als auch durch eine horizontale Ausdehnung aus: durch das Beiziehen älterer Daten lokaler Forscher einerseits, durch die Vernetzung individueller Forscher einer zeitgenössischen Wissenslandschaft zu einem gemeinsamen Projekt anderseits.

Der kooperative Charakter, zumal wenn er ausdrücklich als solcher benannt wurde (beispielsweise in der gängigen Dankesformel für »liberale«[28] Zurverfügungstellung von Daten), war durchaus Ausdruck eines bestimmten politischen Selbstverständnisses bürgerlicher Lokalgelehrter. Mehr aber noch war die gemeinschaftliche Forschungs- und Sammeltätigkeit unumgänglicher Modus naturhistorischer Wissensproduktion: Die Zirkulation, der Tausch und die Gabe von Wissensdingen können als fundamentale Stützen eines Wissensmilieus interpretiert werden, das sich durch heterogene Objekte, unterschiedlichste Akteure sowie eine Vielzahl an Institutionen und Räumlichkeiten auszeichnete.[29] Neben solchen gabenökonomisch inspirierten Erklärungsansätzen der wissenschaftlichen Kooperation liefern Susan Leigh Star und Peter Griesemer mit ihrem Konzept der sogenannten *boundary objects* einen komplementären Baustein, welcher gemeinschaftliche Forschungsunterfangen zu erfassen hilft.[30] Die beiden Soziologen zeigen, wie durch die Schaffung von eben solchen *boundary objects* die gemeinschaftliche Tätigkeit unterschiedlichster Akteure mit je individuellen Absichten und Interessen im Hinblick auf ein bestimmtes Ziel koordiniert wird, ohne dass deren Handlungsspielräume in kontraproduktiver Weise eingeschränkt würden. Solche Grenzobjekte können sowohl konkrete materielle Dinge als auch ideelle Konzepte sein. Ihr Vermögen liegt in der Eigenschaft begründet, sowohl die nötige Offenheit und Elastizität aufzuweisen, damit all die heterogenen Akteure einer Tätigkeitsgemeinschaft sich gemäß ihrer je spezifischen Interessen bedienen können, als auch durch ein unerlässliches Mindestmaß an Stabilität und Festigkeit alle Glieder der Gemeinschaft zusammenzuhalten und ihre Kooperation gleichrichten zu können.

Ihre Listenförmigkeit prädestiniert die naturkundlichen Lokalkataloge geradezu, in der Funktion eines solchen *boundary objects* die kollektiven Tätigkeiten von verstorbenen Lokalforschern, sammelnden Dorfschullehrern, adligen Sommerfrischlern und städtischen Akademikern aufeinander abzustimmen: »List making«, so Star und Bowker, »is foundational for coordinating activity distributed in time and space.«[31] Die Liste, die im Zentrum der Lokalkataloge steht, ist einerseits stabili-

28 So z. B. Killias (1878), S. 15.

29 Zum Gabentausch in der Biologie vgl. Robert E. Kohler: Moral Economy, Material Culture, and Community in Drosophila Genetics, in: Mario Biagioli (Hg.): *The Science Studies Reader*, New York, London 1999, S. 243–257 sowie Tobias Scheidegger: Der Lauf der Dinge. Materiale Zirkulation zwischen amateurhafter und professioneller Naturgeschichte in der Schweiz um 1900, in: *Nach Feierabend. Zürcher Jahrbuch für Wissensgeschichte* 7 (2011), S. 53–73.

30 Susan Leigh Star/James R. Griesemer: Institutional Ecology, ›Translations‹ and Boundary Objects: Amateurs and Professionals in Berkeley's Museum of Vertebrate Zoology, 1907–39, in: *Social Studies of Science* 19 (1989), S. 387–420.

31 Bowker/Star (1999), S. 138.

siert durch Normen der internationalen Wissenschaftsgemeinschaft der biologischen Taxonomie. Als (zumindest temporär stabile) Standardisierung ermöglicht die Taxonomie dem individuellen Lokalsammler wie dem renommierten naturhistorischen Museum gleichermaßen die Benennung und klare räumliche Einordnung gesammelter Naturdinge in ein Ordnungssystem. Andererseits zeichnet sich das Projekt des Listenerstellens durch jene notwendige Offenheit aus, welche erst die Produktivität gemeinschaftlicher Tätigkeit gewährleisten kann: Jeder Sammler kann sich an jeder beliebigen Stelle der Liste betätigen, die ihm zusagt.

Die Katalogisierung – ob im laufenden Herstellungsprozess oder als fertiges Produkt – ist jedoch nie ein abgeschlossenes Projekt. Vielmehr formuliert sie ein im Grunde genommen unabschließbares Forschungsprogramm. Auch Jack Goody wies in seiner Typologisierung verschiedener Listengattungen auf diese unterschiedlichen zeitlichen Handlungsdimensionen hin. Den »Inventarlisten«, welche retrospektiv angehäufte Dinge aufrechnen, stünde der Typus der »Einkaufsliste« entgegen, die einen Plan für zukünftige Aktionen darstelle.[32] In den Einleitungen werden die vermuteten Lücken der Verzeichnisse oft benannt und es wird, in Form prospektiver Auflistung, zu zielgerichteter Sammeltätigkeit aufgerufen. Ein anschauliches Beispiel eines solchen Appells liefert Luzi Bazzighers Vorwort eines Bündner Lepidopterenverzeichnisses:

> »Weniger bekannt ist jedenfalls noch die Fauna unserer Kleinschmetterlinge, von welchen bisher circa 780 Arten und Varietäten vorgefunden sind, gegenüber einer Gesammtzahl von circa 1430–1450 Spezies in der Schweiz. Die kleinen Thiere werden, wie leicht erklärlich, weniger beobachtet und gesammelt, ist doch hier bisher einzig das Albulagebiet und Engadin gründlicher nach denselben durchforscht [...]. Aus allen anderen Landestheilen ist wenig oder nichts bekannt und doch müsste in manchen Gegenden, besonders im Misox, Puschlav, Oberland und anderwärts noch reiche und seltene Beute zu finden sein. Jüngere Schmetterlingsfreunde mögen sich das merken.«[33]

Mit diesen abschließenden Überlegungen zur Wirkmacht der Liste, vielfältige Aktivitäten unterschiedlichster Akteure auf ein gemeinsames Ziel hin auszurichten, wurde der letzte Aspekt des vielschichtigen Repräsentationsmediums »Lokalverzeichnis« umrissen. Angelehnt an Stars und Bowkers Repräsentationsbegriff interpretierte der vorliegende Aufsatz botanische oder zoologische Kataloge als »geschichtete Listen«, die zwischen verschiedenen sozialen Welten, Raum-Zeit-Horizonten sowie Sinn- und

---

32 Goody (1977), S. 80.
33 Luzi Bazzigher: Vierter Nachtrag zum Verzeichniss der Lepidopteren Graubündens, in: *Jahres-Bericht der Naturforschenden Gesellschaft Graubündens* 47, neue Folge, Vereinsjahr 1904/05, Chur 1905, S. 133–147, hier S. 134.

Sachdimensionen vermitteln. Aus unterschiedlichen Gründen sind die Kataloge ge-
zwungen, Anschlussfähigkeiten dieser disparaten Sphären untereinander herzustellen beziehungsweise aufrecht zu erhalten. Seien dies nun epistemische, moralische,
lokalidentitäre oder soziale Erfordernisse, die Lokalkataloge lassen sich durchaus
trefflich als »Schnittstelle« charakterisieren, welche in Gestalt einer Liste verschiedenfach Abwesendes gegenwärtig machen.

Literatur

Amstein, Johann Georg: *Die Mollusken Graubündens. Verzeichniss der bisher bekannt gewordenen Arten unter Berücksichtigung ihrer geographischen Verbreitung im Kanton*, Chur 1885.

Bauhin, Caspar: *Catalogus Plantarum circa Basileam sponte Nascentium cum earundem Synonymiis & locis in quibus reperiuntur*, Basel 1622, URL: http://www.biodiversitylibrary.org/item/30649#page/1/mode/1up (27.4.2013).

Baumberger, Ernst: *Die Felsenheide am Bielersee. Mit 4 Profilen und 2 Landschaftsbildern*, Basel 1904 (= Wissenschaftliche Beilage zum Bericht der Töchterschule in Basel pro 1903/04).

Bazzigher, Luzi: Vierter Nachtrag zum Verzeichniss der Lepidopteren Graubündens, in: *Jahres-Bericht der Naturforschenden Gesellschaft Graubündens* 47, neue Folge, Vereinsjahr 1904/05, Chur 1905, S. 133–147.

Boie, Jenni/Antonia Davidovic-Walther/Carsten Drieschner u. a.: Volkskundliches Wissen und gesellschaftlicher Wissenstransfer: zur Produktion kultureller Wissensformate im 20. Jahrhundert, in: Michael Simon/Thomas Hengartner/Timo Heimerdinger u. a. (Hg.): *Bilder. Bücher. Bites. Zur Medialität des Alltags. 36. Kongress der Deutschen Gesellschaft für Volkskunde in Mainz vom 23. bis 26. September 2007*, Münster u. a. 2009, S. 183–199.

Bowker, Geoffrey C./Susan Leigh Star: *Sorting Things Out. Classification and its Consequences*, Cambridge, London 1999.

Cottet, Michel: *Guide du botaniste dans le canton du fribourg. Contribution à l'étude de la flore suisse*, Fribourg 1891.

Fauconnet, Charles: *Excursions botaniques dans le Bas-Valais*, Genf u. a. 1872.

Foucault, Michel: *Die Ordnung der Dinge. Eine Archäologie der Humanwissenschaften* (zuerst 1966), Frankfurt am Main 1990.

Gardey, Delphine: *Ecrire, calculer, classer. Comment une révolution de papier a transformé les sociétés contemporaines (1800–1940)*, Paris 2008.

Gieryn, Thomas F.: City as Truth-Spot: Laboratories and Field-Sites in Urban Studies, in: *Social Studies of Science* 36/1 (2006), S. 5–38.

Goody, Jack: *The Domestication of the Savage Mind*, Cambridge u. a. 1977.

Killias, Eduard: *Beiträge zu einem Verzeichnisse der Insectenfauna Graubündens. I. Hemiptera heteroptera*, Chur 1878 (= Separatabdruck aus dem Jahres-Bericht der Naturf. Gesellsch. Graubündens, Jahrg. 22, Vereinsjahr 1877–78).

Klein, Ursula (Hg.): *Spaces of Classification* (= Preprint Nr. 240), Berlin 2003.

Robert E. Kohler: Moral Economy, Material Culture, and Community in Drosophila Genetics, in: Mario Biagioli (Hg.): *The Science Studies Reader*, New York, London 1999, S. 243–257.

Kohler, Robert E.: *Landscapes and Labscapes. Exploring the Lab-Field Border in Biology*, Chicago, London 2002.

Kohler, Robert E.: *All Creatures. Naturalists, Collectors and Biodiversity, 1850–1950*, Princeton, Oxford 2006.

Latour, Bruno: Zirkulierende Referenz. Bodenstichproben aus dem Amazonas, in: Ders.: *Die Hoffnung der Pandora. Untersuchungen zur Wirklichkeit der Wissenschaft*, Frankfurt am Main 2000, S. 37–94.

Latour, Bruno: Drawing Things Together: Die Macht der unveränderlich mobilen Elemente, in: Andréa Belliger/David J. Krieger (Hg.): *ANThology. Ein einführendes Handbuch zur Akteur-Netzwerk-Theorie*, Bielefeld 2006, S. 259–307.

Law, John: *Organizing Modernity*, Oxford, Cambridge 1994.

Lüscher, Hermann: *Flora des Kantons Solothurn. Herausgegeben unter der Mitwirkung der Solothurnischen Naturforschenden Gesellschaft*, Solothurn 1898.

Pigeot, Jacqueline: Die explodierte Liste: die Tradition der heterogenen Liste in der alten japanischen Literatur, in: François Jullien (Hg.): *Die Kunst, Listen zu erstellen*, Berlin 2004, S. 73–121.

Scheidegger, Tobias: Der Lauf der Dinge. Materiale Zirkulation zwischen amateurhafter und professioneller Naturgeschichte in der Schweiz um 1900, in: *Nach Feierabend. Zürcher Jahrbuch für Wissensgeschichte* 7 (2011), S. 53–73.

Scheidegger, Tobias: Handhaben und Teilhaben. Dingpraktiken in der naturhistorischen Amateurwissenschaft 1870–1930, in: Karl C. Berger/Ingo Schneider/Margot Schindler (Hg.): *Stofflichkeit in der Kultur. Referate der 26. Österreichischen Volkskundetagung 2010*, Wien 2013 (im Druck).

Seiler, Jakob: Verzeichnis der Bombyciden von Liestal und Umgebung, in: *Tätigkeitsbericht der Naturforschenden Gesellschaft Baselland* 1 (1902), S. 54–67.

Star, Susan Leigh/James R. Griesemer: Institutional Ecology, ›Translations‹ and Boundary Objects: Amateurs and Professionals in Berkeley's Museum of Vertebrate Zoology, 1907–39, in: *Social Studies of Science* 19 (1989), S. 387–420.

te Heesen, Anke/Emma C. Spary (Hg.): *Sammeln als Wissen. Das Sammeln und seine wissenschaftsgeschichtliche Bedeutung*, Göttingen 2001.

Vorbrodt, Karl/J. Müller-Rutz: *Die Schmetterlinge der Schweiz*, Bern 1911.

Autorinnen und Autoren

Ralph Buchenhorst

PD Dr., ist Senior Research Fellow an der Martin-Luther-Universität Halle-Wittenberg. Er studierte Wirtschaftswissenschaften an der Universität Hamburg, dann Philosophie und Musikwissenschaft an den Universitäten in Hamburg und Wien. Er wurde 1991 mit einer Arbeit über Martin Heidegger und Paul Celan promoviert und 2010 mit einer Schrift zur Darstellbarkeit der Shoah habilitiert. Seine Forschungsschwerpunkte umfassen die Erinnerungskultur in Argentinien und Europa, die Frankfurter Schule und die Theorie der Avantgarde. Aktuelle Publikationen: *Das Element des Nachlebens. Zur Frage der Darstellbarkeit der Shoah in Philosophie, Kulturtheorie und Kunst*, München 2011; Walter Benjamin als Gemeinplatz. Auswege aus der Kristallisation der Benjamin-Rezeption von Lateinamerika aus, in: *Deutsche Zeitschrift für Philosophie* Bd. 61, Heft 2/2013.

Edwin Dertien

ir., studierte Elektrotechnik (Mechatronik) an der Universität Twente. Seit 2008 ist er Doktorand im Bereich Regeltechnik und Dozent im Studiengang »Creative Technology« der Universität Twente. Sein Forschungsinteresse gilt dem Design von Robotern, Produktionsmethoden für die Robotertechnik sowie der Interaktion von Menschen und Robotern. Als Medienkünstler entwirft er durch die Robotik inspirierte Objekte und unterstützt mit seinem Unternehmen »Making Art Work« (*Kunst- en Techniekwerk*) verschiedene Künstler bei der technischen Realisierung ihrer Projekte.

Katharina Hoins

M.A., studierte Kunstgeschichte, Geschichte und Journalistik in Hamburg und Wien. Sie schrieb ihre Dissertation über Zeitungen als Material der Kunst im 20. Jahrhundert. Als Volontärin und wissenschaftliche Mitarbeiterin war sie an den Staatlichen Kunstsammlungen Dresden sowie im Bucerius Kunst Forum in Hamburg tätig, als Lehrbeauftragte an der Hochschule für Künste Bremen. Ihr Interesse gilt dem Verhältnis von Kunst- und Mediengeschichte im 20./21. Jahrhundert. Seit 2013 arbeitet sie im Bereich »Forschung und wissenschaftliche Kooperation« an den Staatlichen Kunstsammlungen

Dresden. Aktuelle Publikationen: Was die Linie kann. Zu einer Zeichnungsfolge von Alexander Roob aus dem Dresdener Kupferstich-Kabinett, in: *Dresdener Kunstblätter* 04/2007; *Zeitungen. Medien als Material der Kunst* (erscheint 2014).

Janina Karolewski

M.A., studierte Islamwissenschaft (Osmanistik und Arabistik) und Politische Wissenschaften in Heidelberg, war dort 2007–2011 Mitarbeiterin im SFB 619 »Ritualdynamik« und forscht seit 2011 im SFB 950 »Manuskriptkulturen in Asien, Afrika und Europa« an der Universität Hamburg zur Überlieferung religiösen Wissens in der alevitischen Tradition. Ihr Forschungsinteresse gilt zudem der osmanischen und türkischen Sozialgeschichte, der Religionsgeschichte Anatoliens und dem mystischen Islam. Aktuelle Publikationen: »Vor Euch wird die Tafel des Hızır Paşa gerichtet«. Aşura im Frühislam und rituelle Speisungen zwischen Aleviten und Sunniten im Monat Muharrem, in: Janina Karolewski/Nadja Miczek/Christof Zotter (Hg.): *Ritualdesign. Zur kultur- und ritualwissenschaftlichen Analyse »neuer« Rituale*, Bielefeld 2012; What Is Heterodox About Alevism? The Development of Anti-Alevi Discrimination and Resentment, in: *Die Welt des Islams* 48 (2008).

Gudrun M. König

Prof. Dr., ist seit 2007 Professorin am Seminar für Kulturanthropologie des Textilen (Institut für Kunst und Materielle Kultur) der TU Dortmund. Sie studierte Empirische Kulturwissenschaft, Soziologie und Politikwissenschaft an der Universität Tübingen, wurde mit einer Untersuchung über die Kulturgeschichte des Spaziergangs promoviert und mit einer Arbeit zum Verhältnis von Konsum und Kultur habilitiert. Zu ihren Forschungsschwerpunkten zählen materielle, vestimentäre und visuelle Kultur sowie Geschlechtergeschichte. Aktuelle Publikationen: *Konsumkultur. Inszenierte Warenwelten um 1900*. Wien u. a. 2009; Das Veto der Dinge. Zur Analyse materieller Kultur, in: Karin Priem/Gudrun M. König/Rita Casale (Hg.): *Die Materialität der Erziehung. Zur Kultur- und Sozialgeschichte pädagogischer Objekte. Zeitschrift für Pädagogik* Jg. 58, Beiheft (2012).

Urte Krass

Dr., ist seit 2009 wissenschaftliche Assistentin am Lehrstuhl für Allgemeine Kunstgeschichte an der Ludwig-Maximilians-Universität München. Im Sommersemester 2013 war sie Junior Researcher in Residence am »Center for Advanced Studies« der LMU München. Sie studierte Kunstgeschichte und Geschichte an der Universität Hamburg, war als wissenschaftliche Assistentin und Stipendiatin am Kunsthistorischen Institut in Florenz/Max-Planck-Institut tätig und wurde 2009 an der Universität Hamburg mit einer Arbeit zu Bildern neuer Heiliger im Quattrocento promoviert. Ihre Forschungsschwerpunkte sind das Heiligenbild, frühe italienische Kunsttheorie, Künstlernovellen des Trecento und politischer Bildgebrauch im portugiesischen

Kolonialreich im 17. Jahrhundert. Aktuelle Publikationen: *Nah zum Leichnam. Bilder neuer Heiliger im Quattrocento*, Berlin, München 2012 (= I Mandorli. Italienische Forschungen des Kunsthistorischen Instituts in Florenz Bd. 16); Kontrollierter Gesichtsverlust. Padre Pio und die Fotografie, in: *Zeitschrift für Ideengeschichte* Heft IV/2 (2010).

Thomas Kühn

M.A., studierte Volkskunde/Kulturanthropologie, Germanistik, Skandinavistik und Museumsmanagement in Würzburg, Uppsala und Hamburg. Nach einem wissenschaftlichen Volontariat und freiberuflichen Tätigkeiten im Museums- und Ausstellungswesen war er wissenschaftlicher Mitarbeiter am Lehrstuhl für Europäische Ethnologie/Volkskunde der Universität Würzburg. Er arbeitet an einer Dissertation zum Revival von Musikinstrumenten. Zu seinen Forschungsschwerpunkten zählen Materielle Kultur, Museologie und Musikethnologie. Aktuelle Publikationen: *Präsentationstechniken und Ausstellungssprache in Skansen. Zur musealen Kommunikation in den Ausstellungen von Artur Hazelius*. Ehestorf 2009 (= Schriften des Freilichtmuseums am Kiekeberg Bd. 68); »Stimmen aus der Fremde«. Zur Darstellung und Erfahrung des Fremden in den frühen Ausstellungen des Nordischen Museums, in: *Zeitschrift für Volkskunde* Jg. 108/2 (2012).

Angelika Mader

Dr., ist seit 2008 Assistant Professor im Bereich »Control Engineering/Robotics and Mechatronics« und Dozentin im Studiengang »Creative Technology« der Universität Twente. Sie studierte Informatik und wurde an der TU München mit einer Arbeit zu Programm- und Systemverifikation und modaler Logik promoviert. Anschließend forschte sie als Postdoc an der Universität Nimwegen zur Verifikation eingebetteter Systeme und Echtzeit-Problemen, bevor sie 2001 als Assistant Professor in den Bereich »Distributed and Embedded Systems« der Universität Twente wechselte. Zu ihren Forschungsinteressen zählen neben Methoden zur Modellierung eingebetteter Systeme und dem Internet der Dinge auch Entwurfsmethoden in der Creative Technology sowie die Rolle der Kreativität in der (technischen) akademischen Lehre.

Johannes Müske

Dr. des., ist Postdoc im SNF-Projekt »Broadcasting Swissness« an der Universität Zürich. Er studierte Volkskunde/Kulturanthropologie, Betriebswirtschaftslehre, Rechtswissenschaft und Museumsmanagement an den Universitäten Hamburg und Sevilla. Wissenschaftlicher Mitarbeiter an der Universität Hamburg, später Assistent an der Universität Zürich (2008–2012); 2012 Dissertation im Fach Populäre Kulturen, Titel *Klänge und Töne als Cultural Property?* (Publikation in Vorbereitung). Mitglied im Kolleg Kulturwissenschaftliche Technikforschung; Forschungsschwerpunkte: kulturwissenschaftliche Klang- und Technikforschung, Cultural Heritage und Arbeitskulturenforschung. Aktuelle Publikation: Technik, die kulturelle Aneignung der Klangwelt und die Grenzen von Cultural Property, in: Reinhard Johler u. a.: (Hg.): *Kultur_Kultur. Denken, Forschen, Darstellen*, Münster u. a. 2013.

Dennis Reidsma

Dr., ist Assistant Professor im Bereich »Human Media Interaction« und Dozent im Studiengang »Creative Technology« der Universität Twente. Er studierte Informatik (Sprachtechnologie) an der Universität Twente und wurde dort 2008 mit der Dissertation *Annotations and Subjective Machines – of Annotators, Embodied Agents, Users, and Other Humans* promoviert. Zu den Schwerpunkten seiner Forschung zählen digitale und interaktive Unterhaltungstechnologien, anthropomorphe Benutzerschnittstellen und die Interaktion mit virtuellen Personen.

Tobias Scheidegger

lic. phil., studierte Volkskunde und Geschichte an den Universitäten Basel und Zürich. In seiner Lizenziatsarbeit *Flanieren in ArCAADia* untersuchte er bildpolitische Dimensionen digitaler Architekturvisualisierungen (publiziert 2009). Anschließend arbeitete er an den Botanischen Gärten Zürich und Genf an einer Ausstellung zur Kulturgeschichte des Edelweiß. Seit 2009 ist er Assistent am Institut für Populäre Kulturen der Universität Zürich und Mitglied des Graduiertenkollegs des »Zentrums Geschichte des Wissens« von ETH und Universität Zürich. Momentan schreibt er an einer Dissertation mit dem Arbeitstitel *»La petite science«. Lokale Naturforschung in der Schweiz um 1900*. Aktuelle Publikation: Der Lauf der Dinge. Materiale Zirkulation zwischen amateurhafter und professioneller Naturgeschichte in der Schweiz um 1900, in: *Nach Feierabend. Zürcher Jahrbuch für Wissensgeschichte* 7 (2011).

Nils Zurawski

Dr. habil., lehrt und forscht an der Universität Hamburg. Er studierte Soziologie, Ethnologie und Geografie an der Universität Münster; Promotion zum Thema *Virtuelle Ethnizität. Studien zu Identität, Kultur und Internet* (2000); Feldforschung zu Gewalt und Identität in Nordirland (2000–2001); seit 2003 verschiedene Forschungsprojekte zu den Themen Videoüberwachung, Kundenkarten und Sicherheit; 2013 Habilitation an der TU Darmstadt. Seine Forschungsschwerpunkte sind Stadt/Raumsoziologie und Kartografie, Überwachung und Kontrolle sowie Gewalt und Konfliktforschung. Derzeit vertritt er die Professur für Kriminologie an der Universität Hamburg und ist Direktor des »Surveillance Studies Network«, Mitherausgeber des Online-Journals *Kommunikation@Gesellschaft* sowie von *Surveillance & Society*. Er bloggt unter www.surveillance-studies.org.

Abbildungsnachweis

National Anthropological Archives, Smithsonian Institution, 22; © Emile Holba, London (www. emileholba.co.uk), 34, 89; © Museum für Kunst und Gewerbe Hamburg, 43; Thomas Kühn, 44, 52, 58; Ralph Buchenhorst: *Das Element des Nachlebens. Zur Frage der Darstellbarkeit der Shoah in Philosophie, Kulturtheorie und Kunst*, München 2011, 103; Georges Didi-Huberman: *Bilder trotz allem*, München 2007, 111; Angelika Gundlach (Hg.): *August Strindberg: Verwirrte Sinneseindrücke*, Dresden 1998, 90; *Hamburger Abendblatt* 10.04.2012, 92, 120; *National Post* online: http://news.nationalpost.com/2011/04/18/kandahar-journal-road-trip/ (12.05.2013), 126; *Le Monde* online: http://www.lemonde.fr/societe/portfolio/2009/09/30/clearstream-villepin-n-a-pas-ete-destabilise_1247515_3224_4.html (12.05.2013), 128; *Die Zeit* online: http://www.zeit.de/politik/ausland/2009-11/terrorprozess-chalid-usa (12.05.2013), 129; *The Guardian* 30.09.2002, Alexander Roob, © VG Bild-Kunst, Bonn 2013, 131, 138; Andreas Bee (Hg.): *Richter zeichnen. Alexander Roob zeichnet den Auszug des Stammheim-Zyklus von Gerhard Richter aus dem Museum für Moderne Kunst in Frankfurt am Main*, Köln 2001, 132; *Süddeutsche Zeitung*/AP 30.09.2002, 139; *The New York Times* 29.05.2010, 141; Joe Sacco: *Palestine*, Seattle 2001, 143; *The New York Times* 22.11.2010, 146; Piero Misciatelli: La maschera di S. Bernardino da Siena, in: *Rassegna d'arte senese* 18 (1925), 150; Manuel Flecker, 161; Cosmo Francesco Ruppi: *Padre Pio. Immagini di santità*, Mailand 1999, 166; Janina Karolewski, 172, 181, 186, 189; NASA Images: http://archive.org/details/324327main_4_full (31.05.2013), 220; © ebskart, Leuphana Universität Lüneburg, www.leuphana.de/ebskart (31.05.2013), 95; Hartmann Schedel: *Liber chronicarum*, 1493, Reprint München 1975, 225; Sebastian Münster: *Cosmographia Bd. 1*, Faksimile Lindau 1978, 226; Alex Radó: *Atlas für Politik Wirtschaft Arbeiterbewegung Bd. 1: Imperialismus*, Wien, Berlin 1930, 229; *Jugendkriminalitätsatlas*, hg. v. Statistisches Landesamt für Hamburg und Schleswig Holstein, Hamburg 2007, 230; Nils Zurawski, 232, 233, 236, 237; Martin Dodge/Rob Kitchin: *The Atlas of Cyberspace*, Harlow u. a. 2001, 239; *Nature* 471/7337 (10.03.2011), 241; August Binz: *Flora von Basel und Umgebung: Rheinebene, Umgebung von Mülhausen und Altkirch, Jura, Schwarzwald und Vogesen. Zum Gebrauche in mittleren und höheren Schulen und auf Exkursionen*, Basel 1905, 96, 248.

Die Herausgeber und Autoren danken für die freundlichen Abdruckgenehmigungen. Alle anderen Abbildungen stammen aus den Archiven der Autorinnen und Autoren. Die Rechte für alle übrigen Abbildungen, die noch unter das Urheberrecht fallen, liegen bei den jeweiligen Künstlerinnen und Künstlern oder deren Erben.

Inszenierungen der Küste

*Schriftenreihe
der Isa Lohmann-Siems Stiftung,
Band 1*

Hrsg. Norbert Fischer,
Susan Müller-Wusterwitz und
Brigitta Schmidt-Lauber

288 Seiten, 8 Farb- und
83 s/w-Abbildungen
Gebunden
ISBN 978-3-496-02800-0

Bilder und Projektionen
der Nordseeküste – Wis-
senschaftler aus natur- und
geisteswissenschaftlichen
Disziplinen widmen sich
neben theoriegeleiteten
Reflexionen mit exem-
plarischen Fallstudien der
Küste in Malerei und Tou-
rismus, biografischen Kü-
stenlandschaften sowie der
Inszenierung des maritimen
Todes.

»Die Tücke des Objekts« – Vom Umgang mit Dingen

*Schriftenreihe
der Isa Lohmann-Siems Stiftung,
Band 2*

Hrsg. Katharina Ferus und
Dietmar Rübel

253 Seiten, 16 Farb- und
60 s/w-Abbildungen
Gebunden
ISBN 978-3-496-02807-9

In jüngster Zeit sind die
Dinge wieder verstärkt in
den Fokus der kulturwissenschaftlichen Betrachtung gerückt. Bestimmen die Dinge
unser Leben mit? Haben sie
einen Anteil an den alltäglichen Abläufen und wenn
ja, in welcher Weise? Die
Autoren/-innen widmen sich
der materiellen Kultur der
Moderne aus historischer
und systematischer Perspektive.

REIMER

Erscheinungen des Sakralen

*Schriftenreihe der Isa Lohmann-Siems Stiftung,
Band 3*

Hrsg. Dorothee Böhm,
Frances Livings und
Andreas Reucher

220 Seiten, 8 Farb- und
50 s/w-Abbildungen
Gebunden
ISBN 978-3-496-02823-9

Sakrale Erscheinung können
viele Formen annehmen. Sie
können Visionen oder Offen-
barungen sein, aber auch
allgemeiner als Manifesta-
tionen des Heiligen verstanden werden. Religiöse und
quasi-religiöse Bilder, Symbole und Rituale wandeln
sich ständig und können
auch Gegenstand weltlicher
Aneignung werden. Die
Autoren/-innen widmen sich
den Ursachen und Auswir-
kungen dieser Transforma-
tionen des Sakralen.

Kulturelle Übersetzungen

*Schriftenreihe der Isa Lohmann-Siems Stiftung,
Band 4*

Hrsg. Anika Keinz,
Klaus Schönberger und
Vera Wolff

257 Seiten, 8 Farb- und
33 s/w-Abbildungen
Gebunden
ISBN 978-3-496-02833-8

In den aktuellen Debatten
der Kulturwissenschaf-
ten spielt der Begriff der
Übersetzung eine wichtige
Rolle. Er bezeichnet neben
der Übertragung fremd-
sprachiger Texte auch den
Import und Export von Kul-
turgütern sowie die Aneignung von Wissensformen.
Die Autoren/-innen erproben
die Tauglichkeit des Über-
setzungsbegriffs für die
Analyse von künstlerischer
und kultureller Traditions-
bildung.

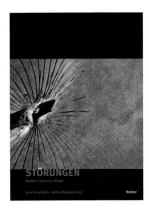

Störungen
Medien – Prozesse – Körper

Schriftenreihe der Isa Lohmann-Siems Stiftung,
Band 5

Hrsg. Julia Fleischhack und Kathrin Rottmann

193 Seiten, 6 Farb- und
52 s/w-Abbildungen
Gebunden
ISBN 978-3-496-02841-3

Schmutz, technisches Versagen, Katastrophen: Störungen irritieren das kulturelle Selbstverständnis und erlauben so neue Perspektiven. Die Autoren/-innen untersuchen künstlerische und mediale Strategien, wissenschaftliche Erkenntnisprozesse sowie die gesellschaftliche Ordnung bedrohende Ereignisse und erörtern, was sich in einer Auseinandersetzung mit Störungsphänomenen gewinnen lässt.

Mediale Wechselwirkungen
Adaptionen – Transformationen – Reinterpretationen

Schriftenreihe der Isa Lohmann-Siems Stiftung,
Band 6

Hrsg. Iris Höger, Christine Oldörp und Hanna Wimmer

272 Seiten, 7 Farb- und
41 s/w-Abbildungen
Gebunden
ISBN 978-3-496-02848-2

Mediale Wechselwirkungen entstehen durch Verknüpfungen oder Verschmelzungen verschiedener Medien oder durch die Ablösung eines Mediums durch ein anderes. Autoren/-innen aus unterschiedlichen Disziplinen untersuchen diese Dynamiken in historischer und gegenwartsorientierter Perspektive.

www.reimer-verlag.de

REIMER